Jörn Scheer

Hambuich - einz un jetz

Wie sich eine Stadt im Laufe der Zeit verändert, wird besonders deutlich, wenn man nach jahrzehntelanger Abwesenheit zurückkehrt. Jörn Scheer beschreibt in gut zweihundert Mini-Reportagen, wie sich ihm seine Heimatstadt „einz un jetz“ darstellt – verfaßt im heimischen Tonfall, dem *Missingsch*, das Tucholsky einmal den Versuch des Plattdeutschen genannt hat, Hochdeutsch zu sprechen. Vieles von dem Berichteten wird auch den Eingeborenen neu sein und kann als Anregung für eigene Erkundungen dienen.

Jörn Scheer, geb. 1941 in Hamburg, war bis 2001 Professor für Medizinische Psychologie an der Universität Gießen und lebt jetzt wieder in seiner Vater- und Mutterstadt, wo er sich neben literarischen und (jazz-)musikalischen Aktivitäten für George Kelly‘s Psychologie der persönlichen Konstrukte engagiert.

Jörn Scheer

Hambuich – einz un jetz

Eine pesönliche Heimatkunde

edition ardetta

2018

Bibliografische Information der Deutschen Nationalbibliothek: Die Deutsche Nationalbibliothek verzeichnet diese Publikation in der Deutschen Nationalbibliografie; detaillierte bibliografische Daten sind im Internet über dnb.dnb.de abrufbar.

www.joern-scheer.de

www.edition.ardetta.com
Corinthstr. 20, D-22605 Hamburg

Herstellung und Verlag:
BoD - Books on Demand, Norderstedt

ISBN 9783752880588.

Titelfoto:
Hafenschlepper „Jörn“
vor Dock 10 der Blohm & Voss Werft

Inhalt

Fornewech

WODAKANT

Im Hahfn

Schiffe

Sampauli

Anna Elbe

NATUA

Grüne Lunge

Natuakunde

KULTUA

Musik

Teata

Kunz

Leibisübungn

Politik

Modäänes Lehm

ANHANG

Fornewech

Foawort

Hamborch – wo hast du di verennat! ruft so manchn aus, der oder die nach lange Zeit inni Heimat zurückkeat. Soll ja woll! Nach 35 Jahn, in mein Fall. Da liegn denn ja die 70er Jahre dazwüschn, die 80er und sogah die 90er. Kein Wunda, daß die Statt in manche Hinsich kaum wieder zu ekenn iss. Die Ess-Bahn fuhr damahlz nich üba Landunksbrückn, der Hochbahn-Rink war nochn Rink und das Straßnbahn-Depoh am Bahnhohf Aldona war noch kein Rewe-Mark. Und so weiter. Aba Hamburch hat ja noch nie Wert auf „Altertum" geleecht. Nich eerß der Bombmkriech hat die alte Bausubschtanz beseiticht, und nich eerß der große Brant von 1842, und auch die „audogerechte Statt" innehn 60er Jahn. In unse Statt hat man schon imma Altes abgerissn, wennas was Noin im Weech wah. Kunzhalln-Direktoa *Alfred Lichtwark* hat schunn vor üba hundat Jahn auf die „Freie und Abrißstadt" geschümft.

Trotzdem, als Wiedagenga rejistriert man doch manche Verändarungn schmääzlich, un nich nur, wall Ältare grundsezzlich findn, dassas „früa bessa" wah. Wahs nemmich meißnteils nich. Sondan wall wir uns ungään an was Noies gewöhnn. Ich bin zwah seit mein Gang ins Exil zwüschnduich öftas hier gewesn, aber um die „Wieda-Aneichnunk" muß man sich doch bemühn – in viele kleine Schridde. Davon handln die klein Geschichtn in diesm Buch. Darum issas ne *pesönliche* Heimatkunde – un die Auswahl der Teem iss auch pesönlich un nich eschöpfnd. Fallzu was femisst, dassu gään gelesn heddes.

Der Lesa un die Leserin könn sich wull denkn, dassich die noie Rechschreibunk nich mach. Iss weder konsekwent noch inkonsekwent, unt stimp vorn und hinten nich. Aba die alde wah auch nich fihl bessa. Und wallass ja um Hambuich geeht, haltich mich lieba an *Dirks Paulun*: schreibe widu schprichs. Da kompsu zwah auch majchma in Toifls Küche, wall jeda nu ma annas schnackt. Aba inzgesamt finnich dasn brauchbahn Kompromiß zwüschn Echheit un Festendlichkeit. Unt auf Konsekwenz kompass auch nich so an. Sprichs ja auch ma so un ma annass. Gehp aba gern zu, daß man sich da auch an gewöhnn muß unt annare Ansich üba habm kann. Am liepstn heddich auf Platt geschriem, aba das festeht leida keina mea. Wassu hia ließ, iss also sozusahgn mein pesöhnliche Aht von Missingsch. Alladinks mit weniga Fehla.. Wennu sonz ma was in Missingsch ließ, strozzas oft von falsch*es* Doitsch, damiddas orntlich prolletarisch aussieht – das finnich denn doch übatriebm.

Nochn klein Tipp: wemmannas nich gewohnt iss, gehdas fleich bessa, wemman die Geschichtn laut ließ –mussu eimfach mah ausprobian. Aba biddeschön st unt sp, wie mannas schreip, und nich scht un schp! Kanzi dia natüllich auch foalesn lassn.

Unnochwas: das giep keine emfohlne Reinfolge. Kannz eimfach irnkwo anfangn! Un nich zuviel aufmal; sonz krissu sie womöchlich zu schnell üba.

Ich hedde gääne noch mea Bilda mit reingenomm, aba denn wea das Buch zu dick (un zu toia) geworden. Darum habe ich die aufne Webseide ins Intanet gestellt. Hia finzu sie: www.edition.ardetta.com/hamburg/heimatkunde.

Wittmunk

Missingsch habm die Loide in Hambuich femutlich schunn seit Jahhundatn geschnack. Di Muddasprache wah natüllich Platt, aba manchmal mußtn die Loide auch hochdoitsch schnackn, zum Beispiel aufm Amt oda beim Militea, un denn höate sich das nich so an wie in Martin Luther seine Bibel (oppwohl, wenn du die mal in Original ließ, klink das auch ziemich aldatühmlich). Aba wenn das um höare Liddaratua gink, dann wah die auch in Norddoitschland in richtign Hochdoitsch oda seit den noinzinntn Jahundat auch ma op Plattdüütsch, wie bei *Fritz Reuter* oder *Klaus Groth*.

Wer Missinksch aba übahaupt eaß salongfejch gemach hat, das wah *Dirks Paulun*. Der hat koaze Sachn füdas *Ahmblatt* fefass, aba auch Bücha mit koaze Stücke un Gedichte geschriebm, wie *Ehmuntehm* oda *Hömmazuh* oda *Wommasehn* unt *Is doch gediegen* – das Schtandadwäak üba Missingsch as Sprache. Da happich manches von abgekuck, beziunksweise Anrehgungn von gekrich.

Aba ich happ auch sebs gehöat, wien eltaren Hään 1966, wi die Miniröcke aufkahm, aufa Dammtoastraße mah gesaach hat: *Ehmuntehm gehdas noch!* Oda beim Becka: *Gehmsi mia doch mahn Matzipahnstraifn!* Oda wie mein schottischn Froint Felix ma ne Mudda in Gedrenge aufm Wochnmaak in Flottbek zu ian Kleinn sahgn gehöat hat: *Passauf Ääwihn, die Loide wolln fobei!* Deswehgn wolln wia diese Schtorris man Dirks Paulun wittmen, auch wenna all lang doot is: noinzinn-secksundsiepzich, un wah Jahgank nulldrei.

Aba wia wolln auch *Vera Möller* (1911-1998) nich fegessn – ihre *Klein-Erna*-Geschichtn sint wia praktisch mit aufgewaxn unt kennich hoide noch viele von auswendich.

Un zugudalezz: Missingsch sprechn di Loide natüch nich nua in Hambuich. Unt so sei auch den aufrechtn Sozahlmokrahtn *Jochen Steffen* (1922-1987) gedach, der mit sein *Kuddl Schnööf* das Kieler Missingsch unstääblich gemach hat (auch wenn ich sein Ottografi n büschn übatriem fint). Und dann gahps noch *Ada Halenza* (1900-1990) in Bremen mit ire Putzfraun Madda un Kede. Un tatsechlich hat auch *Fritz Reuter* (1810-1874) sein *Entspekter Bräsig* in Meckelbörger Missingsch schnackn lassn.

Vorbemerkung für Hochdeutsche

In diesen kurzen Geschichten beschreibe ich die „Wiederaneignung“ meiner Heimatstadt nach jahrzehntelanger – wenn auch gelegentlich unterbrochener – Abwesenheit.

Ich fand es angemessen, sie im heimischen Tonfall festzuhalten – nicht auf Plattdeutsch (das sprechen und verstehen auch hier nur noch wenige), sondern auf „Missingsch“, nach Tucholsky *das, was herauskommt, wenn ein Plattdeutscher Hochdeutsch sprechen will*. Das war vielleicht früher einmal so, als für die meisten Einheimischen Hochdeutsch Erste Fremdsprache war; heute ist es einfach – meistens ohne die typischen grammatikalischen Fehler, die der Übergang vom Platt- zum Hochdeutschen nahelegt – die hiesige Umgangssprache: die norddeutsche Mundart des Hochdeutschen, die allerdings in Phonetik und Wortstellung oft durch das Plattdeutsche geprägt ist.

Meine persönliche Variante, die sich mehr an der Volkssprache orientiert als an der der Gebildeten, ist hier phonetisch wiedergegeben. Das ist sicher gewöhnungsbedürftig; und da die Geschichten eher an mündliche Rede angelehnt sind, versteht man sie vielleicht am besten, wenn man sie laut liest, gerne mit dem scharfen s-t und s-p, auch wenn diese heute weitgehend ausgestorben sind. Wie alle Sammlungen von kurzen Stücken sollte man auch diese nicht von vorn bis hinten lesen, sondern hier und da hineinschnuppern, und nicht zuviele „auf Mal“, damit man sie „nich über krich“.

Das Buch wird begleitet von einer Website mit Bildern, die den Rahmen des Buches gesprengt hätten: www.edition.ardetta.com/hamburg/heimatkunde.

WODAKANT

Blick elbabwärts vom ehemaligen Fesselballon am Deichtor

Im Hahfm

„Kyoto Express“ am Container Terminal Altenwerder

Hahfmruntfaht

Hahfmruntfaht kanz ja eintlich nich mea machn, so alz Einheimischn mank die Turistn. Was solln denn die Loide denkn! Un is auch nich mea das: In modään Hahfn siehßu nemmich kein Mensch mea, der ein zurufn könnde: *He lücht!* Früa wah im Hahfm imma schwea was lohs: Werftn mit riesige „Helgen" – Stahlgerüss-Toare üba der Helling: Blohmunvoss, Deutsche Wääf, Stülcken un-un-un. Die Luff volla Hammaschlehge un Lääm, wenn Eisn auf Eisn trifft. Die Nietnwerma werm die Nietn, die Ketelkloppers kloppn den Rost vonnehn Kessln. Jede Menge Hahfnbeckn, lange Kaie mit Lagaschuppm un Krene nochunnoch. Schiffe soweit das Auge reicht: Frachta, Tanka, Schleppa, Barkassn, Schuhtn, Prehme, Binnschiffe, Fean. Zehntausnde Matrohsn un Schaualoide! Allns vobi. Fegangne Häälichkeit! Ware weat nich mea in Segge un as Stückgut geliefat, wie früa: Banahnstaudn un Feffasegge un Weizn as Schüttgut. Nua noch Soja und Eisnschrott, alles andre komp in Kontenas. Un dafüa gieps schpezeelle Törminels un die grohßn Pödde bleim untahalp von Landunksbrüggn. Speicher wern nich mea gebrauch un in Hahfnzitti umgewandlt. Nua noch kleine Osseeschiffe un Kroizfahdamfa un Audotransporta füa die Dridde Welt un aussa annan Richtunk die flachn Binnschiffe komm in altn Hahfn. Trotzdehm buhmt der ganze Hahfn wieda, wassas Zeuch helt: liecht an Schinahandl un Oss'oropa, un ehm die Kontenas.

Aba nu hahbm wia doch noch mah ne Hahfmruntfaht gemach, aba ne „alternative", un schpezeell mit Ahbeizwelt ass Hintagrunt, wahn nemmich middi Verdi-Senioan unnawegns. Unsn Führa wah Gerd. N Bulle von Kerdl, aba er sahch, er ist nua noch die Helfde von früa. Un er wah Schonnsteinmaura, iss praktisch keine Esse im Hahfn, wo er nicht mitgemauat hat, aba voa allm bei der Affi. Un damit wara außa Aht geschlahgn, er komp nemmich ausne Familje, wo sie alle die Fehle füa die Dückdalbm inn Grund gerammt hahbm: Grotvadda – Ramma, Vadda – Ramma, Bruda – Ramma. Un wenn die Fraun geheirat hahbm, musstn die Menna ian Beruhf wexln un *was* werdn? Ramma!

Los ginx am Moisetoam. Wusstich auch nich: an Kajen wa im Middlalda die hößde Stelle inna Alstatt, un bei Stoamflut hahbm sich da denn di Moise fesammlt. Haddn das anschließnt nich weit bis nach den Kornspeichan…

Inna Backasse *Hansa III* ginkas dann eimah um die Speichastatt, vobei an ejemalign Ahbeitaklo un jetzign Kaffeh nahms *Fleetschlösschen*, un denn lohs: eaßma im altn Hahfnteil: Hansahahfn. *Leo Leader* issn Audotransporta un bringt Schrottaudos inni Dridde Welt, wo sie denn wieda aufgemöblt werdn. Hesslichn Kastn un ziemich trohßlose Gehgnt, runnagekommne Schubbn un Miniwerfdn, un so lanksam komm die Sant'inseln wieda raus, wie das voa hunnatfümfzich Jahn ausgesehn hat.

Wia wolltn nach Hahbuich, aba wehgn Niedrichwassa konntn wia nich duichn Reiastiech un musstn außn um Willemsbuich rum, das heiß üba die Norda‘elbe. Unta dehn *Elpbrüggn* duich, vobei an *Peute* un *Kaltehofe*, un denn tuckatn wia da so lenks, appunzu kahm n Binnschiff vobei mit grohße Buchwelle, denn wahn da mah Schafe an Deich, Kommorane un Reia, richtich lentliche Gehgnt, der Fluß fließ breit foa sich hin, konnzia foakomm wie an Mississippi! Unt denn kam die *Bunthaus-Spizze* mitn historischn Loichtoam. Da spalded sich die Elbe in Norda un Süda, unt wia fuan nu aufa Süda'Elbe nach Hahbuich. Gerd vetellt uns imma, wie das früa wah, wie er den Genossn Senatoa gesahch hat, so gehdas nich, unt wennas so weida geht, tridda aufa Stelle aus. Un Voscherau hadde auch nich den Duichblick, aba das kahm eaß spehda. Gerd machd die aldernative Hahfntua nemmich schunn seit noinzinnachzich. Unt links issas Haus, wo Inge Meysel gelehp hat. Mit dehn rundn Dachfenstan, in Bullnhausn. Kam mia voa wi in Holliwutt bei der Fehmstah-Hoisatua...

Aba nu kahm eaßma Middach: Picknick an Bort! Die Kollehgn vonna Senioanleidung haddn nemmich ne Pladde mit Frekandellen voabereided, mit Seebafolje drüba, zwei Stück pro Nase. Un Katofflsalat un amikahnschn Krauzalat (was da amikahnisch an wah, happich nich kapiat) un als Nachtisch n Jokuat. Un Kaffe un Bia wa eins-zehn. Kanz nix von sahgn! Denn hahbm wia unz aufm Anlehga von Hahbuich die Beine fetretn, un denn ginx zurück.

Das heiß weida. Un nu kam der richdige Hahfn von hoide. Duich di Süda'elbe, *Köhlbrant. Hansaport* links mit den eaßn Kontenapöddn. Unta der Hochbrügge duich. Die Höe wexlt ja, jenachdehm, ob Ebbe oda Flut iss, und damit die Schippa das wissn, stehtas ohm anna Brügge angezeicht. Im Moment wahnas grade fiunfuffzich-seksunachzich. Denn links in *Rugnbergena Hahfn*, duichas *Ellerholz-Lock*, in *Waldashofa Hahfn*. *Eurokai*, *Burchardkai*. Kannz direck eaföachdich werdn, wennu an sona Bortwant fobaituckass un fümmunfitzich Mehda hoch kux. Un son Jonni iss dreiunhalp Fussballfelda lank! Und hahbm denn meiss achtausnd Toi an Bort, wie Gerd sahch – soll TEU heißn oda "Twenty-foot Equivalent Unit". Wall son Kontena sex Meda lank iss.

Denn ummas *Athabaska-Höft* rum, unt wia sint wieda aufa breitn Norderelbe, entlank anna Perlnkedde gehgnüba, was die noin Bürohoisa anna Elpstraße sint, unt balt wieda zuhause am Moisetoam. Unt zum Schluss noch schnell zum Dankgoddesdienz inni Flussschiffakeache nehm'an! Aba keine Anx – wah nua Spaß ... Aba die Tua sebs hat auch Spaß gemachd, un die fümf Stundn sind „wie im Fluge“ fegangn.

Hahfnzitti

Wennu mit Fehre 62 von Noimühln oda Landunksbrückn nacha Hahfnzitti feaß, kommßu am *Sandtorhöft* fobei. Da fink in den altn Zeitn der Hahfn an, un wo jetz Speichastatt iss, wahn noch mea oda wehniga Santbenke, midda Richstette aufm Grasbrook, wo Störtebeka geköpf wordn iss unt er jetzn Denkmahl gekrich hat. Unt wenni Seglschiffe hia fobeikahm, froitn sie sich schon aufi Wiedakea! Darum heißas auch *Kehrwiederspitze* – issdoch oißast passnt füa jehmand wie mich, der nach fümmundreißich Jahn wiedagekeat is!

1887 woade hia denn die Speichastatt angelehch, füa all die Wahn, die hia ankahm: Weizn un Kaffe un Banahn un Gewöaze un Salpehta un weißnichwas füa Kossbahkeitn aus alla Herrn (un Dahm) Lenda. Unt das Besondre wah, dassas hia zollmehßich noch Auslant wah: ehm Freihahfn, unt Schmuggl wah natüch gank un gebe, wenni Schaualoide nach getahne Ahbeit nach Hause gegang sint. Un denn woadn nehman noch mea Kai'anlahgn angelehch: Santtoakai un Brooktoakai un Machdeburga Kai un Kaisa Willem-Kai un Dahlmannkai un Strantkai un alles, einschließlich Bahnanschluß. Aba so ab noinunsechzich woade denn scha alles auf Kontena umgestellt un Törminells auf Waltashof gebaut, wall die Schiffe zu groß wahn füa die Hahfnbeckn hia. Ganze Gehgnd wah denn auf eimah übaflüssich, un was massu denn? Eaßma alles an *Orienttebbiche* femieten. Da sint offmbah noinzich Protzent vonnehn Speichan voll mit.

Denn hadde Herr Böagameista Voscherau plötzlich ne Escheinunk oda Wisiohn, die hieß *Waxnde Statt*, unnu soll die Stadt inn Hahfn reinwaxn: eaßma Kaischuppm abreißn un denn alles noi baun. Haupsechlich Geschefte un Bürohs, aba auch Wohnungn –wie in den Docklents in London un Amstadam un Melbörn un übaall aufa Welt, wosi die Hahfnanlahgn nich mea brauchn: Wohnn am Wassa iss Trent, undas Ganze heiß ehm Hahfnzitti. Aba nich nua Wohn: ne noie Musiekhalle hahbm sie jezz auch, die alde genühchde wull nich mea! Un zwah inn altn *Kaispeicha* reingebaut. Zua Eöffnunk heddn sie man Händel sien Wassamusiek spieln solln. Richtich: die Elpfilamoni.

Aba wassas Wohnn anbetrifft: glaup nich, dassu da eimfach hinziehn kannz – das könn Loide wie du un ich gahnich bezahln. Brauß denn schließlich auch nochn Boot füan Liegeplatz anna Marina. Aba iss sowiso noch lange nich fettich, hass noch genuhch Zeit, um im Loddo zu gewinn! Immahin muß ich zugehm, dassi sich Müe gebn, dassas nich alles gleich aussieht.

Un fallzu dich frahchs, ob hier früa auch Menschn gewohnt hahbm: das wah tatsechlich so. Wehgn der Speichastatt woadn damahlz zwanzichtausnd Loide umgesiedlt, haupsechlich nach Bahmbek un Hamm – und das Keachspiel von Sank Kaddarien hatte plötzlich keine Gemeinde mea.

Kontena

Kontena is Engelsch un heiß „Behälter“. Aba nu stemma voa, das heiß „Behältafrachta“ – klink doch zuu komisch! Bleim wia doch bessa bei Kontenafrachta un Kontenatörminel: das iss, wo die anlehgn un umgelahdn werdn. Da gieps im Hahfn mehre von. Kontena sint meiß sex Mehta lank, das sint zwanzich Fuß. Manche sint dopplt so grohß, aba die Schtandartgröhße bleip „twenti“. Und darum rechnen sie in „Twenti-fuht-ekwiwalent“. Abgeköazt: TEU. Gesprochn: TOI. Nu weiß Bescheit!

Früa kam die Wahn aus Übasee in Secke oda Kistn. Die woadn in große Netze oda auf Paleddn gepackt unt mitn Kran ausn Laderaum gehohbm un aufn Kai gestellt. Und viele Frachda hattn denn selbs Ladeboime an Deck, füa wenn di Krehne an Lant mah nich ausreichtn. Unt die weltberühmde „Hamboaga Kai-Aufteilunk“ heiß, daß die Eisnbahnschien direck anna Kande liegn, denn komm die Lagaschuppm un denn die Lasswahgn, damit die sich nich inni Kwehre komm. Das hadduns der Führa ezehlt, alz wia noich ne Schpezeal-Runtfaht zu den Törminels gemach hahbm. Dafüa woadn denn Tausnde von Schaualoide gebrauch. Ich weiß noch, wie das im Radio nach den Nachrichtn hieß: *Morgn früh wern zusezzlich zweitausnd Ahbeizkrefde füa Entladeahbeitn benöticht. Meldunk um fümf Ua beim Ahbeizamt Apmiralitehzstraße*. Iss nu gah nich mea! Und die meißn Kai-Anlahgn werrn auch nich mea gebraucht un werdn abgebaut. Hoide komp alles in Kontena rein, und der weat schon irnkwo andas gepackt unt auch irnkwo andas wieda ausgepackt, und darum braußu auch keine Lagahoisa mea, nua Plezze wo die Kontenas vorübagehnt gestahplt werdn. Unt Ladeboime brauchn die Schüffe auch nich mea, wall das alles die Kontenabrückn un Laufkatzn machen. Iss alles fuichbah praktisch un geht viel schnella: eine Minude pro Stück, und darum sint die klein Schiffe nua pah Stundn im Hahfn un die ganz grohßn makzimal 36: da iss gah keine Zeit mea füa Reepabahn un leichde Meechens un die Hoia duichbringn un hintaher inne Seemanskeache beroin! Ringlnatz sein Kuddl Daddeldu wöade hoide soweso filipinisch sprechen (das heiß spanisch) oder malaisisch oda schinees.

Das loif so seit Ende Sechzigajahre. Un seit der Kommunismus wech iss un Oss-Orropa wieda von Hambuich fesorch weat un Schina un Korea un Japan alles hia anliefan, da buhmt unsan Hahfn. Undi Schiffe wern imma größa. Die gröhßtn sind jetschun viahundat Mehta lank, das heiß vier Fußballfelda! Und fümfzich Mehda breit. Unt fassn sechzin-tausnd Toi, un demnehst sogah zwanzichtausnd. Wennu am Ufa stehß, denksu, da featn zehnstöckign Hoisablock fobei. Richtige Monsta sindas. Unt solln noch größa werdn, aber denn reichn die Kontenabrückn ihre Ahme nich mea rüba – brauchn sie ehm auch noie füa. Unt die komm auch aus Schina. Noilich kahm n Spezeal-Transport mit fümf noie an. Unt die wahn schon fettich aufgebaut, wie sie aufm

Schiff kahm: achzich Mehda hoch – da sah die *Zhen Hua 20* direck aus wie son altn Windjamma, wie sie da die Elbe hochgesehglt kahm…

Also wia sint denn eaß üba die Köhlbrantbrügge nachn Törminel Burchardkai gefahn, am Waltashofa Hahfn: heiß CTB. Da kompsu nich eimfach so rein, nua mit Ausweiskontrolle und Sichaheizfahzoich vornewech. Iss auch festentlich: stemmavoa, jemant platziat ne Bombe inn Kontena un die geht in Panamakanal oda Suetz hoch: denn iss die Weltweatschaff füa pah Monahde lahmgelehchd. Un da sint denn die riesign Lahgaplezze, un am Kai die Kontenabrückn, unt die Laufkatzn, die imma ein Kontena zwüschn die Beine nehm, und ganz ohbm issn klein Glaskastn, da sitzt der Fahra drin. Un nun mussu dia foastelln, die Kästn müssn ja inne bestimpde Reinfolge rein, wall sie an feschiedene Orte unnawehks wieda rausmüssn, kannz denn ja nich umroim, wenn ein schon in London wieda raus soll! Iss alles kompudagestoiat unt jehdn Kastn hatne pesöhnliche Numma, un der Kompuhta weiß imma, wo inna gewaltign Halde eina liecht und denn spehda, wo er auf dehn Siebm Mean grade rumschippat! Aba der Kollege ohbm in sein Glaskastn hat noch n dickes Buch mit Din-A-4 Bledda, wo er sich nach richtn muss, wenn er Kontena Numma Sounso runtasetz.

Denn kahm noch der Törminel Altnwerda am Köhlbrant, oda CTA, wo sie extra n ganzes Dorf füa plattgemachd un umgesiedlt hahbm. Nua der Keachtoam steht noch, da wolltn sie wull kein Streit mit höare Mechde riskian! Unt da denksu denn, du biss in Zweiunzwanzichstn Jahhundat. Da fahn nemmich aufm Gelende Laßwahgn rum, die bestehn nua aus ne flache Ladepritsche: kein Fürahaus un nix. Fäängestoiat, wie von Geistahand, fahn die rum un holn sich die Kontena un bringn die zum Schiff. Unt darum stehn da übaall Sendemastn rum, denn die Singnale müssn ja rübagebracht werdn.

Nach pah Stundn solltn wia denn üba die Köhlbrantbrügge zurück zum Baumwall. Aba denn kam das dicke Ende: die wah gespäärt. Unt warum? Wehgn Rattfahran! Nommahl döafn die nich üba die Brügge, aba wah Stäänfaht nachn Dammtoa aus alle Himmlzrichtungn. Gehgn Fekea unt füa die Rattfahra unt füa Klima unt gehgn Kohlnstoff. Unt gehgn globahl, aba füa fean Handl, unt was sonz nich alles. Binnich ja auch füa im Prinzip. Aba wenn dann sogah der Elptunnl zu iss! Gotzeidank ginkas nach na halbm Stunde weida. Da wah die Welt denn wieda in Ortnunk.

Hahfmmusejum

Zwah weat seit fümfzich Jahn fast alle Ladunk in Kontenas vesteckt, aba im Hahfnmuseum kannzu noch sehn, wie die Knochn'ahbeit füa die krissliche

Seefaht im Hahfn früa ausgesehn hat. Das iss am Hansahahfn, Auschtraliastraße im ejemalign Freihhahfn. Die Helfte von Schuppm 50 is noch in Betriep. Die annare Helfde is Depoh füas Musejum un Ausstellunk mit Hahfnmotiwe un Gerete ausn Ahbeizlehm, und ne „Kaffeklabbe“, wo du Kaffe un Knackwuss kriegn kanz. Und zwei junge Dahm spleißen Drahttrossn füa den altn Windjamma *Peking*, die inna klein Wäaft in Wewlsfleet foazeichbah gemacht weat. Dassiss echt Schwea'ahbeit wie das meiste im Hahfn.

Aba das Intressanteste is außn am Kai, wo sie nachunnach alde Schiffe ansammln un wieda auf Zack bringn. Alles ean'amtlich von pangsioniate Injeniöre, Schlossa un andre fewandte Berufe. Mein Vedda Harro hadda auch mitgeweakt. Den altn Schwimmkrahn *Saatsee* von Musejumshahfn Neumühln hahbm sie schon rübageschaffd. Von außn siessu gahnich, dass inn drin die Mannschaft unnagebracht wah, und unta was füa schwierige Umstende die da geahbeidet hahbm. Denn liegn da pah Hahfnfazoige, die man noch nich ankuckn kann. Un das Glanzstück is die *Bleichen* die zwüschnduich *Old Lady* hieß un im Schwahzen Meer Schrott gefahn hat. Die is n Stückgutfrachda, Baujah 1958, 94 Mehda lank. So roh, wie die noch aussieht, kamman gahnich glaubm, dassie wieda im Hahfn rumfeat. Tuzi aba, un du kannz sogah mitfahn.

Besondas intrissant fantich aba *Sauger IV*. Das issn „Schutendampfsauger“ von 1909. Schute heiß, dassi kein eichnen Antriep hat, sonnan am Bestimmunxort geschlepp weat. Früa hahbm die Eimerbagga den Sant ausn Elpgrunt gebaggat un in Schutn gefüllt. Die woadn denn nachn Aufspülgelende geschlepp, und da wahtete denn schon der Sauger. Hat ein Rüssl in die Schute gesteckt un die annan aufm Spülfeld gehenkt un los. Hat bis noinunachzich noch Dienz getan, mit ihre Damfpumpn. Jezz kann sie wieda, aba nua alz Voafürunk. Hadde bis 13 Mann Besazzunk, un untn siedas aus wie inne Schlossawääkstatt. Falz ma bei der Ahbeit was kaputtgeht.

Hahfngeboaztach

Hahfngeboaztach klink wi Kindageboaztach mit Kaukau un Topfschlagn. Pass doch eintlich nich füa ne seriöse Feanstaltunk! Hat nemmich mah alz „Übaseetach“ angefang. Den gieps auch noch, aba mea als Auftack in fein Zwean. Weat feanstaldet von Fe'ein Hamburga Expottöre, beziunksweise von Übaseeklubb. Seit 1922, wahne Idee von Bankjeh *Warburg* zoa Flege der internatzjonahln Bitziungn im Intresse von Handl un Wandl. Issne tradizionelle Fessfeanstaltunk in Amsinck-Paleh, won nomahln Böhrga nich reinkann. Is auch gut so: solln die Feantwottlichn sich man gehgnseitich ihre wehchweisnde Redn haltn, steht sowiso nehstn Tach im Ahmblatt unt in Intanett. Da könn wir denn von Böagameista *Voscherau* (Gott habbihn seelich) was lern üba *Weltoffenheit, Toleranz und nüchterne praktische Tüchtigkeit der Stadt Hamburg, ihr ehrbares Gewinnstreben und ihr unverkrampftes Verhältnis zu internationalem Wettbewerb.* So kammanz auch sahgn! Wusstn wia schunn, seit Kaisa Barbarossa uns bestehticht hat, dass wir zollfrei im- un expottian döafn unt keina uns bei stöan dahf. Angehplich siebten Mai elfhundat noinunachzich. Di Uakunde wah zwah speta gefelscht, güldet aba trotzdem, wall die eaße angehplich inni Grabbl gekomm wah.

Aba nu iss richtich Folxfest – Dom dreimah im Jah und Schlagamuhf un Hahli-Dehs un Kruhs-Dehs un alles iss wull nich genuhch! „Größtes Hafenfest der Welt“ – na'unt? Nommahle Ewaxene gehn da sowiso nich hin: iss mea für Turistn, Saufköbbe, Juhntliche un Famijen mit klein Kindan. Iss ehbm doch ne Aht Kindageboaztach! Nagut – gehpja zu, dassich die grohßn Sehchla imma gään seh, die denn mah bei ihre Kusine *Rickmer Rickmers* fobeikuckn, die in Hahfn aufn Altnteil sitz. Un da werfn wia denn fleich doch mahn Blick auf. Indem wir eimfach mal Fehre 62 von Noimühln bis Elbfi nehm un ganz zufellich die *Kruzenshtern*, die *Mir* un die *Sedov* fobeipassian... Un da nehm wia denn auch gään zua Kenntnis, dassi Staazmacht auch nich schlehf un Wassaschutzpullizei un Grennschutz un Küstnwache un Krießmariene imma opn Kiwief sint! Undi schmucke weiße Senatsbackasse *Scharhörn* dahf auf ihre altn Tage auch nochn büschn die Luff fepestn!

Auswandara

Cap San Diego, die am Baumwall liech, kennzu bestimp. Iss nich nuan Schiff, dassu von ohm aufa Brügge bis tief untn im Maschienraum besichtign kannz, sondan enthält achtan auch ne besondre Austellunk: „Ein Koffer voller Hoffnung“. Das geht um die fümf Milljohn Auswandara, die üba Hambuich ausgewandat sint – mit nix alzn Koffa. Unt wiech mah Besuch aus Auschtraljen hadde, wahdas ne gude Gelehgnheit. Mein Juhntfroint Karl-Heinrich iss nemmich foa üba fümfzich Jahn selba aus Hambuich ausgewandat unt sein Irene noch lenga her. Aba sein Froint Kerry iss nich pesöhnlich ausgewandat (sondan seine Grohßeltan) unt auch nich aus Doitschland (sondan aus Irland) un Janice iss aus Noiseelant ausgewandat, aba nua ehm rüba nach Sydney – nua zweitausend Kilomehta: ischa gahnix im Fegleich. Unt Karl-Heinrich pä Fluchzeuch, aba Irene mitn Schiff. Aba nich aus Hambuich, sondan aus Litaun gleich nachn Kriech, un denn duich Doitschlant un denn von Neapl ab pah Monahte auf See. Alles fuichbah komplezeat, aba so wah das ehm mit den Auswandraschicksahln. Unt foa hunnatfümfzich Jahn wah das nich annas. Da kahm sie aus Schwedn un Denemark un Finnlant un Pohln un Russlant un Rumenien un Ungahn un Schechoslowahkei (wah damahls noch Östareich) un natüch aus Doitschlant, undi meistn gingn nach Amerika.

Und manche wahn fefojcht – alz Demokrahtn, alzas 1848 midda frietlichn Rewoluhtschohn nich geklapp hadde, oda alz Juhdn, wenn die Russn oda Pohln mah wieda was gehgn sie haddn. Oda eimfach wehgn Not un Elent un Ahmut un Hunga. Wöade man hoide Weatschaffsflüchlinge zu sahgn, un vieln Dank, brauchn wia nich, kannz nua rein, wennu ne Bescheinigunk haß, dassu n staatlich anekanntn Staatsfeint biss un wehnsts n pah Narbn foazeign kannz.

Un in Laderaum vonna CapSan haddn sie denn Bilda un Dokumente un Figuan-Arrangjemangs vonnehn Zustendn in ihre Heimahtn unt denn an Bort in Zwüschndeck ausgestellt: das roch richtich muffelich, wall sie da Holzwende eingezohgn haddn. In Hambuich innehn Lagan foa der Appfaht ginkas ja noch fass, da woadn sie büschn bessa behandlt, wah ja auchn Gescheff füa die Beteilichtn. Un woade direck füa geworbm: kommsie doch unt wandan Sie biddeschön üba Hambuich aus (un nich üba Bremahahfn)!

Unt wennsi denn entlich nach Wochn im Zwüschndeck drühbm ankahm – das happ ich mir auch ma angekuck, alzich zufech in Nujork wah. Da kahm die meistn eaßma nach *Ellis Island,* wosi denn wehnzns schummahn Blick aufas Gelohpte Lant hattn. Da woadn sie denn eaßma übaprühft: opp si auch genuch Gelt haddn un nich geschlesskrank wahn oda ferrückt unt keine Kommunistn. Unt manche haddn nich genuhch Gelt oda wahn tatsech geschlesskrank oda ferrückt oda fleich sogah Kommunistn, und die hahbm sie denn auch gleich mitn nehstn Schiff wida zurückgeschickt. Hoide issas n Musejum, wo das alles ekleat weat. Feaß mit ne Fehre hin, fobei anna Freiheizschtatue. Die Besucha sint empweda Turistn oda Amrikana, die ma sehn wolln, wo iare Foafahn ian eaßtn Fuhß an Lant gesezz hahbm.

Un diese Amis und Aussies und Kanader wolln wia jezz auch anlockn. Die wolln doch bestimp auch wissn, wo ire Foafahn in See gestochn sint! Dafüa haddi Stadt nu auch aufa Veddel, wo die Untakümfte wahn, n richtiges Auswandaramusejum gebaut. Heiß *Ballinstadt*, nach dehn Direkta vonna HAPAG, die das mah als Kwatia gebaut hat, wosi denn auf die Hapag-Damfa gewahdet habm. Iss aba nix von nach gewehsn, darum hahbm sie n pah Geboide wieda aufgebaut. Aba wer weiß: Fleich mussi Stadt in hundat Jahn denn auch mah wie auf Ellis Island n *Ein*wandaramusejum baun! Füa unsre eichnen Einwandara. Die heißn jetz aba Flüchtlinge oder Geflüchtete oder noiadinx *Zu*wandara.

Affi

Als Kint happich mich majchma gewundat, wennich was von „raffiniatn Zugga“ gelesen happ. Soll aba nua „gereinicht un weißgemachd“ heißn, un das machn sie ehm inna Raffinarie. Aba was is denn dann nu wieda ne Affinerie? Das wollten wia denn mit den Senioan vonna Gewääkschaff Verdi rausfindn unt sint zur Affi gefahn, was eintlich Norddoitsche Affinarie heiß. Die iss aufa Peute-Elp'insl un kommsu üba Veddel hin. Also, die Affi iss ganz eimfach ne Kupfa-Hüdde. Hüdde ischunn wieda son Wort, das nich paßt: iss nemmich ne riesige Febrik-Anlage von ein Kwadratkilomeda Fleche! Am Müggenburger Kanal. Kannz auch an sehn, dass Hambuich nich nua Handl un Wandl un Dienzleisdung iss, sondan auch die größde doitsche Induschtriestadt. Unni Affi hat üba zweihunnat Jahre Tradizjohn – und deswegn auch ne Tradizjohnsfahne.

Eaß mußtn wia uns n langn Foatrach anhöan, wie erfojchreich die Fehma iss un Numma zwei in Orropa un wie umweltfrointlich, un sie bildn massnweise Lealinge aus, und foa alln auch viele ausn Migrantnbereich. Un denn gings runt, eaß mitn Bus un denn zufuß. Also Affinarie heiß, Metall weat von andre Materialijen appgetrennt. Originalzustant iss ne Mischung aus Kupfa, Eisn un Schwehfl – 30-30-30, un büschn was dazu. Das heiß Kondensat un is sechzich Pozent vonna Ausganxmasse un komp haupsechlich aus Sütamerika, besondas aus Schile. Das weat hoide schun in Bruhnsbüddl umgelahdn un dann in Schuhtn heagebrachd – die Schuhp-Febende fahn runt um die Ua, damit das kein Lealauf giep. Da werdn denn eaßma Pladdn aus gemacht von viahundatzwanzich Kilo, Größe ungefea ein Meta mahln Meta. Die heißn Anoden, unt wennu in Füsiek aufgepassd haß, denn ahnzu schun, was komp: die werdn inn Wassabad gehenkd, Strom duichgeleided, un nach drei Wochn kannzu das reine Kupfa appkratzn, mit 99-Komma-995 Pozent – nachn altn doitschn Reinheizgebot. Das sint dann die Katodn. Unt untn iss der Anodnschlamm, und da iss denn büschn Golt und Silba un Platin drin, un dass iss denn hübschn klein Nehmfedienz. Das Ganze heiß Elektrolüse. Un ein Haus weida iss die Gießwalzdrahtpresse. Da wird das Kupfa nochma gekocht und in Draht von acht Millimeta gezohgn. Un denn noch die Stranggußpresse für andre Formate, was ehm der Kunde so will. Zum Beispiel wenn der Michl n noies Dach braucht.

Fitzich Pozent is Kupfaschrott un weat gerizeiklt. Also nix wechschmeißn! Weat alles gebrauchd – Kupfa steck praktisch üba'all drin, fümmunzwanzich Kilo allein in jedn Audo, un erßma in Elektronik un alles! Unt natüch in jedn Kahbl, wall Kupfa so gut Strom unt Wääme leidet – iss ehm n intelligentes Metall, meint die Affi. Weiß ich aba auch nich, was das heißn soll. Die Schrotthendla komm da gah nich nach mitn Bedahf, und denn komm noch die Schinesn un die Inda mit ihre waxnde Induschtrie un kaufm alles auf. Also

Kupfa iss inn, un die Preise ziehn an, und wia solln alle n pah Axien kaufm, die bringn mea als jedes Spahbuch! Gut füa den Nachschuhp wah, dass der Oiro gekomm iss: auch wenn in dehn altn Fennign haupsechlich Eisn wah, aba die Lire aus Italien, üba die alle imma gelachd hahbn: reines Kupfa! Un die Affi hat zwanzichtausn Tonn gekaufd, fallzich das richtich festandn happ.

Das Ganze koss natüch Strom, unt wenni Strompreise steign, ergat sich der eine Kabbitalist üba den andan – das sint denn so die berühmtn Widasprüche im Kabbitalismus! Un Doktor Marnette vonna Affi nimp da kein Blatt foan Munt unt geht auch schummah zum Grünkohlessn vonna SPD, wenn Münte komp. Happich seps gesehn. Unt deswegn baut die Affi sich jetz ia eichnes Kraffwääk un kaufd alles ausn Gelbn Sack auf, was man nich rizeikln kann un febrennt das als Müllkraffwääk. Fint der Nabu zwah auch nich gut, aba sint auch wieda Ahbeizplezze, auch wenn wia alz Verdi da nich füa zustendich sint. Sondan IG Chemie, oppwohl das ja um Metalle geht. Das soll einn nu festehn. Fotografian doaftn wia leida nich, ich nehm an wehgn Schpionajegefah – die Schinesn schlahfn nich! Nua beida Hummel-Figua aus reinn Kupfa (die is in fümfzinn Jahn femutlich grün) haddn sie nix dagehgn, und auch nich bei dehn schinesischn Drachn, dehn die Leawerkstatt gebaut hat: dehn kenn die Brüda nemmich schunn vonnehn Schinesischn Wochn lezzes Jah …

PS
Wennu nu die Affi suchn gehß, denn weaßu entoischd. Die finzu gahnich; heiß jezz nemmich annas. Un zwah *Aurubis*, das soll rodes Golt heißen. Hat aba weniga mit Po‘isie zu tun, as wie mit gescheffliche Feheltnisse: Nachdem sie ne belgische Feama geschluck hahbm, mußte n noin Dachnahm her. Wie bein Schokoriegl: „Raider heiß jetz Twix...“

Bietsch

Strant hahbm wir ja einign anna Elbe. Von Noimühln an appwääts bis Schulau, außa wo Böschungn mit Steine und Schlaggn außa Affi aufgeschüddet sint. Dann die Elpsände, wodu nua mitn Boot hinkomms, un früa auch die Insln in jetzign Hahfngebiet. Daschunn lange hea, abba jetz komm Strant wieda zuhn Foaschein, wo Hahfnanlahgn abgebaut sint wie die ejemahlige Doitsche Wääf gehgnüba von Landunksbrückn. Intrissant zu sehn, wie da büschn Stück Netua sich unta de Wääf festeck hadde un sich nu auf eimah wieda ans Lich traut.

Aba jetz hahbm wir auch Bietsch. Bietsch iss nich gleich Strant: Strant is ja, wo Welln an leckn un denn auch Ebbe un Fluht ia Spielchen treibm. Bietsch is, wohman unta Palm sitz un Keipiranja trink oda Wolliball spielt. Bietsch is eimfach pah Tonn Sant hingeschüddet, pah Liegestühle aufgestellt, Plastikpalmm inni Ääde gerammt, Sonnscheame, Tehke, un fettich is dä Bietschklupp. Sowas hahbm wia nu sechs Stück am Hahfnrant, von Aldona bis Hammabrook. Da iss Heileif mit Parti un Dröhnunk un Techno un Hipphopp un Hause un Fank, was die jungn Loide von der Spaßgeneratzjohn unt ihre Partizehne ehm so auf stehn. Aba offm iss nua im Somma (*Strand Pauli* noiadinx auch in Wintamantel statt Bikini). Spehta, wenn Stoamfluhtn komm, mussa Sant wech sein, sonz gieps Erga. Stelldirvoa, dass weat alles inni Elbe gespüült: Muß ja stendich der Bagga ran, damit die Kontenaschiffe kein Gruntberührunk hahbm. Guht dassi Palmn gehgnüba von Blohm-un-Voss aus Plaste sint. Müsstn sonz ja inz Wintakwahtia, damit si nich efrian.

Wennu mich fraachs: allns Kramf. Aba hat auch sein Guhtiss: Denn gehn wehniga anni Strende von Öhwlgönne bis Wittnbergn. Unt wia hahbm büschn mea Rue voa Grillduft, Koffaradio un Biergesenge. Wenn si aba denn wieda pah Tonn Sant aufn Rathausmahk schüddn unt um n Bietschwolliball-Kapp baggan, dann fint ich, sie solln die Bannmeile scherfa anwendn. Ischa ne schlimmare Belestigunk vonna pallamentarischn Dimmokrati alz ne Bauwahgndehmo von Bambulefeein.

Stoamflut

Alzich voa pah Jahn inni Elpneje gezoghn bin, dachtn meine süddoitschn Froinde, ich steh balt unta Wassa. Die haddn noch das Elbehochwassa von 98 im Kopp, das damahlz die Regierunk geredded hat, wehgn Tatkraff un Böaganeje un Platzek in Gummistiebln aufm Odadeich. Aba eaßns kahm das von ohbm außa Schechei un hatzich bis hia untn lenks innehn Wiesn felaufn. Un zweitnz is das Elpuhfa hia, wojch wohn, fast vitzich Mehta hohch, un außadehm pah hundat Mehda lanteinwääz. Unt Stoamfluht komp ja von untn die Elbe hohch un kann schummah pah Mehta üba Nommal-Hohchwassa sein. Aba gieps natüch nich alle Tage.

Un nich bei alle kompass zune Flutkaddastrofe wie zweiunsechzich, wo üba dreijundat Loide ums Lehm gekomm sint. Damahlz habm wia in unse Schtudentnbuhde fümfhunnat Kilomehta emfäänt annehn Lautsprechan gehock un das Drama mitfefojcht. Danach hahbm sie denn ja Hochwassaschutzmauan gemauat un die Deiche höa gemacht un Spääwääke an den Nehmflüssn. Un was komp dabei raus: Fluhtn steign noch höa, wall sie sich nich mea inni Wiesn felaufn könn. Inna Statt weat aba weniga übaschwemmt, un Rathausmaakt steht denn auch nich mea gleich unta Wassa. Secksunsiebzich wah fastn Mehta höa als Zweiunsechzich, aba iss nich mea viel passiat. Kannz in Toiflsbrügge noch sehn, wo sie an son Fahl beide Markn angebrach hahbm.

Aba jehdn Herps un Früjah komm reglmeßich Warnungn übas Radijo: *Hoide weat das Morgnhochwassa anna doitschn Nortseeküste un das Nachmittachshochwassa in Brehm un Hambuich zwei Mehta üban nommahln Hochwassa eintrehtn.* Un denn gehn wia majchmah hin unt kuckn zu. Fleich loif ja doch mahn Kella voll, un denn könn wia n gutes Werk tun! Aba nee, und wenn denn iss die Foiawea soweso schnella. Wissn ja auch schon fohea Bescheit! Schlimmssnfalz müssn denn in Noimühln unt aufm Sampauli Fischmahk pah Audos ausm Wassa gezohgn werdn, wo die Loide ahms keine Nachrichtn gehöat hahbm.

Aba noilich wahs denn doch mah soweit. *Hoide weat das Morgnhochwassa* – un denn binnich hin zuhn Fischmahk. Da haddn sie mitn grohßn Eisentoa den ganzn Fischmahk appgerieglt, dassas Wassa nicht nach inn loif. Aba die ejemalige Fischauzionshalle stant natüch dreivittlmehdahoch unna Wassa, aba di kenn das schunn, un in den Bürohaus anna Elpstraße haddn Schott nich richich geschlossn: Wassa in Kella un Pahkett fesaut. Fäänsehn wa natüch auch da: Reporta mit Gummistiefl in Wassa, dassas büschn nach was aussieht: hedda genauso gut am Ufa machen könn! Pah Audos musstn sie noch rausziehn – die haddn wull nich aufgepass! Aba sonz iss nich viel passiat – hahbm ja schunn Übunk dadrin! Wah zwei-meda-achunsechzich üban mittlaren Hochwassa.

Moses

Alz Junge haddichn Buch (das heiß, ich happas hoide noch), ne Oginahlausgabe von 1911: *Was ein Schiffsjungentagebuch erzählt.* Von ein gewissn *Hans Bötticher*. Da ezehlt er, wie er 1901 von Saxn nach Hambuich gekomm iss und denn in Hambuich aufa Dreimass-Bahk *Elli* angeheuat hat un denn alz Moses n Törn nach Middlamerika mitgemach hat. Moses? Moses is der Schiffsjunge, sozusahn der Lealink an Bort. Iss füa alles un nix zustendich, wie das bei Azubis ehm so is. Und damahz aufn Sehglschiff wah das natüch eaß rech kein Zuckaschleckn, ganz untn inna Hiraschie und Haue gahps gratieß. Darum wollde er in Belize in Middlamerika auch apphaun, aba denn hahbm sie ihn geschnapp un er mußte wieda an Bort. Unt wenna nich in Liverpool abgemustat hedde, denn wea er femutlich Leichmatrose gewordn, denn Vollmatrose, und mit Glück und Wellnschlach fleich auch eankwann mah Kaptein. Aba er hadde eaßma genuch vonna krisslichn Seefaht; un denn issa doch „als Mariner im Kriech“ gefahn, vitzinn-achzinn. Unt da hadda auchn Buch üba geschriem – unta ehm den Tietl, un da nannte er sich *Gustav Hester*...

Warum der Schiffsjunge Moses heiß, da giepas feschiedene Ansichtn üba. Manche mein, das komp von Spanischn, da heiß nemmich „mozo“ Boasche. Andere mein, das komp, wall Moses außa Biebl der jünkste Schiffer aller Zeitn wah. Woso? Walla doch als Soichlink inn Schehfkörpchen aufn Nil rumgeschippat is, bis Farajohs Tochta ihn gefundn hat! Hoide wea das kein geflochdenen Körpchen mea, sondan ischa allnz aus Plastik. Un tatsech happich noich ma am Elpufa sone blaue Bebi-Badewanne gefundn! Da happich mich denn gefrahch, op da fleich auchn zukümftign Moses dringelegen hat, der denn fleich aufn Kontenaschiff als Schiffsjunge angehoiat hat. Oda sich in Laderaum fekrochn, als blindn Passajia. Aba kannz ma sehn: nommahl hedde sein Mudda ihn hoide inne Bebiklabbe abgelehcht, unt er hedde gah keine Schangs gehabt, Moses zu werdn, unt hia anna Elbe lassn sie ihn denn gleich paddln! Könntoch sein und wia höan eines Tages von ein, der mit noie Schrifftahfln ankomp un pah noie Gebohde fekündet: *Du soss die Elbe nich fetiefn* (ohne Riesndamfa gehtas auch) oda *du sossi Volksbefragung ärnz nehm* (unnas undimmokratische Wahlrech ändan) oda *du soss aufi Richda höan* (unni Finga von Rohsngahtn lassen – ohne Eabuss-Frachwäsion-Landebahn-Felengarunk gehtas auch)...

Hans Bötticher is ühprinx spehta denn noch ganz bekannt gewordn. Aba da hadda denn anders geheißn: Joachim Ringelnatz.

Alda Elptunnl

Möchsma mittn in Hambuich sein un in fümf Minuhtn im Auslant? Unt im Audo sitzn un Fahstuhl fahn? Un denn unta der Elbe duichfahn? Kannzu alles hahbm. Muß blohß bei den Landunksbrückn zuhn Altn Elptunnl fahn, zwei Oiro zahln (Fußgenga un Radfahra umsonz), un das geht lohs. Wie voa hundat Jahn: wahjane Sensatzjohn alza Elbtunnl 1911 direck in Freihahfn gink. Alladinks, Audos gahpas da nich viel. Wah mea füa Werfahbeita un Schaualoide un Ferdewahgn.

So wah das bis 2013. Denn hoide is drühm gah kein Ausland mea. Den Freihafn hahbm sie nemmich nach 124 Jahn aufgelöst, wallas inna EU kein Zoll mea giep.

Von außn könnde das auch ne Aht Eanhalle sein: Santsteinblöcke un griechischn Portikuss un grüne Kubbl wi beim Pantion in Rom (is aba zuzeit braun von frischgemachtn Kupfa). Drei Fahstühle, jehdn füa zwei Audos. Fuhßgenga hahbm n eichnen Fahstuhl, könn aba auch auf ne Trebbe runtagehn. Un denn viahundatsecksunzwanzich Mehta unna die Elbe duich. Üba dia hassu nua secks Mehta Erde un dann kommti Elpsohle un denn dreizinn Mehta

Wassa. Hahbm si orntlich hüpsch gemach damahlz: annehn Wändn glasiate Kachln mit Hahfn- un Seemotiewe: Fische un Schahlntiare un Delfine un - - - un Rattn die in olln Stiebl rumkriechn! Eine Röhre hin, eine zurück. Unt wennu drühbm ankomps, feaß wieda hoch un denn waßu früa ehm zollmehßich schunn inn Auslant – aba da iss gah nix. Hass ja nix zu verdeklarean un auch nich umgekeat: nich so wie früa wodi Schauerloide in ian Zamplbüdl Kaffebohn haddn, als „Kanicklfudda". Und wenn der Grüne denn frahchte: das soll Kanicklfudda sein, sahch Hein: wenn se dat nich möhcht – wat anners kreegt se nich. Die Gegnt sieht hoide ziemich leer aus – keine Werftn mea, un Fracht geht allns üba die Kontenatörminells. Un da kommsu leichta hin, wennu den noin Elptunnl in Ohtmarschn nimms unt übadi Köhlbrantbrügge feaß. Undi Fean fahn ja auch noch.

Musejumshahfn

Hambuich hat ja imma vonna Schiffaht gelehp. Unt meiße Zeit wahnas Sehglschiffe. Mussia foahstelln: monahdelank ünnawehgns, denn komp entlich dä Loichtoam von Noiwääk in Sich, un denn braußu imma noch pah Tahge, bissu di hundatzwanzich Kilomehta nach Hambuich hinna dich gebrach haß. Auch wenni Fluht hilf: bei Osswint kroiz man doch gut un gään drei Tahge gehgn an. Määkwöadich, Dampfschiffe giepas nu seit zweihundat Jahn, aba Sehglschiffe woadn noch bis in Zwanzichstn Jahhundat gebaut. Un ich mein Ahbeitschiffe, nich blohß Jachtn, zum Beispihl die Grohßsehchla vonna Fleiing Pi-Lein oda Fischkudda inna Nortsee un Ehwa aufa Elbe. Hoide kannzu nua abbunzu mahn Ehwa aufa Elbe foa Finknwerda fischn sehn. Alz wir klein wahn, kannde mein Vadda n Ehwaführa, der aufa Elbe sein Rewia hadde. Unt einmal sint wir denn mitgefahn, von Aldonah Fischareihahfn bis Glückstatt. Wolltich imma mah wieda machn, aba dass geht nu nich mea, höhstns ma mitn Musejums-Ewa.

Denn wennu hoide n Ehwa aussa Nehe sehn wiss, mussu nachn Musejumshahfn von Öwlgönne gehn. Da hahmsi siebzinn Schiffe un ein Eisbrecha. Un wenn Tach dä Offnen Luhke iss, das heiß Lange Nach der Musehn, denn güldet das auch füan Musejumhahfn, un denn kannzu die Schiffe besichtign unt mit einige auch mah pah Minuhtn fahn, aba dascha denn nich das. Wir sint denn ahms nacha Keache ma hin – aba nich wassu denks, wia wahn nich zuhn Goddesdienz: wah Konzäät mit Tedejum alz Noie Musiek. Und das auf nüchtan Mahgn.

Un da laach denn zum Beispihl Ehwa *Elfriede*, die gehöat den Altona'a Musejum. Hundat Jahre alt, aba schunn ganz aus Eisn, mit ein Mass un

Seitnschwerta un flachn Bohdn. Issn Foateil, wennu inni klein Elphehfn wiss: wehgn künzliche Elpfetiefunk feschlickn die imma mea, un mitn Kielboot kommssu da kaum noch rein. Hoide issas ne Kru von vier Mann beziunksweise Frau, die den alz Freizeit fleech un sehglt. Unt Laderaum iss nu Aufnthalzraum. Aba kannz noch sehn, dassas mahn Ahbeitschiff wah un keine Lucksusjacht.

Eine Stuhfe üba Ewa iss Kudda. Da liechtn guhtn altn Finkwarda Kudda, heiß deshalp denn auch *HF 294*. Hat aba auch nochn böagalichn Nahm: *Präsident Freiherr von Maltzahn*. Das ischunn richtign Schiff, mit zwei Mastn un dreiunzwanzich Mehta lank un dreihundatzwanzich Mehta Sehglfleche. *Elfriede* hat nua zweiunsiebzich und iss fümfzinn Mehta lank. Laderaum iss jetz für Loide statt Fische eingerichdet, das heiß Kojen un Sitzegge un Pentri un Nawigazjohnskamma. Aba da iss hoide auch nich mea alles wie früa: füa Sextant braußu jahn Horizont unt Ge-Pe-Ess funzoniat auch in Nehbl. Kannzja hoide nich mea feantwortn, dassu dich fefeast, un denn geht fleich noch Kuntschaff üba Bort! Kannz nemmich auch mietn füa Betrihpsfeste oda silbane Hochzeit. Der Kudda ischun richtich sehgengich, unni Nortsee macht ihn gahnix. Dehn hett auch Klaus Mewes genomm, wenn Gojch Fock mah wieda "Seefaht is Noht" geruhfn hat un he dat Öltüüch antreckn mutt.

Un denn sinna noch nosstalgische Damfschiffe: Hahfnschlebba, Backassn, *Foiaschiff Elbe Drei*. Aba wia habm unz Eisbrecha *Stettin* angekuck, schwaaz, mit rundn Rumf, dassas Eis ihn nicks tuhn kann. Zweiunfümfzich Mehta lank un zweitausnd zweihundat Pe-Ess unna die Haube. Iss eaß seit einunachzich in Pangsiohn un macht noch Hobbifahtn. Baujah dreiundreißich, unt weat imma noch mit Kohle befoiat. Die kommp ganz stielech aus Obaschlehsien. Weat hoide allns eanamplich duichgefüat, undi die Hobbimatrosn müssn denn auch imma ran un Kohln schibbn. Entschprechnt mussu aufpassn, wennu dehn Maschihnraum besichtichst, sonz mussu hintahea Toledde suchn zuhn Hendewaschn. Gotzeidank giepas hoide auchn Dahmkloh: früa galti eisanne Rehgl: Frau an Bord brinkt Unglück. Un denn brauchte man ja nicks füa kleine Mehtchen. Ganz ohm iss Brücke, allns soliede in Holz geahbeidet, mit manuelln Maschientelegrahf unt alles, Kahtnraum füan Singnalgass, un freie Sich aufi Eisbääge... Aba wia sint ein Stock tiefa nach Fiete sein Reich: kleine Bah, wohdu Bia trinken kannz oda Köhm, un dazu kaltn Schweinebrahtn mit Broht. Umsonz, aba klein Spende weaht nich appgewiesn. Unt wennu Aptiet auf Katofflsupp haß, geht Fiete nach untn nacha Kombühse un holt ne Terrine.

Un so binnich doch noch zu mein Ahmbroht gekomm. Aba das wah denn schunn nach Middanacht.

Achso, inna Hahfnzitti giep das jetz auch nochn Tradizionsschiffhahfn, im Santoahahfn. Da iss auch imma mal „Open Ship“, wennu mah büschn Tradizion spüan wiss. Un Harrys Hahfnbasah iss da auch.

Hahfnbasah

Diese Geschichde fenk trauriga an, alzi aufhöat, denn Karin Rosenberg is mittleweile auch gestorbm und ihr junge Tochta konnde das nich weitafüan un Dokta Boos, der das dann gemacht hat, is auch junk gestorbm. Aba Caro mit ian gemeinnützign Froindeskreis haddas nu in historischn Schwimmkran „Greif“ im Musejumshafn am Santoa-Kai unnagebracht.

Aber nu eaßma, wie das wah! Herbatstraße auf Sampauli kennt jeda, wo an beide Endn graue Stahlwende vor sint, damit keine Juhntlichn sich dahin fe'ehrn un fleich fedorbn werdn (oda Fraun, die fleich Konkorenz machn wolln). Aba da giepas auch noch Straßn, die heißn nach andre Nahm: Friedrich un Balduin un Erich – die sint ea unaufellich, außa Ecke Erich un Balduin: da iss nemmich Harrys Hafenbasah! Ekennt man schunn annehn Giraffn di voa der Tüa stehn, wenn auf iss.

Innehn altn Zeitn, wenni Seeloide nach Monahtn auf See nach Hambuich kahm, wahn die eaßn Schridde imma nacha Bernhard-Nocht-Straße in Sampauli. Da hahbm sie denn fekauf, wassi in alla Herrn Lenda aufgetriehbm haddn. Brauchtn ja viel Gelt auf Sampauli, un das krichtn sie denn von Harry Rosenberg. Hoide komm nich mea soviel, denn auf son Kontenariesn ahbeitn ja grade ma zehn Mann, un die komm gahnich mea nach Sampauli. Un Harrys Gescheff geht denn auch nich mea so guht. Iss auch gah nich mea Harrys, sondan sein Tochta Karins. Und denn mußte sie auch noch pahmah umziehn, wall die Mietn imma toira woadn. Da hahbm denn pah Loide von eingeschriebenen Froindeskreis mit angefaßt. Hahfn un Sampauli iss lenks nich mea, wassas mah wah, aba büschn Nachbahschaffsheefe giepas denn doch noch.

Eaßma mussdest du zwei-fümfzich (hoide fümf) Eintritt zahln – issja auch wien Musejum. Un denn sießu in zwanzich Roim, einschließlich Kella, enk aufgestellt un bis anni Decke, mit nua schmahle Genge zwüschn, afikaansche Maskn un Schtatuen, aus Holz un Ton un Goltunsilba, außestopfte Tiere unt nachgemachde (oda fleich auch echde?) Schrumfköpfe, auch Gemehlde un Musiekinschtrumente, Tauwääk, allalei seemennischn Krimskrams, auch viel exotischn (un erotischn) Krempl, angehplich einunachzichtausend-zweihundatdreiunachzich Stück – „kannz ja nachzehln, wennu das nich glaups!“. Siet aba sogah noch nach mea aus. Unt wennu was füa zehn Oiro kaufs, weat Eintritt teilweise angerechnet. Ich happn klein indonehsischn Buddlschipp füa sechs-fümfzich genomm. Un wennu füa dein Schungl-Pahti mahn ausgestopftn Leopardn brauß, konntestu den auch bei Karin Rosenberg auslein. Aba Karin wah auch midda Zeit gegang: du konntest di Sachn auch im Intanet bestelln. Ohnedehm könntas Gescheff kaum übalehbm, meinte sie.

Aba nu iss Ende-gut-alles-gut. Estaunlich, wie geroimich son Schwimmkran unta der Wassa'obafleche iss! Da stehn nun die intrissantestn Sachn (insgesamt sintas nu üba dreihunnattausnd) drinne. Dassas nu nich mea in Sampauli iss, sondan inna Hahfnzitti, hat fleich auch sein Gutes: Im Tradizonsschiffhahfn komm femutlich mea Loide fobei als inna unscheinbahn Nehmstraße in Sampauli. Unni uasprünglichn Liefarantn, die Seeloide, komm sowiso nich mea nach Sampauli. Aba auch nich inni Hahfnzitti. Was solln sie da auch!

Kaffeklabbe

Inna gutn alt Zeit... als der Hahfn nochn Hahfn wah und nich nua n Kontenastahplplazz. Als noch dschehn Morgn annehn Landunxbrüggn Tausnde von Werf'abbeitan un annre Beschefftichde inni Backassn stiegn un nach Steinwerda übagesetz sint – da gab das denn in viele Lagerschuppn ne Ecke mitn klein Schalda zur Küche, wo du füa wenich Geld wassu fuddan kaufn konndest, wenn du kein Muddi haddest, di dia deine Feflegunk in ein Henkelmann oda „Essnteng“ mitgegehm hat. Un natüllich auch Kaffe. Deswehgn hießen diese Fekaufstelln Kaffeklabbe. Kannz hoide noch eine in Hahfnmuseum in Schuppn 50 bewundan. Aba manchmal wa das denn auch ne richdige Kantine, wo du anstennich was füan Mahgn kriegn konndest, zum Beispiel Frekandelln odan Mettbrot. Unt ehm Kaffe. Eintlich sollde das ma die Arbeidaklasse im Auftrach der Betriepsleitunk vonn Toifl Alkohol fäänhaltn. Üba zwanzich Stück gahp das in Hahfn, jetz nua noch eine.

Die letzte ihres Geschlechs iss am Obahahfn, wo die Speichastadt anfenk, beziunksweise aufhöat. Die steht seit fass hunnat Jahn beina untan Bahnkörpa, der von Haupahnhof nachn Elpbrüggn füat, un darum heiß sie auch Obahahfn-Kantine. *Anita Händel* hat sie 72 Schahre lank gefüat, praktisch von ian zwölftn Lehmsja als Tochta vom Besitza Hermann Sparr bis an ia Lehmsende mit 84, un imma morrns ab fümf, wenni eaßn Geste vonna Schich kahm.

Denn gink das hin-un-her middi Besitza, un zeitlank sah das so aus, as opp sie keine Zukumf hadde. Das wah auch, wall sie bei Stoamflut unna Wassa steht. Pahmal vollkomm abgesoffn, alles ruiniat, unt imma wieda angepackt. Das Haus hat nu ne ziemliche Schlachseide, aba keine Anx, du rutsch nich wech: die Möhbl unni Tehke un alles stehn trotzdem egahl.

Un nu gieps auch Kultua mit Lesungn un Gesank. Un nehman iss das Obahahfn-Quartia mit alte Lagahalln und junge Künzla, aba das is noch nich so richtich inni Genge gekomm. Künzla un Hahfnzitti-Fewaltunk müssn sich wull gehenseitich noch die Hörna abstoßn. Immahin hat unse Bend schummal unta dea Eisnbahnbrügge gespielt. Mit Eisnbahnrumpln als Festääkung füa Winfried sein Schlachzoich.

Schiffe

Hafenschlepper „Jörn“

Backassn

Unse Statt lehpja zuhn grohßn Teil von Übaseefekea, un wassi Kontena betrifft, iss uns in Orropa nua Rotterdam noch üba. Darum denkn manche fleich, wenn sie an Hamburga Hahfn denkn, haupsechlich an die riesign Kontenafrachta. Aba die bleibm am Burchardkai oda Tollerort oda biegn in Köhlbrant nach Altnwerda app – bis inni Stadt komm die gah nich mea: viel zu lank un zu grohßn Tiefgank. Aba öffntlichn un priwahtn Nahfekea fint auch hoide noch aufm Wassa statt. Zum Beispihl, was aufm Lant die Audobusse sint, sint aufm Wassa die Hahfnfean. Ausfluhchsbusse sint die Alzadamfa. Un Kleinlasta, Großraumlimusihn, Saddlschlebba un Anhenga, Kempingbusse un all das gieps aufm Wassa auch: Barkassn, Schuten, Schlebba, Foialöschboode, Tankschiffe un was nich alles. Sint imma noch unfezichbah, komms ja nich übaall mitn Elkaweh hin und iss aussadehm toira. Un woas auf Zeit nich so ankommp, tuckan auch noch die Binnschiffe unauffellich duichn Hahfn, wo du denks, die gehn gleich unta, wallas Wassa anna nietriegn Bordkande imma so übaleckd. Un majchmah gehn die tatsechlich unta, wenner Käppm zuviel Promille hat. Denn kammann nua hoffn, dassa nua Köhm un nich auch noch Soire getankd hat, denn wenn die ausloifd, gieps Kaddaschtrohfnalahm. Komp tatsechlich alle pah Monahde voa.

Früa wah natüllich noch mea los: alz gehgnüba vonn Landunksbrückn noch das Ahbeitslehm voll in Gank wah unt auf Steinwerda noch all die Werftn im Betriep: Reiherstieg-Werft, Stülcken, Deutsche Werft, Blohm-un-Voss un nich nua Trockndock füa Reparatuan, und alz all die Hahfnbeckn noch schwer belehp wahn „mit ihrer Schiffe Mastenwald“, wie das in unse Nazonal-Hümne von 1828 heiß. Aba auch noch zu Damfschiffzeitn, da wah imman Mortzfekea, wenn Schichtwexl wah un Tausnde von Werftarbeitan un Schauerloitn – die die Fracht ein- un auslahdn – üba die Elbe an ire Ahbeizplezze musstn.

Aba wehgn dehn Kontenawehsn weat nu auch die Speichastatt mich mea gebraucht unt kann sich darum voll dehn Turismus öffnen. Denn das iss ja hoide die andre große Induschtrie; Wochnende in Hambuich mit Muhsikl-Besuhch: *Mamma Mia*, *Könich der Löhwn* oder was weiß ich, plus Stattruntfaht, Reepabahnbumml, noiadinx Elpfilamoni unt Hahfnruntfaht im Pauschalpaket iss bei unsan Lanzloitn außa Prowinz Flichprogramm. Unt so tummln sich massnweise Schiffe füa die Hahfnruntfaht aufa Elbe: ejemalige Flußdamfa vonna Oda, ausgemustate Seebehdaschiffe, leida auch nachgebaute Missippi-Schaufelraddamfa. Da ziehn wia doch unse kleinn Backassn voa. Wo die auch noch so nietliche Nahm hahbm: *Anita Ehlers, Edwin II, Gerda II, Hans Hermann, Hein, Hildegard, Jan, Klaus, Otto, Ruth, Feine Deern, Lütte Deern, Seute Deern* unzoweita. Unt so lütt wi die sint – ich fintas imma noch eindruxvoll, wie die sich beim Applehgn mit volla Paua inni Koawe lehgn, besondas bei Wint-un-Welln, dassas man nua so schäump un spritz. Unt wenn dann Loide aufm Pongtong stehn un fleich ne kleine Dusche appkriegn, könndesdu aufn Gedankn komm, der Käppm machdas extra un mit Willn.

Kapsandijego

Früa wahn die Schiffe hüpscha. Seglschiffe sowiso, aba auch die Damfa, oppwohl die natüch lenks kein Damfmeschine mehr haddn. Sondan Diesl. Ein liech noch anne Übaseebrügge, links von Landunksbrüggn, wennu davoastehß. Heiß offizinell *Cap San Diego* un iss nur noch halpwehchs n Schiff, iss mehrn Musejum. Siehzo aus wiedi Frach-Schiffe früa ehm aussahn: spitzn Stehwn, schlanke Linjenführunk, Ladeboime. Untare Wassalinje rote Roschutzfahbe, obn allns schneeweiß, mit rotn Dach: deswehng issi in Matrohsnkraisn auch alz der Weiße Schwan des Sühtatlantik bekannt. Wah ne ganze Serije, hießn alle Cap San Sowiso, Gebohrzort Doitsche Werf in Hambuich. Fuhrn meißens nach Sühtamerika, Banahn holn, Küe, Kaffe, Taback un so, auch mit Tiefküülfach füa Rintfleisch. Umgekehrt Gerehde, Audos, Maschihnn. 159 Mehta lank, 21 breit. Schwerm die Loide hoide noch von, ischa auch wehrkch ne elegante Ledi. Und wennu sie mal mitn modernn Kontenerfrachta vergleichs: die sind dick un breit un massnweise Kontener aufm Deck, sehn mehr wien Stapelplatz aus as wien Schiff. Nehm wir ma die zu Zeit gröhste: *CMA CGM Antoine de Saint-Exupéry* – doppel so lank, doppel so breit, doppel so hoch. Un halp so hüpsch. Eimah im Jah fehrti Kap-San noch, aba nur bis Kuxhahfn. Denn hoian die altn Maschinistn noch ma an und bringn die 11.650 Pe-Ess wieda auf Trapp. Kannzu mitfahn, koss 140 Oiros.

Kannzi auch mietn, für Parti. Noich wahjch mah da, zune Lehsunk. Ehrss Maschihnraum besichticht, denn in Salong: Auszuch ausn Krimminalromahn, spielte aufn ehnlichn Schiff: Frachta auf Fään'osstuhr mit pah Passajiere ambort. Hauppesohn wahn waiplichen Boddigahrd unt Auftrachskilla im Nehmberuhf, Figuan wahn büschn styrotyp, alla fesoffna Junnalist, ungleiches Liebisspah, felehpte Schöhnheit, die aintlich ne Transe wah, unzoweida. Wah nich so pricklnt, aba ich hab trotzdehm einn gekauf: wehgn Audogramm vonna Fefasserin. Unt zur E'innerunk ann Weißn Schwan.

Schlebbakriech

Happich früa imma bewundat, wenn ich mah am Hahfn wah: die Schlebba mitn hohn Schonnstein. Die hießn zum Beispihl *Bugsier 15* oda *Fairplay VI*. Wie die die Schutn un Prahms un Pontongs kweer duichn Hahfn geschlepp hahbm oda die grohßn Pödde manöwariat. Hoide siehßu son Damfschlebba nua noch in Musejumshahfn Öwlgönne, un der heiß nich zufellich *Tiger*. Aba Schlebba gieps natürch imma noch. Wennu anna Elba spazian gehss, siehssu majchma ein oda zwei unnawehgns elp'appwerz. Die sint dann aufa Laua und wartn auf Boide. Unt wenn dann son grohßn Kontenerfrachta die Elbe hoch kommp, dann henk sich vorn unt hintn eina dran. Nich daß die großhßn Pödde nich genuch Paua hahbm; hahbm sie ea zuviel füan engn Hahfn. Vor allm hahbm sie n zu grohßn Wendekreiß, un darum könn sie nicht eimfach in rechtn Winkl abbiegn wenn sie in Köhlbrant wolln. Denn muß ein Schlebba sie vorne rumziehen unt einer hinten inni annare Richtunk, denn geiht dat.

„Fairplay" ischunn fass sümbolisch: Geht nemmich majchma ea unfehr zu. Zum Beispihl sechunneunzich, da tauchtn auf eimal hollendische Schlebba im Hahfn auf unt machtn alliss billiga. Wa natüch gemein, denn die konntn das nua, wall ihnn die hollensche Regierunk Subwenzjohn gezahlt hat, undas noch aus EU-Middln. Gahp n schwean Preiskamf unt viele Schlebbabesatzungn woahdn arbeitzlohs. Da wahn sich Geweakschaff unt Senaht denn mah einich, dassass so nich geht. Die Hollenda haddn nemmich geschummlt, denn Subwenzjohn giep das nua füa intanatzjonahln Seefekehr mit Hochseeschlebban. Und sie sahchtn, Elbe iss dochn intanatzjonahlis Gewessa! Da mussde denn die Juschtiez ran beziunksweise die orrope'ische Kommissjohn. Unt die sahch, iss Kwatsch, Elbe is Binngewessa. Unt geht schunn gahnich mit hollendische Kru. Da mußtn sie di Beiheefe zurückzahln. Deswehgn hahbm die meißn sich zurückgezohgn, un jezz sint nur noch vier da, die ekennzu an grohßn K un an rohtn Rumf. Un die fahn auch mitne doitsche Mannschaff. Nu iss wieda Friede.

Unti ganz grohßn Hochseeschlebba, die Schiffe in Seenoht bergn oder Pontongs nach Abu Dhabi oda nach Bahamas schlebbm oda Öhlboa'insln fesezzn, di sint sowiso meiß in Kuxhahfn oda Rostock oda Rottadamm stazjoniat. Da gieps denn kein Kriech. Un bei dehn kleinzn auch nich: den *Mooring Tugs*. Das sin die lüttn oranschenen, die die Schiffe denn am Kai festmachn, un darum heißn sie denn op Düütsch auch Fastmoker.

Schlebba „Jörn“

Kuckma, ich happn pesönlichn Schlebba! Hessni dachd, wa? Iss natüalich nich mein Schlebba – heiß nua so wie ich. Iss aba viel elda: woade 1914 alz Damfschlebba in Köln gebaut und hat 1955 in Hambuich aufa Veddel n Diesl-Motoa gekricht, mit 425 PS. Iss 19 Meda lank, 5 Meda breit und hat 2 Meda 60 Tiefgank. Und hat öfta mal ian Nahm gewexlt, „ian“, denn Schiffe sintja weiplich, auch wenn si n männlichn Nahm habm. Mal hießi *Billhafen*, mal *Bahia* und denn ehbm *Jörn*. Feat im Hafn rum un schleppt alles Möchliche, maln Pongtong, mal Schuhtn, mal Prehme. Un wall im Hahfn viele Schiffe rumfahn, große un kleine, un wallas nich imma nua Sonne iss, sondan auch mah Nehbl, da passiat schunn ma was. Und Jörn hat da auch einiges hinta sich.

Nimma 1980, im Nehbl. *Jörn* heiß damalz *Bahia* und feat ohne Radah stromaufwääts. Da komp von Stüerbord die Fehre *Kattwiek* ausm Reiherstiech in Richtung Sandtorhöft, und schon krachtas. *Kattwiek* hat zwei große Boiln, un *Bahia* hatzich n Stewn gebrochn un iss knapp nich gesunkn. Scheun Schiet!

Oda 2009. *Jörn* hat bei Hochwassa mit drei Schuhtn achteran die Peute-Brügge gerammt. Ihr Kaptein hadde die Duichfahzhöe untaschezz. Aba wah nuan leichtn Schadn an Brügge un Schude un konnde weitafahn.

Aba denn 2016. Backasse *Irma II* feat mit 40 Geste nacha Queen Mary 2, wahn Senioan-Betriepsausfluch von Stattwääke Flenzbuich. Plötzlich auf Höhe von Dock 10 von Blohm-un-Voss stöß sie mit *Jörn* zusamm. Hat kreftich gerummst, unni Loide sint orntlich duichn‘anda geweablt. 19 wahn felezz, 6 davon schwea, Prellungn, Schöafwundn, Gehean-Eschüddarunk, un 15 mußtn ins Kranknhaus. Aufm Friethof Ohlsdorf wahn sie gottzeidank schunn vohea gewesen. Beide Schiffe wahn beschehdicht, aba kein Leck. Die Schuldfrage wah nich ganz klah, fleich haddn beide Schult, aba im Prinzip hadde Jörn wull Voafaht, als Berufsfahzeuch im Haupfahwassa.

Und Irma hadde auch ne Voageschichde. 2009 issi inna Ellerholzschloise in Steinwerder mit ner annan Backasse kollidiert, mit 35 Pesohn a Bord un acht Felezzde. Aba man steckt ja nich drin! Unt der Seegerichshof in Nienstetn is nua füa die intanazjonahln Unglücke zustendich.

Aba egal. Das giep im Hahfn ja viele modäänare un größare Schlebba, aba eankwie haddas was Rüandes, wenn da son lüttn ohln Schlebba mit seine drei Schuhtn hintn dran duich die Welln flühcht.

Krießmarine

Alz Käppm Hornbloua gehgn Napolium kemfte, hadde ne Fregadde drei Mastn, zwei Decks un fiunfümfzich Kanohn. Hoide iss ne Fregatte hundatfümzich Mehta lank, hat massnweise Geschosse un Toppehdos un Schiff-Schiff- un Schiff-Luff unt Schiff-Lant-Rackehtn un sogah noch zwei Huhpschrauba an Bord un is „Führunkschiff eines Einsatzfebandes". So eine hat dehn Hamburga Hafn besuch. Wah grohß Halloh, walli zufech *Hamburg* heiß. Schiffe sintja weiplich, un so hahbm die beidn damahz staaztrahgndn Folkspatein zur Begrüßunk denn auch hohchstehnde Dahm geschickt. Eine issi Taufpahtin, unt wall der Appmirahl grahde auf Dienzreise wah, doafte si in seine Koje übanachtn.

Eintlich heddich gedach, Krießmariene weat nich mea gebrauch. Sach selps: Oss'see is fest in EU-Hant, Russlant is eankwi febündet, dschehnfalz nich im Kriech, un sein Flodde sowiso Schrott. Unt inna annan Richtunk, das heiß Atlantick un Patzifick, sint weitumbreit un weltweit keine feintlichn Seestreikreffde in Sicht. Un die sechs von Nottkoreja un Pääsien zusamm kannz nu weaklich nich ernznehm. Unt füa pah Frachta im Rohtn Mea zu duichzusuchn, oppsi nich Waffn füa Kim-Jong-Un an Bort hahbm, braußu doch keine Ammahda füa! Aba wennu dann höaß, daß ne kleine Kowwette mit ian Rakehtn schunn von Kuxhafhn nach Laumbuich schießn kann, denn iss klah, dassas nich nua um tradizonelle Seegefechte geht.

Na jehnfalz wah „Open Schip" un ich dachde, gehsma hin unt kucksi dia an – Schiff is Schiff! Liech anna Übaseebrügge gehnüba von Kapsandijego. Ischunn impusant, sohn grohßn graun Schlachschiff, un schnittich, kein Fegleich mitn dickn breitn plumpm Kontenafrachta! Naja, macht ehm mit ian fümfzichtausnd PS auch gut-un-gääne noinunzwanzich Knohtn, füa Lantraddn: dreiunfümfzich Ka-em-Ha. Unt wahn Mortzandrank, dachte gahnich, dassi Hamburga so marinebegeistat sint. Aba Schiff is ehm Schiff! Unt außadehm Sonntachnachmiddach un schönes Herpswedda. Die Schlange wah so lank, dassich wieda umgekeat bin. Aba machde nix. N Stück elp'appwääts annehn Landunksbrüggn lahch nemmich noch son graun Krieschiff. Kleina alladinks, ea Kowwettngröhße, nua siemunfümfzich Mehta – unt auch nochn Frangssohse, heiß *Thetis*, die Meeresgöddin. Da wah nichso viel los, un denn bin ich auch an Bort gegang un happ mich umgesehn. Un stelzichraus: issn Mienroima. Aba nich eimfach nuan schwimmndes Suhchgereht. Issn geheimes Foschungschiff, mit Spezealsonah, fäängestoiate „Drohn", Laboas un alles. Di Weltmeere sint nemmich voll von Mien, un da fahn nich nua feintliche Krieschiffe auf, sondan auch Frachta un Öltanka. Insofean tun di sogahn gutes Wääk! Und das sahch ich als staatlich geprühftn Patzifistn... Un denn wahn annehn via Eckn vonnehn Aufbautn auch noch via Schilda: HONNEUR – PATRIE – VALEUR un DISCIPLINE: Na, das brauchn wia doch alle!

Aba ich bin ja auch nochn altn Gewääkschafta, un da sahchich: wieviel Ahbeitsplezze könntman mit dehn Gelt schaffn, was allein die Fregadde *Hamburg* gekostet hat: alles in allm sie-ben-hun-dat Milljohn Oiro, ungefea wie die ganze Elpfilamoni – und wia hahbm da schunn zwölf Stück von! Unt kein Schwein kreht danach. Unt was koss im Fegleich die noie *Kwien Merri II*? Siemhundatfümmunachzich Miljohn. Iss ja direktn Schneppchen!

Ark Roiel

Duichn Treiphauseffeck weatas ja nu imma werma, un die Ozeane steign an, un denn steht Englant bald unta Wassa. Was machn dann die englischn Roiels? No problem, sie steign inni könichliche Arche un wartn app, bissas Wassa wieda fellt, sowie Noah mit den ganzn Tian an Bort. Die Arche giepas tatsechlich und heiß denn auch *Ark Royal*. Aba di Kwien brauch keine Taube, wenn sie wissn will, obbas Wassa wieda abgelaufn iss. Kann eimfach n Hupschrauba losschickn. *Ark Royal* iss nemmichn Fluchzeuchtrega. Un wenn nich grade Kriech iss un sie nach Falklant oda Basra müssn, fahn Fluchzeuchtrega spatzian un machn Staatsbesuche. Wie noilich: happich mia vom Elp'ufa aus angekuckt, wie sie in Konwoi von Kuxhahfn kam, pah Polezeiboode vornewech un achtandran, Foialöschschiff mit Grußfontehne un Hupschrauba inna Luff, damit ja kein Terrorist inn Schlauchboot ankomp unne Rakete auf abschieß.

Muß sahgn, ich wah entoisch. Gut: Füan Nehbl kannsi nix, aba Lenge iss nua gut zweihundat Mehta, wo die grohßn Kontenaschiffe und die amikahnsche *Kitty Hawk* schunn dopplt so lank sint un sebs die gude-alde *Intrepid* ausn Zweitn Weltkriech, die in Nujork als Musejum liecht, wah schunn fümfzich Mehta lenga. Die *Ark Royal* hadde auch keine Fluchzoige mit, unt hadde auch nich son grohß Platohdeck wie die Amis. Dafüa ne Aht Sprunkschanze am Buhch, falzi Senkrechstahta mah flach appzischn müssn. Die machde anna Übaseebrücke fess, aba das gahp kein Tach des Offnen Bull-Auges. Könnzich ja dochn Sabbotöa einschmuckln! Deshalp weissich auch nich, was die siemhundatfümfzich Mann ambort so machn. Segl setzn iss ja nich mea, un Katofflscheln könnsi auch nich den ganzn Tach. In Ernzfall wie noilich in Irak iss klah, denn sinnas sogah elfhunnat Mann. Aba in Friedn? Wenn der größde Kontenariese mit zwei Dutznd Filipinos auskomp? Fleich issas ja doch nua, ummi Ahbeizlosnstatistik aufzuhübschn. Könn unse sich mah ne Scheibe von appschneidn: nich imma nua Fantohms kaufn mit zwei Mann Besatzunk. Fümfhundat Fluchzeuchtrega heiß ne halbe Miljohn Ahbeitzlohse weniga!

Kwien Merri

Kwien Merri wah mah das Größde. Biziunksweise *die* größde. Sogah die feschlossnen Hamburga woadn da ganz hüstierisch, wenni mah angelehch hat – wemman die Springapresse traut. Bein eaßn Mahl sollnas ja halbe Milljohn gewehsn sein, die da zugekuckt hahbm, wie sie an prowesohrischn Kroizfahtörminell angelehch hat. Aba wahscheins sintas gahnich mah so die Hamburga, sondan mea die Turistn, die außa ganzn Repuhblik anrolln: ischa schließich nich der eaße Ohschn-Leina, der hia Flagge zeich!

Aba nu wahsie zur Inschpexjohn un Lackflehge bei Blohmunvoss in Troggndock. Un da solln wia nu stolz auf sein, dassi das nu bei unz appzollwiat un nich in Sütkoreja oda wasweißich. Gut, ich will nich bestreitn, dassas femuhtlich n spekulatihwn Amblick wah, wiesi foan Landunxbrüggn gewendet hat. Wah nich mehr viel Plazz bei ihre dreihundatfümunvitzich Mehda Lenge un wah Mahßahbeit füan Schlebbakabbitehn. Un denn konnzi noch nichma im Dock rein, wall wehgn Osswint das Nietrichwassa denn doch zu nietrich wah füa ire zehn Mehda Tiefgank. Mussde eaß noch die Nach am Grasbrook febring, un die Kollehgn aufa Werf müssn nu Übastundn machn, damizzi nach elf Tahge fettich iss. Sonz kossas Konvenzonahlstrahfe.

Ich happ mia natüch nich dehn Ahmt um die Oan geschlahgn. Außadehm haddich sie schummmah gesehn, alzi auf ihre Junkfanfaht nach Rottadamm kam unt ich zufech aufa Englantfehre wah. Aba wennu midda Hahfnfehre nach Landunxbrüggn feaß, kommssu ja bei Blohmunvoss fobei, und denn kanzu die sogenannte Königin der Meere praktisch nich übasehn. Voa alln, wenn der Feankaptein denn extra n Bohgn feat, bevoa er nach Landunxbrüggn rübazieht, damiddas Puhplikum auch was gebohtn krich. Ischa nett gemeint, aba sooh übaweltigent iss nu auch wieda nich. Ischa nua einz von mehre Schiffe in dehn feschiedenen Docks, unt fellt denn gahnichmah sooh auf.

Ich gehp zu: klein büschn erinnat sie mit ire schwaaze Farbe ja doch anni grohßn altn Zeitn, wo der *Imperator* und die *Vaterland* un die Troffeje *Blaues Band des Nordatlantiks* in Hambuich pracktisch zuhause wahn. Die wahn damahz foan Eaßn Weltkriech auch schunn fass dreihundat Mehta lank. Und wennich da'an denk wie secksunsechzich die gute-alte *Hanseatic* in Nujork appgebrannt is – immahin happich denn beim Ausfekauf von den Innarein n Ledagöatl außa Kleidakamma appgekrich, der denn scha noch schahrelank mein Tallje geschmückt hat… Aba Passajiaschiffaht as sojche ischa lange fobei. Und mit den massiewn Obabau, den di Ku-Em Zwei nu duich die Weltmeere schleppd – außa Neje siedas fass aus wien Wohnblock, dehmann aufn Schwimmkörpa gesezz hat, sintja auch inzgesamp dreizinn Stockwääke. 'Chweiß nich, die gude alde Kapsandijego fintich denn doch noch hübscha. Un die könn wia unz jehdn Tach ankuckn.

Un die gröhßde issi nu auch nich mea: Die *Symphony of the Seas* is siebzinn Mehda länga und sex Mehda dicka. Un hat mehr wie dopplt soviel Loide an Bord. Aber schöna issi nu nich ...

Mississippi Kwien

Wennu an den Landunksbrückn so den Blick schweifn less, hassu majchma plözzlich das Gefühl, irknwas stimp hia nich. Wennu dich dann konzentriass un die Linse schahf einstellz, siehßu auch wieso. Könnz nemmich denkn, du bis in Nu-Olihns. Nich wall da irknwo ne Dixi-Kapelle dudlt – das komp auch voa. Nee, da liech doch tatsechch n Rad'damfa, weiß mit Trallngelenda, drei Stockwääke, zwei Schonnsteine nehbmanda. Un wenna nea kommp, siehßu denn auch dassa *Louisiana Star* heiß, un denn komp da noch ein, der heiß *Mississippi Kwien.* Un denn stelzich raus, dassne Hahfnruntfaht! Von konkuriande Unternehm. Neenee, das gahps früa nich. Hahfnruntfaht wah inna offnen Backasse, so daß man auch ma was von Wassa un Welln mitgekrich hat, wenna ma schahf inni Koave gegangn iss odan grohßn Kahn mit Buchwelle vobeigerausch kahm. Backassn-Runtfaht giepas auch hoide noch, aba denn meiß mit Glasdach, sieht ja aus wie ne Grachtnruntfaht in Amstadam! Aba die Turistn sint wull auch emfintlicha gewordn.

Aba nu die Riwwabohts: Aufn eerßn Blick dachtich, die wean ech und fraach mich, wie die wull üban Atlantik geschippat sint, mit der niedrigen Bortkande, iss ja graht ma zwei Handbreit hoch! Denn dacht ich, nee, von den passn ja n Dutznt aufn Kontenafrachta, denn hahbm si die wull hukepack gebrach. Auch fekeht: Noi ebaut nach altn Plehnn, fekündet di Rederei stolz, un gebaut spezi-ell füa unfegessliche Fahtn aufa Elbe und im Hamburga Hahfn. Untzwa in Hollant beziunksweise von „Deutsche Binnenwerf" Tangamünde. Mit „Südschtaatenflea", unt getauf vonna damaljen amikanschen Konsulin „Mrs. Linda Lynch", auch das noch!

Ich fint, soiche „Paddlwihla" solln sie man aufn Mississibbi lassn. Unt wennas denn schunn n Raddamfa sein soll – warum dannich ein wie die, mit dehn wia als Kint aufa Oba-Elbe nach Laumbuich gefahn sint, mit Schauflrehda links und rechs, lank un schlank un illegant, unnich son klobihgn Stihmboot! Aba geht natüch nich fünne Hahfnruntfaht. Dafüa nehmwir denn doch lieba ne Backasse, wenn wia unsan Besuch ma was bietn wolln. Aba offn sollsi schunn sein!

Nachtrach: Zufech wajch noich ma in *Memphis* zune Komfarenz. Genau: das, von „Memfis-Tennissih", wennu dich noch an Schack Berri e'innass. Unda wah tatsech n Ausfluhch aufn Origenahl-Rattdamfa aufm Origenahl-Missippi geplahnt. Hieß „Riwwa Kwien". Aba nu dass: Komp ne Fehma un miedet dehn ganzn Damfa komplett füan Ahbmd. Fiel unse Faht ehm aus. Kannzmasehn: Rauptia-Kabbitalismus im Alltach!

Windjamma

Annehn Landungsbrückn liecht die *Rickmer Rickmers*, einz von den grohßn altn Seglschiffn, die alz Windjamma oda *Tall Ships* bekannt wahn. Die Dreimass-Bahk seglt aba nich mea – hat ian lezzn Rueplatz gefundn: alz Restorangschiff.

„Bark" heiß, dass der hintaste Mass oder Besan-Mass n Schratsehgl hat, das in Rue in Fahtrichtunk steht, un nich kwer wien Rahsegl. Und wenn alle Mastn Rahsehgl füan, issas n Vollschiff. Ich happ mia majchma foagestellt, wi das aussah, alza Hahfn voll von ihnn wah: Wie's im *Hammonia*-Liet heiß: ... *und deine Schi-hi-ffe-he Mas-ten-walt*. Das hattja schließich Hambuich grohß gemach! Aba lohnte sich natüich unta weatschifflichn Gesichzpunktn schunn lange nich mea. Unt als Schulschiff willsi ja auch bezahlt werdn.

Un hoide giepas die altn Großsehchla nua noch alz Luss'schiffe füa Kroizfahtn wie die *Alexander von Humboldt II*, mit ian grünn Segln vonna Becks Bier-Reklame, oda Schulschiffe füdi Krießmarine. Oda alz untaste Stufe: Restorang. So wi *Rickmer Rickmers*. Die kamman auch mietn füa geschlossne Gesellschaff. Bei so was happich die mah von inn gesehn. Irnkwi traurich, son stolzn Windjamma ass bürgalichn Mittachstisch. Aba von außn issi ja imma noch illegant. Eimah im Winta wah der Hahfn voll mit große Eis-Scholln, und die *Rickmer Rickmers* mittndrin un da konnzu dia voastelln, wie *Nansen* mit seine *Fram* im ahktischn Packeis unnawehks wah. Das wah auch sowas, wo ich als Junge von getroimp hab.

Unt appunzu komm ja auch noch wejche von den Großn unta volln Sehgln die Elbe hoch, zum Beispihl bein sogenanntn Hahfngeboatstach. Denn kamman auch nochma die gute alte *Padua* begrühßn, wie *Hans Albers* in *Große Freiheit Nr. 7*, wie er sie mit Rürunk inna Stimme von Blangenehse aus sieht. Die iss jezz in Kaliningrad zuhause, was mah Könichsberg wah. Unt heiß *Kruzenshtern*, nachn russischn Apmiral um 1800.

Alz Reeder Ferdinand Laeisz 1857 ne noie Seaje von Großsehchlan auflegn wollde, da wollde er die erste nach seine Frau benenn. Die hieß Sophie, aba das fant er wull nich so pricklnd. Wehgn ian buschign Haaschopf nanntn alle Loide sie Pudel, und prompt hieß der eaße P-Leina *Pudel*. Und danach fingn 66 von 86 Laeiszsegelschiffe mit P an. Hoide gieps nua noch die *Passat* (geb. 1911 in

Hambuich) als Musejumsschiff in Travemünde, *Pommern* (geb. 1903 in Glasgow) ehmso in Finnlant, unt ehm die *Padua* (geb. 1926 in Wesermünde), die hoide *Kruzenshtern* heiß und isn russischn Schulschiff. Die *Pamir* (geb. 1905 in Hambuich) ruht seit 1957 bei den Azoan auf dem Grunde des Atlantik, mitsamt 80 Mann (von 86), auch der Kaptein, wisich das gehöat.

Wehgn der Pamir wea ich beinah Reeder gewordn. Nee, nich in Weaklichkeit, aba alzich ungefea acht wah, wolltich tatsechlich Reeder werdn, un zwah, wall ich die letztn Seglschiffe ehaltn wollde. Mit acht! Ich hadde nemmich n Buch von *Heinrich Hauser* gelesn, und das hieß ehm – *Die letzten Segelschiffe*. Dadrin erzehlt er vonna Reise 1930 aufa Pamir nach Südamerika. Und das fant ich ja *zuu* schade, dassi am Aussterbn wahn. Die Rettunk von *Pamir* un *Passat* hat denn ein gewissn *Heinz Schliewen* fesucht, der seine Metallfabrik inne Wääft umgewandlt hadde. Iss aba damit pleide gegang. Und die Pamir schließlich unta.

Ich happmich imma gefraacht, wieso die großn Seglschiffe noch bis ins Zwanzichste Jahundat gebaut wordn sind, wo das doch lenks modäne Dampf- und Motoaschiffe gaap. Aba muss bedenkn, die brauchtn kein Treipstoff und mußtn deswehgn keine Kohle bunkern, und aufi Geschwindichkeit kam das auch nich an, wenn sie Salpeter von Schile nach Hambuich gebracht hahbm oda Weizn von Argentinien. Aba nach der Weatschaffskrise um 1930 wah denn doch Schluß mit der kommazielln Seglschiffaht.

Aba das giep ja noch die *Peking* (geb. 1911 in Hambuich), die ich noch voa pah Jahn in Nujork alz Musejumsschiff gesehn happ. Die kam den Amis auf Daua zu toia, und denn hahbm viele Loide zusammgelehcht, und sie iss hukepack aufn Dockschiff üban Atlantik geschibbat, wall sie das aufm eichnen Kiel nich mehr geschaff hedde. Un nu liech sie in Wewlsfleet anna Stör anna Unta'elbe und wead aufgehübscht. Un dann komp sie aufs Altnteil in Museumshafn un kann ia Gnadnbrot fezean. Und denn hahbm wia balt auch wieda n richtign P-Leina in Hambuich.

Rosita

Rosita lehpte in Toiflsbrügge, jehnfalz im Somma. Da laach sie denn inna Sonne im Hahfn, un Rehgnwedda hatzi auch nich appgeschreckd. Name iss ja nich grahde tühpisch füa unse Breitn – klink fass, alz wenn Hans Albers sie außa Sühtsee mitgebrach hadde! Aldasmehßich heddas fass hinkomm könn – sie wah Jahgank Dreiunvitzich. Wah – denn si issn schrecklichn Unglück zuhn Opfa gefalln. Bei lebendign Leibe febrannt. Aba befoa du jezzn Schreck kriss: Lebendich iss nich ganz wörtlich zu nehm, Rosita wah nemlich n Schiff. Genau gesahch ne Backasse. Aba Backassn sint ja beina menschliche Wehsn un heißn nich umsonz nich eppwa *Kroiz des Sühdns* oda *Wappm von Glückstadt* sondan *Erna* oda *Wilhelmine* oda *Jan* un *Hein*. Oda ehm Rosita!

Rosita hadde wie imma ian Wintaschlahf in Holzhahfn abgehaldn un sollte nu im Sommakwatia übagefüat werdn. Un auf Höe von Öwlgönne issas dann passiat: eaßn Rauchwölkchn ausn Maschienraum un denn balt ne Stichflamme, fümf Mehta hohch. Das wah natüllich was füa die Bildzeitunk: Da stand, daß Eichna Uwe K. (62) fesuhch had, mit Bortmiddln die Flamm im Keime zu estickn, wah aba fegehplich. Wassaschutzpullezei un Foiaweabackasse wahn denn auch balt da – sone Rauchsoile sießu ja meilnweit aufm Fluß! Aba trautn sich eaß nich richtich ran. Der Kaptein hat ausgehaltn bis zuhn Schluß, aba dann mussde er doch alz lezza vonna Brügge (er wah aba auch der einzichsde an Bord). Restorang Engl aufm Anlehga von Toifslbrügge mussde ewakuriat werdn, die Loide dachtn schunn an damahz, wi die *Kasteelborg* dehn Pongtong gerammd hadde, aber Rosita iss denn ehm-un-ehm noch an fobeigetriebm. Schließlich haddi Foiawea dehn Brant gelöschd, aba wi bei jehdn anstendign Brant entsteht der meiße Schahdn duichas Löschwassa, unt wo die Sprizze hingelank hat, iss nich mea viel nach, von wassas Foia ühprich gelassn hadde.

In Ahmblatt und inna Welt un inna Bild wah das ne „Jacht“, mah wahsi elf Mehta lank, mah zwanzich. Da denkman denn doch ann schnittign Sehglboot! Rosita wah aba ne ealiche Backasse, das heiß klein Motoaschiff, hellblau gestrichn un mitne ziemich hohe Kajühde. Wah richdich liebevoll rausgeputz. Unt den Nahm nich eimfach nua weiß gemahln, sondan in geschwungne Messinkbuhstahbm am Buhch angeschrohbm.

Unti Uasache? Offizeell „Kahblbrant“, was imma das bedoidet. Wah natüch fesichat, aba füa das Gelt krissu nich dasselbe. Issja nich nua das Materielle: die Dame wahja fassn Famijenmitgliet! Aba wies denn so iss: Trauajah is noch nich rum, da ischunn Nachfolgarin in Sich: Die „Eule“ aus Holland – wehnzns keine „Ente“ oda „Gans“! Da sint wia nu gespannt, opp „De Uil“ sich denn mit dehn hollendischn Schleppan von Noimühln anfroindet...

U-Boot U 434

Auslendische Krieschiffe sint wia ja gewohnt. Zum Beispiel bein Hahfngeboaztach oda bein offizeelln Floddnbesuch. Aba nu hahbm wia auf Daua n russischn U-Boot im Hahfn! Happmich eaß gewundat, dassi Russn son funzohnsfejign Krieschiff eimfach inn fremdn Hahfn zu liegn hahbm. Eaß rech, wennas n Jacht- un Spionaje-Uboot iss. Aba iss gah kein Russnschiff mea: hahbm sie 2002 ausgemustat un fekauf. Unt n untanehmunkslustign Untanehma hat gedach, kannz fleich Gelt mit fedien. Un denn iss die U 434 noch mit eichne Kraff von Eismea bissu Elpmündunk getuckat un denn aba zu Sichaheit mitn Schlebba zuhn Liegeplazz im Baaknhahfn. Und jezz liech sie turistnfrointlich beim Sampauli Fischmaak. Unt wallich schummah in Amerika n Uboot ausn Zweitn Weltkriech besichdichd happ, wolltich nu auch ma ein vonna andan Seide sehn.

Wah nich ganz billich, mit Führunk un Foto'elaupnis gut un gääne vitzinn Euros. Aba hatzich gelohnt. Wahn nua zwei außa mia mit. Ein ganz jungn Kontenabrücknfahra, der wollde mah sehn, was nehman so los is, un sein Opa. Die U 434 laach da so im Baaknhahfn in glattn Eis – wah nemmichn kaltn Winta – wien riesign schwattn Wal. Bloß der größde Wal is man dreißich Mehta lank un die hier noinzich – fass wien Fußballfelt! Unt außn rum n Gummimantl, damit der feintliche Sonah sie nich sieht, beziunksweise höat. Damit man bekwehm runtakomp, iss da jetz ne Wendltrebbe, da konntn die blaun Junks früa natüch nua von träum.

Unt denn hahbm wia sie von vorn bis hintn besichticht. Imma durch n rundes Loch inni nehsde Appteilunk – muß ja Schottn dich machn könn, wenn mah Wassa einbrichd. Vorne also Toppedoraum – siem Mehta vitzich lank die Dinga. 24 Stück aus sex Rohre zu foian. Und die Junks, die die bedien, schlahfn gleich auf Stahlrahm danehm. Denn komp di Offzias-Appteilung. Holzfetehflt klink nach Luxus, aba wennu hinkux, is doch enk un äämlich un schmuddelich un „fewohnt“ un sieht ziemich traurich aus. Natüch, kein Plazz un üba'all unfekleidete Rohre un Leidungn, aba so appgerissn un aufgebrauch, dass Gobbaschoff schun rech hadde, dass man mit so was kein Bluhmtopf mea gewinn kann un bessa apprüsdet un Friedn schließ. Ein Waschkabuff füa 16 Offziere un 16 Untaoffziere. Denn die Brügge. Is natüch keine Brügge wie aufn Obaseeboot. Nua ne Egge mit Inschtrumente untn Stoiaknübbl füan „Rudagass“, wie in Fluchzeuch. Un üba'all Rohre un Kahbl und Leidungn nun Meßgerehde un alles. Unt der Kaptein sieht gah nich, was außn los iss: schick nua ein Mann hohch in Toam, oda zuhn Perischkohp.

Denn komp mittschiffs, un da iss der Antriep: drei Diesel a fümftausnd zweihundat Peh-Ess, und denn noch mah drei ehmso stahke Elektromotoan füa Untawassabetriep. Nommahl iss vitzich Graht, un in Maschihnraum auchma üba sechzich. Un kannz nich mah anschließnt n kühles Bad nehm, oppwohl Wassa genuch rinksum iss! Unt auch da schlahfn die Junks empwehda in enge Kojen mit via Mann oda nehbm den Aggregahtn oda sonz, wo eankwo noch ne Egge iss. Bein Höllnläam, unt wia hahbm dehn nua auf Bant gehöat unt auch nua n Driddl so laut. Unt in Dreischichtn-Betriep. Imma füa noin Wochn, denn is Urlaup, un trozzdehm drehn manche duich un müssn dann inne Zelle zum Beruhign. Sint ja auch zwei Ääzze an Bort und wemmah obbariat werdn muss, dann aufn Küchntisch, beziunksweise inna Offziasmesse.

Na, unt achtan sind dann die Mannschaftn, un 1 Klo mit 1 Dusche füa 52 Mann. Kein Wunda, dass man die Uboot-Matrohsn an Lant imma schunn an Geruch ekennt. Dabei wahn sie (un sint femutlich imma noch) ne guhte Patih, wehgn Zulahgn, und fleich auch wall sie imma solange wech wahn… Dabei durftn sie nua einz-dreiunsechzich groß sein – sonz wea das aufi Daua zu enk gewordn an Bort. Und wennu die kleine Pentri sieß, dann hast du Hochachung füan Koch, der da füa 52 Mann die Mahlzeitn hingezaubat hat. Unt ganz hintn iss noch ne Maschine füa wassi „Schleichfaht“ nenn. Wennas n Spionajeschiff iss, dahfs ja kein Läam machen, unt tatsech höat man in Schleichbetriep praktisch nix von den Boot; sint ja sonz noch allalei Geroische inna See, die du ohbm gahnich höass, unt die übatöhn denn das Boot, und das kann sich ranschleichn.

Inzgesamp ne määkwöadige Mischunk: einaseiz Heiteck – die ganzn Rechna un Spezealgerehde hahbm sie natüch ausgebaut – un modäänze Militeatechnologie – jehnfalz füa noinzinn sechunsiebzich, alzi U 434 von Stahpl gelaufn iss. Aufa andan Seide die eschüttande Karchheit un Äamlichkeit un Abgerissnheit un Bescheidnheit un Fegammltheit, die ea zuhn Driddeweltlant pass, dassich hoffnunkslohs übanomm hat. Hemmut Schmidt hat damahz schunn gesahch, die Soffjetunijohn iss "Obervolta mit Raketen". Unt so was weht ein hia auch an. Unt man denk, iss dochn grohßes Glück, dass all das nu eimfüaallemal fobei iss.

Hoffntlich.

Schiffstaufe

Hassu bestimp auch schumma in Kino oda Fäänsehn gesehn: wie da ne Frau oda Dame mitn grohßn Hut aufm Kopp ne Buddl Sekt an Schiffsrumf schmeißt. Die henk am Bant un meißns gehzi nich bein eaßn Mal kaputt. Wir hahbm jezz aba ne Schiffstaufe beigewohnt, da gink die Buddl so schnell kaputt, das hassu gah nich richtich mitgekrich. Un schon hieß die grüne Deern „Elbmarsch“. Un is 127 Mehta lank unt kann 724 Teus trahgn. Das sint Schtandad-Kontenas. Die ganz grohßn Kontenafrachtas fassn um die zwanzichtausnd, aba di komm nua bis Hambuich oda Rottadam, und die andan Hehfn werdn von kleinare Schiffe vesojcht. Die „Elbmahsch“ soll vor allm im Middlmea rumfahn oda bis Teneriffa. Un wall die die Kontenas zuliefan unt sozusahn di Grohßn füddan, heißn sie Fieders. Das is Engelsch un heiß „Feeders“.

Also unsan Fieda, die „Elbmahsch“, woade in Emdn gebaut, und Rederei is „Elbdeich-Rederei“ in Drochtersen anna Unta’elbe. „Unsan“ stimp nich ganz, wallich nua als Anhank mitgegangn bin. Aba fühlzich ja denn doch büschn alz

Teil vom Ganzn. Un nu wa also Taufe. Das Schiff lahch anna Übaseebrücke, nehbm der Capsandiego, unt von der ian Obadeck hahbm wie das denn vefolcht. Das hat leida gerehchnet, aba Scheame woadn vonna Beteiligunksgesellschaff gestellt. Das Schiff gehöat nemmlich ein „Fong".

Eaß pah Rehdn von Gescheffsführa un vonna Taufpatin: die hadde sogahn Gedicht geschriem, daß imma Glück un gude Faht beschiedn sein soll oda so ehnlich. Denn hassunichgesehn die Buddl, un denn Luffballongs zur Feier des Tages, weiß aba nich, opda Flaschnposszettls angehangn hahbm. Musikalische Unnamalunk wah auch: n Saxofon-Kwintett mit lauda flodde Mehdls – hat mich natüch besondas gefroit, alz Kollege sozusahn. Middach'essn gahps im Laderaum vonna Kapsan; da hattn sie auf drei Stockwääke Büffeh aufgebaut. Aba eaß noch n Diavoatrach (genaugenomm Pauapoint) üba die Fehma, un der Handl buhmt, un in Schiffe inweschtian lohnt sich, un die Rendite is sounso, un die Peformenz is ausgezeichnet, un die Auftraxlage is hevoarahgnt, un die „Elpmarsch" hat fümfzinn Miljohn gekostet, un ischunn das sexte Schiff inna Reie, un dazu nochn Dutznd Ein-Schiff-Fongs oda Ein-Fong-Schiffe, un häázlichn Dank an alle Beteilichtn, un nu gutn Aptit.

Na un denn ging wia auf Junkfanfaht, aba nua die kleine. Üba di Toppn geflackt. Dreihundatfümzich Eangeste mit pesönliche Bortkarte doaftn mit. Wie ühplich, sind die ganzn Aufbautn alles hintn, unt nach vorne ganz lank Laderaum unta Deck und Stahplfleche füa die Kontenas aufm Deck. Gleich voam Toam wah Laderaum offn, un da wah dann Kaffe-un-Kuchn un Seck und Bia satt. Wir konntn frei rumlaufn, den Maschienraum besichtign (da wah das so laut, dassas Pesonahl Oanschützа hadde), unti Brügge, die die ganze Zeit proppmvoll wah, aba das hat den Kaptein nich gestöat, wall die Stoiarunk soweso auf Autopilot wah. Koaz voa Glückstatt hahbm wia denn gewendet. Sogahn Lohzn hahbm wia gebrauchd, ischließlich nich so eimfach un wendn, wenni Fahrinne kaum breida iss assas Schiff lank. Und dann ginx zurück, zur Appwexlunk mah wieda im Rehgn, aba das hat die Loide an den Freibiatischn nich gestöat. Aba wia hahm uns gewundat, was füa junge Loide hoide offmba Gelt genuhch hahbm, dassi sich son Stück Schiff kaufn könn.

Am Ahmt wah denn der Spuk schnell vobei, alles gleich wieda ausgeroimt, denn die „Elpmahsch" mußte ahms noch raus – sonz weaz zu toia: zwei Tage anna Übasehbrügge koss schezzunksweise an die zehntausnt Oiro. Also nix wie wech nach Bilbao – auf Junkfanfaht. Noch ganz ohne Ladunk – junkfroilich ehbm.

Buddlschipps

In den altn Zeitn auf dehn Sehglschiffn haddn die Jammahtn, das heiß, die Matrosn, viel freie Zeit. Wennu ran muss, mussu ran, aba denn iss auch imma Freiwache, un in dehn „Kalmen“, am Ekwatoa, wenn wochnlank kein Wint iss, iss nich viel zu tuhn aussa Deck schrubbn. Un denn, Holz wah genuch da, Messa hadde schehdn un Flaschn sowiso. Also hahm sie denn kleine Schiffe geschnitz, mit Mastn un Takelunk un alles, schön angemahln, büschn Gehgnd alz Hintagrunt, aus Kitt, fleich noch mitn klein Loichtoam, un damit sie inni Buddl gehen, mitn klein Gelenk am Mast un Fehdn zum Aufrichtn. Feddich iss das Buddlschipp. Un denn in nehstn Hahfn oda gewahtet, bissi wieda nach Hambuich kahm zu Harrys Hahfnbasah un fekauf füa büschn Gelt zuhn Ausgehbm auf Sampauli. Unt auch spehta in Rente, verlernz ja nich, sone Fäätichkeit!

Alladinks, hoide giepas praktisch keine pansoniatn Sehglschiff-Matrohsn mea. Kein Prohplehm – lassn wia die Buddlschipps ehm in Schina machen! Hahbm die schnell geläant un billich sinzi auch. Nua die in „Buddl-Bini“ sein Lahdn in Winnahude werrn innehn Filippihn gefäätícht, weil sein Frau daheakomp. Aba die in sein ejemalign Buddlschippmusejum in Kella von Schulaua Feahaus hadde er selps gemach oda sint von Kollehgn aus alla Welt oda stamm noch aus den altn Zeitn.

Aba ich brauch nich nach Schulau fahn, wennich Buddlschipps sehn will. Muß nua auf mein Feranda gehen. Mein Vadda wah zwah kein Seemann, aba wah auch hantwääklich geschick, un assa sebs pensoniat wah, hadda aus Spahß mah pah Buddlschiffe gebaut, nach Origenalbildan von Seglschiffe und Seglboote mit passnde Takelaje. Un pah von dehn stehn nu auf mein Fenzabrett. Und wennich Fäänweh krich, dann kriech ich inne Buddl, enta son Sehchla und stell mia voa, daß ich direck nach Auschtraljen sehgl.

Große Freiheit Nr. 7 bei Tage

Dom

Früjahsdom un Sommadom iss nich ganz das. Is son noimodischn Kram und giepas ja auch eaß seit siemunvitzich un achunvitzich. Bein Dom mussas aintlich kalt un dunkl sein. Adwenzstimmunk, Weihnachn steht foda Tüa. Die Brahtwuss muss ein werm, das Fett muß spritzn, fleich nochn Glühwein dazu. Aba nu wah eaß Früjah un denn sint wia trozzdehm mah hin.

Immahin is sonz noch allns da: Riesnratt ("das höhste tranzpotahble der Welt: 66 Mehda") un Gaißabaan un Brahtwuss un Pommfrietz un Tückischn Honich un Zuggawadde und wasnich alles. Ehm der ühpliche Nepp, dehnas auf jehdn bessan Rummlplazz odah Oktobafess giep. Alladinks, manchis is hoide natüch kompuhtagesstoiat un auch sonz technisch aufgepuzz. Un middehn Lohsn, middehn man nicks gewinnt, wahnas früa haupsechlich Teddis un Pubbn – hoide sind das orangjene Klaunfische, die man nich gewinnt. Aba denn giepas imma noch dehn Rotoah zwecks Aufhehbunk dä Schweakraff, un Motohrehda anna Steilwant („Baujahr 1928“), un Moisezeakus („mit 300 Moise“!), untn altmohdischn Hau-den-Lukas, Ponnireitn füa unse Klein, Keddnkarrussell füa di Grohßn, und am meistn hat mich gerüat, dassa noch sone kleine Buhde wah, wo eina Scheanschnitte vom Puhplikum angefeddicht hat. Ich glaup, da giepas noch so ein von mein klein Schwesta mit Puhdlmüzze von schezzunksweise 1947… Hoide kossas alladinks siemfümfzich pro Stück, unt übakaupt komppas ein ziemich toia, wennu mit dein Kindan aufn Dom hingehß. Von den Lehpkuchnhäązn "füa mein sühßn Schatz" mah ganz appgesehn.

Bleip di Frahge, warum Dom. Wohsdoch in Hambuich zwah Domstraße un Domplatz giep aba kein Dom alz sojchn. Naja – gahps aba mal. Bis 1804. Da habm sie den appgerissn untas Inwentah fekauf. Wah auch nich schahde um. Kein Fegleich mit Kölna Dohm oda Mainza. Wah mea wiene große Schoine, unt ziemich runtagekomm. Nacha Refommazjohn 1526 wah das die einzichste grohße Keache in Hambuich, wo der kattolische Bischof noch wassu meldn hadde. Haddehn Senat un Börgeschaft immer gefucks. Weinaxmahkt in Dom gahpas zwah schon seit dreizehn-noinunzwanzich, aba denn woade dass sone Aht Kaufhaus, mit Buhdn und Stende inn drin in Keachnschiff und außn rum, besondass inna Attwenzzeit. Ehbm Rumml wie aufm Dom! Hat den Bischoff auch gahnich gefalln, aba gehgn das Schietwedda konnta auch nicks machen. Un denn 1804, da hahm sie überall in Doitschlant Keachn un Klöhsta enteichnet un Kaisa-Könich-Edelmann habm alles einkassiat, un wo keina wah, ehm die Statt. Andaswo hahbm sie wehnstn die Keache noch stehn lassn oda renowiat oda lutterifiziat. Aba nich in Hambuich: reiß app, wassu nich mea brauß! Un die Grabplattn konde man doch gut in Kanalbau un Sielanlagen fewenden! Und hoide? Gieps eerssns Keachn genuhch, un zweitns werrn die sowiso nich mea voll. Un außadehm brenn si in Hambuich sowiso alle fümfzich Jah app… Unt damit die schpiritu'elle Seide nich zu koaz kommp, hat man den Dom ja voa gut hundat Jahn nachn Heiligngaißfelt felehch!

Tatsechlich aba giep das doch nochn richtign Dom in Hambuich, den Mariendom in Sankgeoich, wo dea Ääzbischoff fü die zehn Prozent Kattohln in Hambuich (un die in Schleswich-Holstein un Meckelbörg) sein Sitz hat. Der is von 1893 unt in „neuromanischn“ Schtil. Wah immahin der eaße katolische Noibau seit der Refommazjohn. Und hoide kannzu da die Messe auch auf Pottugiesisch un Kroatisch un sogah Koreanisch abzolvian.

Fischmahk

Weißnoch wie wia damahz die Nechte duichgemach hahbm un denn morrns um 6 gleich aufn Fischmahk un Rollmops un sauan Hehrink feputz? Das höahssu von vieln Loidn hia, wennsi anfang, vonna Fegangnheit zu schwerm unt was füa wilde Zeitn das wahn. Gehöat irnkwi zuhn guhtn Tohn, wemman inzwüschn zu böhrgelicha Gesezzheit gefundn hat. Hoide gehen wir nua nachn Fischmahk, wenn wir Besuhch hahbm un den mah ech-origenal Hamburga Folxlehm foafüan wolln. Leida sind „gefühlt“ noinzich Pozent vonnehn Besuchan Turistn. Undi froin sich was app, wenn Aale-Dieta un seine Beruhfskollehgn vonna Banahnfront so richtich heisa losröan un noch ein Aal auf die Hant knalln un noch ein un dennoch ne Seezunge ohbmauf. Un anschließnt nehm sie denn inna ejemaljen Fischauksjohnshalle nochn Holstn odan Flens ein, bei Remmidemmi un Heileif wie in Biergartn in sühtliche Breitn: an lange Tische un zu Dixi oda Bumsrock, dassu dein eichnes Wort nich festehß.

Un iss auch nich mea so, dassu praktisch von Kutta wechkaufs, wassi graht gefang hahbm. Weat eassns hoide sowiso gleich allns auf See eingefroan, un zweitns issas auch so was wine Aht Börse, wo Fisch und Krehpse un allns aus Norwehgn un aussa Osssee un ausn Nortatlantik eingeflohgn werdn, aba auch zum Beispihl Doradn aus Pottugal, und denn von hia aus weitafeteilt. Aba das krissu nua mit, wennu nochn büschn weita Richtunk Noimühln gehss nachn Aldona’a Fischmahk, wo weaklich noch Fischmahk un Umschlach un Grohßhandl iss un wo auch Fischgeschefte und Fischrestoranks sich eindeckn mit wassi so brauchn. Da iss richtich noch Ahbeizlehm un nich nuan Eweng füa die Turis. Aba büschn was Rejelles is auch aufn Sampauli-Fischmahk noch ühprich gebliem. Manche gehn nua koaz voa Schluß, das heiß koaz nach zehn zielstrebich hin un nehm denn fümf Kilo Seezunge füa sechs Oiro mit odan Kattong Banahn füa drei-fümfzich oda pah Ananasse füan Oiro. Unt büschn abseiz an Rant kannzu auch hoide noch labennige Hühna un Taubn un Kanickls kaufn. Un wenn alles fobei iss, iss da imma nochn gedecktn Tisch füa Loide, die da auf angewiesn sint.

Blohß wennu denn mitn 112er Bus wechfahn wiss (Pahkplazz gieps nemmich sowiso nich), denn finnzu kaum Plazz: soviel Loide aus alla Herrn Lenda mit soviel Tühtn un Kistn un Kastn un Flanzn un Tian. Un denn reichtas auch weaklich ehrßma wieda bis nehstes Jah. Oda bis der nehste Besuch komt un origenal Hamburga Folxlehm sehn will, wo er schunn soviel von gehöat hat.

Reepabahn

Also einz mußma klah sein: Aufa Reepabahn darfsu keine Waffn trahgn. Sintoch nich in Amerika, wo du deine Kanone inna Unnabüx mitfüan darfs. Und damiddu das nich fegiß, steht am Anfank n großes Schild, darauf stehn alz Wort unt Bilt, fallzu nich lehsn kannz, wassu nich bei dia füan darfs: jehn Tach runt um die Ua: Pischtole, Klappmessa, Behsboll-Schlega un Feffa-Schpreh. Braußu auch gahnich, denn nachn pahunnat Meda kommssu ann Waffngeschäff fobei, da kannzu Pischtojhln ab fümmunfümzich Oiro kaufn un Schlehga füan unschuldign Sport un Hannschelln füa besondare erotische Bedöafnisse – liegn alle im Schaufensta. Un an Wochnenden un Feiatagn von 22-6 Ua sint „Glasbehältnisse“ febotn, das heiß, keine Biaflaschn zum aufn Kopp haun. Tachsüba is also was andriss!

Aba ischun richtich, Reepabahn is foa allm füa Juhntliche, Junkgeselln-Abschiedfeiera, unbegleidete Flüchlinge un Wochnend-Turistn, die gääne ein Plastikbecha zuviel trinken, und der Reschpekt voa den Ortnunxhütan von der Davidwache iss auch nich mea das, wassa ma wah. Sonz is aba noch alles da, was anstennige Böaga nua ausm Fäänsehn kenn: Erotik un Reizwesche un Tehbl-Tanz und andre Rotlicht-Bescheftigungn. Aba auch Kultua: Sampauli-Teata, Schmitz, Tiwoli-Kabbareh, Obareddnhaus, Panoptikum. Schließlich hahbm die Bietls ja auch ma ire Kajehre hier angefang, du weischunn: im Stahklubb 1962, aba eintlich schon zwei Jah voahea im „Indra“. Aba das Bietl-Musejum hatzich nua drei Jah gehaltn.

Dafüa giep das jetzt die Udo-Lindenberg-Panic-City mit Führunk duich sein Lehmswerk. Koss aba dreißich Oiro. Kannz ihn aba auch im Panoptikum sehn. Für sechs-fümfzich. Und denn gieps noch das Sampauli-Museum gleich ummi Egge. Da erfeas du, dass Sampauli nich nua Reepabahn und sündige Meile iss, un Remmidemmi un Nuttn un Saufköppe. Daß da tatsechlich auch ganz nommale Menschn lehbm.

Große Freiheit

Hambuich issja nich grade bekannt für seine Kaddolikn. Schließlich giepas hia mehr offizeell Gottlohse as Papistn. Pah gahpas aba imma, auch noch, alzi Statt 1529 die Refommatzjohn eingefüat hat. Die doaftn denn aba nua im Stilln behtn. N richtign Hort der Glaumsfreiheit wah dagegn Altona nehbman, auch wenn der absolutistische Könich von Denemahk Scheff wah. Unt um die Hamburga zu ergan, hahbm die Dehn ne Straße in Grenzgebiet Grohsse Freiheit genannt. Hass richtich gehöat: genau die. Die hoide zu Sampauli gehöat. Un alz Krönunk noch ne kattohlsche Keache hingesetz! Da steht also ne richtige Barockkeache mittn in Redleit-Districk, aba in Backstein: Intrissante Kombinatzjohn. Heiß Sankjoseff. Wusstich früa auch nich.

Aba jetz waich doch neugierich unt bin da ma hingegangn. Sicherheizhalba in helln Tageslich, wollte mich ja nich aufn Wehch dahin mit „ganz unfebintlich Scheff!“ ankwatschn lassn. Andraseiz issas bei Nach wehnstns noch bunt un schrill, aba tachsüba herrsch voll der schehbige Trühpsinn, nichma pah Soifa liegn da rum. Hans Albers sein Lokal ausn Fehm „Große Freiheit Nr. 7“ iss kein „Hibbodrohm“ mea, wo du auf Ponnies im Kreis rumreitn konndest, sondan Tehbl Danz mit Anfassn in schummrige Beleuchtunk, unni annan Etaplissemangs sint auch danach.

Unni Keache steht büschn eingeklemmt da, mitn hohn Eisnzaun voan Hof. Die Keache sebs wah zu. Untich dach imma, die kattolischn Keachen wean imma offn, allzeit bereit füan ahmes Schehfchen zu beroin. Fleich wolln sie nich, dassi Penna sich da aufwerm! Stammpesohnal iss sowiso üba siebzich, un die komm eerß zum Kaffetrinkn. Frointlichaweise stant anna Eisntüa „bitte klingeln“. Hattich aba kein Luss zu, fleich anda mal. Mit Besuch, dassas sich auch lohnt.

Happ denn lieba nochn Fesuch inna Nehe gemach. Stück Könichstraße auswerz, in Herzn von Altonah-Alzstatt, wo in Kriech alles kaputt wah, un denn in den Fümfzigan Neu-Aldona eblüht is: nix wie Wohnblox un öde Grünflechn. Da steht links die Hauptkeache *Sank Trinitatis* un kuck an, die iss offn, oppwohl ewangelisch. Alladinks kein Mensch zu sehn. Natüch nach n Kriech auch nua Toamstumf unt Gruntmauan üprich. Toam hahbm sie gut wieda hingekrich, büschn wie Michel in klein, aba aufas üppige Barock-Innlehbm von früa hahbm sie weise fezichded. Schlichtes graues Tonngewölbe, holzfeschahlt. Iss wull die schmuckloseste Keache, diech je gesehn happ! Aba so sollas auch sein inn prottestantischn Gotteshaus: ganz allein mit dein Herrn, direkte Ansprache nach ohm un keine Applenkunk! Aba majchma mussas doch mehr weltlich zugehn – da henk nemmichn Schilt: „Essen in den Bänken ist nicht zulässig, nur an den Tischen hinten im Raum“. Unt richtich, da stehn

Tische anna Want, sogah mit Tischtuch. Fleich iss da majchma Büffeh, un denn lockn sie damit die Oppdachlohsn an!

Panoptikum

Alz Junge wajch ma mitn Schüla'austausch in London un happ denn auch bei Madam Tussoh reingekuckt. Wah praktisch: hass ja kein Zeit, um all die Promis eignhendich zu sehn, un auch nich imma Gelehgnheit: viele süntja all doot, zum Beispiel Heinrich der Achte un all die Massnmörda außa historischn Geschichte. Unt füa Kwien Elisabeth muss man sich sonz lange voam Schloß anstelln un siehzi denn doch nua hinta fehenkte Fensta inna Großraumlimosine. Aba du braußganich nach London oda Amssadamm, wennu die Waxpubbm sehn wiss. Gieps nu auch in Hambuich. Was heiß „nu": das Panoptikum in Sampauli aufa Reepabahn giebdas schunn seit üba hundatfümmunzwanzich Jahn! Ununtabrochn in Familjenbesitz. Unt wo sie nu in London Brad Pitt un sein Ex-Frau Jennifer mühsahm wieda ausnandaklamühsan mußtn, wall die nich mea son enkumschlungnes Pah sint, happich gedacht, kuxmah opps die hia auch giep! Un ob Brad Pitt inzwüschn Angelina umklammat. Aba wah natüalich nich. „Brangelina" iss ja auch Geschichde, Stattdessn Roy Black un Grönemeyer un Romy un Hildegard Knef. Gehgn Freddy Quinn un Hanne Albers kanz natüllich nix sahgn, die wahn ja hia ummi Ecke praktisch zuhause. Un die Bietls sint ja auch irnkwi Hamburga, wehgn Starklub damahz. Un Udo un Otto döafn auch nich fehln.

Denn natüllich Kohl un Genscher bein Bauanfrüstück, Merkel un Schröder bein Glas Sekt. Aba auch Fegangnheit: Kaisa Willem, Bismarck, und-und-und. Der äldesde wah Kaisa Barbarossa. Unse deutschn Haupfebrecha beine Lagebesprechunk in Führabunka – Göring, Göbbels, Adolf H. un sogah Eva Braun. Und intressant: die sahn tatsech aus wie Febrecha! Dabei woadn die Figuan schunn zu Lehpzeitn angefeddicht, nemmich vor noinzinn-dreiunfitzich.

Ich fint, außa Neje sehn die Waxköppe doch ziemich künzlich aus, oppwohl die sich da große Müe mit gehm – weat auch alles genau ekleat, wiesi di Köppe in Formn gießn, Glasaugn rein und sojchfelltich angemahln. Ich happma Lenin in sein Mausioleum in Moskau gesehn un happ damahz gedach, der sieht ja aus wie bei Madam Tussoh. Aba nachtrehchlich muß ich sahgn, der sah doch viel echta aus. Fass wie im Lehm. *Im* Lehm, nich *aus* Lehm! Aba mit büschn Apstant gehdas. Da könnzu tatsech denkn, da steht Julia Roberts oda Einstein oda Honni un Gorbatschow. Unt Pahps Benedikt aus Baian giep sein Sehgn dazu – damit man nich auf dumme Gedankn komp un fleich hintahea aufa sündign Meile aufi schiefe Bahn gereht.

Bei manche Figuan wahn wia nich sicha: is dass nu Insasse oda Besucha? Wie bei Ringelnatz mit sein still träumndes Reh: wo er sich ranschleicht und giep ihn n klein Stips – „un da wars aus Gips“... Happmich aba nich getraut und gehn ran un gehp den Mann n klain Backs – „un da war er aus Wax“. Lieba nix riskian! Sonz krissu selba n Backs.

Tiwoli

Wennu as Hamburga inna Ferne lehps un kein Kahbl hass un deswehgn auch kein NDR kucken kannz, froißu dich, wennas Eerßde mal was richtich Hamboagisches zeich. Zum Beispiel *Schmidts Middanaxschoh*. Mit Herr Holm un Jutta Wübbe un Erni Reinhaht und natüch den Scheff sebs. Wahja auch annaswo inna Republihk populea, aba hat denn midda Zeit dochn büschn nachgelassn.

Egal. Nu wolltich ma hin – unnu weerd das Schmidt appgerissn! Wah baufellich. Aba die habm ja nochn Paralehlprojeck, heiß Tiwoli, unt wisich das fühcht, haddn di grade Tach der offnen Tüa. Mein Schwesta unt Schwaga wahn graht zu Besuhch, unt so sint wia denn hin. Iss middn aufa Reepabahn, aba wa Sonntachnachmiddach un nich viel los. Pah Besoffene un pa Nuttn un Auslenda, aba alles frietlich. Guht dass wia pünklich wahn, wa nemmichn Mortz'andrank. Saal wah schunn voll, konnzu umsonz pah Pogramme sehn. Aba das gahp Führungn, alle zwanzich Minuhtn, unt imma 14 Mann mit ein Führa. Zur Begrühßunk gahpas eerßman Mars odern Raider-heiß-jetz-Twix. Wahn nettn jungn Mann, nua mußte er imma alliss von klein Zeddl applehsn. Aba er iss auch kein Künzla, sondan mea son technischen Heefspesonahl unt studiat in Haupamt Kommunikazi-ohn. Unt kommunezian konnta schunn ganz guht – mit Heefe von sein Zeddl. Denn gink das eerßma inn Neitklapp in eerßn Stock anni Bah, unt schunn der eerßde Schock: das wah hia mal Zillatal! Mit Deerndl – kannzir wull fostelln, wi das auf Sampauli aussah: hautenk un bloß büschn was ummi Talje – und Weißwoaß unt Biakrüge unt Schenklkloppn un juppheidi – lot mi an Lant! Jetz issas ne richtige reschpektable Bah, wodu auch mal so hingehn kanz unt gemühtlich ein trinkn. Unt wia krichtn auchn klein Plastik-Fingahuht mit frisch gemüschtn Kocktehl. Wennu mitn Audo dawahß, auch ohne Allohohl. Denn konntn wian Blick aufi Bühne werfn, war grade schunn n Spaßmacha untawehx, mitn englischn Künstlanahm. Loide ham fuichbah gelach. Un denn hinta die Bühne, da hadda Gadrohbnassistent unz ezehlt, dassa 18 Sekundn Zeit hat für die Loide aus- und wieda anziehn, mit Perüggewexln unt alles. Denn an Klo fobei und auf eimal standn wir aufa Straße, hintan Haus inna Kastanjenalleh. Aba keine Anx, gink nehste Tüa gleich wieda rein, un in eerßn Stock: feines Restorang mit fümfhundat Sehstääne anne Decke, wo imma Promminente hingefüat werdn. Ich glaup, der Pahps wah auch schon da un Udo Jürgns un Ole von Beust, aba happich fleich auch falsch festandn. Heiß Schlößchen, aba frahch mich nich worüm. Denn konz wieda von obm aufi Bühne kuckn: Die Loide habm sich imma noch scheckerich gelacht. Denn runta unt wida raus, aba vorne. Unt nebnan wieda rein, kleine Foajeh-Bah, wa auch proppmfoll.

Das wah unsa Sonntachnachmiddach-Abmtoia aufa Reepabahn.

Hahfnstraße

Mann wahnas Zeitn! Damahlz einunachzich. Alzi olln Hoisa anna Sampauli Hahfnstraße appgerissn werdn solltn un denn die Hoisa besetz woadn. Mit Steine schmeißn un Barrikahdn anzündn un Strahßnschlachtn un Polizei un alles. Unt wemman das außa Fääne fefojcht hat, klankas so, alz wenn doch noch die Rewolutschohn ausgebrochn wea, wo das 68 nicht mit geklappt hat.

Gotzeidank hatzich das dann beruicht, haupsech wall pah böagaliche Sümpatisantn n Fe'ein gegründet hahbm un füa orntliche Mietfeheltnisse gesojcht, un Senaht wah auch mit einfestandn. Denn hahbm sie auch noch die Hoisa schön bunt angemahln. Das Einzigste was noch fehlte, wah büschn Grün voam Haus. Da hahbm die Bewohna denn zwanzich Jahre spehta zusammgelehcht un Grassahm gekauf un Sonnbluhmkääne unt kleine Anlage angelehcht, mitn Teich un Kröhtn un alles. Zaun drum, damiddas nich gleich wieda alles plattgetramplt weat, wodoch rinksum Dreck un Müll un kaputte Bierflaschn rumliegn – is schließlich zwüschn Reepabahn unt Hahfnkante. Direck ne grühne Oase mittn im Kaos. Kanz auch sahgn, hat büschn was von Schrebagartn un kleinböagaliche Idülljе.

Aba zu dumm: wah nichn priwaatn Gruntstück, sondan öffntliche Fleche, un was macht jemant, der fleich ne dunkle Ecke brauch, wo er ungestöat hinpiehn kann un denn issn Zaun drum? Beschweat sich bei der Stattfewaltunk. Unt denn komp die Ohprichkeit un übaprüüft. Unt denn: Übaraschunk! Sint doch nua dreißich Kwadratmehta, un iss doch zu begrühßn, wenni Böga Böagasinn zeign unt sich ummas Strahßnbegleitgrün kümman! Unt der Zaun darf stehn bleibm. Siessu: Geht doch! Mitn büschn guhtn Willn ...

Anna Elbe

Eisgang bei Neumühlen

Elbewandawehch

Wemman in die Jahre kommp, denn trahgn ein die Fühße majchmah nich mea so weit un so lange, wie man fleich noch will, un denn issas gut zu wissen, wo man ewentuell ne gute Gelegnheit findet, um sich zwüschenduich mahn büschn außuruhn. Pesöhnlich kajch da nich üba klahgn, aba kannja noch komm! Unt giep genuch Loide in alle Altassgrubbm, die da fleich Intresse an hahbm. Gut, ne Bank finnzu üba'all, aba ich fint, das Auge sitz mit! Untas komp nich nua auf an, dassi Sitzgelehgnheit günzich gelehgn iss, sondan auch dassi ansprechnd aussieht, nedde Umgehbunk hat un möhchlichs auch noch ne angenehme Aussicht biedet. Klah, man kannich alles hahbm. Aba büschn auf achtn sollde man schohn – denn mach das Ausruhn nochmah soviel Spahß!

Nehm wia mah an, du wissn Elpspatziagank machn unt bis mitn 112er Buss nach *Noimühln* gefahn. Musejumshahfn kennzu schunn un kannz deswehgn gleich duich Öhwlgönne lohsziehn. Muss fesuchn, dich nich üba die Radfahra zu ergan, die eintlich absteign müßtn, wallas so eng iss. Eaßde Rass fleich bein *Altn Schwehdn*, mit sein 217 Tonnn Gewicht. Oda noch büschn weita, fobei anna ejemalign *Elpkahte* un dehn zugehöhrign Imbiss. Denn komp sone nedde kleine *Niesche* inna Böschunk mit Efoi drumrum, mit ne kleine Sitzegge füa drei Pesohn. Sogahn steinanen Tisch gieps, grahde richtich füan Picknick! Fleich nich grahde am Wochnende, wenn dir zu viele Loide aufn Tella kuckn unt dehn ihre Hunde dich stellfetrehtnt anbeddln. Is leida büschn fegammlt, wall sich niemant füa zustendich fühlt.

In *Toiflsbrügge* kannzu dich aufm Pongtong mit Pommfriet sterkn, un denn kommt n klein Imbiß. Da steht „Selbstbedienung" un gleich danehbm „Deerns". Määkwöadich. Die nehße Stazzjohn iss *Mühlnberch.* Da steht alladinks keine Mühle mehr, iss nuan klein Seglhahfn. Un das Mühlnberga Loch, dassi wehgn Ehrbuss teilweise zugeschüddet hahbm, iss auch nich hia, sondan gehgnüba.

Nu iss nich mea weit bis *Blangenehse.* Da hassun enspanntn Blick rühba nachn Späawäak von Noinfelde. Wennu nu genuhch hass, kannzu dehn 48er Kleinbuss nehm, der nich ohne Grunt „Berchziege" heiß: muss ja duich die Seppntihn siebzich Mehta hohch, bissa schließlich zum Essbahnhof komp!

Wennu noch Kraff inni Beine hass, gehz weida un du schaffsas fleich sogah koaz rechs hohch zum *Römischn Gahtn*, denn fobai am Kempinkplazz, un nach *Wittnbergn.* Da hassun richtign Badestrant mit Natua drumrum! Am Fuhß vom Loichtoam iss keine richtige Bank, aba rinksum am Toam sint *Nieschn* mitn niedrign Appsatz, von dehn man n wundaschöhn Blick aufi Elbe hat unt aufn Ness-Sand gehgnüba. Da sießu büschn was von, wie die Elbe früa mah wah: flache Santbenke mit Weidngebüsch unt Parradies füa Paddla un Foglwelt. Nu könnzu bis Schulau weitalaufn, aba dass iss nich mea so schön, wall du das

Kraffwäak umgehn muss, das direck am Ufa iss, wall da ja imma Kohln angeliefat werdn müssn . Deswehgn wandan wie duichas Natuaschuzzgebiet Wittnbergener Heide hohch zum Tinsdaler Keachnwehch unt nehm dehn Buss nach Essbahn Sülldorf oda Blangenehse.

Unt wie weit das nu wah? Siebzehn Kilomehta. Happich noilich mah nachgemessn – aba nich mitn Schrittzehla am Bein, sondan mitn Fahrratt-Tacho. Bin ja auch nich mea der Jünksde!

Wattwandan

Kennzu bestimp vonna Nortsee hea: Im Somma bahfuhß, wenn Ebbe iss, aufm Meeresgrunt rumlaufn. Früa sint wir zum Beispihl majchma von Kuxhahfn nach Noiwerk gelaufn, oda von Hallich Hooge nacha Vohglinsl Norderooch nehbm'an. Muß nua aufpassn, dassu nich übasieß, wenni Fluht komp. Merks ja eerß nich, wenn das Wassa nua im Priel ankomp. Schleich sich sozusahgn an, un denn iss auf eimal schunn kniehoch. Denn biss hoffntlich nich mea weit vom Deich! Aba wussissu, dass man auch in Hambuich Wattlaufn kann? Ich früa auch nich. Aba jezz jock ich oft anna Elbe entlank, und vor Toiflsbrücke, wennu aus Richtunk Hambuich komms, iss nich nua Böschunk un büschn Santstrant, sondan sone Art Plattoh mit festn graun Schlick oda Kleie, wo du nich einsacks, mit kleine Fützen und richtige Ripplmahken! Und denn kompp eerß die Fahrinne. Aba nua kutz voa un nach Niedrichwassa, alle dreizinn Stundn. Mach richich Spahß, iss wi Urlaup anna See.

Aba dass noch nich alles. Wemman von Blangenese midda Fehre rüba nach Cranz feaht, stoiat man eerß das Este-Spääwääk von Noinfelde an. Un alzich da zum eeßrn Mah rübafua, happich mich gewundat, dassa nich in grade Linje aufi Estemündunk zustoiat. Aba auf n Rückwehch bei Ebbe wah alles klaa: Wassa is viezu flach, denni ganze Gehgnd aufa Südseide iss allns Watt, unti Este weerd denn bei Niedrichwassa n Priel, der daduich fließ. Unt deswehgn mussa Schiffa sich auch bei Hochwassa an die Tonn'n haltn, die das Fahwassa bezeichnen. Son Süßwassawatt iss einmalich in Orropa, fleich inna ganzn Welt, iss sehr beliep bei dehn Wassaföhgln, besondas wenn sie aufn Zuch hia fobeikomm. Iss nua leida noiadinks eheeplich fekleinat. Wall n grohßa Teil der Fleche füdi Ehrbuss-Werf aufgespüült unt eingedeichd wordn iss. Handlt sich nemmich um das berühmte Mühlnberga Loch – ehmb die grohße Ausbuchtunk der Elbe geghnüba von Mühlnberch. Hoffn wia, dass Eabus nich weida wex un noch mea Plazz brauch. Sonz hahbm die Löffl'entn unt andre Zuchvögel bald gahkein Watt mea, wo sie fepuhstn könn.

Schatzgreba

Noilich laufich mah wieda anna Elbe entlank. Inna Nach wah kleine Stoamflut gewehsn, Spühlsaum mit Schilf un Plastick un annan Müll wah ensprechnt höha alz sonz. Unt da seh ich aufm Strant zwüschn Elpkaate un Toiflsbrügge n jungn Mann mitne Eisnstange inna Hant übam Sant rumfuchtln. Wajch natüch noigierich un happihn gefrahch, wassa da macht. Wahn Schazzsucha! Die Stange hadde untn sohn Tella, sah aus wien Rahsntrimma, wah aban Metalldetekta. Er sahch, Schezze finta nich grade, aba doch imma mah alde Münzn ausn Middlalta unt Hansezeit. Die sint fleich ne Hantbreit untara Obefleche, un iss gahnich so seltn, besondas nachne höare Fluht, die dehn Grunt büschn mea duichnandageweablt hat. Offezell muss man die bein Denkmahlzamp meldn. Aba weat sinti sowiso nich viel: sint ja nich „münzfrisch", sondan duich Sand unt Welln ziemich appgeschliffn. Und das Musejum füa Hamboagische Geschichde haddi bestimp kiloweise im Depoh. Kanz aba auch Glück hahbm: bei ein Münzhentla kossn Hamburga 32-Schillingstück von 1809 immahin fass hundat Maak. Happich im Intanet nachgekuckt.

Zeitdehm kuck ich auch appunzu nach untn, wennich am Elpstrant entlanklauf. Aba anna Obafleche liech da natüllich nix. Sint femuhtlich auch genuch Sammla unnawehks! Happ koaz übalehch, oppich nich auchma mit maschinelle Festerkunk nach alte Duhkahtn kuckn soll. Sohn Suchgereht giep schließlich schunn ab fümfzich Oiro. Die findn kleine Gehgnstende bis zwanzich Zentimehta tief unt könn sogah Golt, Silba und Eisn untascheidn. Aba nee, ich wöad soweso nua Kronkorkn un Allufolje finden – bei Preißauschreim gewinn ich auch nie was! Alladinks, im Ahmblatt stant, dass eina bei Öhwlgönne vitzich Oiro am Tach sammlt. Lassn die Loide eimfach in Sant falln, statt inna Strantpäale aussugehm! Da hat man das Suchgereht ja schnell wieda raus. Aba denn: was sollni Loide denkn. Stelldimahvoa da komp ein fobei, un der kennt ein!

Strantgut

Anna Küssde sollni Loide ja innehn altn Zeidn mea-oda-weniga von Strantgut gelehp hahbm – wenn die Hearinkschwääme sich das annas übalehchd haddn oda die Stranthahfa-Ernde mah nich so reichlich ausgefalln wah. Nachn Schiffbruch kam da so manches an Lant, was man noch brauchn konnde. Wea ja ne Sünde gewehsn, das fekomm zu lassn, unt Funtbüroh gahps soweso nich. Unt wenn Mann-un-Maus untagegang wahn, konnz auch nich mit Findalohn rechnen. Unt wemmah lange kein Stoam wah, hahbm sie denn inna Hallichkeache gebehdet: „Gott sehchne unsan Strant". Klink gemein, aba was sollt sie machn! Das haddn wia in Hambuich gotzeidank nich nöhdich – aba Strantguht gieps hia auch: ischa schließlich Ebbe un Fluht, un denn weat auch so manches angeschwemp. Zwah gehn aufa Elbe nommal keine Schiffe mea unta – außa wenn n besoffnen Schuhtnkabbitehn mah nich aufpass. Aba appunzu geht doch mahn Teil üba Bort. Oda weat üba Bort gegang un auf die Weise billich entsojcht. Zum Beispihln altn Audoreifn.

Oda da liech seit Mohnatn n Komputa-Bildscheam vonna altn Sorte am Strant. Hapmich eaß gewundat, wieso der schwimmen konnde, aber klah – iss jahn Hohlkörpa! Mit Luff drinne oda Wahkujum. Beziunksweise, *wah* einn. Inzwüschn issa noch kapputta unt liech aufm Strant fess. Direckn Schantfleck!

Schantfleck iss aba auch der ganze Elpstrant nachn schöhn Wochn'ende – da sint unse hamboagischn Lanzloide laida genau sone Ferkl wie andaswo auch. Un nojlich iss dochmahn kleines Mehchen bei Öwlgönne in glühnde Grillkohln gepedd, die jemant im Sant febuddlt hadde! Aba dafüa hadde der berühmde Ortnunksdienz kein Zeit, alzas ihn noch gahp.

Aba noilich lahch doch tatsech ma ne doitsche Flagge am Ufa. Samp lackiatn Holzmast. Womma annehm, dassi nua vonna Backasse oda Jacht üba Bort gegang iss un nich mit alle Mann hohch! Wennas nu eagndeine andre gewehsn wea, englisch oda schwehdisch oda meinswehgn Panama, denn hettich die fleich im Gahtn aufgeflanzt. Aba unse eichne Nazonahlflagge, das geht denn doch nich – sintoch nich in Amerika! Da denkn die Loide noch, ich wehl A-Ef-De.

Aba denn finz auch mahn Stück Natua am Strant: Krabbmschahln vonna See hea odan Stück Treipholz, das wieda austreipt! Is direckn Sümbohl von ehwige Juhgnd. Unt eankwi n Sümbohl von ehwige Juhgnt, oppwohl andra Aht, iss auch son schlichtn Stück Gummi aufm Sant. Tut mia leit: gehöat auch zum Lehm - brauß ja nich hinkuckn!

Loichtööme

Bei meine eaßde Feajenreise noinzinn-noinunvitzich wahjch nochn klein Jungn. Da sint wia mit *Jan Molsen* nach Kuxhahfn un denn mit den Kutta *Nordriff* nach Noiwääk rübagefahn. Das wah fassn Ockahn unt mia wah so fuichbah schlech, dass ich mein braunes Hajott-Kehp vollgekotz happ un die Loide anna Mohle meintn, igitt, das ganze Boot is voll. Bei sohn Wedda is klah, warum die

Schiffaht Loichtööme brauchd. Oda brauchde – hoide hahbm sie ja Radah un Saddellietn un Geh-Peh-Ess un alles unt könntn auf Loichfoia vezichtn. Un darum kann Foiaschiff *Elbe 3* außa Elpmündunk denn auch ihr (denn Schiffe sint ja weiplich) Gnadnbrot im Musejumshahfn in Öhwlgönne fezean... Aba damahlz wahs guht, dass der äldeste un gröhßde un eindrucksfollsde Hamburga Loichtoam auf Noiwääk steht – sonz wea die Nordriff fleich aufa Doggerbank gelandet! Oppwohla nu schunn siemhundat Jahre alt iss, un wahja eaß mea zu Feteidigunk gehgn Störtebeker un Konsortn gedachd. Siemundreißich beim Großhambuichgesetz mußtn wia ihn tauschweise appgehbm, aba seit noinunsechzig issa wieda auf heimatlichn Grunt-un-Bohdn. Da hahbm wia nemmich Noiwääk zurückekauf, wall dahn Tiefwassahahfn hinsollde. Gottzeidank issa nix draus gewordn unni Frachta komm weita nach Hambuich, blohß denn muss dauant die Elbe ausgebaggat werdn un das ischa auch nich ohne. Ohne Folgn füa das Ökosyschtehm nemlich. Sowas wah damahlz, noinunvitzich, natüllich noch kein Tehma.

Jehnfalz die Elbe hohch bis Hambuich sint nochmah hunnatzwanzich Kilomehta un nich imma grahdeaus un deswehgn steht an jehda Biegunk wiedan Loichtoam, mal links in Holstein wie in Kolmar, mal rechs in Niedasaxn. Mal as Richtfoia oda Leitfoia un mal auch als Kweafoia. Iss denn ehm trotz Saddelietn nöhtich, wall das Fahwassa so schmahl iss. Denn komp der von Wittnbergn, un da sitzich gään aufm Appsatz un kuck aufi Elbe un gehgnüba aufn Neßsant, mit Strant un Weidngebüsch aufm flachn Ufa, un denn kamman sich foastelln, wie das früa wah, alzi Schiffe tagelank gegn Strohm un Wint aufwärz gekroiz sint. Büschn Nostalgie muss sein! Iss nemmich n Richtfoia, da kompas aufi Positzeohn im Fegleich mitn Obafoia an: das sitz ohbm aufm Hank in Tinsdal. Blankenehse genauso: Untafoia steht am Strant, Obafoia aufm Berch, knapp anderthalp Kilomehta wech. Die sint eaß gut dreißich Jahr alt. Alzi 84 gebaut werdn solltn, gahpas Schtress middehn Anwohnan: die meintn die „Nachtischlampm" feschandln die Lantschaff. Aba gehöat ja irnkwi dazu! Grat in son ejemahlign Fischadorf sollde mna da Festendnis füa hahbm.

Im Hahfn gieps denn viele kleine Loichfoia, wodas inni Hahfnbeckn reingeht, dassi die Eimfaht nich fepassn. Un genauso anna Oba'elbe: dass man nich, wemman von ohbm komp, aus Fesehn inni Süda'elbe feat statt inni Norda'elbe oda umgekeat wie bei der Bunthausspizze auf Moorwerda. Aba der Toam da iss nua nochn Denkmahl un loichded nich mea.

Irnkwi hahbm Loichfoia ja doch was Menschnfrointliches an sich, wennsi fehindan, dassn Schiff auf Klippe feat oda aufn Sant un mit Mann-un-Maus untageht. Unt hahbm denn auchn Sümbohlweat von wehgn Licht-inna-Nacht un Zeign-wohs-lankgeht. Deswehgn schwerm wull auch so viele Loide füa Loichtöame un machn Bilda un stellndi auf ihre Hohmpehtsch. Unn ich auch...

Elbfetiefunk

Die Fahrrinne soll nu ein Mehta tiefa werdn. Auch son Tehma wo die Loide sich die Köppe üba einschlahgn könn. Politik un Weatschaff sahgn, muss sein – Grüne un Nabu un Anliega untahalp, in Niedasaxn un Schlehsholstein, sahgn, nein danke. Klah, wennu aufa Elbe son Kontenamonsta siehß, frahßu dich, wie tief di nach untn gehen unt opp di nich auf Grunt laufn. Wöadn sie tahtsechlich, wennsi vollgelahdn hahbm un Nietrichwassa iss. Dabei issi Elbe seitn letztn Mahl voa zwanzich Jahn schunn dreizinnmehtafuffzich tief. Un Unnaschiet von Nietrich- und Hochwassa iss nommahl dreimehtasechzich. Foa hunnatfümfzich Jahn, alzi mit Messn angefang hahbm, da wah Tidnhuhp einz fümmunachzich untie Elbe wah vier Mehta tief. Un was hadde sone Hansekogge im vitzintn Jahhundat, in Störtebeker sien Tid, füan Tiefgank? Anderthalb bis drei Mehda, je nach Ladunk. Da konntn sie noch gut um die Sende un Untiefn drumrumsehgln. Hoide müssn schon stendich kleine un grohße Bagga rumbaggan, damiddi Elbe nich felandet, un Transportschiffe mitn Sauchrüssl bringn Sant un Schlick denn inni Elpmündunk unt schmeißn die da üba Bort..

Angehplich solln die gröhßtn Pödde in pah Jahn nochn Mehta tiefa gehn. Unt angehplich fahn sie dann blohß bis Rotterdam. Oda fleich noch schlimma: bis Willemshahfn, wo di n untabelehchtn Tiefwassahahfn hahbm. Aba die andre Seide sahch, die komm soweso nach Hambuich, auch wennsi denn bis Fluht wahtn müssn oda pah Kontena vohea appliefan, wallas ehm viel billiga iss, wennsi eaß in Hambuich auf Zuch un Elkaweh oda die kleinan Schiffe füa di Oss'see umlahdn. Un noch tiefa iss übahaup nich guht füdi Wassakwalliteht mit Sauastoff un die Nehmflüsse felandn un feschlickn noch mea un die Deiche werdn möabe un Hohchwassagefahr weat denn auch wieder gröhßa un denn müssn die Deich noch höa gemacht werdn unt wer soll das alles bezahln!

Ich fint, wia lassn ma die Gesezze des Mahktes sprechn. Statt dassi Statt Hambuich unni Bundesregierunk die sechshunnatsechzinn Milljohn (Stant 2018) füa das Ausbaggan bezahn, solln das mah die Benutza übanehm. Wommasehn opp das funzoniat!

Aba die Profehtn sagn auch: *nach* der Elpfetiefunk is *voa* der Elpfetiefunk, das heiß, in pa Jahn geht das wieda los. Alladinx: viel tiefa gehtas gahnich: denn wöadn sie nemmich den Elptunnl ankratzn... Aba denn hedde ich ne Idee: wenn sie die Ems aufstaun könn, damit die Meyer-Wääf ire Kroizfahtmonsta dreißich Kilomehda duich die Maasch schippan kann, könn sie doch auch bei Brunsbüddl n Damm baun unni Elbe aufstaun. Und wenn sie nu komm un sahgn, das kann nich funzonian, sachich wie meine Großmudda. Wo ein Wille iss, iss auchn Wehch. Büschn Fantasie, meine Hään Inscheniöre! Un ich nehm auch gahnix füa den guhtn Rat.

Elpvoa'orte

Röperhof in Othmarschen

Öwlgönne

Öwlgönne is auch nich mea, wassas mah wah. Ursprünklich wahn das lüttsche Hoisa von den Kapteins un Lohtsns, die sich zurrue gesezz haddn un nochn büschn Blick aufi Elbe habm wollten vonn Altnteil aus. Klein Fohrgahtn mit Erpsn un Bohnn, un denn der Ebstrand, mit Blick auf Addabaskahööft. Wo *Hans Leips* „Jan Himp und die kleine Brise“ gewohnt hahbm, das heiß die kleine Brise natürch ohbm inna Wilja. Die Hoisa sintja imma noch zu nütlech. Sint aba jezz nich mea eschwinglich. Un ealich gesahcht, auch nich mea so attraktief. Zwüschen Hauskante und Gahtn iss nuan schmahln Fuhßwehch, unt an Wochnende kannzu die Hant nich foa Augn sehn, soviel Loide wälzn sich da fobei. Iss aintlich auch Elbe-Rattwanderwehch, aba wehgn zuviel Fuhßgenga issas ne „Schiebestregge“. Mach auch kain Spahß. Un denn iss da die Strantpääle, mit drei Sterne in Imbissbuhdnbehdeka. Da wälzn sich noch mea Loide, un nich nua aufn Fuhßwehch, sondan auch aufn Strant. Spezi-ell an Wochnende hersch da Heileif un kannz kein Auge zutuhn. Un dass's noch nich alles: Gehgnüba iss nu Kontenatörminel auf Wallashohf, und da hersch bis speht inni Nach ein Lerm wie mit Pressluffhamma in Eisn'ärtzberchwerk. Neenee, denn lieba Bahmbehk. Jehnfalz zuhn Wohnn. Oppwohl: Solln ja lauda Promminende hier am Ebstrant wohn: Rühmkorf früa un Biermann und weißnich alles. Hausnumma iss aber geheim. Siehßi auch nich, hahbm wull Stoas fohrn Fensta. Die meißn Loide aba nich: kannz foll inni Wohnzimma kucken, tuhssu aba natürch nich, willzja nich aufdrinklich sein.

Aba zuhn Essn gehen iss Öwlgönne nu wieder ssu-un-ssu nett. Fehrs mit Buss 112 bis Noimüüln, oda mit Fehre 62 von Landunksbrüggn, und denn komp ein Fischlokahl nachn andan. Noimüülna Fehrhaus, Lotsnhaus, Becker (jetz Süßwasser). Denn willzu ja essn un nich rehdn, un denn stöhrt der Lerm auch nich so. Unt kannz in Rue den Kontena-Riesn mit anhengnde Schlebba zukuckn. Widi dehn umdrehn, damidda richtich rum an Kai zu liegn kommp. Noilich hat ein mah nich aufgepass unti Kaimaua tuhschiat. Laach denn kweer unni Elbe wah gespärrt. Die Entschuldigunk wah, daß Nehbl wah. Iss trotz-dehm kein Grunt un koss alles bares Gelt! An Untiefe liechtas jehnfalz nich, Elbe wird ja stendich tiefa ausgebaggat. Auch wenni Schwehdn da mal Staine reingeworfn habm – wir hohln sie wida raus: der größde liech jetz hinta Öwlgönne ann Strant: unt wiech 217 Tonn.

Augustinum

Hambuich hat scha niemalz n Könich gehapp und praktisch auch kein Grahfn oder so was. Der lezzte war Adoff von Schaumbuich vor achhundert Jaan. Trotzdem giepas hier viele Residenzen. Happ mich ma im Brangjenbuch umgekuckt: Einaseiz lauta Residenzhotelz, wodu lehps wie Könich von Frankraich, wennu das bezahln kannz, andaseiz Senijoren-Residenzen. Mußtich ja rechtzeitich um kümmern! Wennu nich aufpass, stecken sie dich einzweidrei in Fleegeheim mit Eewichkeizgarantih. Suhssu doch bessa selba aus! Hoide hass grohße Auswahl von Residenzn mit Sehblick: denn sießu all die Schiffe, die nach Übasee fahn. Allerdinks bestehti Gefah, dassu denn büschn melanklöterich weerß: In Mühlnberch bei Blangenese kannzu direkt aufie Ehrbusswerf kucken. Oda in Falknstein: gleich nehbm Kämpingplatz. Oda in Schulau, wo der Elpwandawehch durchn Tunnel durchas Ertgeschoß duichgeht. Da kannzu vonna Schiffsbegrüßungsanlage *Mußidenn* höan. Dabei mußu ja gahnich zuhn Stedele hinaus! Jehnfalz nochnich. Oder fleich im „Fallen Anker“ in Ohtmaaschen?

Aber am bestn gefellt mir das Augustinum in Noimüüln, jehnfalz von außn – auch wennas ea füan gehohbenen Bedahf iss. Da kamman direktemang aufn Hahfn kucken un aufn Kontenertörminel, un Strantpääle is auch nich weit. Da kannzu Knackwuß essn, wenn dir der Haferschleim außa Seneorenküche mah üba iss. Pascha guht, dassa Musejumshahfn gleich nebm'an iss. Alladinx: manche von den Insassn beschweern sich auch, dassas zu laut iss: Damfmaschihn zischn, Dieslmotoan tuckann, Loide bölkn. Aber das beste ann Augustinum iss, dassas früa n Kühlhaus wah. Oissast praktisch: so haltn wir länga und Vefalzdatum wirt rausgeschobm.

Un weißu, wehnu ewentuell im Trebbmhaus treffn kannz? *Nadja Tiller*, un bis 2011 auch ian *Walter Giller*.

Ottnsn

Ottnsn komp gleich hinta Aldona. Das hieß früa Mottnbuich, angehplich wall da di arm Loide wehgn unhügehnischn Lehmsbedingungn Tubakulose krichtn un daduich Löcha inna Lunge hattn – alz wie von Mottn zefressn. Di Ausboida-Induschtri iss hoide meißnteilz wech unt in Kino unt Musiek-Fabriek fewandlt, aba ahme Loide wohn da imma noch: sint aba hoide oft (ejemalige) Auslenda. Das heiß dann Muldikuldi. Un wo Muldikuldi iss, sint auch die Juppihs nich weit. Un wo di Juppis sint, weat saniat un renowiat un aufgehübschd. Unt so iss Ottnsn nu bei klein das Schanznvittl des Westns. Noch issas ziemich schmuddelich, aba wennnas mah soh duichgeschteilt iss wie Eppmdorf un Eimbüddl, denn iss alz nehstes Bahnfelt dran. Das reckd schunn son büschn di feschlahfenen Glieda.

Noch iss Muldikuldi, aba nich dassu denks, das issn Geddo! Iss beinah mea ne Hohchbuich vonna doitschn Leitkultua. Zum Beispiehl, woran denxu bei "tüpisch doitsch"? Fleich an Kannickelzüchtafe'ein? Da könn wia zwah nich mit dien (iss ea was füa die Kleingäatn in Bahnfelt), aba immahin giepas middn in Ottnsn n Hühnastall! Büschn aldanatief issa alladinx auch: da weat nemmich ne ausgestorbmne Rasse gefleecht. Und in ein Gescheff füa Haremsbedahf inna Bahnfelda Straße krissu assreine Brautkleida un Schmohkinge. Harem? So heißas Gescheff tatsechlich.

Numma zwei: Muldikuldi iss doch imma Temparament un muntare Gesprehche aufa Straße voada Kneipe, dassu denks, die kloppm sich gleich unt iss aba nua Frointschaff. Gieps auch, un Alma-Wahtnberch-Plazz im Somma hat was von Neapl oda Itzmir, aba gah nich weit sind noch Gewääbe-Hintahöfe wie früa unt üba'all Grün voa den Hoisan un zwüschn den Hoisan un hinta den Hoisan – wenn das nich ahmplendische Leitkultua iss! Kanz in Orient lange nach suchn.

Un denn die Wohnsitzlosn am Sprizznplazz: guht, sint auch pah Auslenda mittnmank, aba die meistn sehn doch origenal doitsch aus (auch wenn wejche fleich in Russlant geboan sint) unt fetrehtn Einz-A doitsche Leitkultua: Flasch Bia inna Fauß untn Schehfahunt bei Fuhß. Un trinkn Holstn un Astra, aba das gehöat ja nu alles zu Karlsberch un iss damit leida nich mea so doitsch – aba immahin denisch.

Viatns: Nimma an du stelzn Fahratt ab un komps nachn n pah Tage wieda: bei Multikuldi wea das lenx geklaut un nach Pohln feschohbm, aba voam Bahnohf Aldonah iss wehnstn noch der Rahm da un fleich sogah das Hintaratt! Wennich, finzas inna nehstn Straße. Auch tüpisch doitsch.

Un schließlich: eaß recht tüpisch doitsche Leitkultua (un nu iss weaklich Kultua) is Kunz in Öffntlichn Raum. Auch wieda aufm Sprizznplazz: zwei Genaratzjohn von Fraun in Brongße untam Toabohgn.

Und wennu imma noch nich übazoich biss: Geh ma in Hambuichs eaße Weinstube: Seit 1919 kannzu inna „Traube“ altdoitsch essn un trinkn, Da sinti Wende urich holzgetehflt und du kriss Weine aus alla Welt, nua nich vom Stintfank – der iss ja füa Staatsgeste reserwiat. Brauß gahnich mea inni Falz fahn oda im Elsaß, iss genauso gemütlich wie anna Mohsl oda am doitschn Rein. Giep sogar ne „Große Rainstraße“. Iss nua falsch geschriebm.

Ohtmaaschn

Wenn ich sahch, wojch wohn, reagian die Loide meiß mitn klein Fiff un wolln damit andoidn, dassich ja wull ganschöhn was aufa Kante hahbm muss, wennich mia das leistn kann. Da mussich mich denn imma gleich enschuldihgn, dassas mea Zufall wah, dassich in Ohtmaaschn gelandet bin, assich alz Junkrentna wieda nach Hambuich gezohgn bin: eimfach wall inna Anzeige stant *geeignet für zwei Personen ab Mitte 50*. So hat man denn ausnahmzweise auch alz reifan Jahgank mahne Schanks: in Eimbüddl un Eppmdorf unsogah in Altona-Nort komm sonz imma gleich die Juppis un sind denn schnella unt gehgn fümfzich Mann im Trebbnhaus beina Besichtigunk kommssu nich gehgn an.

Aba nich dassu denks dass iss jetz „Fallen Anker“ odan annan Rehsidentz füa di drittn Zehne, is ne Wohnunk in Dreifamiljenhaus. Un die richtign Wiljas sint empwehda anna Ebschosseh oda inna Willnkolonie ummi Essbahn rum: voa hunnat Jahn, als die gebaut woadn, haddn nemmich auch die gehohbenen Kreise nich alle Audos un brauchtn die Bahn um nach getahne Ahbeit im Kontoa nachaus zu komm. Un da iss denn ja auch nich zufellich die *Waitzstraße*, wo die Betreffnden gääne einkaufn, wassu an den Benz-Kupehs un an den Gelendewahgn sehn kannz, die dah imma paaken un appunzu auch man inn Schaufenza fahn. Unt der Anteil von Börrberi-Schahlz is auch übam Duichschnitt.

Bei unz in altn Dorfkern sießu nich mea viel von früa, außa pah Fachwääkhoisa: füa Strohdecha iss soweso die Fesicharunk eintlich zu toia. Der alde Dorfteich ischunn lenga im Audobahntunnl fesunkn. Aba wer weiß: ne Böaga'inezatiewe haddehn „Deckl“ üba der Audobahn von Appfaht Ohtmaaschn bis Bahnfelt (un weiter nach Schnelsn) duichgesezz, wehgn Läämschutz un damit zusammkommt, was zusammgehöat: Ohtmaaschn un Bahnfelt... Da solln denn die Schrehbagäätn von nehbm'an aufi Plattform umgesiedlt werdn, und denn komp da ja fleich auch wiedan Teich hin – Rehnaturalisiarunk iss schließlich inn! Die pah klein Geschefte anna Ecke sint auch noiare Geboide. Nich schön, aba praktisch, so inna Neje. Alladinks: der kleine Supamaak hat aufgegehm, und was kommp stattdessn: n Fitness-Zenta undn Kosmetik-Salong. Kannz nich sahgn, daß Ohtmaaschn nich midda Zeit geht!

Aba das Beste iss doch, dass man aufm Elpstrant jockn kann. Bei Ebbe kannz direck glaubm, du bis anna See. Un mit Glück (oda Pech) siessu fleich auch ma ein von den Promis, die hia wohn solln: *Siegfried Lenz* un *Heidi Kabel* sint alladinx nich mea unta den Lehmden, aba *Biermann* habm wia mal aufm Anlega von Noimüüln gesehen, mitn klein Hunt. Unt *Olaf* bein Jockn mit Leipwechtan (nehmich an). Aba der wa damahz noch nich son richtign Promi.

Ebschossee

Ebschossee möchich nich wohnn. Fenk ja schon inna Max-Brauer-Allee an: Groß Schilt „Fekehrsberuigunk Ottensen: Nach Blankenese und Wedel alle Mann über die Ebschossee“. Entschprechend ist der Geroischpegl. Das ist wahrscheins noch der sozealdemokratische Klassnhass gegen die Ebvororte. Aber der Lerm bleip, und Termopehnscheibm oder Dopplfenster schetzn wir in Hamburch nich. Oppwohl dann doch zum Enagiespahn und wehgn ökologischn Fußtritt. Und was vonn Kontenatörminel so rüberweht, iss auch nich von schlechtn Eltann. Gut, daß der alte Salomon Heine dass nich mea mitgekrich hat, wenn er in sein Gahtnhaus gesessn hat! Denn kommp, wo früher noch ne Wiese mit Kühe und Feerde war: jetz stehn da „Kaffemühln“. Das sinti siem wöhrflförmign Kestn mit Komfohrwohnungn mit nichma Elbblick: Empweder stehtn annan Kastn davor oder Boime. Und wenn du aufer Maggarineseide wohnz, das heiß rechz, und zur Elbe wiss, kommßu kaum rüba wehgn Fekehr. Nur wenn du Glück hass und bei ne Fekehrsinsl wohnz, denn kannzu das fleich in zwei Etappn schaffn.

Ich muß aba zugehm, dassas pah eindrucksfolle alte Wiljas gieb, un historische Weatschaffsgeboide wie die alte Remise un der halpmohntförmige Stall, un auch pah fleich büschn gewaachte modääne Achitektua-Zoichnisse. Das schinehsche Konsulaht iss aba noch in alt. Kamman am bestn anna Rohtn Fahne ekenn, oda an den stilln Proteschtieran, die mit sebsgemahlnen Schildan aufa annan Strahßnseide stehn. Bei Toiflsbrück sießu auch ma paa große Kehne vobeifahn. Denn gehz allerdings wieder los: wollz bei Elbschloß n Bier trinkn – geht nich mehr. Brauerei iss wech und inne „Residenz“ vewandlt, das heiß n gehobenes Altasheim. Und denn komp wieder sone Ansammlunk von Kestn auf engn Raum, diesma weiß. Von den gehohbnen Restorang, das dann komp, kennzu fleich die Lindnterrasse, die jezz inna Kunzhalle is, wall Liebermann sie gemahln hat. Dann kannzu wieder nich die Elbe sehn, wall links der Hehrschpark iss. Hehrsche siehstu aba nua, wennu genau hinkucks, aber Tennisspieler. Und denn komp auch schon Blankenese. Am besten kuckstu dir das alles ausm 36er Bus an. Koss alladinx zwei-zehn Aufschlach. Wallas n Schnellbus iss.

Blankenese

Wennu von See komps, das heiß vonna Elbe, könnzu denkn, da liecht n Berchstehtchn am Middlmea. Hoisa un Gertn klettan locka feteilt den Hank hoch, un obm drüba iss der Sülberch, immahin fümmunsiepzich Mehta üba Nommahl-Null. Vor hundat Jahn mussas alladinks wehsntlich hübscha ausgesehn hahbm, alzas nochn reinis Fischadorf wah. Inzwüschn sint nemmich die Hügl alle mit hessliche Kestn in alle denkbahre Bauschtihle vollgebaut.

Ein Professor Schütz schreip 1827, dass die Blangeneser n *kühner und trotziger* Menschnschlach sint unt sich duich ihr *grobes und ungehobeltes Wesen auszeichnen*. Das finta alladinks festentlich wehgn ihre *unruhige, gefahrvolle, mit so vielem Ungemach und so vielen Gefahren verbundene Lebensweise*, alz Fischa ehm, die von Kintheit an stendich auf See wahn un off genuch ihr nasses Grapp im „Blankn Hans“ (= Nordsee, füa die Noilinge) gefundn hahbm. Im Dorf iss hoide noch alles enk un steil un haupsechlich Trebbm statt Strahßn, un ich frahch mich, wie die Loide ire Wassa- un Biakestn transpottian un wo sie ire Audos parkn. Aba ohbm unt im Hintalant iss viel Plazz un hahbm schunn seit zweihundat Jahn reiche Hamburga ire Pahks un Lanthoisa gehapp. Logisch, dass Blangenehse hoide schwea trendi iss. Alladinks statt Kutschn siehßu jezz natürch üba'all Kraffazoige der gehohbenen Preisklasse unt Gelendewahgn. Dabei kann man damit die Trebbm auch nich bezwingn.

Fluht gieps auch, aba dafüa hahbm die Hoisa denn ne Hochwassaklappe. Größte Gefah droht soweso ea vonn Schiffn selps. Foa pah Jahn morrns im Nehbl krachtas und denn sahßn Soire-Tanka am Anlehga. Wah aba nix mit Promille un so, wie manch ein gedachd hat (ich auch). Jehnfalz musstn sie dehn Pongtong eaßma inz Dock schleppm, un Blankenehse hatte zeitlank kein Schiffsfekea mea. Aba meistns, un foa allm im Somma iss untn am Strantwehch imma buntes Strantlehm, fasso wie in Öwlgönne. Und wennu da am Wochnende mah bei „Bäcker“ oder im „Schifferhaus“ Fisch essn wilz, mussu dein Audo ohbm lassn un mitn 48er Kleinbuss runtafahn. Oda zufuß gehn. Kannz aba auch ohm bleibm unt bei Sagebiels Feahaus aufa Terrasse sitzn un dehn Blick üba die Elbe aufn Nesssand unt aufas Este-Spääwääk von Noinfelde unt inz Alde Lant schweifn lassn. So wie Hans Albers mit sein Gisa, das heiß Ilse Werner, in „Große Freiheit Nr. 7“. Wo denn sein Kumpl Hans Söhnker komp unt ihn sie ausspannt, wall sie gään tanzn will unt Hanne sich da schunn zu alt füa fühlt. Sone bittasühßn Geschichtn wolltn die Nazis aba viunvitzich mittn in Kriech nich sehn unt hahbm sie dehn Fehm denn ja febohtn.

Aba dass Sagebiel mahn Schinarestorang sein wöade, hätta sich uns Hanne nich troim lassn, alza gesungn hat: *Eimah noch nach Bombeh, ohda nach Schanghai...*

Elp'appwääz

Elbstrand bei Wittenbergen

Finknwerda

Denkssu auch noch an Gorch Fock, wennu an Finknwerda denks? *„Urch, da ging es wieder los“* und denn kotz Klaus Mewes sin Söön das Boot voll, aufe ersse Reise mitn Ewa no See. Vonni 187 Ewas biziunksweise Kuttas von Finknwerder siehssu hoide kaum noch was, wallas sich nich mehr gelohnt hadde, wie die Elbe zu dreckich war unnu die Fische besser ausn Nordatlantik gefischd hass. Majchmal siehssu aber doch noch (oda wieda) zwei Ewas vor Ehrbuss liegen, mitn Netz dazwüschen. Issja auch wieda saubara gewordn, ohne Induschtrie am Obalauf. Ne Insel iss Finknwerda ja schunn lange nich mehr, saitzi die Süderelbe nach der Stoamflut von 1962 dichgemacht habn. Wennu nach Finknwerda wiss, fehrßu am bestn mitta Fehre von Noimühln rüba: Hochbaanfaakarte güldet da auch auf.

Wennu mitn Faarad duich Finknwerda fehrß, issas kein Fegnügn, zufihl Fekehr, Werksfekehr von Eabuss meistns. Deswegn hengn überall Tafln an den Hoisan: wir wolln kaine Risse ins Mauerwerk mehr, wir wolln die Sühtumgehunk! Und wenn Du dann duich Noinfelde und Frankoop fehrß, siehßu lauta Tafln: Wir wolln unse Appelboime behaltn unt kaine Sühtumgehunk, wir wollni A 26! Unt wennu Richtunk Buxehuhde fehrß, sihßu Tafln: Hende wech von die Zukumft unsa Kinda, wir wolln kain A 26, wir wolln den Elptunnl bei Glückstatt! Und wennu inni Nehe von Glückstadt komps… Aber das mach trotsdehm Spahß und fahn durch Finknwerder, wennu die Strahßnnahm ließ: Beesenreeg un Feekstreek un Reetstremel un Poppenpriel un Rüschputt un Schallensteed un Tweeflunken un Kneienblick un Reet un Ploot un Wiet un Kreetslag un Köterdamm. Aber denn finnzu auch annare, die würkch serijös un hilfreich sinn wie Finkenwerder Norderdeich und Kirchenaußendeichsweg und Finkenwerder Landscheideweg: denn weetsu wo du büss. Door hebbt se sich wat bi dacht, in de ohln Tiden!

Aba nu, wie die Sühtumgehunk fettich iss: Iss wie vohea, sahgn manche Anwohna, wall die LKWs doch lieba den kürzan Wehch duichn Ort fahn, wenn si zum Oss-Toa wolln.. Nu hoffn wia alle auf die Audobahn. Nee, nich alle.

Noinfelde

Wir befindn uns im Jahre 2004 n. Chr. Ganz Finknwarda un das Alte Lant iss von den Hanseahtn besetz... Das ganze Alte Lant? Nein! Ein von unbeuchsahmn Marschnbauan bevölkates Dorf höat nich auf, dem Eindrinklink

Widastant zu leissn. Un das Lehm iss nich leicht füa die Söltna von Senaht un Grohßinduschtrie, denn die Bauan unt ihre Druiden hahbm den Fall bis voa den höhßtn Thing gebracht un eine einzweilige Fefügunk ewweakt...

Kommtia bekannt voa? Noinfelde liech im Altn Lant, sühtlich von Finkwarder, jenseiz der Südaelbe. Wie bitte? Wohs denn die Südaelbe? Tcha, bis zweiunsechzich floß sie ins Mühlnberga Loch. Nach der Großn Flut hat man sie appgedämmpt. un seitdehm iss Finkwarda keine Insl mea. Un die Südaelbe heiß „Alte Südaelbe“ un iss nua nochn lenglichn Teich un Anglaparadieß. Un den obaren Köhlbrant hahbm sie umbenannt in Südaelbe. Und außadehm das Fischadorf *Altenwerder* abgerissn un Kontenatörminel hingebaut. Kein Wunda, dassi Loide in Noinfelde mißtrauisch sint!

Also Noinfelde liech jenseiz von womah die Südaelbe wah. Noinfelde issn Dorf mit pah hübsche alte Hoisa untn Haufn hässliche noie hintam Deich, unt hatne Keache mitne berühmte Orgl: von 1688 von ein gewissn Arp Schnitger, der Dutznde von Orgln feantwortlich füa iss, auch inna Jakobikeache. Un hatn Rohsngahtn. Sint zwah keine Rohsn, nua Ohpsboime, aba di wahn dehn Ehrbuss im Wehch, alzi Stahtbahn op Finkwarda felengat werdn soll. Unt die Druiden voa Ort, das heiß die Keachngemeinde, die dachtn, dassi mit ihre Orgl fleich auch wechziehn muss. Unt sahchtn nein zu alle materijelln Angebohte. Aba Frau Bischöhfin wah da „empöat“ üba un der Prohps wa auch „außeorntlich fe'ergat“ – komp ein doch bekannt voa: Doktor M. Luther haddas damahlz auch mea midda Ohprichkeit gehaltn unt fant, die Bauanaufstende wean Febrechn... Sonz hahbm die da ohbm ja „mündige Böaga“ gään, aba nich so festockte Kleinböaga un Dorftroddl, di dehn Fortschritt im Wehge stehn! Wo Ehrbuss doch nu schnell noch ausgerechnet hat, dassas um pahtausnd Ahbeizplezze geht, unni Statt hadde auch schunn pahhundat Milljohn inz Mühlnberga Loch gesteckt unt gink doch nuan um pah Hundat Mehta!

Sintoch weaklich unsozeal, diese Gallier, un denkn nua an sich. Darum hat die Ohprichkeit denn die Samphantschue ausgezohgn. Wia könn auch andas! Ich lass mich doch nich von drei Bauan stoppm, sahchta Herr Senahtoa. Wea ja gelachd. Schumma was von Enteichnunk gehöat? Aba wah denn doch nich nöhdich – „Inschtrumente zeign“ hat genühch: Bauer Q. hat fekauf. Un denn kann A 380 balt in Rue ausrolln.

Hadda aba nich: die Frachwäsion vom A 380 is doch nich gekomm, wah wull nich weatschafflich. Denn könn sie die felengate Staatbahn ja eintlich wieda aufhackn un wieda Appelboime flanzn, un die Noinfelda kriegn ian Rosengahtn wieda.

Toiflsbrügge

In mein Atlas für Hamburga Schuhln von gleich nachn Kriech steht noch *Teufelsbrücke*. Jetz heißas *Toiflsbrück*. Weiß auch nicht, warum sie das e gestrichn habn. Ich find *ck* klingt eankwi mehr süddoitsch als *cke*. Muß man sich ehm an gewöhnn. Toiflsbrügge issn Schauplatz von Wandalismus. Da steht nemmich ne Figur vonn Toifl, der nachdenk, Kopf innie Hände gestütz. Angeplich hat er ma eim Mann bei der Brügge üba die Flottbek geholfn, aba als Lohn nuan Hasn gekricht, wall der als eaßa über die Brügge gehopplt iss – der Toifl hatte auf den Mann gehoffd. Den steinanen Toifl hahbm Raudies immer wieder die Hörna abgebrochn. Deswegn haben die Spender keine Luss mehr und ihn immer wieder reparian lassen. Musser ebm so bleibm.

Die ganze Gegnd iss ne Schöpfunk von Baron Voght. Aber der hädde auch schon lange keine Freude mehr an seinn Haus inn Jenischpark: die Sicht aufie Elbe is schon seit hundert Jahn ferbaut.

Da is auchn klein Hahfn, aba da kann man nur bei Flut rein un raus. Sonz is Watt. Da liech manchma n Bagga, der heiß *Berni*, un paar Backassn, die heißn *Jonny* un *Hein* un *Walter* un *Erna*. *Hein* is den Hafnmeista seine. Und wo das zun Anleger für die Fehre nach Finknwerda geht, kannzu sehn wie hoch die Flut damahlz wah, 62. Kannzu mit ausgestrecktn Ahm gar nich anlangn. Und für 76 musstn sie den Fahl noch verlengern: war noch halbm Meter mehr. Weil mittlaweile all die noin Sperrwerke an der Unterelbe fertich wahn, weswegn das Hochwasser nich mehr die Butenlande überschwemmn kann und steicht dann ehm höa. Wie manz macht, iss ferkehrt!

Aber das Beste iss, wie 2002 mahn Kontenaschiff kurz die Übersicht verloan hat, Motor abgestellt und an Lant gedriftet. Beziehungsweise an Restorang aufm Pontong. War natürch alles in Dutt und Mutt. Habm sie aber gut wieder hingekricht. Das Menüh iss büschn teua, aber das giep ja noch den Imbiß unten aufm Pongtong. Da kamman sich die Apfelbrause selps mischn und Körriwuss gieps auch. Wemman das mach.

Un außadem gieps noch die *Düwelsbrücker Kajüt*. Die schwimmt in den klein Hahfn aufm eichnen Pongtong, und wennu von Hamboaga Symbole un Anka und Fischanetze un Seekahtn nich genuhch kriegn kannz, den bissu da richtich. Abba orbntlich wassu essn krissu da auch. Und je nach Wintrichtunk kannzu schon weitn schnuppan, wassas hoide giep.

Schulau

Schulau iss nich mehr ganz Hambuich, heiß aintlich Wedel, aber auch nich ganz, wall Wedel mehr anna Lantstraße liech un Schulau mehr anna Elbe. Wennu von Blangenese komms unt anne Elbe entlank jocken willz oda spatzian, kommssu gahnich bis Schulau wehgn den Kraffwääk am Ufa. Mussu umgehn und denn macht das nich son Spahß. Am bestn fehrssu mit Esbaan bis Wedel und denn wandassu duichi Stadt nach Schulau. N Buss fehrt auch.

Wennu Glück haß, kompn Schiff aus Frankraisch und denn spieln sie aufa Schiffsbegrüßunksmaschine „Allongs-Anfang". Das habm sie da auf Kassette oda Zedeh, ne richtige Kapelle wehr scha zu toia. Da sint fümf pansonihrte Kapitene zum Abspieln, natüllich nua eina zu Zeit. Der weiß immer, was als nehstes komp, steht ja in Funkfebindunk. Unni Matrosn froin sich. Oppwohl: die meistn kommn von Filipihn, und dehnn is femutlich egahl, oppsi di Hümne von Monrowia oda Barein-Insln hörn. Oda wo die Billichflackn nu angemeldet sint. Unt die Anwohna sint auch nich begeistat: Mein Froint Klaus wohnte als Kint inner Elbstraße. War nich zun Aushaltn, immer das Gedudel. Iss wull mehr füdi Turistn un Kaffegeste im Schulaua Fehrhaus!

Alz Kint gahps das noch nich. Da sint wir majchma zum Badn nach Schulau gefaan, wahne Tagestuhr von Lang'horn aus mit Hochbaan und Esbaan. Da laach nachn Kriech dschahrelank n grohssn Dampfa aufn Strant, aufa Seide, groß Loch untara Wasserlinje, der (oda die) hieß *Frigga.* Ne Zeitlang konntest du da Buddlschiffe ankuckn: im Buddlschiffmusejum im Kella vom Feahaus; das is aba jetz in Wintahude.

Zuhn Appschluß habm wir immer noch den *Roland* besucht: der steht in Wedel aufn Mahkplatz, paß wohl auf, daß nicks passiehrt. Der iss nich so groß wie der in Brehm, hat aba n büschn großen Kopp. Und die Kugel im Schritt, da hett aintlich die Jugndbehörde ainschraitn müssn, wennu mich fraaß. Aba habm sie sich damahls wull nicks bei gedach, sollde femuhtlich aimfach mennlich aussehn!

Wedela Maasch

Alzich nochn Junge wah, wahn wie mit unse Juhntgrubbe majchmah inna Maasch zum Föhgl beohbachden oda Flanzn bestimm. Ehrß Stunde Hochbahn un Essbahn, von Langhorn bis Wedl. Un denn los mank die Wiesn, aufn Deich, in Mutt un Matsch, wenn Ebbe wah. Mussdes ja ran anz Wassa, wennu Föhgl sehn wolldest! Und was gahps nich alles: Kibitze, Bäckerssihn, Rotschenkl, Ufaschnepfn, Kampfloifa, und zur Zuchzeit Entn, Gense, Schwene, Sehga, Regnfeifa satt, und wassonz nich alles. Un denn weita nacha Hahseldorfa Maasch, und da gahps was ganz Besondres: Schachbluhm! Wie lilane Tulpn in klein, aber mit ganz klein un fein Schachbrettmusta. Natüich unta Neturschutz, hahm wir auch keinn verratn, wo die wahn. Aufn Rückwehch Tass Kaffe in Fehrmannsant. Un denn nach eines langen Tahges Wanderunk middi dreckign Gummistiebl wedda inne Essbahn: Loide hahm fleich gekuckt!

Un nu hoide: Kennz fass nicks wieda! Nicks Brackwassa un Schlamm un Schülf un Stack un Bojen: Ein langn hohn Deich, schtromlinjenförmich, mit lange flache Böschunk, undn langn flachn Febuntstainwehch aufe Außnsaite, undn langn flachn Assfaltwehch aufa Inn'nsaite. Wah wehgn Flutkatastrohfe damahlz, zweiunsechzich. Wah hie natürch auch allns unta Wassa. Und damit das nich wieda fohrkomp, hahm sie n noin unt höhan Daich gebaut. Wah gut gemaint, aba nu steichas Wassa bei Stoamfluht noch höa, wallas ja nich mea innie Maaschwiesn reinlaufn kann. Un in Pinnau un Krückau un Stör un Este un allie andan Flüsse kannas auch nich mehr hochsteign und sich innie Niederungn fetailn, weil denn Spärrwääk dich gemacht wirt; auch allns noi. Kaum hassu di Fluht innie Schrankn gezwungn, fellt ihr was Noies ain un staicht einfach noch höha.

Un Loide sinta nu underwehgns! Wah alladinks Wochnende. Pahkplazz bei Fehmansand brechnt foll, Wiese auch noch zugepahkt. Entlohse Reie von Spaziergenga, Famijen mit klein Kindan, Hunde immahin brahf angeseilt – ischa Naturschutzgebiet, siehß nur nix, was geschütz wehrd, einzige niedere Lehbewehsn nur Schafe, die aba reichlich einschließlich Ködl, un paar Krehn un Möhwn. Dafüa Rattfahra, Rollschuhloifa, Jocka. Issn richtiges Nah'eholunksgebiet gewordn. Aba giept auch nochn Naturschutzgebiet, wo du nich rainsoss. Iss man gut so.

Nehsma bin ich denn ja auch mitn Fahratt hin, mittn inna Woche. Imma an Deich lank, mal inn, mal außn. Wahnich soviel Loide, auch nich fiele Föhgl. Aba guhtes Trehnink, gehgn Wint. Nach fümmunzwanzich Kilomeda musstich umkean: Pinnau-Spärrwääk wah offn, das heiß die Brügge wah zu. Happich denn mein Müsliriegl eingenomm, as Krafffudda. Und zurück denn mit Rüggnwint. Pähfekt!

Stadeh

Stadeh-Stadeh saachd der Bahnohf'ansaga, wenn der Zuch sich diese Kreißtatt neat. Alz wia noinzinn-einunfümfzich ne Klassnreise nach Stade gemacht hahbm, sint wia aba mitna Backasse gefahn – uns Torwart Dieter sin Vadda wah nemmich Backassnfüra. Un hoide nimmsu dehn Kaddamarahn von Landunksbrückn un in fümmunsechzich Minuhtn bissu am Anlehga in Stadasant. Kaddamarahn heiß zwei Rümfe statt einn, das Schiff feat sozusahgn auf zwei Schwimman. Un wenna orntlich Damf mach, hehpa sich ausn Wassa un fliech beinah mit Donnagebrauß. Aba aufa Faht nach Stahde iss nich so doll, feat ea gemühtlich, kannz ausn Fensta kuckn unni flachn Insln ankiekn: Schweinesant, Neßsant, Hanskalpsant, Lüasant. Un gleich nachn ejemalign Atohmkraffweak bissu da. Un denn gieps zwei Möhchlichkeitn: empweda feaß mitn Buss – iss nemmich umsonz, beziunksweise in Fahpreiß drin. Oda du hassn Fahratt mitgenomm un feaß die fümf Kilomehta Schwinge-aufwääz. Siehß aba nix vom Flüßchen, eaß in Stade selps, un dann issas wiene Aht Gracht, mit lauta hüpsche alda Hoisa dran.

Stade iss richtich büschn ne Berchstatt, aufn Hühgl gelehgn füa wenni Fluht mah höha kommp. Allns Backstein, wie sich das gehöat, auch die Keachn: Cosmae-un-Damiani iss innen mea schlicht, un Wilhadi hat nuan Stumml-Toam, aba inn drin gewaltige Soiln un gotische Böhgn, die ne nochmal so hoe Decke trahgn könntn, wenn sie wolltn. Un denn nochn Renesanks-Rathaus, mitn eindrucksfolln Trebbnhaus inn drin: mit Balkn un Gelenda un alles. Wir hahbn uns dann in Senatoan-Sahl geschlichn, nehbm Standesamp mit Mürtnkrenze anna Tüa, dabei wollten wia gahnich heiratn. Unt anna Lüüd haddn wull auch Bessares zu tuhn.

Un zurück, wennu nich mitn Kaddamarahn wiss, kannzu mitn Ratt am Elpdeich entlank fahn beziunksweise duichas Alde Lant, muß aba imma mit Gehgnwint rechnen: Eaß Grühndeich un Lühe, da kannzu Fischbröhtchn essn, denn Jork un Buxtehuhde, wo die Hunde imma noch mitn Schwanz bellen (oda solln sie ihn dazu eppwa ablehgn?). Buxtehuhde iss büschn wie Stahde in klein, un denn gehtas duichn Moagöhrtl üba Noinfelde, Rohsngahtn unt Finknwerda zurück. Un mit Glück finnzu auchn Wehch duich di Midde un kannz dia den Ehrbuss-Wääksfekea espahn.

Glüxtatt

Glüxtatt is ungefea halbe Stregge bis zur Nortsee, un zwah aufm nörtlichn Elp'ufa. Un isn nettn klein Ausfluch: vitzich Minutn midda Bahn von Aldona. Kannz aba auch mitn Fahrrat fahn, imma anna Elbe entlank, duich di Wedela Mahsch, Hahsldorfa Mahsch, üba Pinnau un Krückau rüba, muss aba auf achtn, dassi Spääwääke nich zu sint, wall die Brücke for Boote offn iss: vittl voa bis voll kamman imma rüba. Denn sintas vitzich Kilomehta ein Wehch app Essbahn Wehdl, unt midda Bahn zurück. Oda umgekeat.

Voa viahundat Jahn hadda denische Könich sich mah wieda üba Hambuich geergat unt wollte uns mitna Festunk anna Elbe das Wassa appgrahbm, das heiß dehn Handl kontrollian. Orntlich kleine Backsteinstadt hingesezz, mitn grohßn Mahkplazz, Rathaus, Hahfn un alles. Unt um Juhdn un Kattohln anzulockn, grohß Rilljohnsfreiheit fekündet. Hat natüch trotzdehm nich funzoniat, viel zu klein alles. Unt gehgn *Stadt-Hambuich-an-der Elbe-Auen* komps auch so leich nich gehgn an. Unt Hambuich hat natüch beim Kaisa dagehgn proteschtiat, vonwehgn dehn altn Freibrief.

Hoide iss Glüxtatt in Hambuich schwea beliep: wehgn Matsches! Eimah im Jah sint nemmich Matscheswochn, un denn sint die ganzn Lokale am Mahk imma proppmvoll. Wia wahn denn aba mah im Früjah nach Raumanns Gasswittschaff: denn iss nemmich Stintzeit! Da komm die klein Dinga in grohße Massn nach Haus, das heiß die Elbe hohch, unt viele wern dann schon bei Glüxstatt abgefangn. In Budda gebrahtn un denn einzln in Munt geschohbm. Der Rest komp denn in Hoopte gehgnüba von Zollnspieka ana Oba'elbe aufn Tisch, wo Fischa Grube denn tehchlich sexhundat Kilo außa Elbe fischt. Trozzdem bleibm noch genuch üprich, dassi nehstes Jah wiedakomm könn.

Noiwääk

Noiwääk ischon ziemlich alt, trotz den Nahmn. Bei den Friesn hieß das Nige O oda Nige Ooge, noie Insl. Unt was wa dann die alte Insl? Weißich auch nich. Jehnfalz habm die Hamburga sie voa üba siemhundat Jahn den Herzohch von Saxn-Laumbuich apgekauf. Da habm sie denn n Loichtoam gebaut, der sieht aus wie ne dreimal zu hohe Burch, üba vitzich Mehda hoch, und wah auch hauptsechlich gedach zum Seeroiba apschreckn. Das wah noch hundat Jahre voa Störtebeker, der die Hamburga solange geergat hat, bissi ihn 1401 aufn Grasbrook den Kopp abgehaun habm. Und ausgerechnet da, nemmich aufn Grasbrook, wolltn sie jezz Olümpia baun! Aba dasne andre Geschichde. Immahin habm sie ihn denn voa knapp vitzich Jahn n Denkmal gegönnt.

Neuwerk is haupsechlich Wiesn un Weidn mitn Deich drumrum, da kannzu inna Stunde eimal rumspatzian. Da sint fümf Bauanhöfe und ein ejemaliges Hotel, und nommaal lebm da vitzich Loide. Im Somma sintas hunderttausnd – natüllich nich alle aufm Mal! Pro Tach komm da fleich zweitausnd Tagesgeste hin. Is auch genuch. Dann giep das nochn Foalant, das heiß foan Deich, aba noch mitn Steindeich drumrum. Da tummln sich haupsechlich Vögl, unt wenn die wechgezogn sint, komm Küe vom Festland. Die sint dann sozusagn auch Feajengeste.

Als Insl liech Noiwääk natüllich im Mea, und wie kompsu dahin? Zufuß! Oda aufm Ferdewagn! Iss kein Flax! Na, meinsweghn auch mitn Schiff. Noiwääk liech nemmich im Waddnmea, das heiß, die See zieht sich imma mal zurück. Gut sex Stundn is Ebbe, denn kannzu hinlaufn, sex Stundn is Flut, dann mussu von Kuxhafn mitn Schiff fahn. Und dannoch mah das gleiche, und nehstn Tach wieda, aba jehdesmal ne halbe Stunde spehta. Kannzu inn Tidnkalenda nachkuckn, da steht aufi Minude genau, wann Niedrich- und Hochwassa is, ganze Nordseeküste, und Elbe hoch bis Geestacht. Und mitn Ferdewagn gehdas auch, die sint extra hoch gebaut, wall sie zwischenduich mah duichn Priel fahn müssn. Zufuß mussu dann schumma duichwahtn. Man brauch zwei Stundn, und wennu dich fetrödelst und das Wassa komp: mach auch nix, da sind drei Reddungskabihn auf hohe Fehle, da passn acht Loide rein. In den plattn Lant hassu ne Fäänsicht, da kannzu gahnich bis ans Ende kuckn. Komp dia voa wie ne unentliche Weite... Aba wehnsts in Somma bissu da ganich allein, da pilgan Hundate Ferjengeste duich die platte Lantschaff.

Aba alzich das eaße Mal auf Noiwääk wah, da wa das annas. Da gapas noch keine Pangsiohnn wie hoide; wia wahn bei Baua Fischer im Hoi, mein Vadda, mein Bruda un ich. Das wah noinzinn-noinunvitzich, mein eaßn Ualaup. Annan Ualaup konnzu dia gahnich leistn damals. Un im nehstn Jah nochma das gleiche mit der ganzn Familje. Ganz ohbm im Toam hadde n Mahla sein Addljeh, der hieß Erich Brodkorb, weaklich wah. Und alz der untn sein Holzhaus gebaut hat, hahm alle mit angefaßt. Ich hap aba höhstns mahn Mauastein gehaltn.

Ne Keache gip das auf Noiwääk nich: lohnt sich nich. Aban Friedhof! Nemmich den Friedhof der Namenlosn. Die Nordsee heiß nich umsonz auch Mordsee, und so sind denn imma ma wieda Tote angeschwemmt, ohne Pesonalausweis un alles, und wenn du nich weiß, wie jemand heiß, denn weißu auch nich, wohin mit den, und denn wurdn die ehm als Heimatlose hier beerdicht.

Ein son Schiffbruch gahps ma voan eaßn Weltkriech, wo alle bis auf den Kaptein übalehpt habm, nua der kleine schwatte Kajütnjunge, den der Kapitehn irkndwo in Afrika gereddet hadde, wah feschwundn. Den habm sie dann lebendich auf der Voglinsl Scharhörn gefundn, wohin du ne Stunde duichas Watt laufn kannst. Auf Noiwääk wah den Somma üba n Junge aus Hambuich zu Besuch und der hat sich mit den kleinn Kubi angefroindet. Als der Junge groß wah, hieß er *Hans Leip* und wahn berühmtn Dichta un Schriffstella. Fallzu den nich kennz, kennzu vielleicht sein Lied von der einsamen Soldatnbraut *Lili Marleen*, das die Soldatn im zweitn Weltkriech an alle Frontn auf beide Seitn gesungn haben. Un Marlene Dietrich natürlich auch. Also, Hans Leip hat üba die Geschichte von Kubi n Buch geschrieben, das heiß *Der Nigger auf Scharhörn*. Son Wort kannzu hoide gahnich mea in Munt nehm, aba das Buch is von noinzinn-noinunzwanzich, handlt haupsechlich von der Jungnfroindschaft und is füa Völkerfestendigunk einschließlich der damalign Kolonien und alles. Und kein büschn rassistisch oder nazionalistisch.

Aba das Beste auf Noiwääk sint die Vögl, und wenn du wie ich praktisch mitn Fäänglas um den Halz geboan bist, dann kannzu dich an Brachvögel, Kiebitze, Seeschwalbm, Möwn, Läächn, Pieper und wasnichalles erfroin. Und kannz den Voglwärta auf Scharhörn besuchn (das wah aba ne Voglwärta-rin, nemmich Stella), der (oder die) da den ganzn Somma allein inne Hüdde wohnt un auf die Vögl aufpaßt, und dass die Tagesbesucha ihnn nix tun, indem sie auf die Nesta trampln. Und wenn beim Voglzuch zweimal im Jahr zehntausnde Gänse, Enten, und alles, was sonst noch im Nordn wohnt unt im Südn Winterurlaup macht, wie unsre Rentna auf Mallorka, dann lockn die „Ringelgans-Tage“ fast ebnsoviele Turistn an (na, nich ganz so viele), und denn habm auch die Einheimischn was davon. Wenn sie denn schunn keine ökologischn Kiebitz-Eia mea sammln döafn, wall das jetz n Nazionalpark iss. Brauchn sie auch nich: die Eia komm jezz ausn Supamaakt.

Helgoland

Alzich noch im Binnland gelehp hab, dachtn die Loide imma, wallich aus Hambuich bin, dassich praktisch aufm Seglboot aufgewaxn bin und hoide noch jede freie Minude mit zwanzich Meda unnam Kiel zubring – so tief issi Elbe nämlich inna Fahrinne an manche Stelln. Aba wah gahnich so. Von mein Heimat-Statteil Langhorn issas fass zwanzich Kilomeda zu den Landunxbrüggn, undn Seglboot heddn wir uns gahnich leistn könn unt in reifaren Alda hadde ich andres zu tun. Außadehm, wennun anstenniges Boot hahbm wiss, mussu hoide soviel hinbleddan wie füan Middlklassewahgn, un denn lehpsu praktisch füa das Boot un febrinx jede freie Minude an Bord un muß auch im Winta noch ran un aufa Werf bei Herr Knief in Habuich schmirgln un mahln, un öhln un den Diesl inschpizian und frach-mich-nich, was noch alles. Das weiß ich alles von mein Froint Klaus.

Aba eines Tages frahch mich nu Klaus, oppich nich mah mitsegln will, seine *Ballad* brauch Bewehgunk. Klaus is tatsechlich praktisch aufm Seglboot zua Welt gekomm. Jehnfalz beina. Ballad? Wusstich voahea auch nix von. Stamp aus Schwedn und weat nich mea gebaut, aba das giep noch üba tausnd davon. Mah kurz die Maße: Lenge 9,14, Breide 2,92, Tiefgank 1,55, mitn Großsegl und n Foasegl, aba das is noch größa alz das Großsegl, und heiß auch nich Foasegl, sondan Genoa. Außadem n Volvo Penta Diesl mit 14 Pe-Ess. Die *Fliegender Stern* liech in Hamburger Jachhafen – aber der iss ganich in

Hambuich: iss in Wedl. Und denn sind wia „Pagnsand runt“ gesegIt. So heiß auch ne Regadda, aba wia sint natüllich gemütlich gegondlt. So gemütlich, daß inna Binn’elbe, das heiß zwüschn Insl un Fesslant, der Echolot imma weniga angezeichd hat, nua noch eins-zwanzich untam Kiel, mal mea, mal weniga. Aba gink gut aus, sonz heddn wia auf die Flut waatn müssn. Unt zur Belohnunk füa unse Gedult lahgn denn doch tatsechlich fümf Seehunde aufm Strant unt ließn sich die Sonne aufm Bauch schein.

So bin ich pahmal mitgeseglt, und denn hadde ich sozusahn den Haupschulabschluß und durfte mit nach Helgolant! Hans-Peter war auch noch mit vonna Patie. Gink auch allns gut, nua in Brunsbüddl konntn wia nich in Hafn, Wassastant wah noch zu niedrich wehgn Ebbe. Also quea rüba zur Oste, aba bei Neuhaus wah der Brüggnwechta nich im Dienz, so daß wia eaß nechstn Tach zun Frühstück in Neuhaus wahn. Na egal, in Kuxhafn laach doch tatsechlich unse gute alte *Cap San Diego* aufm Wochnendausfluch und der Großsehchla *Alexander von Humboldt II.* Das wah doch maln schönn Anblick füa uns Nostalgika!

Nehstn Tach denn nach Helgolant zu. Wah wundaschönes Wedda, und du bist schon richtig aufa hohn See un hassas Gefühl, nach Schottlant issas auch nich mea weit. Denn woade das büschn windich un ich hädde fleich doch nich den geroichatn Heilbutt zum Früstück essn solln, den Hans-Peter in den berühmtn Fischladn in Kuxhafn gekauft hadde. Der kam nun imma höha und wollte an die frische Luff, aba ich hab ihn grad noch in Schach gehaltn. Der Hahfn wah ziemlich voll, aba denn machst du Päckchen, das heiß, du lehchst außn an n annan Boot an, daschon n Liegeplazz hat.

Auf Helgolant wah ich zulezz foa fümfzich Jahn gewehsn un damahz gahp das noch nich die in mein Augn größde Attratzion: Hundate von riesige weiße Baßtölpel mit ein-Meda-achzich Spannweide, die zwei Meda voa deine Füße obm aufa Klibbe sizzn und denn abbunzu mah lossegln und sich in Stoazfluch nochn Fisch zum Ahmbrot holn.

Un nu aba di Rückfaht. Strahlnda Sonnschein, in großn Bogn voa der Ditmarscha Küste gekroizt, hohe Dünunk, das heiß Welln, wo das Boot imma tief midda Nase – Tschuldigunk, mitn Buhch, eintaucht und denn wieda hoch inn Himml. In Fahtrichtunk heiß das Stampfn, und seitlich heiß das Rolln, un beides zusamm heiß Schlingan. Und wenn du das ne Zeitlank mitgemacht hass, denn fenkt dein Mahgn auch an zu schlingan, jenfalz meina. Und eankwann giepsu den Widastant auf und denn soll Neptun ehm kriegn, was er hahbm will. Koaz un schmäazlos, und danach wah alles wieda gut und ich konnde den Rest des Törns voll genießn.

Wehgn wiedrige Winde habm wia dann in Kuxhahfn nochn „Hahfntach“ eingelehcht und Schloß Ritzebüddl angekuckt. Und am nehstn Tach wahn die Winde imma noch wiedrich, beziunksweise hahbm sich schlahfn gelehcht, und so mußtn wia denn den Diesl anwääfn und als Motoaboot nach Hause fahn.

Elp'aufwääz

Elbfähre „Deutschland" bei Hitzacker

Oba‘elbe

Was Unta'elbe iss, iss klah: Landunksbrückn bis Kuxhahfn. Unt Oba'elbe: nich eppwa Machdebuich, Drehsdn oda in Schechi'en. Nee, Oba'elbe geht nua bis Laumbuich. Was dann komp iss nochn büschn Niedasacksn, aba hauptsech, was früa Deh-Deh-Err wah. Oppwohl: in Sacksn nenn sie *ihre* Elbe Oba-Elbe. Denn nenn wir das dazwüschn ehm Middlelbe. Also eaß Unta'elbe, denn Oba'elbe, denn Middl'elbe un denn noch ma Oba'elbe. Issja einaseiz intrissant alz Binnschiffahtswehch nach Oss'orrohpa. Denn vieles, was in Hambuich ankommp un appgeht, weat imma noch auf Kehnn transpottiat. Deswehgn hahbm wia ja nich nua Indiahahfn un Sühdwesshahfn un Togohahfn un Kamerunkai, sondan auch Oderhahfn un Moldauhahfn un Spreehahfn un Saalehahfn mit Hallesches Uhfa.

Hohchwassa gieps anna Obaren Elbe auch, aba das kompp dann natüch nich von See, sondan von ohbm. Hat bekantlich zweitausendzwei die Regierunk gereddet, als beia Hohchwassabekemfunk Fürunkskwalitehtn gefrahcht wahn. Aba aufa untan Ebene kannz auch Pech hahbm, wenn zum Beispiehl ein Schippa bei Hohchwassa un Nehbl nich so genau ekenn kann, wodi Hahfneimfaht iss un denn auch ma nehman reinfeat. Da loifta dann auf Grunt, un wenn dann das Wassa wieda abloift, bleipa aufn Trocknenn. So issas Kaptein Rosik aus Stettin passiat unt hat dann zehn Monate aufa Wiese bei Schnacknbuich gelehgn. Schließlich hahbm sie ihn dann mippm Bergunkspantza un Elkawehs unt sogahn Eisbrecha unt viele Helfa unt Spendn wieda flott gekrich. Wah richtich intanatzjonahle Fölkafestendigunk mit ein noin Beitritzland zua EU.

Andraseiz iss ja Middl'elbe auchn Natuaparadies, mit Elp'aun un Sumfgebietn un Schwaazstööche un Reia un wasnichalliss an seltene Flanzn un Fögl, wo der Nabu sich um kümmat. So hahbm wia uns denn noich auch mahn Stück obare (oda mittlare) Elbe angekuck. Issja pracktisch noch Hamboaga Nah'eholunksgebiet beziunksweise Ausfluchszone! Aufn Elbe-Radwandawehch stehn da bei schöhn Wedda Hundate von Seniohrn aufn Pendahln, un deswehgn sint wia aufi andare Seide ausgewichn, ehm wo früa Zone wah. Bei Hitzacka rüba aufna klein Fehre mitn stolzn Nahm – nawasswull? *Deutschlant!* Un denn duich Wiesn un Aun, mah aufn Deich, mah hinta. Nich viel lohs: gelehntlich mahn Hohf oda ne Fehre, eimahn Dutznd Stööche, aba kein Gasshaus oda Kaffegahtn „mit Elpblick“. Iss aba ne Ruhte von histohrische Bedoitunk: wah ja füa die De-De-Er mah „Friednsgrenze Wess“! Büschn Drahtzaun hahbm sie noch stehnlassn un appunzuh n ejemahlign Wachtoam. Pa Wehge sint jezz Asfalt, aba viele wahn noch Panzapistn mit gelochde Bettongpladdn – das konntn sie jah! Nua dassu denn nich links-un-rechs kuckn kannz, wallu dich so aufi Löcha konzentrian muß un dia dann ahms die Hantgelenke wackln un der Nackn steif is. Aba dafüa kamman denn in Boiznbuich aufn Mahkplazz inna Sonne sizzn untn Schwehdnbecha odan Banahnsplitt odan Becha Sammarko feputzn, bevoa dass man denn wieda zwei Stundn aufn Rejohnalzuch wahtet, der ein in achundreißich Minuhtn nach Haupahnhohf brink.

Doofe Elbe

Fandn wir als Kinder ja zuh komisch: die Doofe Elbe – n Fluß, dern büschn bekloppt is! Wusstn wir natüllich auch, dass die Dove Elbe nua eina von mehren Elp'armn iss, die die Vier- un Mahschlande bewessat hahbm: Nordaelbe, Südaelbe, Gose'elbe un diwäase Beche un Grehbm. Bewessat *hahbm*, denn seitn zwölftn Jahundat issas ja alles eingedeicht, alzi die hollendischn un flemischn Expertn geholt haddn. Un die Dove Elbe wah „taub", das heiß zu wie ne Sackgasse.

Unnu wollten wia die Dove Elbe mah pesöhnlich kennlern. Eaß mit der Essbahn nach Bäägedorf, un vom Bahnohf iss nich weit zum Hahfn nahms Serrahn. Der iss man klein, aba weat ja auch nua noch füa di Alzadamfa gebraucht, die hia anlehgn. Denn gehdas duichn Kanal, der offezeell Schleusngrabm heiß, un denn treffn wia auf die *Dove Elbe*. Die hat da schunn pah Kilomehta hinta sich, kommt nemmich von Altngamme, un hat auch schunn Kurslack un Noingamme aufm Puckl. Wall Bäägedorf höha liech, mussas duich ne Schloise ausgeglichn werdn: die Krapphofschloise. Un denn fenk auch schunn das Paradies an. Sogah mehre Paradiese hintananda! Eaß lentlich-sittlich, denn Kultua un denn Freizeitlehm hoch drei.

Also eaßma könnzu denkn, du biss am Ammazonas: grüne Hölle rechs un links, übahengnde Boime, appunzuhn Fohglschrei (sint aba blohß Blesshüna un Haubmtaucha mit Kühkn aufm Rückn), un denn Wiesn un Weidn mit Feade un Küe, untas gefellt auch dehn Kannadagensn. Hundate von dehn hahbm sich hie niedagelassn. Das freut die Landweate gahnich, wenn die sich im Früja üba die frische Saat heamachn. Und dann sintas noch Immigrantn! Alladinks sounsovielte Genarazjohn, un inzwüschn mit Heimatrechte.

Denn komm wia anna Mühle von Reitbrook fobei. Dassjahn Kultuadenkmal. Aba wo Wintkraff nu wieda inn iss, mahln sie daja fleich auch mah wieda Ökogetreide – könn sie gleichn Aufpreis füa nehm! Unnu kompdas Freizeitparadies „Wassapahk". Wehgn der Tatnberga Schloise komp di Flut nich mea inni Dove Elbe rein, un deswehgn iss die Dove Elbe ohbahalp praktisch n stehndes Gewessa. Da habm sie denn ne Ruda-Regattastrecke eingerichded, oppwohlas mit Olümpia ja nix gewordn iss. Un Wassasport ohne Ende: Hundate von Motoabohte in alle Gröhßn un sogah Hausbohte, wo die Loide auf Daua ian Kleingartn flehgn könn. Der Alzadamfakappitehn hat denn auch imma passnde Schääze paraht, wo wir denn auch imma höflich üba gelachd hahbm: „Aufm Hausboht hahbm sie jezz Nachwux und deswehgn hahbm sie das nu auch noch untakellat…"

Aba denn komp die Norda'elbe von links und das Ahbeizlehm hat uns wieda, denn wir sint wieda mittn aufm Schiffahzwehch mit Binnnschiffe un Öhltanks auf der Peute un Induschtrie un Gewääbe unt dehn Elpbrückn, auch wenn vonnehn ganzn Hahfnanlahgn nich mea viel ühprich iss, seit die Kontena alle weita untahalp abgelahdn werdn. Nua *Kwien Merri* unt ihresgleichn komm noch bis zum Kroizfahralandeplatz, der heiß jezz Kruhs-Zenta. Un denn sehn wia auch schunn die noie Hahfnzitti hintam Grasbrook un laufn inn Binnhahfn ein un zwei Schloisn weita sint wia denn am Junkfanstiech.

Unt wiedamal iss die Zeit schnella rumgegangn, alzich beföachdet hadde.

Noingamme

Noingamme iss eins von den vier Landn die zusamm – ehbm *Vierlande* heißn. Außadehm gehöan dazu noch Altngamme, Curslack un Kirchwerda. Un nach Hambuich zu liegn noch die Marschlande: Allermöhe, Reitbrook, Billwerda, Moorfleet, Ochsenwerda, Spadnland und Tatnberch. Un das ganze liech im „Stromspaltunksgebiet": wo die Elbe sich in Elbe, Dove-Elbe, Gose-Elbe, un denn auch noch Norder-Elbe un Süder-Elbe spaltet, unti Bille spielt auch noch mit. Allns flach un fettn Bohdn, un darum nix wi Gemüse un Ohps un Bluhm un schwaazbuntes Rintvieh. Da hahbm sie denn innehn altn Zeitn ire tüpische Vierlenner Tracht angezohgn un sint mit Ewas nach Hambuich gesehglt unt hahbm aufm Mahk und am Zippelhus ire Ezoichnisse vekauft. Zippelhus kommtir bekannt voa? Iss hoide n Edlrestorang, bei Sank Kaddarien. Früa woadn da ehm Zippln fekauf!

Pesöhnlich fanden wia imma intrissant, dass innehn Vierlandn auffellich viele wohn, die so heißn wie wia un auch unta dehn Gemüsehentlan reichlich fetrehtn sint. Unt wemman denn einaseiz weiß dassi Mahsch'insln voa noinhundat Jahn von hollendischn un flemischn Wassabauan eingedeicht wordn sint und andraseiz, dass der betreffnde Name in Hollant hoide noch nich seltn iss, denn könnde man denkn, dass unse Vorfahn von da gekomm sint. Stimmp aba nich, denn unsan Grohßvadda kahm aus Wittenberch: auch anna Elbe, aba in Saxn-Anhalt. Aba andraseiz nu wieda: die wahn auch Gemühsebauan, unt di Gehgnt is auch voa noinhundat Jahn trockngelehcht wordn, un auch von Hollendan un Flahm, un die Gehgnt heiß hoide noch: *Fläming*. Marks Müüs? Aba könn wia nich beweisn. Eimfache Gemühsebauan hahbm nu mah kein langn Stammbaum… Aba wi wolln dehn Noingamma Bauan man gönnn, dassi nich wi unse Wittnberga Voafahn kleine „Krauter" wahn, sondan sich prechdige Fachwääkhoisa baun konntn untne historische Keache mit dehn tüpischn extrastehnden Glockntoam.

Aba denn wolln wia doch daran e'innan, dassas auch noch ne dunkle Seide giep. Das issas Kazett Noingamme, oppwohl die Noingamma da ja nix füa könn. Das wahn „Außnlahga" von Sachsnhausn. Da musstn die Hefflinge eaßma orntlich ahbeitn, voa dassie umgebracht woadn sint oda wehgn Krankheit oda Engkreftunk oda sonzwi umkahm. Menna wahn ja anna Front unni Fraun unni Zwanksahbeita konntn inna Ziegelei unt bein Hahfn- un Deichbau unt innehn Muhnizohnsfebriekn ja nich alles allein schaffn! Da musstn denn die Juhdn un Zigoina un Kommunistn un Sozealistn un Schwuhln un Russn un Pohln un Schechn un sonzige Staazfeinde ehm auch ran. Fümmunfümzich tausnd von hunnatfümftausend in dehn drei Jahn bis Kriеßende hahmas nich übaleep. Ich fant besondas makaba, wie die Fewaltunk da auch noch soichfelldich Buch gefüat hat un alles aufgeschriebm. Schue un Taschninhalt un Difterie un Tüfus un beim Fluchtfesuhch ums Lehm gekomm. Un denn Briefe an die Angehöhrign geschriebm: die Asche von Ian Feblichenen könn si dann-un-dann apphohln, gehgn geringe Gebüa von zwölz Mark achzich. Die fühltn sich völlich im Recht! Unt offmbah nich gedacht, dass das mahn Ende hat. Oda grahde: koaz bevoa di Tommies kahm, alles noch mah saubagemacht un frisch gestrichn. Oissast merkwöadich.

Unt die lezzn Zehntausnd hahbm sie denn noch von Lübehk aus aufa *Cap Arcona* un zwei andre Schiffe „ewakuiat", die dann außerechnet auch noch vonna Roiel Eaforß fesenkt wordn sint – die dachtn dass wean Truppmtransporta. Da sint denn nochmah siehmtausnd Mann dootblewen.

Nachn Kriech woada das denn n nommahln Knast. Wah eaßns precktisch – wah ja alles da, was man brauchde! Un zweitns fant Sozi-Böagameista Max Brauer das grahde ne guhte Idee, dass außn febrecharischn Nazi-Kazett ne ganz nommale demokrahtische Strafanstalt woade. Aba denn noch spehta fant Böagameista Voscherau, auchn Sozi, das doch büschn geschmacklos und woade denn stattdem ne Gedenkstedde eingerichded. Aba ne Jugndstrahfanstalt wah nochn pa Jahre da aufm Gelende. Die iss dann aba nach Billwerder feleecht wordn. Da hahbm sie das auch nich so weit nach Hambuich, wenn sie mah ausbüxn.

STATT UN LANT

Blick vom St. Petri-Turm auf die Alster

Stattmidde

Nikolaifleet

Wallrink

Jahundatelank wah Hambuich ne Festunk. Mit Grahbm, Welle, Bastiohnn unt üba'all Kanohn drauf. Un das wah auch nich fekeat, denn vordehm sint Schlahwn un Sacksn un Dehnn unt sonzige Nachbahn imma gääne mah einmaschiat unt hahbm sich geholt, wassi brauchn konntn, un febrant, wassi nich brauchn konntn. Un eaß im Dreißichjehrign Kriech! Kaddolihkn un Keiserliche un Schwehdn un Russn un wassnichalles hahbm denn fegehplich voa den Welln gelauat. Aba denn hatzich die Ballistick weita entwicklt und gehgn Napolium haddann nix mea geholfn, unt so sint denn voa zweihundat Jahn, wi üba'all, all die schöhn Mauan un Welle un Grehbm zu noch schöhnan Parkanlahgn umgebaut unt umgewittmet wordn. Un da iss sogah hoide noch was von ühprich. Von den siehm Toan alladinks nich, außan Nahm.

Un da hattich mia denn mah in Kopf gesezz, eines schöhn Tages rinks ummi Innstadt zu laufn. Das heiß genaugenomm fahn, mitn Ratt. Aba wie Rohtnbuich oppda Tauba gehtas natüch nich – issja kein Maua beziunksweise geschlossnen Wallrink mea da! Wallich mitn Schiff gekomm bin, das heiß mid Fehre 62, happich bein Landunksbrückn angefangn. Da gehtas denn gleich hohch, fobei an Doitschlanz nörtlichstn Kwallitehz-Weinberch: am Stintfank. Die Helgolenda Alleh zieht sich duichn ejemahlign Grahbm hoch, unta der Seeheldnbrücke duich (die heiß alladinx offiziell *Kersten Miles-Brücke*), fobei am Bismahkdenkmahl, und schon sint wia am *Millerntoa.*

Das heiß, am ejemahlihgn Millantor. Da komp von links die ejemahlige *Reeperbahn.* Ejemahlige? Iss doch keine Reepschlegerei mea, werdn doch keine Schiffstaue mea gedreht! Iss doch nua noch ne Straße – alladinks Schlegarein gieps imma noch, aba nua nach zehn... Un um zehn musste man früa lenks wieda inna Stadt sein, wemman nich via Schilling bezahn wollde. Bis 1860 gahpas nemmich ne „Torsperre“, im Winta schunn app via – schlimma wie früa inna Juhnthäbääge! Die *Wache* steht hoide noch da, iss alladinks dreißich Mehta fesetz – stant dehn Strahßnfekea im Wehch.

Nu gehz rein inni Grohßn un Kleinn *Wallanlahgn*, mittna Eisbahn – im Somma aus Bittong füa Rollschue. Das *Musejum füa Hamboagische Geschichde* am Holstnwall lassen wir rechs liegn un auch die *Laeiszhalle* am Brahmsplazz. Links am Sievekingsplazz liecht das schwea neo-rinnessanksmehßige *Juschtihzforum*, wo uns Vadda im Strahfjuschtizgeboide sien Ahbeizplazz hadde. Wemman voa dehn *Hanseatischn Obalandesgericht* steht, weat man ganz klein unt fegeht ein die Luss am Gesezzesfestohß... Aba Böagabeteiligunk iss auch foagesehn: wennu nich aufpass, bissu auf eimah Schöffe. Kannz aba nix gehgn machn, wennu nich Bundesprehsident biss odan Febrecha oda verrückt. Glücklichaweise wajch schunn zu alt, alzich noich mah ransollde. Weida aufm *Gojch-Fock-Wall*, un denn fenk schunn balt *Planten-un-*

Blohm an, wo hoide auch der ejemahlige Botahnsche Gahtn zugehöat. Da iss der Wall so hohch, dass man sich foastelln kann, wie die Statt sich dahinta so richtich schöhn festeckn konnte, alzas noch keine hohn Hoisa gahp. Un denn iss eaßmah Schluß mit Pahk.

Wir sint ja auch schunn am *Dammtoa*, das heiß, *Steffanzplazz*, mit gleich zwei Kriegadenkmahln, aba da liecht auch ne frietliche *Liegnde* aus Brongse anna Busshaltestelle un kuckt Richtunk Schtaatsopa. Denn komp die ejemahlige Prachmeile *Esplanade*, wo noch ein einzichstes Haus von achzinnhundat-dreißich steht.

Nu rahdln wia üba die *Lombahzbrücke* un müssn uns entscheidn, oppwia rechs das Innstadt-Pannorahma sehn wolln oda links die Außnalza. Einz geht nua, wall dazwüschn der Bahndamm iss. Guht, also eaß *außn*, denn *inn*. Fleich feat denn grahde n Alzadamfa untaduich! Auf eimah mussu höllisch aufpassn, dassu nich ne Genseheade übafeaß – *Wiltgense* wohlgemerk! Die schnabulian hart am Asfalt unt kuckn nich rechs un links, wennsi üban Rattfahwehch wahtschln. Dabei wahn die Graugense früa so schoi, bevoa sie die Alza alz idealen Biotop entdeckd hahbm. Immahin brühtn sie noch nich aufm Elbe-Einkaufszentrum wie die Austanfischa!

Am ejemahlign *Ferdinanztoa* wah der Wall richtich hohch, da fenk nemmich der Geestrückn an, un hohch üban *Glockngießawall* prank jezz die *Kunzhalle* – halp Betongklotz, halp antiek. Im Wallgrahbm ziehn sich nu die Bahngleise – praktisch, brauchtn sie kein Tunnl baun! Unt darüba sehn wia das *Schauspielhaus*, un denn komp *Haupahnhohf*. Alz Audofahra wöazas alles gahnich mitkriegn, wall du duichn Wallrinktunnl fahn wöadess. Wia aba rahdln den *Steintoawall* entlank, das *Steintoa* müssn wia uns dazudenkn. Un von jenseiz des Tales grühß das *Musejum füa Kunzungewääbe* un dann die *Büchahalln* im ejemahlijn Hühnapostn. Die *Zittihohchäusa* am *Klostawall* könn wia unta Fümfzigajahre Bausündn appbuhchn, un zur Strafe werdn di jezz abgerissn.

Unnu woada das schwierich mitn Wall. Nu komm wia an Hahfn. Das *Deichtoa* iss hoide nua noch ne sümbohlische Plastik aus zwei riesign Stangn, wo du aufn noin Glasspallass kuckn kannz: das *Kontoahaus Deichtoa*. Der *Deichtoaplatz* iss nua nochn Fekeasknohtn mitn Tunnl drunta, da fenk nemmich die ejemalige Oss-Wess-Straße an, aba di heiß hia jetz Willi-Brandt und am annan Ende Ludwig-Erhardt, is richtich große Kolitzjon. Das Schilehaus danehbm ingjorian wia hoide mal. Unt in den Deichtoahalln gieps auch kein Ohps-un-Gemühse mea, sondan nua noch Fodo'ausstellungn. Aba damit wia nich fegessn, dass hia mahl der gröhßte Banahn'umschlachplazz der nörtlichn Hemmisfehre wah (das happich mia aba ausgedach), hahm sie aufa Fekeaßinsl davoa *Palmn* angeflanzt!

Jehnseiz fink früa der Hahfn an, beziunksweise hörte auf. Statt Wall wah da ne schwimmnde Baumstamm-Sperre im Wassa, deswehgn gehen wia jetz üba die *Obabaumbrücke* zwischn *Obahahfn* un *Zollkanal*, un duich das nich mea fohandene *Brooktoa*. Brook heißas, wall der Grasbrook ehm ne Sumf'insl wah. Unt hia fenk die Speichastatt an un und dahinta die Hahfnzitti: *Brooktoakai*, *Sandtoakai*. Wennu nach links kucks, sießu die Elpfilamoni. Und am *Santoahöft* beziunksweise *Keawidaspitze* wah früa der Hahfneingank: wieda ne ejemahlige Baumsperre, diesmah die *Niedabaumbrücke* zwüschn *Niedahahfn* un Binnenhahfn. Unt wieda n dazu passnden Wall, nemmich – genau: der *Baumwall*! Da iss hoide auch wieda ne Aht Wall, nemmich die Hochwassaschutzmaua. Aba da kannzu auf laufn unt iss ne richtige Prommenahde. Da hahbm die Hahfnschleppa ian Liegeplazz, unt wennu da denn die Rickmer Rickmers und Kapsandijego liegn siehß, kannzu dia büschn voastelln, wie das mah ausgesehn hat, alz hia noch die Wintjamma zuhause wahn. Un da kannzu auch mah sehn, warum die U-Bahn in Hambuich Hohchbahn heiß. Jetz noch Vorsetzn entlank unt Johannisbollwerk, woich beim Schiffsausrüsta mein Elpsehchla kauf.

Nu habm wia fast zehn Kilomehta Wall inschpiziat unt könn beruhicht in See stechn. Wemann nemmich an den Landunksbrückn steht un elp'appwääz kuckt, komp ein unweigalich das Fäänweh an. Aba stattn Drei-Monahz-Törn mitn Windjamma nach Australien machn wia nuan Siebzinn-Minuhtn-Trip aufa Hahfnfehre nach Noimühln. Von da habm wia nua noch zwei Kilomehta aufm Fahratt bis nachause...

Rathaus

Wenn ein voan Rathaus steht, macha wull denkn: man gut dass son scheun altn Rinnessangsgeboide den Bombnkriech übalehp hat! Aba iss gahnich echt – is Neo, von 1897. Hat ealich gesahch was von Noischwahnstein (das hassu aba nich von mia!). Iss trotzdehm prechtich. Unt gehöatzich auch so, wall da Landtach un Landesregierunk sitzn. Links Pallament, rechs Regierunk, ganz sümmehtrisch. Wall wia aba Statt unt Lant auf eimah sint, heißas Böagaschaff un Senaht, unt unsn Ministapresident heiß Eaßn Böagameista.

Unt von inn eaß! Eimah im Jahr iss Tach der Offnen Tüa – da kannzu rein unt alles ankuckn. Un da kahm denn ja auch fümfzinntausnt Mann (un Frau). Schlange foan Eingank, unt innn probbmvoll. Im Plenahsahl wah ganzn Tach Fragestunde. Böaga konntn frahgn, unt von jede Pattei sahß ein ohbm. Gink grad üba Ehrbus unni Stahtbahnfelengerunk. Stand aba alles schunn inna Zeidunk. Unt denn wah pämanentn Runtgank. Lange Schlange duich alle Zimma, wah direck wie ne Schloßbesichdigunk – nochma Noischwahnstein! Blohß brauchtestu keine Filzpantoffln anziehn. Wahn üba'all weiße Tischdeckn aba leida kein Büffeh auf. Böagasaal, Kaisasaal – der wah aba nua mah zu Besuhch gewehsn, alzas noch Baustelle wah, Toamsaal, Böagameistasaal, Waisnzimma – 80 Waisenkinda haddn fümf Jah lang die Tüarahm geschnitz, direckn Fall von Kinda‘ahbeit – wah aba auch alz handwääkliche Ausbildunk gedacht. Fönixsal – wehgn Hambuichs Wiedagebuat nachn Grohßn Brant, ehm wie der Fönix außa Asche, Komfarenzzimma un denn das Senahtsgehehge – heiß tatsechlich so, fass wie bei Hahgnbehk, wah aba keine Füttarunk... Unt auch ne Rahtstube: dass aba keine Kneipe, sondan, wo der Senaht sich trifft – wahja früa der Rat. Un denn inna Midde der große Fess'saal – mitn riesign Hahfngemehlde. Und alles mit Golt un Silba, un Holzkassettndeckn, un Gemehlde un Krohnloichtas, un rehprehsentatiewe Trebbm un Marmoa-Soiln. Vorne aufn Backong un dehn Volk zuwinkn konntn wia leida nich,

Unt in Innhohf wah Pahti. Mahlwettbewääp füa die Kleinn, viezu laude Poppmusiek füa die Mittlaren un Ohbarette füa die Senioan. Konz aba auch Kaffe un Kuhchn kriegn un den Luffballongs nachkiekn, mit den Kahtn zuhn Zurückschickn.

Unt ahms denn noch im Rahtsweinkella. Wah gottzeidank ziemich lea. Uuuagemühtlich, mit Soiln un Gewölbe, allns holzgetehflt, weiße Deckn un Schiffsmodelle anna Decke. Un denn die ganze Palledde mit einheimische Gerichde: Pannfisch, Scholle, Matsches, Labskaus, Aalsubbe, Himml-un-Ääde un alles. Nich ganz billich, aba issja auch nua eimah im Jah Tach der Offnen Tüa!

Das wah unsan Tach im Rathaus. Unt wennich das mein anglsecksischen Froindn azehl, denn lachn die sich kaputt, dass „Town Hall“ auf doitsch „Rattenhaus“ heiß: Sie findn, das iss genau die richtige Bezeichnunk füa, wo die Politika sint!

Rathausmahk

Rathausmahk issja der zentralste Plazz inna Statt. Foan grohßn Brant von achzinn-zweiunvitzich wahras Rathaus büschn mea Richtunk Hahfn, aba jezz issi Lahge weaklich einmahlich. Siehß nochn Junkfanstiech, dann die Alza'akkahdn anna Klein Alza – wenni Sonne scheint haddas richtich büschn sühtlendischn Flea, mit dehn Rehneßangsbau in Hintagrunt, auch wennas nu von achzinn-siemunnoinzich iss. Kannzia fass foakomm wie aufm Mahkusplazz in Wenehdich. Schöhn offnen Plazz, denn noch das Heine-Denkmal, gußeisane Wahtehalln füan Buss wie in Frankreich. Pah Kioske un Freiluffkaffehs. Böase dahinta siehßu nich, aba gehöat ja dazu zuhn Angsambl. Richtich wöadevoll, wiassich fühne alte Handlsmetropole gehöat.

Aba nu das: Klassische Lahge unt Amblick genühch hoide nich mea – unse Kultua issja jetz ne Ihwent-Kultua. Ohnedehm geht gahnix. Darum iss da monahtelang „Stuttgarta Weinfess". Ausgerechnet! Da stehn denn lauda Biazeltgannituan, lange Benke un Tische mit Zeltbahn – fallzas rehchnet. Un denn sitzn sie da in grohßn Schahn, leida nich nua Tuhristn, un kippm sich denn Bahdischn Wein mit Pommfriez rein.

Un denn in Somma komm viele Lasta voll gelbm Sant unt kippn dehn aufn Plazz. Nezz gespannt un denn giepas Bietsch-Wolliball! Von Bannmeile hahbm sie wull noch nicks gehöat: dassas in Umkreis von sounso viele Mehta kein Remmidemmi un Rambazamba gehm daaf, damiddi Demokratie nich gestöat weat. Zwah wenna mahn pah Demonschtrantn komm, werdn die gleich eingekesslt un döafn fümf Stundn nich aufm Kloh un kannzia denkn was passiat. Aba Rockfesstiwell is elaup, auch wenndi alles vollpiehn unt in Ohnmach falln un Rohdeskroiz mussas alles wieda aufwischn! Un denn haddn sie wehgn Weltmeissaschaff n grohßn Fuhßball aufgestellt: Zwanzich Mehta hohch mit Ausstellunk drin un Plazz füa hundatzwanzich Loide. Alz Wääbetrehga.

Die müssn dehn Rathausmahk mitn Heiligngeissfelt fewexln. Fehlt nua nochn Riesnratt un Hau-den-Lukas!

Aba nu is Schluß mit den Weinfess. Die Stadt haddi Platzmiete ehöht, un den spahsam Schwabm issas zu toia. Aba sie sint nich beleidicht: unsan eichnen Weinberch aufm Stintfank betroin sie weida. Nett von ihnn.

Deichstraße

Das iss ne Goldene, bizziunksweise nich Goldene, ea ne Eisane Rehgl: Ungefea alle fuffzich Jah weat unse Statt vonna fuichbahn Kataschtrofe heimgesucht. 1813: Besetzunk duich Napoliums Ammeh un anschließnt die berüchtichde „Franzosnzeit" mit Not un Ehlent füa die Befölkarunk, bevoa denn der russische Grahf Tettenborn mit seinn Kosackn kam unni Statt befreit hat. 1842: der Grohße Brant, der halp Hambuich in Schutt-un-Asche gelehcht hat, mit anchließnde „Wiedergeburt" (so hiess das tatsechlich). 1892: die Kollara-Epidimie, wo *Robert Koch* auch noch eingegriffn hat. 1943: der „Feuersturm": die Bombmangriffe mit fümmunfümfzichtausnd Tohtn.

Viel iss denn auch nich ühprich aus altn Zeitn, nich nua wehgn den Kaddaschtrohfn. Aba an pah Stelln wah noch was Altes, un das hahbm sie denn noiadinks renowiat, alzas in Mohde kam. Zum Beispiehl *Kramer Amztuhbm* am Michl un – außgerechnet: die Deichstraße. Denn da hat in Hausnumma zweiunvitzich 1842 der Große Brant angefangn. Sogah Kopfsteinflasta hahbm sie da wieda hingelehch. Un pah pzoido-tradizionelle Lokale füa di Turistn. Unt wenn *Gerhard Sch.* sein Froint *Wladimir P.* ma was bietn will, lehta ihn inn *Deichgraf* ein. Aba denn hassu keine Schanks: iss geschlossene Gesellschaff un von Geheimdienz abgespäärt.

Aba das giep auchn Lokal, dassas früa nich gahp: heiß *Ti Breizh*. Wennu nich weiß, wie man das ausspricht, machnix. Muss nua wissen, dassas da nua Krepp giep. Nich Kreppapia: Fannkuchn wie inna Brittangje. Deswegn heiß das Lokal auch „Haus der Brittangje". Un wennu nach hintn duichgehß, kannzu im Somma aufm Pontong essn. Mittn im Nikolaifleet, wo nochn pah von den einzichstn ühprichgebliebmnen Kontoahoisan sehn: vorne Straße, Rückseide direck übam Wassa.

Ühprinx: seita lezzn Kataschtrohfe is schunn wieda mea wien halbes Jahhundat rum. Müssn wia uns wull wieda auf was gefassd machn!

Schilehaus

Kennzoch bestimp *Manufaktum*: den Fesantkaddalohch, wodu alles bestelln kannz, wassu früa bei Kwelle gekrich hass, nua in Antiek. Wenn du schunn alles hass, krissu das da nochmahl inna guhtn altn Kwalliteht von foagestan. Alde doitsche Weatahbeit, nachm Moddo: wenn schunn Plastik, denn wehnstns Bakelit. Aba auch feine englische Aht: Herris-Twied un Waxtuchjackn; un Zahnböastn aus Horn un Schukrehm aus Rindatalch – nee, das nu doch nich. Natüch nich billich das alles, helt dafüa aba ehwich un fördat daduich die Spahsahmkeit. Aba Konsuhmzurückhaltunk iss nu wieda nich so guht füadi Konjunktua... Wenn du aba Fesanthandl nich so rech trauß und lieba eigenhendich anfassn wiss, wassu kaufs, denn gehßu im Manufaktum-Ladengescheff. Und das finzu in ein Geboide, das genauso solide aussieht wie die bewußtn Produkte.

Nemmich im Chilehaus. Wi somman das nu aussprechn: Chilehaus wie in *ich* oda Tschilehaus wie die Tschilehn selps sahgn oda Kilehaus wie in Baian oda eimfach Schilehaus? Sahgn wia ma foaloifich Schilehaus, als Kompromiss. Das Schilehaus issn Mustabeispihl für die modääne Wäsion von Backsteingohtik im weltlichn Bereich. Nachn Eaßn Weltkriech wahja Noie Sachlichkeit im Trent, unt was Sache iss in Hambuich, iss ja Schiffbau un Schiffsfekea. Unt so haddas Handelshaus un Rederei Sloman denn 1922 sein Kontoahaus am Meßberch wien Schiff baun lassn – ausnahmzweise nich von Fritz Schumacher, sondan von Fritz Höger –, mitn hochaufrahgndn Buhch, dassu richtich eaföachtich davoastehst wie voa der Petrikeache, wie si innehn blaun Hamburga Himml rahcht. Untn Schiff hatja ne Gajohnsfigua am Buhch:

da hahbm sie füa das Schilehaus n Ahtla genomm, aba wennu genau hinkux, issas gah kein Ahtla, sondan n Kondoa, mit Halzkrause! Wull wehgn Hambuich-Sühtamerika-Lienje. Unt auch sonz ist da allalei Dekoratzjohn angebracht: sintoch zu-un-zu nüdelich die klein Bean! Iss nu das zweitberühmdesde Haus in Hambuich nachn Michl (alzas die Elpfi noch nich gahp), unt is auch in Kriech stehn gebliebm, un iss nu voll mit feschiednste Bürohs un Gescheffde.

Aba reich alles nich, wo Hambuich ja nu Buhmtaun iss, unt so baun sie denn imma mea Gescheffshoisa, möjchlichs mit Elpblick wie die Perdlnkedde in Noimüüln, oda Hahfnblick wie inna Hahfnzitti. Un nich mea Bittong wie in den Sechzigan, sondan alles Glass un Stahl un Stahl un Glass, dassas dehn Expäätn nu auch schunn wieda nich mea gefellt. Unt dreck gehgnüba vom Schilehaus, üba die Osswess-Straße (beziunksweise unta duich, rüba kannzu alz Fuhßgenga gahnich), am Zollkanahl steht son Glasspalass, das iss das Bürohaus Deichtoa. Aba dass is direckn Pangdang zum Schilehaus, mit genauson spitzn Buhch, nua inni andare Richtunk, nach Westn, un rahcht genauso in den blaun Hamburga Himml. Denn wolln wia da man nix gehgn sahgn. Da komp dann das Manufaktum von übamorgn rein! Mit dehn Gebraußgehgnstendn von hoide.

Zeh-Zeh-Hah

Wemmann mich früa gefraach hedde, was Hambuich füane tüpische Statt iss, heddich gesaach, foa allm ne Hahfn- un Handelstatt. Gut, denn auch noch ne Induschtriestatt. Fellt nich so auf, aba was reine Masse angeht, sogah di gröhßde in Doitschlant. Hoide iss auch nochn Tuhristnmangnet oda, wie das hoide heiß, Destinehschn: muss blohss ma bei halpwehchs schöhnn Wedda annehn Landunksbrückn un Foasetzn entlank prommenian: siehß fass die Hant nich foa Augn foa Schaulustige aus Obadoitschlant.

Aba denn iss Hambuich auch noch ne Kongress-Statt! Iss wichtich wehgn Übanachtunksgewäabe, und die Loide lassn ja auch noch reichlich was da inna Gaschtronomih – ich sahch nua Schpehsnritta alla Lenda! Fass sechs Miljohn Übanachtungn pro Jahr unt jeda Viata is geschefflich da oda aufm Kongress. Abba da wah denn das Prohplehm: wohin middi Loide? Hotelz wah Hambuich nich so üppich bestückt mit. Und deswehgn hahbm sie denn 1973 das Zeh-Zeh-Hah gebaut. Bis dahin wah das Unilever-Geboide am Vahntihnzkamp das höhste Haus inna Statt. Fanden wia ja damahlz viunsechzich gahnich schöhn, son grohtn Glasskastn nehbm dea Musiekhalle! Edrückt ja fast den Neobarock mit seinn zweiunachzich Mehta! Aba wahjahn grohßn Stoiazahla. Aba nu das

„Congress-Centrum-Hamburg“ mit seine 108-Mehta-Ladde – nua Rathaus, di fümf Haupkeachn un däa Fäansehtoam sint höa. Steht graht noch ehm am Rant vonna Innnstatt, so dassas die Keachn-Siljuedde nich so stöat. Aban Stück von Plantn-un-Blohm musstn sie doch appknappsn. Vor pa Jahn wolltn sie noch dehn Rohsngahtn undas Treiphaus von ejemahlign Bohtanschn Gahtn einkassian, aba Folkszorn un fleich auch höare Einsicht haddas fehindat.

Un wer schlehf da nu so in dehn fümfhundatsechzich Beddn? Chapmiamah son Temmihnplahn angekuckt. Gut, bei vieln denksu dia nix bei. Wissnschaff, Handl-un-Wandl, Weatschaff un Polletiek. Aba pah falln denn doch auf: Der *55. Delegiertentag des Deutschen Schaustellerbundes*: Klah, davon lehpja der Dom dreima im Jah! *Deutsche Menopause-Gesellschaft*? Da kann ja ewentunell die Helfde der Menschheit von profetian, Haupsache, sie feschreim nich zuviel Hommone. Eaß rech nich beim *18. Kongress der Welttierärztegesellschaft – Sektion Schwein* – mit sein Moddo *„Gesunde Schweine für gesundes Fleisch“* (klinkja fass wie *„Freie Fahrt für freie Schweine“*) mit üba fümfzinnhundat intanatzjonahle – menschliche – Teilnehma, die sich siemhundat Foatrehge anhöan müssn! Aba sonz weaß ja auch nua Ualaup. Aba denn: eaß der 22. *Int. Kongreß für grabenloses Bauen – No Dig* un denn der *17. Weltkongreß für Naßbaggern* – wenn das man keine Schlammschlacht giep, wenn die einn die andan anbaggan!

Aba am bestn zu unse Statt passd doch das *Int. Treffen der Schiffsmakler und Schiffsagenten.* „Mit Eisbeinessen“.

Geboide

Hoisa gieps viele inna grohßn Statt. Aba nich alle Hoisa sint Geboide. Geboide sint nemmich nich eimfach nua via Wende untn Dach übam Kopf! Sondan sint kwahsi öffntliche Anlahgn, obbas nu von Stahts wehgn iss wie das *Strahfjuschtiezgeboide* am Sievekingplazz oda mea priwahte wien Felachshaus odan Fesicharunkspallass. Das heiß, nich richtich priwaht, sondan von öffntliche Bedoitunk un mit Puhplikumsfekea. Unt deswehgn kompas auch auf an, dassas was heamacht un nach was aussieht un rippresentatief iss. Gehtja nich umn Einfamijenhaus in Langhorn oda Berne oda Lokstedt! Son Geboide iss sozusahn ne Wisihtnkaate aufm Presentiatella. Un dehmensprechnt von Zeitgeiß geprehcht. Nu iss außn altn Zeitn in unse Statt pracktisch nix ühprich – wehgn dehn bekanntn Gründn: Flechnbrände, Bombmkriech, duichgreifnde Sanierunk un allgemein fehlnd Reschpeckd voa olln Krahm. Boagn un Schlössa gieps inna altn Repuhblihk soweso nich, vonnehn grohßn Keachn sint nua die Gruntmauan origenal alt, untn gotisches Rathaus wie in Brehm oda Lübehk hahbm wia auch nich, nichma was in Barock oda Rinnessanks. Allns nua noi oda neo: Noi-gotisch oda Neo-Rinnesssanks.

Untas wahja auf Daua nix! Abba soliedn Felz un Santstein wie in Sühtdoitschlant gieps weit-un-breit nich – da musstn sie sich denn was andriss einfalln lassn und hahbm denn ehm sebsgebackne Steine genomm. Genau: Backstein, beziungsweise Ziegl, un wehgn foichtn Wetta am bestn gleich dobblt gebrannt, zu Klinka. Un Fritz Schumacher un Fritz Höger un andre hahbm da den klassischn Heimatschtihl aus gemacht, unt mitn Schuss „Noie Sachlichkeit“ abgeschmeckd: *Schilehaus* un *Joannejum* un was nich alles. Nachn Kriech kahm das denn zu toia zu Wiedaaufzubaun, unt denn hahbm sie uns damahlz mit gelbe Zieglfeblendunk fewöhnt, wie in dehn *Grindel-Hochhoisan.* Spehta wah das denn peinlich, fasso schlimm wi Niantisch un Schtruktuatapehde, di Fümfzigajahre konnzu ja nua mit spitzn Fingan anfassn! Logisch kahm denn die Betongzeit: alles grau-in-grau un brutal ealich un keine Fekleidunk, wi inna *Uni* am Von-Melle-Pahk! Aba wie dasso geht: Fümfzigajahre iss mittlaweile Kult un steht unta Natuaschutz, so widi *Schtahtsopah,* und wemman nich aufpass, kommdi Unesko un sacht, Waschbetong is auchn Kultuadenkmahl unt man daaf die Uni nich appreißn, unt wenn sie zehmah aussieht wien Pahkhaus. Unt Pahkhoisa sint ja schließlich auchn Sümbohl von modääne Zeitn unt indiwidielle Mobiliteht un alles. Unt wir werrn unz nochma die Finga appleckn, wenn wir an die gute alte Waschbetongzeit zurückdenkn! Wenn die Loide nua noch elektrisch Fahratt fahn.

Abba eaßma is Stahl un Glass angesaach. Wir brauchn Lich-un-Luff, auch wennas dadrin denn im Somma ziemich wahm weat un im Winta ziemich kalt, aba wie hahm ja Heizunk un Klima'anlage! Unt so hahbm sie denn bis hoide munta draufloskonschtruiat: Stahlgeribbe, Glaspladdn drumrum, gääne blau oda seegrühn getöhnt, aba blohß nich kupfabraun wi in Ossbelihn! Wolknkratza wahn gotzeidank nich elaup, wehgn der Keachn-Siljuedde. Nua *Unilewwa* wahn büschn höa un *Zeh-zeh-Hah,* aba so richtich inni Luff gehn darfssu nua am Rant, so wie am Bellinatoa oda Munzbuich.

Glass un Stahl iss denn also bis hoide Schtandart, brauchs blohß ma das Bürohaus am Deichtoa ankuckn oda dehn *Bellina Bohgn* am ensprechnden Toa. Aba da zankn sich di Achitektn selba inzwüschn nu auch schunn wieda. Iss doch alles eaßns seelnlohs, un denn was iss mitn Treiphauseffekt? Unt Enegiebilanz? Un unsre Enkl un Kindeskinda un die nehstn Gennaratzjohn bis inz siepte Glied? Un pascha auch gahnich inni nortdoitsche Lantschaff. Ganz recht, nu iss „possmodään“ angesaach, nich grade mit Grassohdn aufn Dach un Wintrehda am Schonnstein, abba doch schunn heimeliga, zum Beispiel mit Allufekleidunk un Bullaugn wie bei *Gruner-un-Jahr* am Baumwall. *Poss*modään heiß nemmich eintlich *preh*modään. Unt Backstein iss ja auch irnkwi retro: könndesdu ja im Prinziep auch im heimischn Heat heastelln, alz foa'induschtrielln Sepsfesorga. Unt wennu di *Noie Flora* ankucks: finnzu eppwa nich dass “*Back(-stone) is bjutiful*”? Nee? Ich auch nich. Jehnfalz nich so, mit lilane Klinka.

Wolknkratza

Unse Wolknkratza sint nich so hoch wie die in Nujork. Kein Wunda – unse Wolkn häng ehm viel tiefa! Außadehm lassn wia lieba unse Keachn am Himml kratzn. Müssn jahn direktn Draht nach ohm hahm! Wegn priwatn Zugank zu höhre Gewalt un Weltnlenka, aba auch alz Blitzappleida. Trozzdem, oda fleich auch deswegn, sint die fümf Haupkeachn imma wieda appgebrannt: Michl, Petri, Jakobi, Nikolai und Kaddarien.

Aba denn wahja innehn altn Zeitn inna Festunk wehnich Plazz, das heiß innahalp dem Wallringe, un die Loide woadn imma mea. Deswehgn hahbm sie denn die Straßn enga gebaut und die Hoisa höa, und was denn rauskam, wahn die Gengevittl. Keine richtige Kanalisazzjohn, imma allns inni Flehde gekipp – konntja nich guht gehen! Unhügenisch, Kollara un alles. Da gahps nua appreißn un noch höha baun. Unt so kahmas denn zu Schilehaus un Meßberchhof un Sprinknhof, alles nich schlech füa frües Zwanzichsdes Jahundat. Aba alles mit Maaß un nich höa alzi Haupkeachn biddeschön! Wolln unz ja gahnich mit Menhettn fegleichn, wie Frankfuat-Bankfuat-Krankfuat, wassi gääne *Mainhattan* nenn. Ich fint höa alz sahgn-wia fümfzich Mehda muss nich sein.

Alz nachn lezzn Kriech wieda ma alles in Dutt wah, kahm die Schangs, nuhma richdige Hochhoisa zu baun. Aba was hahbm sie daraus gemach! Hoide rehgn sie sich üba die Pladdnbaudn im Ostn auf, aba die Grindelhochhoisa sehn auch nich bessa aus. Gut, nich so die Fertichteile, dass man eimfach Box auf Box stahplt. Aba die Eschtehtik von außn sieht genauso aus: recheckige Scheibe, lank un schmahl, un denn hochgezohgn. Und gelbe Klinka muß man auch nich schön finden. Unt was wah das damahz füa ne stehtebauliche Sensazzjohn! 12 Hoisa mit fümfzinn Stockwääke – das hieß denn „seelnlohse Wohnmaschine“: die kanntn das Määkische Vittl in Bellihn noch nich un bestimpde Wohngebiede in unse Außnbezeake... Aba lassman: wah ehm Nachkrießzeit un Fümfzigajahre, kein Gelt un Wohnunksnot. Un sooo hoch wahn sie nu auch wieda nich, grade mal 45 Meda. Und hoide stehn sie unta Denkmaschutz und sint Kult.

Offizeell is Wolknkratza ab 150 Meda. Da könn sebs unse Haupkeachn nich mithaltn – die höhsde is Nikolai mit 148 un steht in Doitschland auf Plazz drei, nach Ulm und Köln. Immahin zwei Meda mea as die Cheops-Püramide in Egüptn! Aba die is auch schon vi-unhalptausnd Jah alt. Außa den Keachn is die

Elpfilamoni mit 110 das höhste der Gefühle, knapp voam CCH mit 108 – das mußte ja sein! Aba nu is Schluß midda Bescheidnheit: An den Elpbrüggn wolln sie nu den „Elbtower" baun, mit 235 Meda Höe. Mann, wir sintoch nich in Abu Dabi!

Wussessu, wann n Haus sich „Hochhaus" nenn dahf? Wennas mindestens 25 Meda hoch iss. Und warum? Wall die Foiawealeidan nua bis 23 Meda reichn, und denn kann das obaste Stockwääk am Fußbodn 22 Meda habm.

Das heiß, n Hochhaus iss, wo die Foiawea nich mea hinkann. Beim Elbtaua müssn sie denn wull Löschfluchzoige einsetzn.

Gengevittl

Die Gengevittls wahn kein Rumesblatt füa ne aufstrebmde Grosstatt. Da lehptn die untaren „Classen" (so hieß das) auf engstm Raum inna innaren Statt, und woadn imma mea. Audos gahps nich, und die Loide, die Kutschn hadden, wohntn woannas. Und da brauchte man keine richtign Straßn, sondan „Genge". Die wahn breit genuch für die Handkarrn. Und wall Fläche kossbah wah, woadn die Hoisa höha und rückten oben imma mea zusamm, so daß untn kaum Lich hinkam. Kanalisazion gahp das soweso nicht, Müll un Abfelle woadn inni Fleede geschmissn – woade ja vonna nehstn Ebbe wechgespühlt! Nua Raddn un Bazilln fühltn sich wohl. Alles schwea unhügenisch un gefealich. Un Krankheidn satt, von Tubukulose bis Kollara. Aba was wiss machn, die Loide wahn ahm, un konntn nich wechziehn. Un denn sahcht der Senat Ende Noinzinndes Jahundat, jetz is Schluß unt wia brauchn Platz füa Stattentwicklunk, und woade alles appgerissen, un die Loide umgesiedlt, nach Bahmbek un Veddl, und wo sonz noch Plazz wah. Dann wah inna Innstadt Platz füa das Kontoahausvittl, mit Schilehaus un Sprinknhof un Meßberch, unt füa schöne breide Strahßn wie die Mönkeberchstraße, knapp voan Eaßn Weltkriech. Und balt danach wa das meiste wechsaniat. Un dehn Gengevittln hat keina ne Trene nachgeweint.

Aba nu nach Zweitn Weltkriech wah einaseiz noch mea kaputt. Wennu Bilda von damahlz ankucks, kommsu dir voa wie in Irak oda Sürien hoide. Pah Hoisa standn natüllich noch, aba die Loide zohgn wech un die Innstatt woade imma tota. Unt denn fümfzich Jah speata wahn inna Gehgnd zwüschn Musikhalle un Gensemahk noch pa eldare Hoisa üprich, un Gewääbebetriebe und middlare Fabriekn, und viele standn lea und den weidaren Fortschritt im Wege, wie das so iss inna modään Grosstatt. Kannz ja denkn, was denn passiat. Wech damit und was Noies hin, so wie üba'all. Schön wahn die altn Hoisa ja nich grade, mea so olle und runtagewohnde, und denkmalschutzwöadich schon gahnich. Aba füa junge Künzla un Allanatiwe und was da sonz noch so am Rande des Böagatums unnawehks is, wahn das attraktiwe Oppjekte, und ich sach nua „Hahfnstraße“! Besetzn und dann sehn wia weita. Hoitzutage kannzu als Stattfewaltunk denn nich mea eimfach mit Abrißbagga un Polizei komm un Knüppl raus un Klahschiff machn. Der Senat hadde keine Luss auf Rabatz und haddas Vittel zurückgekauf, und die Künzla unt ire Genossn hahbm n Fe'ein gegründet, un nu geht das sein genossnschaftlichn Gank und wia habm n noies Kunz- un Kultuavittl! Mit dehn altn Gengevittln haddas nix zu tun, aba das klink so schön romantisch nach gude-alde Zeit mit Strahßnkaffees un Nachbaschaft un kleine Loide un Tante Emma-Lahdn... Aba wia wissn ja: die Gentrifeziarunk komp bestimp.

Nörtlich

Planetarium im Stadtpark-Wasserturm in Winterhude

Alzakwelle

Die Alza fließ zwah duich Hambuich, aba sie stamp nich aus Hambuich. Die Alzakwelle liech nemmich in Schlehßich-Holzein bei Hensteht. Früa wah das n mohrign klein Tümpl inna Wiese, wie die Kwelln im Flachlant nuhma sint – nich sone richtige Sprudlkwelle, woas Wassa ausn Felsn hävorplätschat. Hoide issi mitne Maua eingefass, dassas auch büschn orntlich aussieht. Das wolltn wia uns denn mah ankuckn. Natüch mitn Fahratt, sint ja nua dreiunfümfzich Kilomehta vonna Kwelle bis zur Mündunk un achunzwanzich Mehta Höhnuntaschiet – da braussu ja im Pinziep nua die Schweakraff folgn un appwerz laufn lassn.

Aba eaßma hinkomm wah schunn nich eimfach: Die Essbahn mussde voa Eidlsteht zeitlank haltn, walla vorige Zuch Propleme hadde. Denn Umsteign inni Ah-Kah-Enn: Ah wie Aldona, Kah wie Kaltnkeachn un Enn wie Noimünza. Wahn Triepwahgn wie in altn Zeitn: bis der Diesl eaßma auf Tuan kahm, dauade das, un denn volle Dröhnunk wie die Taiga-Trommln früa inna Osszohne. Da möchich nich anna Strecke wohn. Un in Hassloh wah Schluss: Schienn'esatzfekea mit Bus bis Ellerau, die nehm natüch keine Rehda mit, un schunn wahn siebm Extrakilomehta aufm Tacho. Unt in Ulzbuich un Henstedt alles Noibaugebiede, un Induschtrie un Gewäabe, un denn fint mah die Alzakwelle, wenna kein Hinweiß iss! Offmbah wolln die die füa sich behaltn un kein Turismus drum rankn – dabei wean die Schinehsn un Japahna bestimp schahf auf un sehn wo die Außnalza heakomp, un Golfhotell wea schtendich ausgebuhchd… Aba femuhtlich hahbm die pah Grüne in ian Gemeinderat un denkn an die Zukumf unsra Kinda. Issja auch gut so!

Also außa Wiese iss inzwüschn n klein Erlnwalt gewordn, un die Kwelle iss mit Feltsteine eingefass unt eisanen Siel oda Rost mitn Hamboaga Wappm unt ne nackde Nümfe, dassa keina Biadohsn oda Zarettnpackungn reinschmeißn kann. Aba nua Fuhßwehch un kein Schiosk oda Imbiß oda was. Unt rinksrum holsteinische Wiesn- un Weidelantschaff, schwahzbunte Küe, Knicks un Eichn, wie voa hundat oda zweihundat Jahn. Un die Alza weat denn sohn richtign Sumfwiesnbach oda Fluß, dassu da gah nich rankomps – kein Wehch un Stehch un nix.

Da rahdlzu denn aufn Feltwehch mit Asfalt oda aufne Schottapiste oda „offroht" aufn sandign Waltwehch un froissich, dass die unübasichliche Rute mitn gelbm Dreieck mackiat iss, duich Wilsteht, und auf eimah kompsu anni Segeberga Schosseh, un da issa Puckaffa Wehch, un denn merksu, dassi das ganze Alzaknie bei Stehgn, wo das Flüßchen denn nach Sühdn umknickt, wechgelassn hahbm, un du wolltest doch die Schleusn von Rade un Wulksfelde ankuckn un die Reste vom altn Alzakanal von Hambuich nach Lübehk un fleich noch in Wulksfelde bei dehn Ökohof was mitnehm. Unnu bissu auf eimah schunn in Wohldorf anna Schloise! Zu dumm. Aba kannz nix machen, nehßes Mah bessa aufpassn un lieba aufi Kahte kuckn.

Un da komm schunn die eaßn Kanufahra duichi Bohzgasse, un das Alzatahl weat imma romantischa. Die Alza schlenglt sich duichas *Rohdnbehka Kwellntal*, hohn Buhchnwalt rechs un links, umgefallne Baumstemme übam Wassa, lauschige Eckn mit Seerohsn un appunzu klein braun Santstrant. Unt alz Radfahra merkssu auch, dass die Eiszeit hia ihre Morehne liegn gelassn hat un das Alzatal nich umsonz „Tal“ heiß: das geht auf-un-app un app-un-auf. Da heef auch die Gankschaltunk nich mea, aba Appsteign issja keine Schande, wemman das mit Wöade tuhn tuht! Gut, dassas Lokahl anna Mellingburga Schloise n Kaffegartn hat… Da müssn wia denn ja aus Spahß mahn Alzawassa trinkn – wo wia sozusahn anna Kwelle sitzn! Auch wennas Übawindunk kostet.

Denn mussja rechs Pobbmbüttl un Hummlsbüddl un links Wellinxsbüddl un Klein-Borstl liegn, aba das krissu gahnich mit, wallu praktisch in grühnn Korridoa rahdlz. Mit kleine Tümpl un Erlnwalt un Kaschtanijen un appunzuh üban Stehch aufi andre Alzaseide. Klah, die Hundespazianfüra werdn denn bei klein mea un junge Eltan mitn Sportkinderwahgn un die Oldies, die mit ian Wolkingstöckn den Waltbohdn kizzln, un da mussu alz Rattfahra schunn büschn aufpassn. Gut, dass noch kein Wochnende iss!

Un denn app Rahzmühlndamm haddunz die Ziwisazjohn wieda. Gut, iss noch gemehßichd unt Alzawandawehch iss offizeell auch noch da. Aba die Alza iss doch mea wien Kanahl un ziemich behehbich, unt wia wexln aus Spahß ma auf die Eppmdorfa Seide: in Hayns Pahk mit dehn klassizüstischn Templchen un wieda rüba nachn Wintahuhda Feahaus, das gahkein Feahaus mea iss, sondan n Bulewarteata. Unt „Leinfaht“ e'innat unz daran, dass die Alza mahn richtign Schiffahzwehch wah, wo die Kehne aufn Treidlfahd gezohgn woadn – un denn öffnet sich auf eimah die Außnalza unt wia genießn eaß die „Bellewü“ un denn die „Schöne Aussicht“. Nu müssn wia nua noch di Jocka umkoawn, die hia runt um die Ua im Einsatz sint, Lombatzbrügge, Ballindamm. Rathausmahk femeidn wia, wall da schunn wieda n Weinfess iss – aba denn iss die Enscheidunk nich eimfach, welchn Mündunksahm wia folgen solln: Herrngrahbmfleet bis zuhn Voasetzn oda Alzafleet bei da Binnhahfnbrücke un Schaartorschleuse oda Nikolaifleet bis zu „Bei dehn noin Krahn“? Aba bei dehn Fekea hassu ass Ratfahra gah kein grohße Wahl, unt wia muddln uns so duich am Alzafleet bis zum Binnenhahfn – un da öffnet sich denn der grohße Strohm, un die Alza ergießd sich –aba das kannzu gah nich so sahgn; eaßns egieß sie sich nich, sondan strömt eankwi untada Brügge beim Schaartor rein, dassas kaum auffellt, unt majchmah issas auch umgekeat: denn sickat die Elbe inni Alza rein – wenn nemmich Fluht iss. Klah? Un bei Ebbe siehtas Nikolaifleet ja weaklich ausn wien Priel im Wattnmea, mit seine Schlickbenke unt Rinnsaal inna Midde.

Un denn iss nach sexunsechzich Kilomehda die Tua zuende, unt wia gehn am Santoahöft an Bort un die „Neuenfelde“ trehcht uns mit ablaufndn Wassa zwah nich inni Großeweidewelt, aba immahin bis Noimühln…

Langnhorn

Fuhlsbüddl unt Langenhorn – schuuf der Herrgott in seinen Zorn. Saachde uns Mudda. Fuhlsbüddl is klar – wegn Gefengnis. Un warum Langnhorn? Eerßma wegn Raim, und denn wehgn der Anstalt. Sahcht man ja hoite nich mea. Heiß jezz AK Nord, Standort Ochsenzoll, mit Fachabteilung Züchiatrie un Züchoterapie. In Langnhorn Nort is nu wieda der Standort Heitberch.

Dassas mahne Waffn-SS-Kaserne wah, kamman nua ahnn, wemman sich zu der määkwöadign Schkulptua hoch übam Eingankstoa noch ausgebreidede Ahtlaschwingn untn Hahknkroiz dazudenkd. Heddn die sich damahz auch nich troim lassn, dass die Straße ummas Kranknhaus rum mah Anita-Sellenschloh-Rink heiß! Anita Sellenschloh (1911-1997) wah nemmich Leerin inne Schuhle am Heitberch, unt wah früa mal Kommunistin unt wurde von Nazis fefojcht. Aba den Kommunistn wah sie nachn Kriech auch nich rech gehoia. Mein Schwesta wah bei ihr inne Klasse. Ach üprinx, e'innast du dich noch an Wolf Biermann? Der iss auch in Langhorn aufgewaxn, inn Reinhaus am Laukamp. Einz von dehn Hoisan, wo die Folxzeidung im Foagahtn auf Breddatafln angeschlahgn wah – wahn ja auch Kommunistn damalz.

Unse Mudda wah auch Lehrin in Langnhorn, aba nur bis dreiundreißich. Die Schule iss inna *Fritz-Schumacher-Siedlung*. Die wurde nachn Eerßen Weltkriech gebaut für Arbeita aus graua Stehte Mauan. Da solltn für Arbeidafamiljen aus Bahmbek oder Dulsberch oda andre ungesunde Statteile Hoisa mit billige Wohnungn gebaut werden, mit schlichde Ausstattunk, Tolette in der Waschküche in Anbau, aba mit großn Gahtn, damiddi Loide sich selbst fesorgn konntn, mit Katoffln un Salat und Erpsn un Bohn un Kannickl un Hühna. N Nachbah von uns hadde sogah Feat-un-Wahgn, richtich son klein Fuahgescheff. Das sind die Reihnhoisa, die du hier links und rechs der Tansteta Landstraße sieß, die hier die Haup‘axe iss.

Spehta kahmn dann noch meer Hoisa dazu, unt eins davon wahn wia. Zwüschn Sietlunk un Kranknhaus wa da alles noch Wiesn und Weidn von den Bauan Bargmann un Kruse un Westfahl un Winkelmann, unt der hadde sogar Reitfeerde. Von Nappsberch links vonna Lantstraße gihpas kaine Spuhr mehr, untas Kiwittsmoor iss hoide nur noch ne Hochbaan-Haldestelle. Sonz is alles bebaut. Kennzu gahnich wieda, wennu das von früa kanntes. Heddn die Arbeita auch gleich in Duulsberch bleibm könn! Sogah ne eichne Keache haddi

Sietlunk spehta gekrichd: Sank Jürgn un Sank Anschah wahn zu weit wech. Die heiß nachn protistantischn Mertüra, und deswehgn ohne „Sankt“: Broder Hinrick. Und damiddudich nich verehrst: Die Hochbahn-Haldestelle Langnhorn-*Midde* heiß jetz Langnhorn-*Markd*. Un Fluchhafn heiß jezz Fuhslbüddl-Nord. Aba unse damalige Straße heiß imma noch Boystwiete: nachn „Vorbesitzer des Geländes“.

Was mich aba direck gerüat hat: die Badeanstalt, wo wia alz Kinda pracktisch die Sommafeajen febrachd hahbm (Eintritt fümf Fennich, hoide ein Oiro zehn) giepas imma noch. Mit Birkn un Wiesn drumrum, unt mit den trühp-braun Wassa. Aba nich wassu denks: die Fahbe komp vom Bornbach und der komp ausm ejemahlign Kiewittsmoa, das hoide nua noch ne Noibausietlunk iss. Noilich habm wia n Nostalgibesuch inna Nachsehsong gemachd, alz mein Juhntfroint Karl-Heinrich aus Auschtrahljen zu Besuch wah: der hedde aus Spaß beinah wie früa sein Schwesta im Wassa geschmissn!

Fuhlsbüddl

Fuhlsbüddl is weltberühmt wegn sein Zuchhaus, wo mein Großvadda as Lehra den armn Sündan Lesn und Schreibm beigepuhlt hat. Di haddn noch richtich Lantwittschaff drumrum, damit die Febrecha duich ihre Hende Arbeit wieder ins Lebm gefüürt werdn. Un wenn mein Vadda un seine Froinde jemand aufn Feld arbeitn sahn, sachtn sie „Onkel Gefangener“ zu ihn. Wah nich böse gemeint, dachtn sich nix dorbi, wahn ehm Kinda. Hoide heiß das „Juschtizvollzuchsanstalt“.

Inna Nazizeit wahs dann Konzentrazeonslaga unt hieß Kolafu. Und denn nachn Kriech wurde das Santa Fu. Auch kein Fergnügn. Immahin iss in Toahaus jezz ne Gedenkstedde. Aba wo mein Vadda un sein Spielkamarad Walter alz Junks nehbm dehn altn Toa, das aussieht wie dea Eingank zu ne Buich, ihre Nahm eingerizz hahbm, iss hoide nix mea von zu sehn.

Glückchaweise iss Fuhlsbüddl ja außerdehm noch bekannt wegn Fluchplatz: Luffkroiz des Nordnz. Deswegn wurde Hochbaan-Haldestelle Lang'horn-*Süd* auch umbenannt in Fluchhafn. Das wah aba Irreführunk, wallas noch zwai Kilometa bis zun Haupeingang war. Deswegn spehta umgenannt in Fluhchhafn-*Schtrasse*. Trotsdem sossu da nich aussteign, wennu nachn Fluhchhafn wiss, un damiddas nich passihrt, heißi Haltestelle jezz Fuhlsbüddl-Nort. Un die Loide, die nachn Fluchplatz wolln, brauchn auch gahnich mea midder Hochbahn fahn. Können gleich mit der S-Bahn Numma 1 direkt bis zur Wandlhalle fahn. Muß bloß aufpassn, dassu vorne in den Zuch steichst: die hintaren drei Wagn werdn in Ohlsdorf abgekopplt unnach Poppmbüddl geschickt.

Aussadehm iss Fuhlsbüddl noch ne Hohchbuich der altanatiewn Enagiegewinnunk! Wieso das, finnzu in Kapiddl „Alza-Kraffwääk“.

Ohzdorf

Weissu schunn, wo du ma deine ewige Rue finden weass? Bissu fleich nochzu junk zu. Aba in mein Alda issas schummal n Tema. Die einn wolln mal in ihr Familjengrapp zu liegn komm, annare hahbm sich schon n Baum in ein Frietwalt anna Eckanförda Bucht augesucht oda möchtn nahmnlos inna Osssee fesenkt werdn. Am liepsten als Asche festroit, aba das iss in Doitschland noch nich elaup, un geht nua als Oane.

Mia pesönlich issas follkomm egal, määk ich ja nix mea von. Aba wie ich mein Fewandschaft kenn, wern die mich femutlich in „unsan“ Familjengrapp steckn. Das is bei Kapelle Zwölf aufm Ohlzdorfa Friethof. Da wohn wia seit 1922, wie min Grotmoder dootblewen iss, mit 48.

Unsan Großfriethof Ohzdorf iss ne besondre Sehnzwöadichkeit. Wennu hinkommps, denkssu, du biss in Walt. Oder bessa in Pahk. Da warn wir früa öffta Fögl ankucken, besonnas Entn, vor alln inn Teich gleich hintan Fewaltunxgeboide. Und das giep richtige kuldurelle Exkoasiohn üban Friethohf, wall da soviele berühmde Loide liegn, zum Beispihl zum „Gahtn der Fraun“. Unt zu zeitgemehßе Friethohfskultua gehöat natüllich auch modääne Kunz. Aba ne „Grapplehgunk Kristi“ aus rostign Schrott is fleich nich jedamanz Gesachmack, auch wennsi vonnehn Lealingn von Blohm-un-Voss gebastlt wordn iss...

Unsa Familjengrab hettich kaum wieda‘ekannt. Wa lange nich dagewesen, mein Schwester hatte ja die Fleege übernomm. Familjengrapp iss fleich übetriem: Liegn nur unse Großältann und Ältann un noch mein Bruder. Eerst dach ich, ich weer bei der falschn Kappelle. Aber nein, war richtig: Kappelle zwölf. Rechts von der Haup’axe, wo man nur dreißich fahn darf, annehn Bombm'opfa noch fobei. Rechs app, einmal um die Kappelle rum, is ja Kreisfekehr, und denn bistu da. Hundertzwanzich Schridde appgezehlt und denn wieder rechts. Hier mußte das sein, aber da war nurn Rotendendrumgebüsch mit Brommelbeergeranke un Ilex dortwüschen. Nu hatte ich ja für alle Felle Gahtnschere mit und happ denn büschen rumgeschnippelt und richtig, lanksam kam denn ja der Grabstein zum Vorschein. So schlich wie immer, mit ner klein' Spitse obm. Und da stand denn *KarlJensen / fromm und getreu* und darunter, oppwohl sie n Jah früa gestorbm wah, *HeleneJensen / sie hat getan was sie konnte.* Wo man sich ja Veschiedenes bei denkn kann. Iss jednfalz außa

Biebl, wall sie fromme Baptistn wahn. Aber wo war das Bluhmbeet – zwei mal zwei Meter? War ja schließlich n Doppelgrapp (auch wenn da mittlaweile noch drei weitere Urnn eingebuddlt waan). Nicks, alles Rahsn. Die ganze Fleche, allns Rahsn, nur am Rant, in Gebüsch, mal eingewaxn wie unsan, mal wien Zaun aus Stein, die Grabmehla. Wah eintlich ganz hüpsch. Und vor alln Dingn praktisch. Rahsn mehn tut die Friethofsfewaltunk. Muß nur app und zu maln büschen schnippeln. Oder auch nicht. Kannzauch die Natuhr ian Lauf lassn. Iss auch mehr biologisch, im Sinne von Werdn un Fegehn oda Jing un Jang oda was weiß ich.

Aba ich denk, der Haupgrunt is Spahsamkeit. Denn die Friethöfe müssn hoide sehn, wie sie zurande komm, wo die Loide lenga lehbm und seltena sterbm und womöchlich aufn Billich-Friethof in Rumenien gehn. Oda ehm midda lezzn Ruhe im Walt oda auf See. Bein Krematorijum is hoide n „Forum Ohlsdorf" und „Cafe Fritz"; da kannzu nachn Fewantnbesuch Tass Kaffe trinkn un Stück Torde essn, oda sogah Körriwuss un Bia. Iss weaklich wah! Da kannzu auch Hochzeitn feian oda Geboaztach, mit bis 170 Pesohn „sitzend" oda 500 Pesohn „Empfang", mit „Fingerfood Buffets oder BBQ Happenings". Ich weiß nich, is denn ja nich mea weit bis Sommafeste, Schnitzljacht un fleich sogahn Schlaga-Muuv, in unsan schönn Paak mit seine Rodendendren und Teiche und lauschige Eckn.

Aba wennu denn mitta Hochbahn wieder wechfehrss – ich mussde noch nach Langhorn – sießu am Krematorijum imma noch die große Ua, und darunta steht EINE VON DIESEN. Iss wohl alz Maanunk gedacht. Aba sintja nua zwölf Stundn aufna Ua, un denn weißu nich, ob vormiddach oder nachmiddach!

Eimbüddl

Eimbüddl wah früa sone Aht Schmuddl-Statteil. Viele Loide auf engm Raum, iss hoide noch der dichtest-besiedelste Statteil von Hambuich, das gahp viele Proletn un denn natüch auch viele Kommunistn. Unt is kein Zufall, dass hier der Hamburga Aufstand von 1923 angefang hat un dassas im Heußwehch noch lange nachn Kriech ne sozealistische Buchhantlunk gahp. Hia is mein Mudda aufgewaxn, aba das ischunn hundat Dschare hea. Meine Großeltan wahn aba keine Kommunistn. Ganz un gahnich, wahn Bapptistn, das heiß fromme Sektiera. Großmudda *Helene Auguste Adolphine geb. Ohm* wah Kranknflegerin innehn Alzadorfa Anstaltn gewehsn un Großvadda *Karl Friedrich Jensen* wah eaß Lantahbeita aufm Gut bei Kappeln anna Schlei, Missionsgeheefe aufn Gut mit Waisnhaus hintn inna Türkei, denn Werfahbeita auf Reihastiechwääf, bis ihn n Eisnteil aufn Fuhß gefalln iss: Bein gebrochn un Schluß – ahbeizlohs. Un mit Gottis Hehfe Gärtna im Botahnschn Gahtn am Dammtoa. Unt außadehm Küsta inna Bapptistngemeinde Zoar inna Tresckowstraße. Unt gewohnt inna Tornquiststraße, Henriettenstraße, Osterstraße und ehm Tresckowstraße. Aba Zoar heiß jezz Kroizkirche. Mitn grohßn Kroiz anna Backsteinwant. In Eaßn Weltkriech mit 46 noch mal eingezohgn, aba nua inni Katoffläänte unt im Hafn Ääzfrachta ausladn. Denn hat ihn mit 52 der Herrgott abberuhfn, und seitdem liecht er in Ohzdorf.

Issja nua allns ehwich lange hea. Aba wassa Zufall so iss, gehch doch mah in Foatrach von jemant, dehnich kenn, inni *Gallarie Morgnlant* inna Sillemstraße. Hadde ansich nix mit Eimbüddl zu tuhn, gink üba Gernika in Schpanien. Hat aba irnkwi doch was mit zu tuhn: inna Gallarie iss nemmich auch die Geschichswääkstatt Eimbüddl. Issdoch gediegn: Geschichs*wääkstatt*! Bei Wääkstatt denkssu doch an klein Betriep, wo was heagestellt weat oda rebariat, wie inna Tischlawääkstatt oda Audowääkstatt. Unt wenn irnkwo „Geschichde" heagestellt weat, denn braußu doch ea ne Fabriek alz ne Wääkstatt, fleichtn Saal oda ne Halle wie im Bundestach odan Berchwääk oda sogahn Schlachfelt oda was weiß ich! Aba iss wull so gemeint, wennu dich mit Geschichde beschefdichs, dassu nich umbedink ne Uni oda Akademi brauß. Voa allm, wennas um die klein Feheltnisse geht un nich ummi grohßn Lienjen. Un hia gehtas ehm um die klein Loide im Kwattia, wiedi früa so gelehp hahbm un wiedi sich gehgn die Nazis geweat hahbm (wennsi nich selba Nazis wahn), voa Dreiundreißich unt auch danach. Aba nich nua das: eimah wah da ne Ausstellunk üba die hüstorische Schnapsfabrik „Mulzer & Voelkel" inna Müggenkampstraße, und was aus ihr gewordn iss oder nich gewordn iss. Falz du dich üba wunnast: so was gehöat ehm auch zua Nachbahschaff. Solltn di fleich in Rahzweinkella gehen, wenn sie sich besaufn wolltn oda nach Kaffe Keese? Unt so sieht denn die Geschichswääkstatt auch mea aus wien Tande Emma-Lahdn ass wien Forschunksinschtituht.

Im Kriech wah natüch alles kaputt. Eaße Angriffswelle von Opparatzjohn Gomorra gink voll auf Eimbüddl, damahlz, Juli 43. Aba nu iss alles andas. Eimal natüch Schanze: Muldikuldi mit Randale unt Fixa un Rote Flora un alles, aba iss auch schwea im Komm alz trendi Juppizehne. Unt nehman guhtböagalich, mit Schlankreye un Hoheweide un Kaifu un – genau: Tresckowstraße: wenn das mein Mudda noch elehp hedde! Aba si wah in Langhorn auch glücklich. Bis dann der Kriech kam.

Unt sone Geschichswääkstatt issja gahnich fekeat: Die meistn Einwohna sint spehtgeboan oda zugezohgn unt hahm keine Ahnunk, was inna eichnen Straße mah so alles los wah. Aba fleich intrissiat die das auch gahnich – unt sint ea der Zukumf zugewant! Un dafüa iss inna Ostastraße denn auch das „Haus der Zukumf", inna ejemahlign Diamantwääkzoichfäätigunk Winter & Co: issn „Kompetenzzentrum füa nachhaltiges Weatschaftn". Denn man to!

Schanze

Vonna „Schanze“ hassu bestimp schumma was gehöat oda gelehsn, auch wennas büschn ruiga gewordn is um das sogenannte Schanznvittl. In den Noinzigan solltn Drogies unt ire Diela vom Haupbahnof un Sank Georch fetriem werdn, und di hahm sich dann ne ruige Gehgnd gesuch, wo sie friedlich ian Handl treim konntn. Un das wah dann der Pahk beim Essbahnohf Stäänschanze. Und denn wah da nochn Rest vom ejemalign Fegnügunkspalass „Flora-Theater“. Sollde appgerissn werdn, aba rechzeitich hahbm dann junge Loide das entdeck un besetz undn „Statteilzentrum“ draus gemach, was nun *Rote Flora* heiß. Denn zohgn manche Loide wech ins Grüne und Schtudentn und Migrantn kahm, und so woade das ne richtich schöne Schmuddl-Ecke, mit Graffidies un Demos un Schaufenza einschmeißen und alles, was sonz noch Spaß macht.

Hambuich lehp ja hoide nich nua von Handel-un-Wandl, sondan auch vom Fremdnfekea, und wennu im Südn lehps und n Wochn‘ende in Hambuich buhchs, dann gehöat dazu nich nua Elpfi un Reepabahn: wennu schummal inna „Noin Flora“ *Aladin* oda *Tarzan* kucks, kannzu gleich noch büschn Elehpnis-Turismus nehman mitnehm. Aba muß nich enttoisch sein: das giep nich jehn Tach Rabatz. Fleich wartest du bessa bis zum nehstns Groß-E’eichnis, wo genuch Polizei und andre Staatsmach unnawehks iss.

Aba warum nu „Stään“-Schanze? Denk ma viahundat Jahre zurück. Üba’all in Doitschland rechnen die Loide mit Kriech zwüschn Evangehln un Katohln. Da hahbm sie in Hambuich gedacht, bessa wir baun n Wall um die Stadt, richtich mit Graben un Geschützpostn un Tore und alles, damit keina uns e’oban kann unt wir schön noitral bleibm un Handl und Wandl mit alle beteilichde Patein treim könn. Hat ja auch dreißich Jahre geklapp, un denn wah der Kriech fobei. Und den Wallrink hahbm wia hoide noch, aba als Pahk.

Aba wehgn den Dehnn musstn sie damahlz weida aufa Hut sein. Nu lehm wia ja im Flachlant, aba so gut kannzu vom Wall aus auch nich alles sehn, was sich anschleich, un deswegn ham sie aufm Hügel in der Neje n Be’obachtunkspostn gebaut und mitne stäänföömige Befestigunk drumrum feschanzt. Und darum: sije ohbm. Dummaweise wah diesa Hühgl andathalb Kilomehda vonna Stadt entfäänt – da määkst du natüllich hoide gahnix mea von, wallas alles schon lange zugebaut is. Unt damit die Besatzunk in zwanzich Minuhdn sicha hin-un-hea laufn konnde, hahmb sie n Grabn zwüschen Schanze und Wall gebuddlt und befesticht. Un zur E’innarunk gieps die Straße „Laufgraben“. Un di Dehn? Musstn tatsechlich 1686 wieda umkean.

Südwääz

Hasselbrack, Hamburgs höchster Gipfel in den Schwarzen Bergen

Hahbuich

Wer in Sühtdoitschlant lehp, denk bei „Harburg“ fleich an ein gewissis Stehtchen an der „Romantischen Straße“ zwüschn Nördlingen und Donauwörth un hat fümftausnd Einwohna. Unsa Harburg heiß aba nich Harburg sondan Hahbuich un hat 164.000 Einwohna. Eintlich issas gahnich unsa. Die Harboaga sint nemmich „Beude-Hamboaga“, das heiß eaß noinzinn-siemundreißich annexioniat. Könnsi aba auch nix füa. Woadn nichma gefrahchd.

Hahbuich hadde das nich eimfach. Eaß imma Hambuich am andan Elp-Uhfa, mit Hansestatt un Welthandl un alles. Kannzja nich eimfach gehgn'anstinkn! Aba hatzich imma gehaltn, mit Schloß un klein Hahfn un Gummifabriek Föhnix, mit Welfnhääzöhge un spehda in Könichreich Hannohfa. Un denn aba doch eingemeindet nach Groß-Hambuich, unt Lantkreis Hahbuich feloan. Dehn gieps aba imma noch, alladinx mit Haupstatt Winsn-anna-Lue. Aba Hahbuich iss immahin n eichnen Bezeak inna Hansestatt un Feddl un Willemsbuich un Noigrahbm un alles gehöat auch dazu. Aba hat noch mea zu bietn: wenn n Hamboaga mah Schifahn will un Alpm iss zu weit, denn feata inni Hahboaga Bääge. Unt Kunztempl von Bossard un Forss Rohsngahtn mitn Karldstein un Freilichmusejum Kiekeberch iss auch nich weit.

Und denn is da noch das Helms-Musejum. Das heiß seit 2009 „Archäologisches Museum Hamburg“, mit alles, was sie hier hier so außa Früzeit ausgebuddlt hahbm. Die haddn hia sogah mal n Stück vonna Schedlpladde von ein Neandatala, aba der wah dann doch nich so alt, eaß siemtausend-fümfhundat. Aba ihn zu Ean gahpas dann wehnstns ne Ausstellunk üba die Neandatala. Die wahn wissnschaftlich gesehn ne andere Schpezi‘es von Mensch und sint voa dreißichtausnd Jahn ausgestorbm. Aba im Helms-Musejum haddn sie ne ganze Horde aufgebaut. Die kamen aba nich aus Hahbuich, sondan außna künzlarischn Wääkstatt. Wahn nemmich rekonschtruiat, Pappmoscheh toischnt echt mit Gummi übazohgn, un Schehdl un Knochn un Wääkzoige un Waffn un was man sonzo gefundn hat. Unt alles in allm wahnas ehm auch Menschn, aba nich so richtige. Nua büschn kleina un kreftiga unt mit fliende Stean, aba ia Gehean wah genauso grohß, unt musstn sich ja auch gehgn Mammute un Woll-Nashoan un Steppm-Bisonn duichsetzn. Unt denn imma am Gletscha lank, wah nemmich Eiszeit un Zwüschneiszeit un denn wieda Eiszeit – das helt ja kein Menschn aus. Aba künzlarisch hahbm sie sich trozzdem betehticht, genauso wie *Homo sapiens*, das heiß wie wia, nua dassi keine Ölgemehlde hintalassn hahbm. Und wenn nu hoide eina oda eine von ihnn Jiens odan Sommakleid anziehn wöade, und sie laufn üban Junkfanstiech – wöade keina merkn. Eaß, wenn sie denn im Alzapawilljong ne Tass Kaffee auf neandertalisch bestelln wöaden.

Aba in Habuich gieps nich nua Altatum. Wennu zum Beispiel Continental-Reifn aufm Auto hass, kennzu Habuich schon pesöhnlich un fördast die heimische Weatschaff. Un trotz allm is Habuich auch noch ne Hahfnstatt, mit kleine Wääftn un alles. Un wennu füa dein Sehglboot n Wintakwattia suchst, denn fraach ma bei Peter Knief an, fleich hadda nochn Platz in seine Halle frei.

Hasselbrack

Die Menschn wolln ja imma hoch hinaus. In Hambuich kannzu auf natüalichn Wege, das heiß abgesehn von Hochhoisa, bis auf 116 Meda komm – dann bissua aufm Hasslbrack. Nehman is der Kiekeberch, das is der höhste Berch der „Schwaazen Bääge": 127 Meda üba Nommal-Null. Das is aba grade ehm nich mea Hambuich. An siebte Stelle komp schon der Müllberch in Hummelsbüddl! Mit 79 schlehcht er knapp den Süllberch in Blangenese mit seine 74. Wia lehm numahl im Flachlant.

Wennu noch nix vom Hasselbrack gehöat hass, iss keine Schande. Der is nemmich n Geheimtipp. Walla in ein Natuaschutzgebiet liech, wolln die zustendighn Behöadn nich, dassa von Wandaran übaschwemmt wead. Aba im Intanett kannzu ja nix weaklich geheimhaltn, unt inna klassischn Presse auch nich. So hahbm wia denn auch dahingefundn. Zum Pahkplatz *Waldfriedn* bei Neugrabm und denn drei Kilomeda zu Fuß – duichn Waldesfriedn. Aba muschon genau aufn Wehch kuckn, wallas keine Schilda giep. Geht ganschön hoch füa hiesige Feheltnisse, unt iss nuan schmahln Fad. Un wennu ohbm biss, siehssu n Gipflkroiz – nee, das nu doch nich. Aban Fintlink, femutlich aus Schwehdn, wo drauf steht, dassu nu ohbm biss. Aba wenn du nu n Pannoramablick ewahtest hass – iss nich. Wall sich rinksrum die ewign Wälder ausbreitn. Mussu dia also in Kopf ausdenkn, in welche Richtunk Hambuich, Bremen, Bellihn und Hannofa liegn. Unnich fegessn, dich innas Gipflbuch einzutragn, das da inna Blechschachtl inna Ääde liech!

Der Kiekeberch seps is eimfacha zu findn, walla nehbm den Freilichmusejum mitn selbm Nahm liecht. Da gieps denn von wo annas impottiate Bauanhoisa, und Haus- un Hoftiere, damit sich die Loide von hoide voastelln könn, wie die Menschn früa gelehp habm, voa allm aufm Land, und die Kinda nich glaubm, daß die Meech außa Steckdose komp

Und in der Neje is denn noch der „Wildpahk Schwaaze Bääge". Da lehbm angeplich tausend Tiere in hunnat Sortn. Aba den hahbm wia uns geschenkt, wall wia Wölfe, Büffl un Meerschweinchn schunn bei Hahgnbek gesehn habm. Aba daduich konntn wia auch nich dehn Elpblick genießn, füa den man aufm 45 Meda hohn Toan kleddan muss.

Kardlstein

Is ja nich so, dass wir gahkeine Bääge habm. Süllberch, Hamburger Berch (heiß heute Sampauli), Schüberch bei Ahnsbuich, opwohl der schon nicht mehr ganz in Hamburch liecht. Und wir habm sogahn Statteil nahms Berchsted. Und die Schwaazen Bääge, eintlich Hahburger Bääge. Aber trotzdem wolltn mein Vadda un mein großn Bruda 1950 mal inni richtign Bääge, das heiß, inn Haaz. Wandann von Juhntherbääge zu Juhntherbääge. Ich sollde nich mit, wallich zu lütt und spiddelig war. Wollde ich aber doch, unt so wurde denn ne Probewanderunk angesetz. Inni Hahburger Bääge! Erst midda Hochbaan von Langhorn Nord nach Haupbaanhof. Denn mitn Doppeldeckerzuch nach Hausbruch. Gahps damahlz schunn! Und denn zu Fuhß nachn Kardlstein in Foss Rosngartn. Dat wehrn jo meist twintich Kilometer! Gink aber gut, und nach Dreivittl meinte mein Vada, wir brauchn nich mehr weiter, ich happ die Prüfunk bestandn. Aba ich wollte unbedink bis zuhn Kardlstein. Na gut, wurde genehmicht.

Und da laach er ja denn mittn im Walt aufm Hügl. Groten Findling mit ein tiefe Kerbe kwehr drüber un n pah lütte: da hadde Kardl de Große nemmich mit sein Schwert paarma drübergezogn. Dahea der Name. Außadem hatte sein Feerd noch zweimal gehgngepeddt. Kannzu heute noch die Spuhrn von Hufeisn sehn. Mußn ziemlichn Tritt gewehsn sein – iss immahin Granit. Der Rückwehch wurde natürch büschen lang, ging aber allns glatt.

Fümfzich Jahre spehter wollte ich den Kardlstein mal wiedersehn. Aber nich zu Fuhß, sondan mitn Fahrad. Also von Noimühln mit Fehre 62 nach Finknwerder übergesetz (Fahrrad gink umsonz mit auf Monazkarde). Durch Finkenwerder war kein Fegnügn, bei den Ehrbus-Werksfekehr. Dann ann Deich entlank, wo die Startbaan schunn wieder verlengert werden sollte, bis Rosngartn (aber n andern Rosngartn). Noinfelde und denn aufa B 73 nach Frankoop. Auch kein Fegnügn, wieder fiel Fekehr. Denn durch die Felder nach Noigrabm, ann Essbaanhof vobei, und durch die entlosen Fohrorte in die Fischbeka Heide. Is ja aintlich mehrn Kiefernwalt als wie Heide. Huppelige Waltwege, auch kein Fegnügn. Und denn auch noch vefranzt. Alzich schließlich wieder rausgefundn hatte, wojch wah, hatte ich kein Luss mehr, opwohl ich ziemich nah dran wah.

Ich bin denn lieba mal mitn Audo hingefahn. Audobaan Richtung Breem bis Tötnsn, denn noch pa Kilometer, bis zuhn Restorang gleiches Nahms. Rechs zweihundert Meter Berch hoch und denn bistu da. Wah ganz aimfach! Aba dahmalz haddn wia ebm noch kein Audo. Nichmahn Motoratt, das kahm eaß im nehstn Jah...

Lünebuich

Hansestadt Hambuich – HH, Lübehk – HL, Brehm – HB. Alles klah. Un seita Wiedafe'einigunk auch noch HRO, HST und HGW – füa Rostock, Stralsund un Greifswald. Die habm voa siemhundat Jahn mit den Oss'see-Stedebunt angefang. Aba wussesdu, dassas in unse Republik mittlaweile 25 offizielle Hansestete giep? Unt unoffiziell üba 100? Unt natüllich rund um die Oss-See unt in Englant un Holland und Belgien – ehm alles, was ma mit den Hansestetn Handl getriem hat. Und dabei wahn auch viele Stete im Hintaland, wie Soest in Wessfahln. Is direck ne Inflatzjohn! Aba is wichtich füa Wääbung unt Fremdnfekea.

Nach Kolumbus wa aba Schluß midda Häälichkeit, wall nemlich der Handl mit Übasee wichtiga wah – da konntn die Oss'seestete nich mithaltn. Un Hambuich wah obmauf. Aba pah Stete haddn was Besondres. Die Heringe außa Oss'see wean nemlich lenks fegammlt, wenn sie im Westn ankahm, wenn sie nich eingesalzn wordn wean. Un wo kam das Salz hea? Aus Lünebuich, un darum doaftn die Lüneboaga inna Hanse mitmachn, oppwohl die berühmtn Hansekoggn natüllich nich bis nach Lünebuich schippan konntn. Unt wennu wissn wiss, wie das inna Hansestatt mah ausgesehn hat, braussu nua nach Lünebuich fahn. Backstein-Gotik rauf und runta, un nix im Kriech kaputtgegangn. Aba das Salz wah, wiso off im Lehm, Sehgn un Fluch zugleich! Wenn sie das unna der Ääde wechgebuddlt hattn, wahn da große Hohlroime im Bohdn, un denn sackt das ohm ab. Das „Senkunksgebiet" is pah Meda tiefa alz nehman. Aba Salz is auch gesunt – wennu das nich iss, sondan in bades. Unt so wah Lünebuich offizeell n Kurort als „Sol- und Moorbad".

Aba das genühch hoide nich mea. Wissn is Macht! Und das heiß Bildunk, unzwa höare Bildunk. Un wall Lünebuich nu auch ne Uni hat, issas offizeell ne „Universitäts- und Hansestadt", un da wolltn sie auch Hambuich mit seine Elfi nich nachstehn und hahbm orntlich eichnes un fremdes Gelt inni Hant genomm und füa hundat Milljohn n Haupgebäude mit schrege Wende in dezentn „Star Wars"-Grau hingezaubat, das aussieht wie ausn Zweiunzwanzichstn Jahundat. Un fleich könn sie dann an ihre Audos eankwann auch ma Schilda mit HLG machn, wosie sich seit 2007 auch ganz offiziell Hansestadt nenn döafn.

Unt wenn das noch nich genuch Turistn anzieht, giebs ja auch noch die „Rotn Rosn" ausm Früstüxfäänsehn. Darum is Lünebuich nach üba 2000 Folgn nu auch „Stadt der Roten Rosen", mit 150 noie Ahbeizplezze, un 30 Milljohn Inveschtiziohn, un üba 300.000 Übanachtungn pro Jah. Das hättn die „Toten Hosen" sicha nich geschaff, auch wenn sie sich foa dreißich un voa zwanzich Jahn forübagehnt mah „Rote Rosen" genannt hahbm. Fallzu dich in Popp-Musik nich auskennz.

Im Ostn

Bergedorfer Schloß

Meindorf

Wussesdu, dass die altn Hamburga mah alz Renntiajega angefangn hahbm? Alladink schun lange hea: zehntausnd Schahre. Nich so lange hea iss, dass mein ejemahlige Froindin auf Lehra studiat hat un denn mahn Praktikum in Heimatkunde machn mussde. Das gahps damahz noch. Undas Tema wah: die Renntiajega von Meindorf! Da wusstn wia kaum, wo Meindorf is. Heiß eintlich Mei-endorf un gehöat zu Rahlsteht. Unt bis da iss inna Eiszeit das Eis aus Schwedn gekomm. Unt wo Eis iss, iss zu kalt füa Mückn, un das hahbm die Renntiere spitz gekricht, dassi da denn nich von gepiesackt werdn. Un die Renntiajega hahbm das denn auch spitz gekrichd un sint denn Meindorfa gewordn. Bis das Eis dann wieda getaut iss un die Gletscha sich nach Schkandinavien zurückgezohgn hahbm. Undi Renntiajega sint mitgezohgn unt sint dann ehm Schwehdn gewordn un schließlich Lappm, beziunksweise „Sahmn“, un ziehn hoide noch mit den Renntian rum.

Unnu mussu dia foastelln: Die Erde unnam Eis is werma assas Eis, un denn schmilz das Eis von untn wech. Das Wassa kann aba nich wech und grehp sich denn ne Art Kanal oda Tunnl, un wenni Eiszeit zuende iss, was bleip ühprich? Das Meindorfa (oda auch Stellmoora) Tunnltal. Unt da hahbm die altn Meindorfa ihre Essnreste un Speaspitzn un Rentiaknochn aufm Müll geworfn unt füa di nehßn zehntausnd Jahre fegessn. Bis Herr *Rust* gekomm iss un alles ausgegrahbm un eingesammlt hat. Deswehgn iss auch nix von nach. Iss alles im Musejum gelandet, un Herr Rust iss dafüa denn Professa füa Aldatuhmswissnschaff gewordn. In Helms-Musejum in Habuich sammln sie alles, was hia inna Gehgnt so angefalln iss un da kamman noch allalei Kleinkrahm sehn, dehn die Loide damahz geschnizz hahbm. Aba wahn nich eppwa Neandatala: wahn schunn richtige Menschn vonna Apteilunk *Homo sapiens*. Könntest Du praktisch mit einn von hoide kroizn, ohne dassas auffellt.

Noilich bin ich denn ma hin nach Ahnzbuich unt happ mia das Tunnltal angekuckt. Iss natüch kein Tunnl mea, wallas Eis ja wech iss. Aba auch sonz iss nix aussa altn Zeit zu sehn: Wiesn un Felda un Welda un fleich büschn Hühgl angedoidet. Aba iss kein Wunda: Die altn Knochn lahgn ja auch mehre Mehda tief. Lebendige Rentiere un Mammute wahn auch nich mea da, aba immahin happich n Iltis gesehn, der da duich die Felda geschlichn iss – sießu auch nich alle Tahge. Aba issja auchn Natuaschutzgebiet, da kamman schumma was ewartn.

Was nun mein damahlige Froindin wah, die hat denn mit ihre Schüla n Renntialahga gebaut, wehgn Anschauunxuntarich, natüllich in klein, aufn Tisch, aufne Holzpladde, un da habm wia denn zuhause füa geühp. Alles mit Zelte un Lagafoia un kleine Renntiere gebastlt. Renntiafell krissu ja hia nich mea, da habm wia Fohlnfell genomm, weiß aber nich mea, wohea. Sah ganz ech aus, wie ne lapplendische Hantahbeit. Un wall noch was von den Fell ühprich wah, happich denn nochne Feifntasche von geneht gekrichd. Happich hoide noch, oppwohl ich schunn lange nich mea rauch. Aus Pieteht.

Unnu: Übaraschunk! Ich happ doch was gefundn in Meindorf: n origenal Renntiaknochn mit eiszeitliche Zeichnung da'auf! Von Renntiere, un wemman genau hinkuckt, von Jehga in Pelz-Anorack mit Feil-un-Bohgn. Ne wissnschaffliche Sensatzjohn! Fleich werdich denn da auch noch Professa füa! Aba kannzdich wieda hinsezzn – wah nua Spahß! Hat mein Vadda damahz gemachd, damiddi Kinda mah sehn, dassi Frühmenschn auch schunn ne künzlarische Ahda gehapp hahbm…

Schüberch

Noich wah'ich mah wieder nachn Schüberch. Is ja nichmehr direck Hambuich, aber nur knapp nich. Fehrss eersma nach Berchsteht, liech hinta Sasel. Eerssma anne Keerche gekuck, op di Beerke da noch in Keerchenfensta wecks. Tahtzi natürch nich mea. Empweder gefellt oder wegn Waldsterbn gestorbm oder wegn Sauan Reegn. Denn komp Hoisbüddl un denn komp balt der Schüberch. Alz wia klein wahn, hadde mein Vadda unz mah ne Geschichde aufgeschriebm un gezeichnit vom Riesn Schü, der foa lange-lange Zeit die Befölkerunk terroisiert hat und Feerduntwagn auf eimal feschluckt. Da habm die Bauern ihm mal Faß Bier geschenk, wah aber mit Köhm fesetz. Alza das intus hadde, issa eingeschlahfn, un denn habm ihn die Bauern angebundn, wie die Liliputana das mit Gulliva gemacht hahbm, und denn konnt er nix machen und denn iss verhungat und denn iss da Erde drübageweht und denn Welder und Felder drüber gewaxn und denn wurde das der Schüberch, und wenn man vonna Seide kuckt, denn kamman ihn noch büschn ekenn'n. Fleich iss er aber auch aus Schwedn mitn Gletscha gekomm und iss jetz Gruntmoreene. Nich grahtn Maddahorn mit sein fümmunfümfzich Mehta üba Nommal-Null, aba die Gehgnd behääscht er doch.

Und inn Buchenwalt steht nochn Gedenkstein für *Gräfin Hedwig von Schmettau, Erbherrin von Hoyesbüttel,* von 1867. Außa Zeit, assas von Dehnemark zu Proißn woade. Und denn Bundeslant Schleswichholstein. Un nu issas Metropolregeon Hambuich. Sollt man nich main, ischa direck n Zeichn von Fölkavesöhnunk!

Wennu dich für modääne Kunz intressiast, kannzu zum „Haus am Schüberch" fahn. Das is an sich ne krissliche Tagungstette, aba di hat auch ne Gallarie undn „Skulptuanpahk", wo du deine Fantasie spieln lassn kannz, wassas alles bedoidet. Der Riese Schü iss aba nich dabei.

Wanzbeek

Füa uns wah Wanzbeek imma ziemich weit im Ostn, schunn fass anna Zohnngrenze. Wahja auch bis siemundreißich Proißn. Das Beste wahnoch die Wanze, walla nemmich Wassa-Amsln drin rumgelaufn sint. Weaklich gelaufn, unta Wassa. Mit eichnen Augn gesehn. Sint aba keine richtign Amsln. Unt denn noch der Wanzbeeka Bohte von *Matthias Claudius*, aba daschunn üba zweihundat Jah hea, der von „Der Mond is aufgegangen“.

Hoide issas vor allm bekannt wehgn der Militär-Ackademmih, dabei issi eintlich in Jenfeld. Denkman doch gleich an Westpoint oda Sandhurst, wo unse Febündeten ihre Offssiere faprizian. Wir habm dafüa di Unniwesiteht der Bundeswea. Haddich direckn komisches Gefüühl, alzich da noich ma hinmußte. Dachte, fleich sehn di mia an, dassich den Krießdienz feweigat happ, un nichma Ziwihldienz gemach! Dabei haddn si damahlz nur nich genuhch Plezze. Jehnfalz happich mia extra schwahze Hohse unt feltgraues Schackett angezohgn. Dachde das wimmlt von Unniformn, und alle sallutian, Hant anna Hohsnnaht, und denn sachda Offssia "Stehnsi bekwehm!" Wah aba denn ganz ziwihl. Gahkeine Kaddettn in Unniform. Der Förtna beia Einfaht wah zwahn dschungn Mann im Tahnanzuch, wah aba ganz frointlich unt hatt mir gleich die Schranke zum Pahkplazz aufgemach, pä Fäänstoierunk.

Unti Unni sah aus wie Unnis ehmb aussehn. Modäänes Hörsahlgeboide, mit pracktischn Henkln ohbmdran, blohß di Orientierunk wah schlech. Kein Hinweis auf, wo der Hörsaal wah, nua lauda Schilda zum Klo. Soll fleich den Feint irrefüan. Unt hahbm sogah weipliche Professoan! Dabei hahbm di bestimp nich gedient. Sint scha wull auch nich füa Panzatechnik da, denn schunn ea füa Schtrategih, unt wieman den Feint püscholohgisch übalistet. Eine iss zufellich ne Froindin vommia, die hahbm wia offizi-ell in Ruestant feappschiedit. Eerß pah Vortrehge, aba auch allns frietlich, sogah was zum Lachn. Denn büschn gefeiat: inna Biblotehk alles piekfein, Tebbichbohdn unt fetiefte Sitz‘eggn, haddn wull gah keine Anx, dass wir mitn Seck auf kleckan.

Und die Kadaschmiede hat auchn Nahmspatrohn. Unnich eppwa Klausewitz oda Staufnberch, sondan außgerechnet ’n Sozealdemokrahtn! Alladinks auch wieda kein Wunda: den ejemalign Obaleutnant Hemmut Schmidt. Und zwah zu Lehpzeitn, so daß er das noch mitgekricht hat.

Bäägedorf

Loide von auswääts wundan sich fleich majchmah, dass das in Hambuich keine Schlössa zu besichtign giep. Aba is doch klah: Hambuich wah meiße Zeit Republik und der lezze Grahf schon siemhundat Jah her. Aba *ein* Schloß hahbm wia doch: in Bäägedorf. Kleines Backstein-Wassaschloß mit Buichgrahm rinksrum, mit Treppngihbln unt Innhoof. Wah in 13. Jahundat ne Wassabuich, iss aba eintlich eers viel spehta gebaut un denn vor hundat Jahn noch mal grüntlich duichrenowiat. Un davoa stehti Peter-Pauls-Keache, auchn hübschn Fachwääkhaus, un danehm das Haus von Hasse, der zufellich nich so bekannt iss wie sein Konkurent Händel. Un „Alle Föhgl sintschunn da" iss auch aus Bäägedorf, aba von ein andan Geoich-Friedrich, mit Nachnahm Ritter. Untn Eiskaffeh, das mahn Tohlettnhaus wah. Un wie heißas Eiskaffeh nu? Dolsche Wita...

Unt wie kahm Hambuich dazu? Bäägedorf gehörte früa den Herzohch von Sacksn-Laumbuich. Der hadde im Vitzindn Jahundat mah kein Gelt, hat sich was vonna reichn Hansestatt Lühbek geliehn un Bäägedorf alz Fant gegehm. Unt alza nich zurückzahln konnde, hat Lübehk das Dorf übanomm. Das wah den Grahfn auch nich rech, gahpn koazn Kriech, Nachbah Hambuich is Lühbek inni Seide gesprung, und denn hahbm sie ihn in pah Tahge besiech un halbehalbe gemach. Das heiß, Bäägedorf un auch die Vierlande gleich nehman kahm füa die nehstn vierhundat Jahre unta „beidestehdische Verwaltunk", das heiß Hambuich un Lübehk hahbm abwecksInd via Jahre den Ampmann gestellt, spehta secks. Ensprechnd das Wappn: links n halbm Ahtla, rechs ne halbe Buich. 1868 wah Schluß, da hat Hambuich dann Lübeks Anteil koiflich übanomm. Und aufm Wappn sint nua noch drei Eichn. Jehnfalz kahm Hambuich so zu dehn einzign Schloß auf Staazgebiet.

Bäägedorf hat auchn n klein Hahfn anna Bille: der heiß Serrahn, was angehplich auf Slawisch „Aalfang" bedoidet. Da stehtn Mann im Wassa – iss aba nua ne Schtatue von Balkenhol, wie die Giraffe bei Hahgnbeck undas Pah aufm Arno-Schmidt-Platz, am Hühnerposten, un die annan Männa auf Bojen in Hambuich. Der Serrahn sieht aus wien Dorfteich, iss aba weaklichn Hahfn, unt sogah mit Schiffsfekea: kannz mitn Alzadamfa nachn Junkfanstiech fahn, üba die Doofe Elbe – dauat aba drei Stundn, unt midda S-Bahn bissu in dreinunzwanzich Minutn da.

Saxnwalt

Alz wia klein wahn, wahn wia in Saxnwalt Peehze suchn. Nachn Peehzführa wahn da besondas Sampfußkremplinge zu emfehln. Dassin so Kremplinge, das heiß mitn krempelihgn Hut, un dehn untastn Zentimehta von Stengl is son braun Rink, sieht aus wie – na ehbm wie braunn Samt. Unt in Peehzbuch stant auch noch dassi „sauer zubereitet von vorzüglichem Geschmack“ sint. Da hahbm wia denn mahn Tagesausfluhch gemach. Waja von Langhorn beina ne Weltreise! Zufuhß bis Langhorn-Nort, denn Hochbahn bis Ohlzdorf, denn Ess-Bahn bis Haupbahnohf und denn noch mal Ess-Bahn bis Aumühle. Wah eintlich keine Ess-Bahn sondan Pesohnzuch. Unt zwah so ein, wo die einzlnen Appteile jeda ne Tür nach außn hahbm, unt kein Gank iss, so daß man weant der Faht auch nich auf Klo gehen kann. Son Wahgn steht hoide noch in Eisnbahnmusejum am Bahnohf Aumühle. Unt wia hahbm auch tatsech Sampfuhßkremplinge in Massn gefundn. Und denn zuhause saua zubereidet: mit Zitrohne un wasweissich. Wahn irnkwi auch genießbah, aba vorzüchlichn Geschmack kannich mich nich an e'innan. Dass die kullinarische Seide von Sacksnwalt.

Der Saxnwalt iss aba vor alln Dingn bekannt wehgn höaren Dingn, aufa nazeonahln Ebene, denn wie *Fontane* sahch: *Hier liegt Bismarck irgendwo.* Nemmich in sein Mauselejum auf sein ejemahlign Gut in Friedrichsrue, direck anna Eisnbahn. Von wehgn lezze Rue – aba er wollde das nich annas. Aba alz wir nu hingefahn sint, wah noch zu: macht east am 1. April auf – und wah der 31. Määz. Zuh dumm aba auch! Aba wahnich so schlimm, giep noch was andres zu sehn, un das pass gah nich zuhn Eisanen Kanzla. Iss nemmich viel zu leich un luftich. Seine – nehmich an – Ur-Enkelin Elisabett hat aufm Gruntstück n Schmeddalinksgahtn eingerichtet. Is ne Aht Treiphaus mit Foliere, wo lauta eksohtische Schmeddalinge rumfliegn, bei achunzwanzich Graht un hohe Luffoichtichkeit. Frointlichaweise kannzu deine Jagge in Voaraum aufhengn, wennas dir zu wahm is. Nommahl kannzi buntn Fliega gahnich richtich in Rue betrachtn, wall di imma so rumfladdan. Aba wennu wie *Hermann Claudius* (1878-1980) saachs: *Bodderlicker, sett di! / Wes nich bang, ick pett di*, denn tuhn di das auch, un kanzzi bewunnan mit den grohßn Oilnaugn aufn Flügln oder loichtnd rohtn Rumf.

Büschn Nachhehfe in Plattdüütsch: *Schmetterling, setz dich; hab keine Angst, daß ich auf dich trete*. Klink doch auf Platt viel nedda!

NATUA

Oberalster in Wohldorf

Grüne Lunge

Römischer Garten am Falkensteiner Ufer

Plantn un Plünn

Hassu gewuss, warum die Straße anna Eisnbahn hintan Kongreßzentrum beim Dammtoabahnohf *Tiergartnstraße* heiß? Ganz eimfach: da wah maln Tiergahtn, nemmich der offizielle Zoologische Gahtn von Hambuich. Aba Zoo woade nich mea gebrauch, mit sein klein Kehfign, alzas Hahgnbehk mit dehn grohßn Freianlahgn gahp – issja auch viel humanitehra gehgn die Tiere! Denn hahbm sie die Fleche pah Jah lank umgebaut unt ab 1934 zuna Niedadoitschn Gartnschau woade dass denn Plantn-un-Blohm. Unt alz wia junk wahn, wa das haupsechlich wehgn drei Sachn bekannt.

Eaßns die Eisbahn, woman im Winta in drei Schichtn von zwei Stundn füan pah Mahk im Kreis rumfahn konnte. Genau gesahch inn Owahl, das wah nemmich auchn Eishocki-Schtadium wo wia appunzuh Spiele vom HTHC angekuckt hahbm, natüch unta freim Himml. Un denn wah nehman die Ernst-Merck-Halle, wo imma grohße Konzääte wahn. Da happich '57 meine eaßn Jazzkonzääte gehöat: wie *Kid Ory* un *Lionel Hampton*. Undas dritte wah die Wassalichtorgl. Das wah fleich ne Sensatzjohn! Schwermtn alle von, wi da Wassaspiele mit bunte Beloichtunk un klass'sche Musiek fe'einicht wahn.

Na un hoide? Eishocki spieln sie inne Aht Kollossejum im Volxpahk, wo sie extra in Münchn ne Mannschaft füa eingekauf hahbm, wallas in Hambuich keine richtige gahp. Unt hahbm sie denn eimfach Ha-Es-Vau genannt. Aba kleine Eisbahn gieps imma noch in Plantn-un-Blohm, un im Somma, wennas Eis getaut iss, issas ne Rollschuhbahn. Unt füa Konzäät gieps jetz das Zeh-Zeh-Hah unt auch Arena im Volxpahk. Bleip noch die Wassalichtorgl. Un tatsechlich: die gieps imma noch! Im Somma jehn Ahmt um zehn. Aba das giep auch was Noies: zum Beispiehl n nettn klein Rohsngahtn. Wea beinah schunn wieda wechgewehsn un von Zeh-Zeh-Hah geschluckt. Aba ne Volxbewehgunk haddas fehindat. Und der Teich iss auch füa Sportfeanstaltungn andra Aht freigegehbm: noilich wah dahn 1:100-Treffen. Was das iss? Wusstich auch nich: issne Modellschiff-Regatta! Da stehn dann die Schwimmingpuhl-Kabbitehne am Uhfa un lassn ihre Lieplinge kreisn.

Un außadehm iss Plantn-un-Blohm hoide viel gröhßa. Nehman wahja der Bohtahnsche Gahtn am Goich-Fock-Wall: der woade 1979 nach Flottbehk feleecht un von Plantn-un-Blohm einkassiat. Ehmso die Wallanlahgn am Holstnwall mitn Musejum füa Hamboagische Geschichde und sogah die Anlahgn mit Bismarkdenkmal un Stintfank bis Landunksbrüggn – iss jetz alliss Plantn-un-Blohm. Hatja direck was von Imperialismus! Aba dient jahn guhtn Zweck: Oahse dä Rue mittn in Truhbl der Miljohnstatt. Un damit das nich so feialich klink, sahgn wia lieba widi altn Hamburga: Plantn-un-Plünn!

Jenischpahk

Heiß aintlich gahnich Jenischpahk. Biziunksweise müssde aintlich Vohchpahk heißn. Wall *Baron Voght* ihn vor zweihundat Jahn aingerichtet gelassn hat. Wieso „Baron“, Hambuich haddoch gah kein Adel! Stimp. Aba der woade ihn spezi-ell von Kaiser Franz fellihn, wehgn Fedienste ummi Hamburga Armnanstalt unt soze-ale Untabringunk von sein Tagelöhnan: kleine Fachweak-Reinhoisa, stehn hoide noch. Hadde nemlich, oppwohl einaseiz Hamburga Kaufmann, andaseiz grohßes Gut in Denemahk mit wissnschafflichn Ackabau un Fiezuch. Flottbek gehöate nemmich den Denischn Kōnich, walla nich nua Kōnich in Denemahk, sonnan auch noch Häązoch von Holstein wah. Unt wallan englischn Pahk habm wollde, haddan englischn Gertna beauftrahcht: James Booth, wah aintlich mean Schodde untn Gahtn'achiteck. Der haddi Wiese genommn, alles gelassn, nuan pah feschlungne Wege unt Boime und Elpblick eingefühcht. Elpblick iss aba nu wech, wall anna Ebschossee lauta Hoisa gebaut woadn sint. Das mitn Adlstitl kahm bei seine Patrizia-Kollehgn gahnich gut an. Sowas tut man in Hambuich nich. Hamburga sein iss doch schon Adl genuch!

Denn hat Senatoa Jenisch den gekauf, Haus auf gebaut, und deswegn heißas nu Jenischpahk mitn Jenisch-Haus. Klassischn weißen Kastn, iss aber nich ganz klassisch, nua nachgemacht, mea klassizüstisch. Unt drinne auch auf alt eingerichtet, aba nich mit Jenisch seine Möhbl, die wahn wull schunn aufm Spärrmüll. Aba so ehnlich, ehm großböhrgeliche Wohnkultuhr. Deswegn mussu auch, wennu rein wiss, Schue ausziehn, beziunksweise Pantüffln üba, wie bei ne Schlossbesichtigunk. Damiddu keine Kratza im Pahkett machs. Aba im Kaffee kannzu auch ohne Schlabbm rein.

Unt nehbman is gleich das Bahlachhaus. Is ein Eintritzpreiß füa beide. Da stehn denn lauda Schtatuen: alte Frau, singnda Mann, Jesus mitn Schweat un feschiedene weitare sümbolische Plastickn. Meiß aus Holz, mit pocknnahbige Obafleche. Hat Reemsma gespendet, der fonna Zarettenfebrihk. Un denn wah da noch n klein Gewexhaus. Das hat aba nu nochn andan Künzla zum Gedechnis gekricht: *Eduard Bargheer*.

Un duichn Pahk fließ die Flottbek. Deswehgn iss auch Naturschutzgebiet: iss nemmich was Besondriss, walli Aue bei Stoamfluht von Toiflsbrücke aus unta Wassa steht, mit entsprechende Wegetazejon. Giepas sonznich in Hambuich.

Botahnschn Gahtn

Früa wah Botahnschn Gahtn am Dammtoa, zwüschn Bahnhof un Goich-Fock-Wall. Hattichn pesöhnlichn Bezuch zu, wall mein Großvadda da alz Gertna fühdi Sehmerein zustendich wah, oppwohlas so lange voa meine Zeit wah, dassich ihn gah nich mea gekannt happ. Denn war das Gelende aba zu klein un wahscheins auch die Luff zu fepestet, un denn brauchte auch Plann-un-Blohm Plazz wehgn Ze-Ze-Ha-Geboide, un denn hahm sie eimfach n noin gebaut, beziunksweise geflanzt. In Flottbek. Ich wah ja skeptisch obbas geht: schließlich brauchn Boime ja ziemich lange, bissi einigamahßn nach was aussehn und büschn was heamachn. Andraseiz: Kleingahtn un Treiphaus kamman natüch üba'all hinsetzn. Geheimtipp wah in Früjah hingehn, wenn alles blüht un grühnt. Happich aba zuerss fepass. Sint wir denn in Herps hin, in Goltnen Septemba, un hat tatsechlich dütt un dat noch geblüht.

Hoide issja ühplich, dass alles eaßma mit modääne Kunz anfenk, un so steht denn auchn naktn Adam aus Brongße aufm Voaplazz. Iss auch ekleat, dassas uns emahnt, dass wia midda Umwelt fleechlich umgehn solln. Un jemand hat ihn denn auch gleich ne bunte Unnabüx aufi Weichteile unta sein ausgeprehchtn Biabauch gemahln.

Inzgesamt mussich sahgn, dass da dafüa, dassa Gahtn eaß vitzich Jah alt iss, ganschön viel wex. Natüch, die Mammutboime sint noch keine Mammuz, sondan mea Zwerchelefantn unt noch keine hundat Mehta hohch, aba das kannz auch nich felangn. Aba sonz is alles gut in Schuß. Da sind drei Appteilungn: Eaßns Mensch un Flanze, denn Wegetazjohnszohn in alle Welt, un schließlich Süschtematik. Das eaße wah haupsechlich giftige Flanzn un Kühchnbotahnik. Danach kanzu die Kinda eintlich gahnich mea in Gahtn lassn: Fingahut, un Tollkeasche, un Wassaschialink, un — Katoffln! Un-un-un. Am bestn machsu das so wie hia – üba'all n orangjerohtes Schilt: Hia lauat Gefah! Nix anfassn, keine Wottln ausgrahbm un lieba alles bei Rewe einkaufn. Wehnzns lern die Kleinn da mah, wien Köabis aufn Misthaufn liech un dass Blumkohl nich aufm Rohsnbeet wecks.

Denn komm die Zohn. Iss im Grunde wie bei Hahgnbehk: Nortamerika, Sühtamerika, Jahpan, Schina un Lüneburga Heide. Bohdnbeschaffnheit, Kroita, Boime. Imma n Hühgl mit Walt, gääne auch klein Teich, ne Wiese un üba'all pah Benke – wehgn hohn Duichschnittsalta vonnehn Besuchan. Pah unauffellige Schilda in Grohßdruck, dassu auch weiß, wassu siehß. Aba meißns so, dassas wie Lantschaft aussieht, ehm wie in modään Tiapahk, unnich wie in Gahtn mit rechtwinklige Beete. In japanschn Gahtn steht aufn klein Hühgl n schinesischn Pawljong: schließlich sint wia Pahtnastadt von Schanghai, unt von Schinahandl profetian wia ja nu ganz groß von.

Un denn kommßu inni Appteilunk Süschtematik. Wilz ja auch was übadi Fewantschaff läan: daß Brommelbean n Rosngewex sint, untn Ginko kein Tannbaum! Aba das wahn Reinfall. Da wah ne riesige Wiese mit nix auf! Üba'all schmale geschwungne Plattnwehge eingelassn, dassu schon denks, das sint festeinate Kornkreise oder von-Dehnikn wah hia. Sonz nix. Und denn stand dane grohße Tafl, un denn woade das ganze Ausmahß dä Tragödije offmbah: Kaum wah die Süschtemahtik fettich eingeflanzt, da stellzich raus: stimp alles gahnich! Molekulahfoschunk un De-En-Es un Mikroschkopie hahbm rausgefundn, dassi Fewantschaftn ganz andas sint. Un kannz je nich feantwortn, den Loidn zu azehln, wassi Wissnschaff bis foa zwanzich Jahn geglaup hat! Wehrja Folksfedummunk! Komp hinzu, dassi Büsche un Boime büschn zu schnell gewaxn sint un die Anlage übahaupt zu groß un unübesichtlich gewordn wah. Un drittns hadde das Gahtnamp un di Uniwäsiteht übahaup kein Geld mea, ummi Loide zu bezahln. Dschehdnfalz mußte eaßma alles wech.

Unnu hahbm sie tatsechlich ne noie Geniologi aufgebaut: Schön klein und schön übasichlich un mitn Dach üban Kopf, damit du auch bei Schmuddlwedda nich aufi Weidabildunk fezichtn muß. Das heiß „Phylogenetische Uhr" mit zwölf Abteilungen und bei 12 Ua is Nordn. Wennu das genaua wissn wilz, mussu dia am Eingank ne Brschüre kaufn. Hoffn wia bloß, dassi Wissnschaff nich zu schnell fortschreided unt sie wieda alles noi machn müssn.

Aba zuhn Ausgleich giepas noch was Besondriss. Du kennzoch bestimp n Streichlzoh, wodu di Ponnieß un Zwerchziegn un Hengebauchschweine an ian Hengebauch krauln kannz. Hiea hahbm sien „Tast-un-Duft-Gahtn" – kanz auch Grabbl-un-Schnüffl sahgn! Da sint Kastns mit Klabbe, wo du reinlanx, un denn mussu sahgn, was füan Tannzapfn das iss. Oda du presst die Nahse ann Blech mit Löcha, wo schon Zehntausnd andre ihre Nahse an gepresst hahbm (und das Blech iss darum auch schon ganz blank wie der grohße Zeh vonna Madonna im Pehtasdohm), un denn drücksu n unsichbahn Blahsebalch un denn kannzu Wanilje oda Basilikum oda Mandarine riechn. Das is inta'aktiewe Multimehdija unt zeitgemehße Musejumspiddagogik! Aba auch hia, büschn Kritik muss sein: Ia könnded die Bühdls ruich ma wieda auffülln – da mussas knabbe Gelt doch füa reichn! Obbas so hügenisch is, is ne andre Frage. Da is dann das Gesuntheizamt füa zustendich.

Aba haddunz alles-in-allm gut gefalln. Im Früjah sint wia wieda hin. Denn wah „Wüste" noi im Programm. Die blaue Glasspüramihde steht schunn da: eine Helfte Sand, andere Helfte Oase. Die hat Scheich Zayed Bin Sultan al-Nahyan, Herrscher von Abu Dhabi, gestifdet.

Dahljengahtn

Rosngahtns gieps fiele in unse Vatastatt un andaswo. Aban Dahljengahtn hat nich scheda! Wia hahbm einn in Folxpahk, anna Luruppa Schosseh. Da kannzu üba vitzinntausnd Dahljen ankuckn – un koss noch nich ma Eintritt! Happich aba nich nachgezehlt, oppas auch stimp. Die feteiln sich denn auf viahundatviunvitzich Sortn, das is Rekort in Doitschlant. Un nochn Rekort: die höhste wex auch da - drei Mehta-drei hohch. Offiziell bestehticht von Ginniss. Iss natüch ne Baum-Dahlje, un di Sorte heiß *Kalinka.* Hahbm si wahscheins mit Hommohn gefüddat.

Eintlich sint das Georgihnn. Aba zufellich hat jemant büschn früa gemeint, die solln nachn schwehdischn Botanicka nahms Dahl heißn. Un denn kannz nix machen: wer zueaß komp, mahl zueaß. Aintlich komm sie aus Mexiko, aba nu züchtn sie dauant noie Sortn unt di müssn alle n Nahm kriegn. Pesöhnlichkeitn ausn öffntlichn Lehm komm guht: *Uwe Seeler*, *Heidi Kabel*, *Loki Schmidt*, *Steffi Graf* – geht in Ortnunk. *Beckenbauer* muß nich sein un *Jan Ullrich* schun gahnich (höstns füa ne gedoopte Sorte). Schön Zuch fintich, dass den pansoniatn un nu auch festorbenen Massöa vom Hahesvau auch sein eichne gekrich hat: *Hermann Rieger*. Aba viahundat echte Prohmis muss man eaßma auf komm! Deswehgn giepas auch viele andre Nahm. Am bestn gefellt mia *Altona 93*. Wall die imma noch oda imma wieda mal inna fümftn Liga spieln. Eine heiß außerechnet *Ekschtase*, aba die wah ziemich mickerich. Am bestn hat uns *Sackmanns Foiaball* gefalln. Is ne rohte Pompom-Dahje. Übehaup wahn die kleinn Pompoms ja zu nüüdelich. Aba *Kaktus* festehch nich – hahbm doch gahkeine Stachln! Nua wall die Blütnbledda büschn spitzich zulaufn, is doch kein Grunt! Un *Heaschgeweih* fintich affich mit ian gespaltenen Blütnbleddan. Wie Pudl unta den Hunden.

Aba alliss-in-allm machn Claudia un Gerd unt Rolf n guhdn Jopp mit Bluhmflehge un Gahtnbau im Bluhmmea. Hahbm sogahn Hamburga Wappm geflanz, oppwohl nich mit Dahljen. Alladinks mussuhn Huhpschrauba hahbm, ummas richtich zu ekenn – flach aufa Ääde gekuck is zu schrehch. Aba Kritik muss auch sein: die Monsta-Dahljen mit dehn ganz grohßn Blühtnstendn hahbm uns nich so gefalln. Sehn mea aus wie Salahtköppe. Nua in gelp.

Chapmia übalehch, oppich mia nich pah Knolln bestell. Aba jehdn Herps alle Knolln ausbuddln, foasichtich saubamachn, kühl-un-trockn aufbewahn un denn im Früjah wieda ausflanzn, das fantich denn doch zu komplezeat. Da faich lieba nehstes Jah wieda hin unt kuck mia di Plantaje leif an. Unt umsonz. Unt Dahjen kaufich mia aufm Wochnmahk, wenz sein muss.

Römischa Gahtn

„Venediche des Nordnz“ giepas viele: Sampetasbuich, Stockholm, Amstadam wehgn Grachtn, Brügge ehmso, unt, du-glaupsas-nich: Emdn. Un Hambuich mit seine 2653 Brüggn kann da schunn mithaltn, auch wenn viele Fleete nachn Kriech mit Trümmaschutt zugeschüddet wordn sint. Aba dass noch nich alles: wir habm n Weimberch aufm Stintfank, unt vor allm den Römischn Gahtn. Da kann Drehsdn sich meinswehgn Elpflorentz nenn – mit unsan nühtlichn klein Amfiteata in Falknstein kommsi nich mit. Kennzu nich? Iss ehm Geheimtipp, beziunksweise wah, bis zune Neu‘escheinunk voa paj Jahn.

Unt wi fintmannu den Geheimtipp? Iss würkch nich so eimfach, wemman das nich weiß. Von Blangenehse Strantwehch entlank, denn Falknsteina Ufa, bis koaz vohr den altn Wassawääk. Da steht auchn unauffellign hölzanen Wehchweisa. Rechs Treppe hoch und denn neast du dich balt den Gahtn von Westn. Issn grohßn Plattoh mit kleinn Bassäng inna Midde, Tuja-Hecke am Rand, alle pah Mehta ne höare Zacke, sieht von weitn aus wien Kamm – wemman sie von weitn sehn könnde, das geht aba höhstns vonn Schiff aus. Un denn hassuhn wundabahn Blick üba die Elbe, un in mehr alz zwei Kilomehta Emfernunk siehßu das Este-Spärrwärk von Noinfelde. Unt weita vorn liech Neßsand. Ehrbussgelende iss gottseidank duich Boime fedeck. Un eine Etaje tiefa iss dann die Rotunde mit klein Hecke drumrum.

Das ganze haddi Familje Warburg in den Zwanzigajahn machen lassn, un denn Pahties im Frein gefeiat, mit Mönckeberchs, Liebermanns un so. Inne Nazizeit natüch nich. Nachn Kriech hamsies dann Statt Hambuich geschenkt, un hoide fehlt leida den Gahtnamt das Gelt, um den Gahtn richtich zu fleegn. Koss ja auch kein Eintritt. Mitn Audo kommßu auch nich hin, rinksrum allns priwaht. Also Imbißbuhde hette keine Schanks. Aba im Somma gehen wir damma mitn Picknick-Korp hin! Unt feian Römisches Gassmahl.

Gustav-Mahler-Park

In Hamburg steht ein Hofbräuhaus – Moment! Muss das nich heißn: *In München ...*? Hass rech. Aba in Hambuich steht auchn Hofbräuhaus, aba nich mea da, wo das imma wah: wemman von dehn Kollonahdn im eaßn Stock duich das Phrix-Haus anna Esplanade und denn hohch üban brandndn Fekea aufm Fuhßgengastehch zu Ubahn Steffanzplazz un denn Dammtoabahnohf rübagink. Issja nun auch nich mea möhchlich, wall sie dehn Duichgank ferrammlt hahbm un stattdem n Kasino eingerichdet, alz wennu inna Innstatt nich genuch Möchlichkeitn heddest, dein saua fedientn Monaazlohn loszuwerdn. Jehnfalz stehta jezz n Zinemax-Komplex. Son Kinozenta mitne Leinwant, wo duhn Blauwahl in origenahl Lehmsgröhße auf sehn kanz. Klah, iss eindrucksvolla als im Fäänsehn im Feheltnis 1:100. Das Hofbroihaus iss jetz pah Meda weita anna Esplanade – fallzu dia mah Weißwuss mit Radi und n Lita Bia antuhn wiss. Muss aba nich sein.

Immahin steht das *Schillerdenkmahl* noch danehbm im Gustav-Mahler-Park, n kümmalichn Rest vonna Esplanade als Grüngöatl um die Stadt rum. Issja irnkwi auchn appahtn Kontrass füa den Dichtaföastn! Früa geghgn Hohfbroihaus andichtn un hoide gehgn dehn Entatehnment-Palass. Wer weiß: fleich hedde der hoide auch lieba Drehbücha geschriem alz brohtlose Teahtastücke, die nua mit Suppwenzjohn üba die Rundn komm!

Aba wass nu wieda gahnich pass, iss die Plastik nehman: Da wälzn sich zwei Röckbi-Spihla auf ian Sockl un zankn sich um das ledane Ei. Schlimm genuch, dassas in Hambuich jetz auchn Ami-Futtboll-Tiem giep, aba muss doch nich gleichn Denkmahl hin, un das im Mahler-Park! Hettn sie doch besser Mahler selps aufgestellt, wo er doch mah Esplanade gewohnt hat. Immahin hadda ne Büste nehman inna Schtahtsohpa, woa sich secks Schahre mit rumgeärgat hat. Womit er nich der Einzichste wah, in unse Stadt der Feffasecke.

Eppmdorfa Moa

Alz min Grootvadda Karl Jensen 46 wah, musste er in Kriech ziehn. Das wah 1917. Aba er wah „Landsturm", darum mussste er nich an die Front wie sein Sohn, mein Onkl Fritz, mit achzinn. Wall mein Großvadda außa Lantweaschaft kam un Gertna im Botahnschn Gahrtn am Dammtoa wah, mußte er aufs Land un Kartoffln rausmachn – viele Bauan un Knechte wahn ja anna Front. Und wall er auch ma aufa Reiastiech-Wääf geahbeidet hadde, bis sein Knie kaputt wah, musste er imma wieda auch zum Entlahdn von Erzfrachta ran, oda Munizion oda Kohln. Aba is ihn nich gut bekomm: Handfeletzunk, Kniefeletzung, Atembeschweadn, Bronschialkatarr, Lungentzündunk. Lazarett im „Technikum" am Belina Toa, dann im „Lokal Harmonie" in Ohlzdorf in ein Kranknsaal mit 68 Bettn.

Un von da konnte er n Ausfluch zufuß ins Eppmdorfa Moa machn. Un inna „stillen Mooreinsamkeit" schreip er am 5. Mai 1918 in sein Tagebuch, wassa alles gesehn hat: *Genista angelica, Salix repens, das Blutauge, das mittlere*

Sonnentau, Froschbiß, Froschlöffel, Krebsschere, Entenflott, verschiedene Carex-Arten, Erika Tetralix, Rosmarinheide, Wollgras und vieles andere. Estaunlich füan eimfachn Ahbeida – aba er wahja im Botahnschn Gahtn tetich. Aba so toll wahdas nu auch wieda nich im Moa: „Leider gibt es hier auch viele Mücken, die einen peinigen und die erwünschte u. erhoffte Ruhe nicht gönnen."

Fümf Jah spehta issa an Lungentzündunk gestorbm. Unt genau hundat Jah spehta habbich dann auf seine Spuan auch maln Gedechnis-Spatziagank im Eppmdorfa Moa gemacht.

Die meistn Flanzen, die er aufgezehlt hat, kannzu ganich sehn, wall das Gebiet seit 1982 Natuaschutzgebiet iss, und da darfssu bitteschön nur auf den Wehgn gehn. Was ja auch was füa sich hat, sonz wöadn die vieln Jogga und Hunde'ausführa ja mittn durch das Gebüsch trampln. Immahin kannzu sehn, dass der „Beakn-Erln-Bruchwalt" büschn aussieht, wien Mangrown-Walt in den Trohpn, wo die Boime bis an die Knie im Wassa stehn. Von „Moa als soiches" mit Torf un Heidekraut un Eidexn un so is darum auch nich viel da, wallas so nass is. Is ehbm n „Niedamoa" oda Flachmoa un kein Hochmoa mit seine gewölpte Obafläche. Die Mückn, die mein Großvadda gepiesackt hahbm, wahnich da – wahja noch zu früh dies Jah. Aba Graugänse mit ein klein Gössl habm sich aufm See inna Midde getummlt. Und ne Sumfmeise hat bestehticht, daß wia tatsechlich im Moa wahn. Alladinks: der „Japanische Staudenknöterich" mit seine explosiwe Femehrunk mach sich da auch schunn breit. Und hat femutlich alles andre fedrenk, wenn wia in hunnat Jahn mal wieda fobeikomm!

Die „stille Mooreinsamkeit", die mein Großvadda 1918 genossn hat, gieps hoide schunn nich mea.. Die Kleingäätn, die das Moa umzingln, sind zwah ziemlich ruich, aba den Fekeasläääm vonna Alzakruchschossee nehman kannzu nich übahöan. Wir lehm schließlich im Einunzwanzichstn Jahundat.

Wittmoa

Mussu dia foastelln: Das is Februa 1946, der „keldeste Winta seit Menschngedenkn", dreivittel Jah nach Krießende, Doitschland in Trümman. Man kannich das ganze Haus heizn, nua ein Raum, im Schlafzimma iss die Bettdegge am Bett fessgefroan, eine Ribbe außa Heizunk is geplazz un empfäänt. Mein Vadda sach: iss wie bei Adam im Paradies – eine Ribbe weniga, seit der liebe Gott eine rausobbariat had, un seine Ewa draus geschnizz. Kohln sin knapp, die meißn Boime in Langhorn schunn abgesehcht un die Stubbm rausgebuddlt – da werdn denn Patzellen im Wittmoa anna Segeberga Schosseh fepachdet, zua Sebsfesorgunk. Un die Menna sind denn hin, mit

Torfmessa – n richtign handlich-koazn Schweat, dassn Schmiet in Gahstedt extra angefetticht hat – un Torfspahtn: kniehoch im Moorwassa, zwei Mehda hohe Torfwant. Stechn, Karrn, Aufsetzn, Ringln, Diemn, Einfahn – Knochn'ahbeit. Aba büschn konnde ich mit mein fümf Jahn auch schunn helfn, bei den 7000 Soden pro Sesong.

Gottzeidank kahm denn bessare Zeitn, aba das Moa wah ziemlich ruiniat. Vögl un Flanzn konnde man aba noch oder wieda be'obachten, zum Beispiel den fleischfressndn Sonnntau und die Kroizotta, die einzichste giftige Schlange in Doitschland. Seit 1978 issas Natuaschutzgebiet. Wir fantn imma besondas intrissant, dassas Resde von zwei ua'alde „Bohlnwege" gab: ausn viertn und siebtn Jahhundat! Mit solide Eichnbohln, wi Eisnbahnschwelln, aba dich-an-dich, quea übas Moa gefüat. Hahbm sie eaß '47 gefunden; sint hoide im Helmsmusejum in Habuich.

Wia sint denn ma wieda hin zuhn Gedechnisbesuch. Torf weat schon seit 1958 nich mea abgebaut, un die Beakn un Erln fesuchn, das Moa zu übanehm untn Walt drauß zu machn. Damiddas nich passiat, hahbm sie Wassa reingelassn, un nu soll das Moa wieda wachsn. Aba: son Moa wex 1 Millimeta pro Jah, das heiß füa zwei Mehda brauch das zweitausend Jahre! Unse Hochmoore stamm aus nacha letztn Eiszeit, das heiß, haddn zehntausnd Jah Zeit zum Wachsn. Kannzma wieda sehn: Kaputtmachn geht viel schnella als Wieda'aufbaun. Und wia wahn foa siebzich Jahn auch büschn schuld dran.

Aba hoide issas n schön Spatziergank von zwei Stundn, mit Heidegebiete, Erln- un Beaknwald, n See inna Midde, und ja: Wollgras und Drachenwurz (gleich Calla), Sumpfschweatlilje un Moose alla Aht kannzu auch sehn. Aba „Moa-Einsamkeit" iss nich mea. Ann schön Sommatach triffssu massnweise Familjen mit alle Altasgruppm, zu Fuß, auf Mauntnbeiks oda sogah Fehde, unt isn richtiges Nah'eholunksgebiet gewordn.

Denn kompssu aba auch ann Gedechnis-Stein fobei, und das Denkmal e'innat uns daran, dass die Nazis auch Fewendunk füa Torf haddn: 1933 wa hia füa koaze Zeit n Kazett, füa Kommunistn, Sozealistn, Zoign Jehowas, Homosexuelle un Transvestitn, die duich „hahte Ahbeit um'ezogn" werdn solltn. Du kennz fleich: „Wir sind die Moorsoldaten..." Aba hatzich weatschafflich nich gelohnt, und die Gefangnen kahm bald wieda nach Fuhlzbüddl, ins „Kolafu".

Abboretum

Manche Loide mein, dass Bäume ne Seele hahbm, beinah wie Menschn. Un wall sie auch klein anfangn, müssn sie auch wie kleine Menschn inni Schule gehn, un das iss denn die Baumschule. Davon gieps viele rinksum *Pinneberch* un *Rellingn* un *Uetersn*. Da lern die Boime denn Wint-un-Wedda trotzn un wassi sonz noch brauchn, um im Lehmskamf zu bestehn. Unt wennu wissen wilz, wie Natua un Kultua zusammweakn, damiddas n orntlichn Baum mit Karakta weat, mussu noch *Ellerhoop* fahn. Da iss nemmich n Abborehtum. Wennu Latein gehapp hass, kennzu fleich noch: *feminini generis is nua arbor-arboris*. Das heiß in Klahtex: Boime sint Fraun – wie Schiffe.

Sint wia denn ja mal hingefahn. Un is weaklich hüpsch. Is wie ne Kroizunk aus Botahnschn Gahtn un Plantn-un-Blohm un Leafahd füa Schulkinda. Eaßma iss wien Pahk, große Boime mittn inna Lantweatschaff, un auch mitn ejemalign Bauanhof dran. Aba sint nich nua Boime, auch Bluhm unt andre Flanzn. Mit feschiedene Tema-Appteilungn. Zum Beispiel Bauangahtn, n buddistischn Gahtn mitn Riesen-Bonsai, unt sühtamerikanschn Kwazit, hellblau poliat, unt ne toskanische Wilja mitn Atrium drinne un entsprechende Flanzn. Unt n römischn Templ mitne passnde Gahtnanlage. Füa die wissbegierign Kleinn pah festainate Boime außa Voageschichde un Sauria aus Betong. Sichaheizhalba sint die kallefornischn Mammutboime noch in Bebi-Fommat. Aba auch fahpliche Experimente hahm sie gewaacht: Blutbuchn un lilane Lauchköppe voa puapuane Glasplattn geflanzt, damiddas orntlich Ton-in-Ton aussieht. Pah Teiche giepas auch, mit Seerohsn unt Lotus un andre Wassaflanzn.

Hintahea kannzu auch noch Flanzn kaufn, wennu das in dein eichnen Gahtn nachbaun wiss. Alladinx fekaufn sie keine Mammutboime – die mussu dia dann selps aus Kallefornien holn. Oda selba großziehn. Kannz ja mit Sezzlinge aufm Fenstabrett anfangn. Un deine Ur-Ur-Urenkel hahbm denn was davon.

Denn sint wia noch nach Ütersn gefahn und wolltn uns das Rosarijum ankuckn. Aba das wah ea ne Entoischunk. Wah eintlich blohß n öffntlichn Pahk mit lauda Roshnbeete. Pah hübsche dabei, aba auch ne „Helmut-Kohl-Rose“. Die hat gotzeidank nich geblüht. Da habm wia uns denn inn Kaffeh inna Fußgengazone getröstet. Die sah zwah so aus wie üba-all in Doitschlant, aba den Kapposchino hahbm sie hüpsch serviat: mitn Schoko-Herzn drauf gestroit.

Natuakunde

Graugänse auf der Lombardsbrücke – vor der Kunsthalle

Hagnbeek

Noilich wahn wir wieder mal bei Hagnbeek. Das eerße Mal nach fleich vitzich Jahnn. Natüllich erst wieder die Diskussjohn: gehen wir *zu* Hagnbeek oder *nach* Hagnbeek. Ich halt mich da an Dirks Paulun: er meint *nach* Hagnbeek, denn: "besuhchz ihn eppwa pesöhnlich?" Früa fuaßu mit der Hochbahn von Schlump bis Hellkamp, da wah nemmich Enstazjohn, denn Strahßnbahn Meetfesslstraße, denn nochn Stück zufuß, und denn kam das Tor mit den Elefantn, und rechtz konntestu schon von außn die Beern sehn. Hoide fehrstu mit der Hochbahn bis – ebm bis Hagnbeek, und biss gleich da, aber nicht beim Elefantntor, sondern bein Seitneingank, der jezz Haupeingank is. Mit den noin Haupeingank, das iss verwirrnt. Da geht das gleich mit den Elefantn los, die kamn früa zulezz. Aber mussu dich eben auch an gewöhnn. Iss auch nich so schwer, wemman sich strenge an die Numman hält.

Wir dachtn ja, weil das n büschn suttelte, daß vielleicht nich so viel Familjen mit Kindan da wehrn, aber nee. Sind einfach zuviel Familjenattrakzeonen da. Ponnireitn gapas ja schon immer, aber jetz is auch noch Spielplazz, Kutschfaatn, Mehrchnbaan, unt Grilln, da wahs aba ssu kalt für. Mußtestu dir majchmal direkt die Ohrn zuhalten, das Löwngebrüll kam da auch nich gegen an. Aber was willzu machn. Zooe und Zirkusse sint nu mal haupsechs für Kinder da. Alladinx: Elefantnreitn iss nich mea. Iss nich ahtgerech. Die wolln lieba bei ihre Herde bleim un um Äppl beddln.

Trotzdem sind die Tiere natürch die Haupsache. Wahn auch noch viele da. Allerdinks: Alles müssn sie irgndwie endan: die Mehnnschafe auf den Betongfelsn heissn jezz Mehnnspringer, wallas keine Schafe mehr sint sondan Ziehgn. Intrissant. Beern wahn nur noch zwei da, aber die wahn ziemch grohss und brülltn wehrklich eindrucksvoll. Heißn nich umsonz Kodijak-Riesnbeern. Die Pappagein saßn nicht mehr auf Fehln am Wehch, Füße angekeddet, sondern flogn inn'n inner Foljere rum. Is wohl hoide nich mehr erlaup un bindn sie an. Loichtet ein, sind ja Fögel und wolln auch ma fliegn. Aber das güldet offmbah nich für Störche und Pellikane und Kraniche. Dehn hahm sie den halm Flügl abgeschnittn, sodaß sie nur büschn rumhopsn könn, fleich halbm Meter hoch. Eintlich gemein, un sieht auch nich schöhn aus. Aber Beine ham sie dran gelassn, so könn sie wehnstns frei rumlaufn. Genau wie die Pampershasn mit ihre koazn Oan, die auf jeda Wiese rumliegn. Habm sie früher auch schon getan und sind immer noch nich ausgebüx. Un alz di Ahtler in Kriech plözzlich Löcha in Kehfich hattn, sinzi büschn rumgeflohgn un haben sich die Trümma angekuckt, die Möwn Guhntach gesahch, fleich ne Taube gefrühstückt, unt sinn denn aba wieda nachause geflogn, assas Abmbroht gahp.

Walrösser gihps keine mehr, Antsche außn Fernsehn ischa dootblewen, die hahbm sie nu aba ausgestopf, damit sie ewich lehm kann. Und auch keine

Schimpansn un Goriljas, nur noch Orang-Utangs; die hahbm ne noie Heimat gekricht. Unt di Sauria habm si jezz angemahln, wahn früha reinwehch graua Betong. Unt voan Eingank steht jetz ne Giraffe untn schwahzn Mann klammat sich an ian Halz. Toischnt echt unt lehmsgrohß – was das wull soll! Da müüsn wia wohl mah Herr Balkenhol fragn, der hat sie gebaut.

Und irnkwi kam mir die ganze Anlage viel kleina vor als früa. Kein Wunder, bin ja sebs auch größer als damahlz! Das war also unser Ausfluch nach Hagnbeek und ich glaup das reich auch ehrßma für die nehsten vitzich Jahre. Aba fleich gehn wia auch mah zur Tschungl-Nacht!

PS. Hat denn ja doch nua drei Jah gedauat bis zuhn nehstn Mahl. Giep ja auch imma wieda was Noies! Die zwei Kodiak-Bean hahbm sie ausgetausch gehgn via lütte Kamschatka-Bean. Alz Antwort auf die Bellina ian Eisbean Knut, der ja leida dootbleven is, haddn wia unsan sebsgebohrnen Elefantnbebi „Shila“, unt die Oranx hahbm n Biotohp, wo sie di Besucha ankuckn könn wie Zoo-Insassn.

Und zwei gude Wääke habm wia auch getan: zwei Meechen außa Gesampschule n Intawju gegehm füan „Referat“ und drei andre bein Wettbewääp geholfn, woas um Giraffn gink, un gezeicht, wo die Pinguine sint. Die hahm sogah gewonn unt sich hintahea noch höflich bei uns bedankt! Hassu hoide ja nich mea so oft ...

Austanfischa

Austanfischer sint keine Fischa, die Austan fischn. Austanfischa sint Föhgl, die alles Möhchliche fischn, was am Strant unt im Watt rumschwimmt und kriecht un sitz unt schlengelt. Mit Betohnunk auf Strant un Watt. So wah das früa. Unt in Hambuich gahpas Spatzn un Krehn un Taubm. Unnu giepas auch Austanfischa. Anna Elbe – gut. Da is Wassa un auch büschn Watt un Schlick un femuhtlich auch pah Wöama, aba bestimp keine Austan. Aba wo hahbm di Austanfischa sich jetz niedagelassn? Aufm Elbe-Einkaufs-Zentrum! Könnt man denkn, die hohln sich die Austan jetz außa Tiefkühltrue… Aba nee: aufn grohßn einsahm Flachdach iss ja allns mit Kiesl belehch: un das e'innat sie wull an Osseestrant. Da brühtn sie nemmich denn, brauchn ja nua ne kleine Kuhle mank die Steine, wo keina drauf pett. Un was essn sie? Reh-gen-wöa-ma! Die ziehn sie sich aufm Fuhßballplazz außa Ähde, voa allm walla Rahsnbohdn da in Somma so schöhn weich iss: weat ja reglmehssich gesprenkt! Wenn n Spiel ingank iss, stöat sie gahnich. Kammamah sehn, wie anpassunksfehich Tiere sein könn. Un kamman fleich aus schließn, dass man mea Einkaufszentrinn baun muß, wemman Sehfögl anlockn will.

Aba das noch nich alles. Wemman seltene Mantlmöhwn anlockn will un Herinksmöhwn un Dreizehnmöhwn (nich dreizinn – drei-Zeeehn!), dias sonz nua auf Helgolant giep, denn muß man pah Öhltanks in Hahfn sezzn, Maua drumrum un fleich nochn Bauwahgn un pah Ahbeita drin, als Gesellschaff – denn komm die Möhwn un fühln sich wie zuhause unt baun ihre Nesta auf Schrott unt in Dreck. Un wennu dann gleich noch ne Öhtfleche anlehchs, mit Schodda un Lehm, gääne pah alte Treckaspuan mit Füzzn unt Lachn, dann kannz mit rechnen, dass Zwerchseeschwalbm un Sehblschnehpla komm un sich di Gehgnt zu'eign machn. Dehn Föhgln issas egahl, dassas wine Müllkibbe aussiet – sint ehbm keine Estehtn wie mein Froint Günther sahch, und der kennzich aus, walla ma anna Foglwahte wah. Muß blohß die Hundebesitza un die Forrwihl-Dreiwa büschn unta Kontrolle behaltn, dassi nich üba die Bohdnbrüta rübernahgln.

Unt wassi Graugense sint, die du früa nua als Zuchföhgl kanntest, wo du dich gefroit haß, wennu sie inna Wehdela Maasch mah mitn Fäänglass außa Nehe gesehn hass – die machn nu selps in Winta die Binn'alsta unsicha un nehm womöhchlich den Entn un Schwen das Broht wech, das Oma ihn hinstroit. Unt kennzu schunn dehn Uhu in Ohlzdorf, dehni Friethohfsfewaltunk eingestellt hat, damiddas sich da büschn unheimlich un totnmehssich anhöat?

Neenee, Onnitoloji mach gah kein richtihgn Spahß mea, wenn dir alles foa die Haustüa sewiat weat. Den Spatzn gefelltas auch nich: die hahbm sich fezohgn – weißgott wohin!

Schwene

Die meistn Schwene aufa Alza sint Höckaschwene. Die heißn nich so, wall sien Puckl hahbm, sondan weil aufn rohtn Schnahbl n schwahzn Knubbl iss – dass is ehm der Höcka. Hunnatzwanzich Stück lehm aufa Alza un ihre Nehmflüsse un Kanehle, un das schun seitn Elftn Jahunnat. Die werdn seit 1674 von ein Schwanvadda betroit – natüch nich imma denselbm – unt in Winta in Eppmdorfa Mühlnteich umgesiedlt, damit sie nich mit ire Füße aufm Eis anfrian. Die lassn sich dann freiwillich einfangn unt inn Boot nach Eppmdorf bringn. Und wenn sie dann wieder rauskönn, werdn si mit Motorboote vonna Wassaschutzpolezei wieda in die Freiheit begleidet. Unt warum die Mühe? Wall solange die Schwene aufa Alza prommenian, bleim wia ne Freie un Hansestatt; das weiß man seit 1591 .

Un denn gieps noch Sinkschwene. Die habn ganz glattn Schnahbl un kein Knubbl, un der is auch nich rot, sondan gelp. Und haltn Halz grade un nich wien Ess. Unt singn nich grahde, aba ruhfn klankvoll, wenn sie fliegn. Brühtn tun sie inna Tundra in Nort'orropa unt komm nua im Winta mah hier fobei, wenn ihn das zuhaus zuviel Schnee-un-Eis is. Sint aba mea schoi, beziunksweise wahn si. Hoitzutahge lassn sie sich majchmah aufa Alza sehn, un einige hahbm sich sogah hia niedagelassn. Liech fleich an fe'endatn Klima: Da sint denn die Inschtinkte büschn duichnandagerahtn.

Nabu

Nabu klinkt wie ne Kreuzunk aus *Na*shorn un Ze*bu* oder so was. Is nich, aba mit Tiere haddas was zu tun. Da wahjch schunn alz Junge drin, aba wah gahnich Nabu – hieß BfV: *Bund für Vogelschutz, Landesverband Hamburg*. Untas Mitgliezblatt hieß *Vogel und Heimat* – nietlich, ne? Dabei hahbm sie nich nua aufn Ohzdorfa Frietohf oda inna Wehdela Mahsch den Föhgln hindahea gekuck, sondan auch Schtudienreisn in fääne Lenda gemach, nach Lapplant oda inni Kamark inna Prowangs, unt hindahea imma Diafoatrege appgehaltn... Un denn hießa zeitlank Deutscher Bund für Voglschutz – D-B-V. Weiß auch nich, warum sie imma alles endan müssn! Un denn dachtn sie, Vöhgl sint nich alles, un auf eimah wahs *Natuaschutzbunt Doitschlant*. Un fink an, sich um Öko un Umwelt un Politiek zu kümman. Einige mochtn das gahnich, wolltn lieba nua Vohglstimm höan. Aba wennas keine Natua mea giep, giepas Vohglstimm nua noch ausn Kehfich oda vonna Zehdeh, un das iss ja denn nich das. Mussu doch einsehn!

So iss nu alles wieda Friedn, unt sie machn imma noch Voglstimm-Bestimm-Wanderungn, un hahbm auchn Hääz füa Krötn, un zehln, wieviel Vöhgl noch ühprich sint in Haus un Gahtn oda aufa Duichreise fobeikomm, unt kaufn Lant alz Natuazustant unt sehn auch in Kasachenstan nachm Rechtn, opp der Aralsee fleich zu salzich weat, un tun übahaup lauta guhte Wääke: allein in Hambuich passn sie auf zwanzich Schutzgebiede auf. Zum Beispiel inna Wehdela Mahsch (auch wennas nich mea so richtich Hambuich iss): Da sintscha am Wochnende Tausnde unnawehks, und da issas guht, dass da denn pah Sozialdienzla nachn Rechtn sehn. Aba nich nua: mein Froint Egon iss auch dabei, un auch beim Bach entgradign oda wie das heiß, wenn sie große Steine reinschmeißn, damit der wieda krumm fließn kann un wieda zuhn natüalichn Lehmsraum weat. Und Egon ischunn achzich.

Aba bein Kaffe-un-Kuchn-Nachmittach inna Adwenzzeit inna noin Gescheffstelle in Borchfelde issa nich dabei. Da mussu nemmich mindesten fuffzich ja Mitglied sein. Denn kannzu von den altn Zeitn schwerm. Oda dich üba die noistn Zeitn aufregn. Ich tu beides.

Wedda

Dass in Hambuich meiß schlechd Wedda iss, iss inna ganzn Republik bekannt. Schmuddlwedda, Dauarehgn, Nehbl, das fellt jehdn ein, der nich von hia iss. Kein Wunda, dass wia hia alle so feschlossn sint – das schlehch ehm aufm Gemüht, und denn lassn wia bessa das Wedda gahnich an unz ran, Öljacke an, Elpsehchla aufgesezz, nich rechs un links gekuckt, dafüa aba n besondas reiches Innlehm!

Iss natüllich allns Dummtühch. Hoide güldet ja nua „gefüült": kann fümmunzwanzich Graht sein, wenn eina „füült", dassas nua fümfzinn sint, dann zehlt das. Unt da kann an zweihunnatfümfzich Tahgn die Sonne scheinn – wenn eina aus Münchn findet, die „gefüülde Sonnscheindaua" is zweiunfümfzich Tahge – denn güldet das auch. Gotzeidank issas dehn Fremdnfekea egal, unni Übanachtungn nehm von Tach zu Tach zu. Unnu wommwia mah kuckn, wias weaklich iss. Ganz oppjecktief! In Münchn falln 967 Lita Rehgn pro Jah, in Hambuich nua 770! Guht, in Münchn rehchnet das seltena, aba dafüa heftich. In Hambuich hoifiga, aba dünna – Nieslrehgn ehm. Bestreitn wia ja gahnich! Un die Zahl von Rehgntahgn iss genau gleich: 133 im Jah. Die Sonne scheint in Münchn im Duichschnitt 1650 Stundn im Jah, in Hambuich 1557: sechs Pozent wehniga – na unt? Dafüa issas in Hambuich im Duichschnitt werma: 8,6 Grad, in Münchn 7,8, unt in Hambuich mea ausgeglichn, nich son Weckslbatt von heiß un kalt. Von wehgn Schietwedda! Und das büschn Brise sojch doch füa frische Luff!

Aba hatzich auch was fe'endat. Alzich schuschule gink, krichtn wia hizzefrei, wennas mah siemunzwanzich Graht wah. Kahm tatsech alle pah Jah mah voa, knapp un grahde ehm. Hoide is „Emessnsfrahge", un nua füdi Kleinn. Is ehm allns „dereguliat" inna Mahkweatschaff. Aba nu, in mein eaßn Somma wida in Hambuich wahdas wochnlank üba dreißich! Unsan Besuhch aus Auschtrahljen hatzich schwea gewundat – die dachtn, sie heddn das Monopol füaß Ozonloch! Gut, dass zufellich grade Feajen wahn, sonz heddn die Kinda denn monahdelank hizzefrei gehapp un nicks geläant unt Pisa wea noch schlechta gewehsn... Unt in Winta davoa nu wieda: wochnlank Schnee-un-Eis. In Jenischpahk hatzich sogah eina bein Rohdln n Bein gebrochn. Aba die Alza wah denn doch nich zugefroan, un „Alzafegnühgn" mit Buhdn aufm Eis un alles wah denn auch nich. Un Elbe schunn gahnich, nua Eischolln. Aba ginge ja auch gahnich, mit dehn Schiffsfekea. Da müsstn sie ja nohtfalz dehn Eisbrecha *Stettin* wieda ausmottn, der in Noimühln im Musejumshahfn seine Rente fezeat.

Jehnfalz, un alzinalm, aufas Wedda kannzu dich eimfach nich mea felassn. Aba das wah früa auch nich annas.

Winta

Manche Loide sagn, in Hambuich giepas gakein richtign Winta. Die solltn mah den lezzn elehp hahbm oda den voa drei Jahn! Stimp schunn: Früa kahmas nich so off voa, dassas mahn richtign knackign Winta gahp. Ich kann mich zwah e'innan, wah fleich noinzinn dreiunfümfzich, dass die Oba'elbe zugefroan wah un wia von Zollnspieka üba die Elbe gelaufn sint unt Tanne Effriede besuchd, die wohnde gehgnüba in Hoopte. Wah direck ne Weltreise von Langhorn aus: Ganze Familje midda Hochbahn nach Stefanzplazz, denn von Dammtoa midda Ess-Bahn nach Rodnbuichsort oda Tiefstack un denn mitn Buss duich die ganzn Vialande. Unt wida zurück. Unt voa zwanzich Jahn wahch mah in Hambuich zu Besuhch un da wah grahde „Alzafegnühgn". Das heiß Außnalza zugefroan un übaall Stende un Brahtwuss un Glühwein un grühnn Hering un Sprottn, un alle Loide wahn fröhlich un guta Dinge un nett zuhnanda. Auch nich schlech. Aba schehdes Jahr, das wea ja doch büschn zuviel Getue un Getrubel! Denn eintlich binnich nich unbedink n Froint von Winter. Ich weiß, hoizutage giepas in Hambuich sogar extra Schi-Feajen, wenn Ostan mah speht zu liegn komp. Kannich auf fezichtn, Wintasport iss nich mein Sach. Unt wer Schifahn will, soll doch inni Alpm fahn! Oda meinswehgn die Hahboaga Bääge.

Un zuzeit issja nu üba'all globale Ewäämunk. Aba das iss nua im Duichschnitt un Middlweat. Die Extreme gehn nemmich imma mea auf un app: Somma mit siemundreißich Graht wie noilich kannich mich von früa nich an e'innan. Dafüa treibm andraseiz manchmah im Hahfn richtich Eischolln. Und wennu denn den altn Wintjamma, die *Rickmer Rickmers*, da in Treip'eiß liegn sieß, denn kannzu dia foakomm wie Nansen mit seine *Fram* inna Nortwess-Passaje zwüschn Kanada unt Nortpol. Muss dia blohß die Hafnfront wechdenkn. Eisbrecha sint aba nommahlaweise nich nöhdich, da bahn die Fean sich denn schun selps ihre Bahn, un die grohßn Pödde soweso. Un die Bagga baggan auch weida.

Aba an Elpstrant weida abwääz issas denn doch ne richtige Idülljе – muss sogah ich zugehm, mit bereifde Zweige und schneebedeckde Biagahtnbenke anna Elphkahde un alles. Solang wies dauat! Der nehße Somma komp bestimp. Wenn die Nazissn schunn ihre Köppe duichn Schnee duichsteckn!

Nachtrach 2010

Un nu haddn wia ja sogah pahmaln Jahundatwinta, mit minus fuffzinn un zugefroane Alza. Un alzas Eis zwanzich Zentimeta dick wah, gap das auch wieda „Alzafegnühgn" un die Loide liefn aufa Aussn'alza rum und sahn aus wie aufn Gemehlde von Brügel... Unt am Elp'ufa ehmso. Auch schön.

Boime

Des Menschn Lehm wehret siepzich Jahre steht inna Biebl – da könn Boime nua üba lachn: hundat Jahre is füa di gahnix. Wenn man sie less, wern manche mehre hundat Jahre alt. Oft less man sie aba nich, un denn beschwean sich die Bürga, wennas Gahtnamt mah wieder zuschlehcht untn ganzes Stück Elphank appholz. Angeplich issas nua zu ian Bestn, wenn si krank werdn un morsch un denn fleich Passantn gefealich werdn. Bis son Kahlschlach denn wieda bewacksn iss, dauat seine Zeit. Gebüsch iss zwah im Nu wieda nachgewuchat, aba richtige Boime komm in diesa Genaratzjohn nich wieda nach. Da issas denn nua guht, wenn jemant das ma aufschreip un Bilda von macht un füa Spatziagenga von hoide unt füa die Kinda un Kindeskinda fon übamorgn vefühchbah macht. Un da iss mein Froint Harald denn ja un'emühtlich mit seine Bücha üba Hamburga Boime.

Da kannzu denn sehn, dass Boime sone Aht Pesöhnlichkeit hahbm, jehnfalz manche. Nicht, dassi mit ein rehdn, oppwohl man sie ja manchmah wispan un raschln un rauschn höat. Aba Dichta rehdn ja ireseiz gään mah *zu* Boime, un indiwideelle Individujen sinzi ja tatsechlich. Pah in meine nehre Umgehbunk happich denn mah besuhch. Zum Beispihl die ua'alde *Eibe* am Kriegadenkmahl in Ohtmahschn, die bestimp pah hundat Jahre alt, is un dichtebi die *Doppl-Eiche der Othmahscha Fraun un Junkfraun* zum Gedenkn an den Freiheizkamf der Schlehswich-Holsteina (deswehgn Doppl: „up ewig ungedeelt"! wie die altn Schleswiga un Holstaina sahchdn) gegn Denemahk von 1848. Un am *Ginko* im Heinepahk kannzu sehn, wie außa schorfihgn Rinde noies Blattgrühn wex: assn fään'össliches Sümbohl füa ehwige Jugnt!

In mein Eltanhausgahtn standn auchn pah Pesöhnlichkeitn. Der Boskoop un der Ontarijo wahn damalz schunn ziemich alt unt truhgn nua noch alle zwei Jah Äppl, schlauaweise appwexlnd. Hahbm dann auch ia Gnahdnbroht gekricht. Aba die zwei Püramiednpappln im Foagahtn, an dehn sich die Nachbahskinda imma die Wintrichtunk abgekuckt hahbm, wennsi Drachn steign lassn wollten, die musstn eines Tahges dran glaubm. Die konntn nemmich ire Woazln nich aufn Grunstück behaltn, sondan musstn unbedink in Nachbahs Gahtn die Appflussrohre festopfn. Un Hamboagische Baumschutzfe'ortnunk hin oda hea, da half nu nix. Da gahps kein Gnahdnbroht, sondan Gnahdnstohß. Iss aba lenks fejeat.

Aba der Ginko inna Nort'oss'ecke wah frietlich. Der steht – hofftnlich – hoide noch. Unt fleich auch die Eiche, die mein Bruda ausne kleine Eichl gezohgn hat, un „meine" Kaschtanie, die aba leida zu dicht anna Hecke zum Nachbahn stant unt sich darum nich richtich emfaltn doafde ...

KULTUA

Arno-Schmidt-Platz vor den Öffentlichen Bücherhallen mit „Mann" und „Frau" von Stephan Balkenhol

Musik

Der Saxophonsatz der Openers, *„Hamburgs lässigster Big Band“*

mit JS (vorn rechts)

Laeiszhalle

Die Musiekhalle liecht am Karl-Muck-Platz, gehgnüber vom Gericht. Denkssu. Iss aba nich mehr. Heiß jetz Johannes-Brahms-Platz. Dachte eers, Karl Muck hedde was mitti Nazis was am Steckn gehapp, wah aba woll nich ganz so schlimm. Und dassan berühmten Wahchner-Diregent wah, wolln wia ihm man nich anrechnen. Unnu Brahmsplatz, zuhn hundatzn Todestach. Damit man sich noch an ihn erinnat, asn Hamburga Jung außn Gengevittl nehman, wassas ja auch nich mehr gihp. Darum hahbm sie nehm der Laeiszhalle jezz n Wöafel hingestellt, heiß wissenschafflich Kubus, wo auf jede Seide n Riljeff von Brahms in verschiedene Lehmsalda iss. Un in Foajeh steht ne Schtatue von ihn, drei Mehda hoch mit alligorische Figuan an ihn rangeschmiecht.

Die Musikhalle heiß jetz Laeiszhalle, nach den Reedan, die sie gespendet hahbm. Wennu nich sicha biss, wie man das aussprichd, saach eimfach Leiß, dann kompas schunn hin. Nuh waich also wida inna Laeiszhalle. N Froint von mein Froint Rüdiger hatte n Abbo füa zwei, aber die zweide Kahde wah frei. Wie ühplich, wemman was untanehm will, rehchnede das kreftich, und vorn Eingank, untan Vordach, gleich ne Pankokenkapelle, mit Weihnackslieder zur Einstimmunk. Wah aba gah keine, wahn Russn, die führn Taß Kaffe spihlten oder für die Rückfaht nach Petersbuich. Un denn rein, Gadderobe appgegehm, unnach Reie drei. Dr. G. sitza seit noinzehnhundat sexundveerzich, nuhr zweimah ausgelassn. Das's noch Sitzfleisch! Normaal is morgns, aber hoide wah Morgntemmihn schunn vegehbn, wehgn Totensonntach, Trauafaie von Kriechsgrebavesorge. Die Musika denn auch alle in Schwaaz, Dirigent kuckte gahnich inni Nohten, spielte alles nachn Gedechnis, wie Klein Erna bein Ackzeichnen in Lerchnfelt. Erss Haydn Sümfonih hundertzwei, wo bei Uhraufführunk in London de Krohnloichte vonne Degge gefalln wah. Happ sichaheizhalba hohchgekuckt, aba wahn nua Neonröan. Bei soviel Sümfonihn hadda sich natürch schon büschn wiederhohlt. Nache Pause Bruckner, seckse Sümfonih. Dafüe kamen viel mehr Muhsika aufe Bühne, war denn auch viel lauda. Wah gahnich so schlech, blohß klatschn darfssu nicht zwüschenduich. Gehöhrtsich nich bei ernste Musihk. Das wahr früa nich so, wenn wir inna Musikhalle im Jatzkonzert gingn. Da konnzu richtich büschn mitgehn und musstes auch kein Schlips umbindn. Braußu hoide ja auch bei ernze Musihk nich mea. Das Duichschnitzalta wah aba so hohch, dass doch die meißn n Schlips anhaddn. Alladinks wahn auch pah junge Meechen da, in eltere Begleidunk.

Nehßes Mah gehjch hin, wenz Jatz gihp. Erinnerungn an viertn Rank Hörplatz auffrischn. Habm damahlz inne Musikhalle schließich nich nur schechische Filamonih gehört!

Schtaatsohpa

Bei Schtaaatsohpa kannzu nich althamburgisch ess-teh s-prechen. Imma schön schprechn! Damit klah iss, dass wir unz inna hanseatischn Hochkultuhr bewehgn. Manche Loide gehen dscha gruntsezzlich nur in die Primjehre, wall die Senga da noch aufgerehcht sint unt sich ma feschprechn oda fehaspln. Ich geh lieba hin, wennsi schunn büschn Übunk haben. Unt ich hadde wida mal Glück: Jemand, der jemand kennt, der mein Schwesta kennt, konnte nich zu seine Abo'aufführunk, und ich hab denn die Kahte gekricht. Erßma is ja pracktisch, dassu mit Kahte auch gleich Fahkahte für Hochbahn un Buss kriss: brauß kein Pahkplazz suchn. Nur dumm, wennu die Kahte bestellz un erß anna Abmdkasse abhohlz. Unt außadehm, mit Monatskahte braußu gah kein Extrakahte! Is wull doch nuan Fekaufstrick. Fekaufstrick iss aba auch nöhtich, bei dehn Preisn! Wennu zum Beispiel bei Rigoletto vorne sitzn willz, mussu 97 Euro üba habm. Wennu alladinks nix sehn wiss un sowiso schlech höast, bissu schunn mit sex Euro dabei: Höaplazz unnada Degge. Iss immahin billiga alz ne Zehdeh!

Hochkultua felangt ja aintlich auchn entschprechndn Rahmn unt Auftrehtn. Früa habm wir unz denn auch anschtanzlohs Schlipps angezohgn, dunkln Anzuch, keine braunn Schue nach secks. Hoide iss mehr liebaral. Krawadde is nich mea Flicht. Oppwohl, die meißn werfn sich imma noch eisch in Schahle, for alln die Dahmn. Denks, biß aufn Ohpanball! (Wah nuan Schääz, Entschuldigunk.) Aba schtimp trotzdehm, Ausfluhch inne Ohpa is imma nochn klein büschn n gesellschaffliches E'eichnis. Familjenvadda mit hohe Schteern im Blehsa leht die jungn Loide (eindoitich Tochta unt zukümftign Schwigasohn) zwüschn Gadrohbe un Einlaß zuhn Glas Schaumwein ein, wehrnt Muddi nochma schnell für kleine Meechen geht, Tochta (sechzich) kauf Mudda (fümmunachzich) n Glas Rieslink (aba Muddi giep ihr das Gelt gleich wieda) unt rückt ihr die Schtohla zurech, un man kuck sich um, wassi annan so anhahbm. Ohbm, das heißt Ertgeschoß, wo du von außen reinkucken kannz, is nich mehr Tehke, nur noch Eingank – wah den Loidn wull peinlich, Schampus unt Heileif aufm Prehsentiatella un halp Doitschlant is ahbeitzlohs! Tehke is jetz untn, wo früa Gadrohbe wa, un Gadrohbe is jetz vorne untn in Tiefpaterr. Mussich auch eerß angewöhn! For alln, wennu hintaher schnell anni Gadrohbe wiss, damiddun Schnellbuss noch kriss. Und wennu im Pakett sitz, mussu imma noch duichi Kellatrebbe. Unt ich kammich imma noch üba ammisian, dassi Lojen innehn höaren Schtockwerkn wie Schwalbmnesta anna Want hengn. Unt büschn Deo links und rechs könnde auch nich schahdn – Großbürgatuhm hin oder her. Wehnstns kein Poppkorn!

Bevoa das losgink, trat ein Herr vor den Vorhank unt sachte, der Haupsänga, Bariton Dmitri Hvorostovsky aus Sibirijen, der Tiger aussa Taiga, is leida krank, Kloß in Halz oder so was, aber sie hahbm hervorragnde Fetretunk, nemlich ein weltberühmte Nachwuckskraft, und zwar – – – un denn fiel ihn der Nahme petuh nich ein. Manno, peinlich! Krichde auch rote Ohrn, bis einer ausn Puhplikum ihn dann den Nahm zurief, wah Dalibor Jenis. Nochmal geredded. Geschpielt woade Mozart: Donjowanni. Ich fintja, Mozart geht oft büschn Richtunk Kaffehausmusik (ich weiß, dahfich aintlich nich laut sahgn), aba das hier wah ja doch büschn mehr dramatisch, vor alln zum Schluß: nix wie Donner un Doria. Die Geschichte issja bekannt. Gesungn woade itajenisch, aba doitsch hezzu auch nich feschtandn. So wa das man guht, dass der Film mit Untatitln gezeicht woade, beziunksweise: mit Obatitln, issja auch ne Ohpa…. Ohbm üba der Bühnn-Öffnunk. Sehr praktisch – haddn wir früa nich!

Ohpa is ja imma schwierich hoide: sollni Loide in Origenalkoschtüm un Rockokoh-Dekorazjohn auftrehtn, oder alles modean, mit Schtrahßenanzug unt Minikleid und Bühnbilt aus Schtahlroa un Schtüropoa? Unsa hier konnte sich nich recht entscheidn: büschn Barockschloß unt mitn Sehbl gefochtn, büschn Zwanzigajahre-Hotell un Lui-Wutong-Koffa. Donjowanni hadde richtich schtrehnige, lange, schwatte Haare, wisich das gehöat, war aba doch büschn schtemmich gebaut, und ich wa mia nich so sicha, oppa wearklich bei alle Fraun – ob schwahz, ob blond, ob braun – so Schlach gehapp hedde. Unt seine blonde Ex hedde guht bei Wahchna mitmachn könn, vonna Schtatur her, meinich. Unt Leporellos Leporello mit den E'oberungn von sein Scheff reichte ausgefalldet einmal kwehr üba die Bühne.

Wie guht die Senga wahn, kannich nich recht be'urteiln. Fürn Jatza geht das doch oft ausn gewohntn Frekwenzbereich raus. Aba wahn schönn Ahbmd! Und wenn ma wieda ne Abo-Kahte üba iss…

Opa hintn

Manche Loide findn ja, Opa is von gestan. Ich mein nich: Opa, ich mein: O-per. Wia eimfachn Stoiazahla zahln dafüa, dassich pah Supagebüldete mitn besondan Geschmack amisüan könn. Wo Musik unt Gesank so duichnandagehn, dass man übahaup nix festeht. Unt wo man sich so fein anziehn muss, dassn eimfachn Menschn sich da ganich hintraut. Also, büschn iss da was dran, aba so ganz stimp das auch wieda nich. Eaßns hahbm sie da hoizutage Obatitl, die sie üba die Bühne anni Wand wääfn. Da kannzu mitlehsn un trozzdem aufi Bühne kuckn. Zweidns, Schlips-un-Krahgn iss auch nich mea Flicht. Nich grade Jiens un Ti-Schört, aba offnes Hemt un n dezentn Jackett kannzu dich mit sehn lassn. Das kleine Schwahze weat noch gääne getrahgn, muss aba nich. Klah, die Musik muss man möhgn. Aba wo iss das nich so?

Aba denn mussu auch bedenkn: die Ahbeizplezze! Anna Schtahzopa sint nemmich fass tausnd Loide beschefticht, achundat-fuffzich fest. Davon Handwääka zweihundatfümfzich, im Ockesta sitzn siebzich Mann un Frau. Unt wennu mah Fidelijo nimps: da sint am Ahmt allein üba dreihundat Loide im Einsatz. Das haddunz jehnfalz unsan Führa ekleat, alz wia noilich mit dehn Verdi-Senioan da wahn. Nich zune Aufführunk, sondan wehgn was sonz noch los is. Zueaß gingn wia füan klein Voatrach in Zuschauaraum, da wo die Lojen wie Schwalbmnesta anna Want hengn. Forne wah im Kriech alles kaputt un iss fümmunfümzich wieda aufgebaut wordn.

Aufa Bühne wahn die Ahbeida grade dabei un bautn Bühnbilt füa Dornröschen auf, orntlich mit Burchbackong un Dorngebüsch. Un denn woada das eaßma wieda im Bohdn fesenkd. Unt von da aus konntn wia sehn, wie groß der hintare Teil iss. Die reinsde Febrikhalle. Und die Höhe! Unt dahinta is nochma ne Probebühne, wah schon füa Trischtan aufgebaut. Auch ne Drehbühne iss hintn im Bohdn fesenkt. Wenn sie vorne gebrauchd weat: ein Knopfdruck und sie hehp sich dreißich Zendimehta un feat nach vorne – merk Puplikum gahnix von. Un Schnüabodn iss nich mea Schnüre: is alles komputagestoiat.

In zweitn Stock sind drei Schneidawääksteddn: Herrn, Dahm und Gewant. Bei Herrn durftn wia rein: üba'all fleißige Hende an induschtriemehßige Nehmaschien. Muscha alles hier geneht werdn – is noch nich autgesoßd. Und die Gass'senga aus NuJoak schickn ihre Mahße per I-Mehl. Dann in Kella: Klamoddn un Rekwisitn, sauba geortnet in Drahtkontena nach Stügge. Sah aus wie in son ejemalign Bunka mit Flohmahk un Seckndhend-Klamottn. Un roch genauso muffelich: das müssn die armn Senga den ganzn Ahmt inna Nase kriegn. Aba das beste wahn künzlichn Ahtla, aus Pappmoschee aba mit richtige Fehdan. Un wofüa? Na, füan Freischütz natüllich! Un Kestn mit Pischtohln. Aba wennu denks, dassi aufa Bühne mit Platzpetrohn ahbeitn, denn toischu dich: viel zu gefehlich! Am Rand inna Kulisse stehda Rüssmeissa un knallt. Un aufa Bühne machn sie nua Karajoke midda Pistole. Aba ühbm müssn sie trozzdem, un da gieps denn Prohbmräume füa Koa un Ockesta. Alles in allm richtich ne Welt füa sich. Nua inni Kantine hahbm sie uns nich gelassn, un Fodos durftn wia auch nich machn.

Zum Schluss heddich mia fass nochn Promi-Audogramm geholt. Wia standn da im Flua nehbm Fahstuhl, da kam da ganz eilich ne junge Frau in schwahzn Hosn, schwahzn Hemt ohne Äämel und klein schwahzn Leda-Rucksack fobai un mussde voa der Probe ganz schnell noch ma auf Toledde. Wah die Scheffin. Konntich ja nich mit reingehn unt alzi rauskam, happich nich an gedach unt hadde auch kein Fillschreiba mit. Sonz heddich auf auschtralisch „G'Day" gesahch unt hedde mia „Forever Young" aufn Unta'ahm schreihm lassn. Mussich wull doch noch ma Trischtan kuckn gehn oda Ramazotti.

Brahms

Als Kultuahaupstatt iss unse Stadt ja nich grade bekannt, auch wenn pah vonnehn sextausnd Miljonean imma mal wieda n orntlichn Batzn logga machn un füa die schöhn Künste springn lassn. Aba pah grohße Söhne (un Töchda) könn wia doch foazeign. Nehm wia mah Brahms. Der hat zwah sein halbes Lehm in Wien febrachd, aba die andre Helfde ehm doch hia. Auf seine Spuan sint wia köazlich gewandlt, mitne Gestefürarin, von Gestefüra-Feein – dabei sint wia gakeine Geste, sondan bloß die Verdi-Senioan.

Also Brahms un Hambuich, das is haupsechlich schlechdes Gewissn, sahch sie. Wall man ihn nemmich damahz nich zum Scheffdirigentn gemacht hat! Das wah aba richdich, denn dazu muß man nich nuan musikalischn Jenie sein, sondan voa allm mit Loide umgehn könn. Un da haddas bei Brahms an gehahpat: Weichn Kään, aba raue Schale. Zu rauh ehbm. Aba deswehgn hahbm wia nu ehm alle zusamm schlechdes Gewissn, un darum hadda sage-un-schreibe acht Denkmehla gekricht! Eine Tahfl an sein nich vohandenes Geboatshaus inna Speckstraße. Ein modähn „Kubus" aus rohtn Sandstein, nehbm der Musikhalle, mit ein Riljeff auf jehde Seide von feschiedene Lehmsabschnidde. Eine abschtrakte Plastik von eine Frau Pirwitz, aufm Plazz voa der Musikhalle, mit verschiedne Elemende, die verschiedene Elemende von seine Musik dahstelln solln. Untn so was wie Wellen, un denn aufsteignde Stangn füan Rütmus und oben noch mal kleine Welln füa die Millodie. Oda so ehnlich. Einige fandn das ganz toll, aba ich weiß nich recht. Muß doch nich alles sümbolisch aufgepüstat sein! Denn noch ne Tafl im Michl, un die andan happich fegessn, bis auf die inna Musikhalle selps. Ohbm im Foajeh stehta aus Marmoa, drei Mehta hoch, pah lauschnde Köppe mit zue Augn untn dran gebackt, zwei Mehdls mit nackichtn Po üba die Schulta. Muschunn sahgn! Und das Noinzinn-hundat-acht. Son Schwerenöhta wara doch gahnich!

Aufgewaxn issa nehman im Gengevittl. Das giepas schunn seit üba hundat Jahn nich mea, alles appgerissn wehgn Un-Hügiene un dichtes Menschngedrenge, mit Tebezeh un Kollara un Tüfus un was nich alles. Un was noch ühprich wah, habm die Englenda dreiunvitzich in Dutt un Mutt gebompt. Nua im Beckabreitergank stehn noch pah alte Hoisa mit „Sähle", das heiß eaßn Stock hatne eichne Haustüa untn, woas denn gleich auf ne Trebbe geht. Danehm hahbm sie jezz n ganzn Block appgerissn, Un rat mah, wie das Gelende nu heiß! BRAHMS-KWATTIA! Die schreckn auch voa nix zurück. Vonna Speckstraße bleip denn nuan klein Stumml, un dehn will der Senat nu an priwaht verkaufn! Nehm sie denn fleich Eintritt füa. Oda machn ne Stahlwant foa, wie anna Herbertstraße…

Denn sint wia nach der Peterstraße gewandert, nachn Brahmsmusejum. Im Hintazimma hadde grade jemand Gesanksuntarricht – imma rauf un runta.

Zuhn Ankuckn wahn haupsechlich Dokumente un Briefe un Fodos – die gahps damahz nemmich schunn: alz jungn Mann mit Künzlamehne, und spehta sah er aus wie Karl Marx – un Nohtn un was sonz imma in sone Gedenkstedde in dehn Fitrienn liecht. Unt da steht auchn Klawia, wien kleinn Flühgl. Das wah aba nich seinz, könnde aba sein, dassa da auch auf gespielt hat, stammt nemmich von eine Dame aus sein Fraun-Koa.

Eichnes Musejum is nich schlechd, aba die höhste Ehre iss, dassi vor zehn Jahn bei sein hundazn Todestach den Plazz voa der Musikhalle umbenannt hahbm. Vorhea wahs Karl-Muck (wah auchn Dirigent) – jezz is Johannes-Brahms-Plazz.

Ühprinx: wussdesdu dass Brahms nochn Bruda hadde, der auch Pianiss un Dirigent wah? Friedrich wa zwei Jah jünger. Klink irnkwie komisch, ne? Hans Brahms un Fritz Brahms ausn Gengevittl...

Kamma-Opa

Wassne Alleh is, weißu ja wull: Straße mit Boim links un rechs. Empweda üba Lant wi in Brandnbuich oda inna Statt as Prachstraße. Ehrße is gefehrlich, wenn Audos nich aufpassn: kannz leichma gehgn Baum fahn. Un solln darum auch wejche gefellt werdn. Inna Statt is schön schattich. Allehn sint meiß jemand gewidmet: ich sahch nua Schtahlinallee... Aba in Hambuich gahpas ne Alleh, die hieß eimfach nua Alleh. Nix weita, Alleh schlechhinn! Wah alladinks aintlich mea Aldona. Wah von achtzinn zweiunoinzich bis noinzehn fümmundreißich bekannt für ne Eisbahn. Unt seit zwanzich Jahn gihpas dah n Teata, un das heiß denn auch blohß Alleh-Teata. Iss ainklich mea ne Opa alzn Teata. Wennu davoa steh, wunnastu dich, wo dahn Teata sein soll: Iss nemmich nua ne Gründazeit-Hoisafront. Aba denn gehßuhn langn Gank entlank un denn siehßu auch dassas ne Kamma-Ohpa iss: ganz klein un nühdelich. In Zuschauaraum kannzu beinah anni Decke anlangn, so niedrich iss die. Un denn suhssu dir ein von den goldnen Stühln mit rotn Polsta. Sehn alle andas aus; alz wennsi von Spärrmüll stammn. Sind auch feschidn hohch, und muß kuckn, dassu ein hass, der nich zu duichgesessn iss.

Wir hahm da Zah-un-Zimmamann gesehn – wah aba gahnich Zah-un-Zimmamann! Wah „Zar Peter oder Der Bürgermeister von Saardam“. Unt wah auch nich von Lortzing, sondan von Donizetti. So kannzich toischn! Jehnfalz wah dahn langn Saal, Schiffsrumf inna Midde, der klappte sich zwüschenduich auf und wah denn auf eimal n Maahkplazz. Und habm mit genau acht Mann hoch alles gemacht (natüch auch Fraun): gesungn, getanz, geschauspielt. Imma wieda umgezohgn unt noie Rolle eingenomm. Untas Ockesta sahß hintn hintan dünn Schleia – auch acht Mann un Frau, aba andre.

Hattuns gut gefalln. Unt gihp auchn gutes Beispiel für Spahn in Kultuhrbereich. Ohpa mit zweimal acht Loide – mea kannzu gahnich spahn, und kannz auch kein mea entlassn. Unt dabei issas allns priwaht. Unti Ohpa hat ma klein angefangn: als Kinda-Teata nemmich, seit achundsechzich unt giepas imma noch. Spieltas gleiche Stück, nua origenal von Lortzing, heiß „Die zwei Peter". Außadehm Zaubaflöhde unt gottzeidank auch was Richtigiss füa die Klein: Roiba Hotznplotz...

Unt wennu wissen wiss, wo das alles iss, denn mussu wissen, dass die Alleh nich mea Alleh heiß. Hat jetzn anstendign Nahm. Heiß nach unsan fe'ehrtn Alt-Böhrgameista Max Brauer. Allns kloar?

Blasmusik

Denxu auch an Humtata oda Fess-Zelt oda Folksmusik im Middldoitschn Runtfunk wennu von Blasmusik höaß? Ischa auch nich fekeat, aba trozzdehm nich alles. Giep nemmich auch Blasmusik ass E-Musik, das heiß, E wie „äänz" oda „äänzunehm". Happ mahn englischn Fehm gesehn üban n Berchmanz-Ockesta, die wahn ahbeizlos unt beinah wea alles geplazz aba zum Schluß hahbm sie doch noch beim Weppbewääp in London mitgemachd un sogah gewonn.

Unt so was gieps auch bei unz. Das is das Sümfonische Blasockesta Nordasteht. Nordasteht ischa eintlich nich direck Hambuich, sondan liech „voa den Toan Hambuichs", oppwohl da nien Toa wah, sondan nua der Schlachbaum von Oxnzoll, wo sie früa mal Oxn duichgetriebm habm, un die Straße davoa heiß nich zufellich Schmugglstiech. In meine Juhgnd gahps noch kein Nordasteht, sondan nua via Dörfa: Gahstedt, Glashüdde, Harxheide un Friedrichsgabe. In Harxheide iss jezz ne Hochbahnstatzjohn, Rathaus, Einkaufszentrum un alles, iss richtich ne Metropolie gewordn, unt auchn Kultuazentrum, das heiß Tribühne. Und da wah denn noilich n Konzäät un da sint wia denn hin. In den Sümbolischn Blasockesta spielt nemmich unsan ejemalign Trompeta Jan mit.

Saal wah nich ganz voll, trozz Angehörige, aba gut besuhch. Wah richtichn E'eichnis mit Seck inna Pause, un Bürgameista un Lantachs'appgeordneta woadn pesöhnlich begrüßt. Und denn ginx los. Bühne wah voll, mußdia foastelln, wien Sümfonie-Ockesta mit sechzich Mann hoch (natüch auch reichlich Fraun), aba ohne Geign, dafüa n Haufn Klarineddn un pah Saxofohns un Eufoniums, un fümf Mann (davon 1 Frau) an Schlachwääk. Entsprechnd der

Geroischpehgl! Un pah Stügge wahn denn auch richtich Schlachtnmusik, von Henri der Fümfte bis Spahtakus (aba nich die Fehmmusiek). Fehmmusiek gahps aba auch: vonni Gloreichn Siem, un da konnzu dia denn Jul Brünna un Hotte Bucholz bei foastelln. Aba auch berühmde Kombonistn: „Borodin“ un „Milhaud“. Höate sich ganschön schwierich an, un sie wolln auch mit bein bundesweitn Weppbewääp mitmachn. Unt mit unsan Klatschn solltn wia zeign, wie gut sie schunn sint. Da hahbm wia natüllich extra doll geklatscht, um ihn Mut zu machn.

Hintahea hahbm wia unz denn gefrahch, opp wia auch sowas spieln möchtn. Waja ganz intrissant, aba wia wahn unz einich, dass wia doch lieba beim Jatz bleibm. Iss nich so anschprussvoll, aba schwingt mea. Un du muss auch kein Schlips anziehn, wennu inna Öffntlichkeit auftritz.

Musikantn

Weißu, wasne Pankokenkapelle wah? Drei oda via Mann mit Melohn aufm Kopp, mit Schalmei, Figeline, Klarinedde un Posaune. Die habm denn aufa Straße gestandn un Dicke-Backn-Musiek gemacht. Dann mitn Hut rumgegangn un gesammlt. Un davon Pankoken gekauf? Nee, *Leberecht Pankoken* hieß der Boss midda Schalmei. Das wah im Noinzinntn Jahundat, aba sonne Gruppm gahps zumindess in meine Kintheit auch noch. Heilzammehkappelln wahn so ehnlich, wenn sie zur Rettunk der felohnen Seeln aufgespielt hahbm. Gääne auch mit Tuba un Trompetn, damiddi festocktn Sünda das auch höan. Unt inna Atwenzzeit kannzu hoide noch sone Kombo aufm Backong im eaßn Stock vom Alzahaus sehn: die ruhfn denn aba ea dazu auf, die Binnnachfrahge zu sterkn.

Hoide komm die Strahßnmusika meiß ausm ejemahligen Sozealismus un spieln Kwetschkommohde un Klarinedde un majchma auch Geige oda Trompete un Tamburin. Un denn kannzu dich an Zigoinamusik efroin (weiß ich auch, dassas Sinti oda Roma sint) oda auch an Kalinka oda Lapalohma oda auch origenal Dixi außa Ukraine. Könn die alles. Unt sozusahn alz Kollege gehp ich dehn meiß auchn Oiro. Di tuhn wehnstn was füas Gelt unt haltn nich nua die Hant auf oda haltn einn schmutzige Kinda foa die Nahse. Sint sone Aht Ich-Ageh, un das muß man fintich anekenn. Harzvia kriegn di soweso nich. Ein happich gehöat, der spielte Tokkahta un Fuge dehmoll aufm Akkordion. Aba sowas von fantastisch, der hedde direck inni Musiekhalle oda Kaddarienkeache gepaßt! Wah femuhtlich in Nehmberuhf Ogganist in Krakau oda Brest-Litowsk. Oda die imposante Escheinunk mit dehn langn weißn Hahn, der in Begleitunk von sein Kassettnrekorda oda Zehdeh-Pleja foam Eingank zum Meckado steht oda majchma auch voa der Fischbratküche inna Spitalastraße unt seine Arijen schmettat. Unt zwah füa seine tiefe Stimme ganschöhn laut unt gahnich mah so schlecht. Un denn die Wandamuhsika mit Benjogitarre un Muntamonika wie der noilich aufm Spritznplazz in Ottnsn. Die komm oft aus Englant oda aus Australien und behääschn auch alles von Bob Dilln bis Bob Mahli, unt ein hadde sogah mah ne Haafe dabei. Eimah gehch di Spitalastraße runta un trau mein Oan nich: höich dochn Didscheriduh! Wah aba kein Aboridschnnih aus Auschtraljen.

Aba das giep auch Sondalinge oda komische Kerdls wie den altn Mann der majchmah am Strant von Othmarschn knapp an den Welln entlankgeht, aufn klein Bandonium spielt und leise dazu singt. Ganz ohne Puhplikum, nua füa sich selps unnehn liem Gott. Aba am bestn gefellt mir natüllich der kleine Schwaaze an den Landunksbrückn mit sein Altsaxofohn. Da wehn dann wehnstns n pah Bluh Nohts üba die graun Welln un ich muss an Jay Vincent in Nuorlihns denkn, der lieba aufm Jackson Skwehr zum Kabbuhtschino spield alz füa die besoffenen Turistn inna Bourbon Striet. Aba der vonnehn Landunksbrückn wöade fleich doch lieba im Bördlend auftrehtn.

Elpfilamoni

Was somman dazu sagn. Zehnmalsoviel gekostet wie geplant, das iss wull Weltrekord. Und dreimal solange gebaut wie geplant. Dabei klank das zu Anfank ja richtich scharmant: nehm wir n altn Kaispeicha, der nich mea gebraucht weat, und baun da ne Konzääthalle drauf. Und wall das ja am Wassa liecht, erinnat das an das Opanhaus in Sydney in Auschtralien und denn iss das Weltniwoh! Ich happ zwah bishea nich den Eindruck gehapp, dass unse Stadt an n Mindawerdichkeitskomplex leidet, aba die Turistnverwalta meintn, daß Hambuich aufa Weltkahte des Turismus nicht voakomp unt n „Loichtoamprojekt“ braucht. Und denn hahbm sie Loide gefunden, die das bezahln, und di Stadt brauch nuan büschn dazugehbm, und denn iss das geritzt.

Denkste! Erssma wah der alde Speicha ziemich verrottet, sodass sie nua die Außnwende stehn gelassn haben, und dahinter alles wech un noi gemacht, Und wall das ja alles weichn Mahschboden iss, wo du nich eimfach schwere Geboide auf setzn kannz, mußtn da tausnd-siemhundat-zweiundreißich noie Betongfehle im Bodn gerammp werdn. Die altn von dem Speicha hättn da nich gereicht. Und denn gahps Krach zwüschen Achitektn und Baufirma, und mehr wien Jah gink gahnix. Bis dann der noie Senat die Äml aufgekremplt hat und Olaf den Schöngeistan von Oles letzte Regierunk gezeicht hat, wo der Hamma henk. Oda so ehnlich.

Un nu issas fettich, und da zeicht sich, dass die recht hattn, die gesahcht habm: das intrissiat hinterhea kein Schwein, was das gekostet hat und was füan Erga das wah. Aba nu komm die Expäätn un meckan an der noi'ahtign Akustik rum: Eckige Räume habm ne viel bessare Akustik als son rundn Raum. Un wehgn den Fasa-Gips anna Decke klink alles büschn dumf. Und das Orkesta sitzt inna Midde, un du kannst dschedn falschn Ton hörn. Und da sahgn die Kritika ausm Südn nu wieda, da kamman denn höan, dass da nua n middlmehssiges Prowinzorkesta am Weakn iss.

Kannich alles nich beoateiln, wallich noch nich drin wah. Bei manche Konzääte iss die Nachfrage zwanzichmal so groß wie Plezze. Femutlich sint die Loide, die füan Musikl-Wochnende ausm Sühdn komm, nu auch anna Elphi dran. Und bein Felohsn happich noch kein Glück gehabt.

Immahin wahn wia schummal aufa Plattform, wo du dich duichpuhstn lassn kannz, wennu in alle Himmlsrichtungn kuckn wiss. Um auf die Höhe von siemundreißich Mehda üba Wassa zu komm, mussu aba eaßma achzich Mehda gekrümmde Rolltrebbe mit ne niedrige Degge beweltign – da kriegn manche Loide schummal Plazz'anx von.

Nagut, immahin hat nu auch die *New York Times* gemerk, dassas Hambuich giep un schon zweimah geschriem, dass Hambuich n Abstecha weat iss. Froin sich die Gaschtronohm un das Behäbägunxgewäbe. Aba ich bin noch nich darüber wech, was man mit den 800 Miljohn sonz alles hädde machn könn.

Löwnkönich

Wennu an dehn Landunksbrückn stehß un üba die Elbe kucks, siehßu auf Steinwerda n riesigis gelbis Zelt, oder siet aus wie ne halbe Tonne. Iss aba weda-noch, sondan issas „Teata im Hahfn“. Aba hat nix mit Teata zu tuhn. Und mit Hahfn auch nich.

Wenn unse Eltan mah inni Ohpa gehn wolltn, aba das sollde nich so was Schweres sein, dann gingn sie inne Oparedde. Zum Beispiel Fledamaus. Giepas natürch imma noch, aba die eintliche Oparedde von hoide iss Mjusickl. Besondriss Kennzeichn: Flodde Musiek, Tanzeinlahgn, Gesank gääne auf Englisch, juhgndfrei, pluss: festes Haus, lange Laufzeit und gute Peh-Err. Kommt natürch aus Amerika, iss aba hia auch sea beliep. Alladinks weatschafflich nich so eimfach, un Bankrott komp auch voa. Wennu dia in Hambuich mah dießbezühchlich was Gudiss tun wiss, hassu die Auswahl: *Tanz der Wampiere* inna Noin Flora inna Schanze, sogah von Polanski inzeniat. Happich aba schunn alz Kino gesehn. Wennas noch inna altn Flora wea! Oda *Mamma Mia* im – genau! im gudn-altn Opareddnhaus aufa Reepabahn. Aba wennu Abba früa schunn nich appkonntes, braußu da auch nich hingehn. Wennu alladinks schwuhl biss oda aus Auschtralijen, issas n Muss. Ansonzn: *Däänzing Kwien* – nein danke!

Un denn gieps seit siebzinn Jahn noch *Könich der Löwn*. Das wah eaßn Trickfehm, un füa üba Achjehrige nua in Begleitunk von Kleinkindan freigegehbm, un denn as Mjusickl, auch von Disni. Wennu in Hambuich untawehchs biss, kannzu das nich übasehn. Ricklahme üba'all. Un Hahfnfean gelp angemahln un mit Löhwnköpfe auf, un zwei heißn sogah *Rafiki* un *Nala*. Un wennu an Landunksbrückn stehß, iss gehgnüba auf Steinwerda – ehbent: der Köhnich der Löhwn. Aba alz Ewaxenen mit Selpsachtunk kannzu da ja nich reingehn. Unt so fühch sich das guht, dassi auch mahn Tach der Offenen Tüa hahbm. Da feat denn also n Schattl von Brügge Einz in pah Minuhtn rüba. Unt wennu zurückkucks, hassuhn wundabahn Blick aufi Hahfnkante mit Landunksbrückn, Rickmer Rickmers, Capsandiego, Michel un alles. Dafüa braußu aba eintlich nich nachn Köhnich-der-Löhwn fahn – Fere 73 geht auch.

Gut, also Anlega hohch, Glassfront, Figuan von Nicki de Senkfall links un rechs, un denn rein inz Getümml. Aba brauß nich ernzhaff fesuchn, beine Führunk mitzumachn – aussichzlohs. Auf zwanzich Oiro Emehßigunk bei Kauf vonne Kahte vetzichtn wia ehmfalz. Leßtich eimfach büschn treibm, kannzn pah Koschtühme bewundan – sint aba gah nich so doll, unt Kinda zukuckn, di wi kleine Löhwn geschminkt werdn. Restorang hat wieda wundabahre Aussicht – aba natüch keine Plezze frei.

Unt so essn wia denn nich Fohljenkattoffl mit Schampus, sondan lieba Kattofflfannkuhchn mit Lacks un Majonehse aufm Anlehga von Noimühln…

Aba denn: siem Jah spehta loifa imma noch. Und denn krichde ich zufellich ne Freikahte, so happich füa vorletzte Reie 94 Oiro gespaht – möch nich wissn, wassie bestn Plezze kostn! Und ich muß zugehm: wah gahnich so schlech. Gut, wahn Kindameachn, aba flodde Musik mit Afro-Einschlach un vor alln die Tenza: die reinste Ballett-Akrobatik, mit schwere Maskn aufm Kopp und Tierkoschtüme und alles in Rütmus und Takt. Happich mich still-un-leise büschn entschuldicht füa mein kridische Haldung.

Tüdlbant

An de Eck steiht n Jung mitn Tüdlband – das kennt scha wohl schehdn in Hambuich! Ischa unse zweite Natzjonahlhümne, besondas füa dehn mennlichn Teil de Befölkerunk; das heischließlich: *Isn Klacks förn Hamburga Schung*. Da komp sebs Hammonia – *oh wie so herrlich stehst du da!* nich mit. Dabei is das die offizi-elle Hümne. Wer kennti übahaupt noch? Na, unt jetz giepas auch nochn Fehm übas Tüdlbant-Liet! Vohea wußtn bestimp nich viele, dassas zwei Hamburga Fokssenga wahn, di das komboniat un popelehr gemach hahbm: die Brüda Wolf. Untas is auch kein Wunda, denn das wahnja Juhdn, die auswandan mußtn, un denn sintsi natürch süstematisch fegessn woadn. Hintzu komp noch, dass die Art Lieda sowiso mehr oda wehniga ausgestorbm sint. Genau wie *Das ist die Berlina Luft-Luft-Luft.* Dascha allis drei Generatzjohn hea, unt intrissiat hoide kein Schwein mea. Nich mah mea meine Altasgrubbe, denn di ischa auch schunn mit Rocknroll unt Bietls aufgewaxn. (Ich nich, ich mea mit Jatz.)

Deswehgn issas fleich ganz gut, daß in dehn Fehm die altn Rewühlieda von so um Neunzinnhundat mit Repp unt Hipphopp von hoide kombiniat werdn. Da paßte sich dass nemmich gut, dass der Ur-Urenkl von den Brüdan aus Samfranzisko (wo sie schließlich gelandet sint) selba n jungn Reppa iss. Unt so iss denn der drammatoagische Leitfahdn die Paralehle zwüschn musikalisch-biografische Wiedaentdeckunk der Gebrüda Wolf unt der Entdeckunk un Aufahbeitunk der doitsch-jüdischn Famijengeschichte von dehn dschungn Mann vonna amikahnschn Wessküsde. Der wußte nemmich gahnix von sein Urgroßvadda un seine musikahlsche Ebschaff, unt jetz kompa imma gääne nach Hambuich.

Nu müssn wi aba noch klean, wassn Tüdlbant iss. Nemmich kein Bintfahdn, wo man sich in fetütln kann. Sondan früa die Eisnbenda, di um Fessa rumwahn unti Fassdaubn zusammgehaltn hahbm. Wenn da wejche rumlahgn, hahbm die Junks denn mit gespielt, indehm sie mitn Stock gegen gehaun hahbm un auf die Weise vorwäzzgetriebm. Ehbm getrudlt oda getüdlt. Alz wir lütte Junks wahn, hattn wir keine Fassbenda, sondan nahmn Fahratfälgn ohne Gummi. Die habm wir empweda wie vor hundat Jahn mitn Stock getriebm oder, wemman das konnde, den Stock von hintn und schrehch von untn in Lenksrichdunk in die Felgnfetiefunk angesezz unt den Reifn denn so forwärz geschohbm. Wah viel illeganta! Unt das hahbm natüch nich nua Junks gemach, sondan auch Deerns. So immanzipiat wahn wia immahin schunn: *Isn Klacks förne Hamburga Deern*! Und bei unz hießn sie auch nich Tüdlband, sondan Trudlreifn.

Unnu noch was Pesöhnlichiss: Wie ich in Pansion gegangn bin, gahpas ne kleine Feia anna Uni in Süütdoitschlant, woich geahbeided hadde. Der Obaste vonna Medizin, der aus Hambuich wah, wah leida fehindat, aba sein Stellfetrehta kahm auch aus Hambuich. Unt deshalp hadda nich nua pah nette Worte gesahch, sondan er hadd auch büschn gesungn! Un nu kannzu ma rahtn, wassa gesungn hat...

Jazz

Damahz, in den Fümfzigan, gahps auch schunn Proplehme midda Juhgnd. Das wahni Halpstahkn. Halbe Potzjohn, aba fühltn sich stahk. Hahbm sich zusammgeroddet unt middi Polezei gekloppt. Eimfach so. Kommtir bekannt voa? Unt besondas, wennsi sich musekalisch aufgeheizt haddn. Unt mit was? Mit Rocknroll natüalich. Un nachn Konzäät mit *Bill Haley* hahbm sie inna Ernst-Merck-Halle in Plannunblohm die Stühle zeleech un alz Knübbl benutz. Wah fix was los! Balt danach wah *Louis Armstrong* da, un da wah die Polezei schlaua. Riesnapsperrunk un alles. Aba umsonz, heddn sie sich spahn könn, wah alles friedlich. Wah nemmich Jazz! Unni Jazzfenz sint frietliche Loide. Sint wull auch schunn büschn elda.

Haupsechlich wah damahz Dixielent angesaacht: die *Old_Merry_Tale Jazz Band* mit Fiete Westendorf, die *Jailhouse Jazzmen*, Abbi Hübners *Low Down Wizards* untuntunt. Unt ahms inni Riwwakasemattn anna Hahfnkande oda im Barett innehn Kollonahdn. Pladdn konnzu dia ja kaum leistn: auf 17 Zendimehta wah nua ein Stück vorn, eins aufa Rückseide. Gotzeidank kahm dann die El-Pehs auf. Und so ginx weida: eimah Jazza, imma Jazza. Bach: nagut, Behtown: wennzeinmuss, Biseh: schunn bessa, Bietls: neindanke. Dixie wah denn balt *aut*, unt wia hahbm denn schnell nachgeholt: Bebop, Brubeck, Blakey. Un Coltrane. Un Frieh… Als *Onkl Pö* in Eppmdorf wah, von dehn die äldare Generazjohn noch schwäämt, wajch schunn wech.

Spehda happich mia denn sebs ne Kanne geholt (n *Selmer*, aba kein Mark VI) unt inna Big Bend mitgemachd, das wah aba tief im Sühdn. Unt wijch nu wieda nach Hambuich komm, gahps leif Jazz im Bördlend und im Kottn_Klapp unt sogah inna Prinznbah auf Sampauli. Unt im Intanet gahps fümmunsiepzich Jazzbends unni meistn machn – natüllich Dixilent. Unt middn Saxofon konnz nix werdn, die gieps wie Sant am Mea. „Ja, wennu Posaune spieln wöadest"... Aba denn habbich doch ne Big Band gefundn, dien Tenoa-Sax gebrauchn konnde. Das sin die *Openers*, un die haltn sich füa „Hambuichs lässichste Big Bend". Das wah denn ja das Richdige.

Und wennu leif Musik höan wiss: Das Bördlend wah ma zu un is wieda auf, aba is nich, wassas mah wah. Denn gieps das Elbjazz-Festiwell, undn pa kleine Klupps. Steht allns im Netz. Aba wennu *uns* höan un sehn wiss, dann mussu im Früjah ma nachn *Brakula* kuckn, das is der Bramfelda Kultualadn, und die beißn nich, obwohl sie beina so heißn. Und im November imma inna *Laeiszhalle* im Schtudio. Oda im Somma in Travemünde im Brügmanngahtn. Oda du kucks eimfach im Intanet auf *theopeners.de*. Büschn Schleichwääbung muß sein! Issja füan gutn Zweck – sint ja gemeinnützlich.

Teata

Deutsches Schauspielhaus am Hauptbahnhof

Schauspielhaus

Das giepson pah kuldurelle Juhnt'e'innarungn, die sich ein fess eingepreecht hahbm. Dazu gehöat, alz Gründgens siemunfümfzich im Schauspielhaus am Haupahnohf den *Fauß* inzeniat hat. Mit ihn selps, Will Quadflieg, Elisabeth Flickenschild un Antje Weisgerber. Das wahja n abseludes Heileit im Nachkrießteata. Und wah son Andrank, daß wia uns morrns um fümf angestellt hahbm, um Kahtn zu kaufn. Da ging wia noch zur Schule und wahn son frües Aufstehn gahnich gewohnt! Sejch hoide noch foa mein innaren Auge. Die Spiela sünn ja nu all nich mea dor, wo nu auch das damahlije Gretchen nach lange Fäänsehkajehre als Seajenmudda von uns gegangn iss.

Denn wahn wia ja voa einige Zeit mah da zu son modään Stück: Komfeddi. Wah mea sone Aht Rewüh unt an richtign Plott kajch mich aintlich nich an e'innan. Gehöatzich fleich so inna zeitgemehßn Bühnnkunz. Naja, bin auch nich umbedink sooohn Teatafän. Iss mia eintlich meistns doch büschn zu teatralisch. Aba mussja sein, ohne Mikro könn di ja sonz nich gehgn das Gemoaml im Puplikum an.

Aba denn gahps ma wieda, kannz ma rahtn – – genau! Un das wah natüllich Eansache. Allewelt schwäämte davon, Fauß im Strahßnanzuch scheint ja noch Noichkeizweat zu hahbm! Jungn Rejissöhr, eaß fümmundreißich, unt außadehm lezze Sehsong von scheidndn Intendantn. Guht, denn gehn wia da auch mah hin, mah sehn opsi mit Quadflieg mithaltn könn! Aba denksde – ganze Sehsong waschun ausfekauft! Morrns um fümf anstelln hilf da nix.

Aba manchmal kompdn Stück, wo sie nua ein Schauspila füa brauchn. Und da sind wia denn nach lange Jahre wieda mal hin. Wa eintlich auch ausfekauf, aba wennu di Kahtn geschenk kriss – –. Gink darum, daß Frankreich lanksam mohamedanisch weat, und die merkn das gahnich. Fleich, wall sie schunn soviele im Lant habm, von früa her, alzi noch Kolonien haddn. Das wah eaßn Roman, und denn n Stück füa ein allein. *Edgar Selge* haddas toll hingekrich, wie sich alle an die noie Regierunk ranschleimn. Un das konnzu so oda auch annas festehn, meintn die Kritika. Wie Lidderatua ehm so iss.

Aba kaum hassu dich wieda aufgeraffd, da wird das Haus füa vier Monade geschlossn. Wegen Renovierunk. Dabei issas eaß büschn üba hundert Jahre alt. Da müssn wir ehm stattdehm in die Elfi gehn. Aba die iss auch imma ausfekauf. Iss gahnich leich, wennu inni höare Kultur gehn wiss!

Aba wie sich das so fühcht, haddich köazlich die Gelehgnheit, Fauß in Goethe sein Orginahl-Teata zu sehn: nemmich im Doitschn Nazonalteata in Weimar! Das wah direck n Popp-Musiekl, Faust mit Ferdeschwanz un Drohgn un Fideo-Wisiohn. Meine äldaren Germanistn-Froinde aus Leipzig wahn pikiert, aber die vieln jung Loide im Puplikum wahn offmbah begeistat. Muss wull alz Klassika orntlich aufi Pauke haun, wennu noch n pah Jahre übalehm wiss!

Ohnsojch-Teata

Iss lange hea, da wahn wia ma im Sampauli-Teata aufa Reepabahn. Was früa ma Ernst-Drucker-Theater wah. Speelde natüllich op Platt. Und alzich da nu wieda ma hinwollde, da gihpsas nich mea! Nur noch Gassspiele von eahgendwejchen Tohnehn, oda Kommedi oda so was. Bliep denn nua Ohnsojhch-Teata ausn Fäänsehn. Stellzich heraus, Missingsch spieln sie tatsächch nur im Fäänsehn, in Weerklichkeit spieln sie op Platt! Aba das heiß, iss imma lange ausfekauf, oda mussich an eerssn Tach von Foafekauf früh aufstehn. Na, ich denn ja morgns hin nache Grohße Bleichn, Stunde früa – kahm mir vor wie siemunfümfzich, alz wir uns morgns um fünf foam Schauspiehlhaus für Fauß angestellt habm. Wah aba gahnich so schlimm, nua dreißich Loide vor mia. Übawiegnd eltare Herrschafftn wie ich. Eerste Reihe wah schon gleich wech, füa di Abbonentn. Hahbm aba noch zweite Reihe gekrich.

Unnu verraht ich auch wassas gahp: nich *Zitronenjette*, und nich *De Kortenleggersch* oder *Tratsch im Treppenhaus*. Das Ohnsojch spielt nemmich auch ernshaftige Sachn wie *Mudder Courage* oder *Utmustert* (im Origenal weer dat *Tod eines Handlungsreisenden*). Und diesma waras noch was Besondrereres: *La Paloma ade*. Denks wascheinlich an *Hans Albers*, und da ließu richtich! Un darum ginks: Der Blonde Hans waja bei den Naazis gään gesehn, schön blont, aba auch noch mennlich unt richtign Draufgenga. Bloß zu dumm, dassa ne jüdische Lehmsgefehrtin hadde, *Hansi Burg*. Die krichde graht noch die Koawe unt gink achundreißich nach Englant. Aba was soll unsn Hanne machen! Sprich kein Englisch, alle Fenz hier und guht im Gescheff! Immahin hadda sich schumma füa alle Felle n Paß besojcht. Dehn gihpa aba heimlich n schwuhln Kommunistn, damidda apphaun kann. Und selps bleibta ehbm. Denn is Kriech un denn wollnsien Film drehn im Sampauli-Miljöh unt soll Große Freiheit heißn. Ausgerechnitt! Andraseiz liechz ja nahe, könn ihn ja nich eimfach Reepabahn nenn oda Herbertstraße. Goebbels hat getohpt, aba konnt nix machen, wall Hannes so beliept wah. Wenikstns hießa dann Große Freiheit Nr. 7: dann siehtas nich nach Freiheit alz Freiheit aus sondan blohß wiene Hausnumma, wo zufellich das Hippodrom iss, wo Hannes ahbeitet. Ende vierunvitzich war der Fehm fettich, aba woade dann doch febohtn, nua in Praach hahm sie ihn eima gezeicht.

Das wah also die Schtorri, un Hanne wah *Uwe Friedrichsen*: optimahle Besezzunk, wennu mich fraachs! Hatzoga gesungn, na wasswull! Bühne alles schwaaz, un spasahm möbliat. Wah schließlich Kriech un alles kaputt. Das Ganze wa ja auch Jubilejum: 60 Jahre Bombmangriffe auf Hambuich. Das Heppi-Ent hahbm sie aba nich gezeicht: Hansi Burg kam aus Englant zurück und sie hahbm dann noch bis zu sein Tot 1960 glücklich unt in Froidn gelehpt.

Alladinks aus gesuntheitlichn Gründn am Stahnberga See, wosi denn eerß 1975 gestorbm iss. N Denkmahl hadda eaß 1985 gekricht, aufm Hans-Albers-Plazz. Fintich aba nich so geglückt. Auch wennas von *Immendorff* iss.

Aba uns Hanne hat doch was gelernt aus den Ganzen: wussdesdu dassa sich 1958 gehgn die Atomrüstunk ausgesprochn hat?

Schilla-Opa

Nanu: hat Schilla denn auch Opan geschriebm? Nee, hat mit Schilla eaßma nix zu tun. Issn Geboide in Karolienvittel, wo du, wenn du da zufellich fobeikomps, höchsns denks: noch son Schantfleck in Sampauli-Nort: Graffittis, Dreck, Schmuddel, kaputte Fensta. Ich bin aba nich zufellich dahin gekomm, sondan hab im Ahmblatt gelehsn, dassas ausn Denkmaschutz rausgenomm werdn soll. Un da dacht ich, kucks ma rein, bevoa das zu speht iss. Kannz aba ganich reinkuckn: alles verrammelt un viel zu gefehrhlich.

Das Haus is um 1890 füa Zeakus Busch gebaut wordn, und hat tatsechlich was von Zeakuszelt: n Runtbau mitn klein Töamchen obnauf, wie ne Loichtaomspitze. Innendrin ne Stahlkonschtrukzion, un Nehmgeboide mit Stelle fü Elefantn un Attistn un alles. Aba der Zeakus is 1899 schon wieda raus, un denn ham si das Haus zun Teata umgebaut. Und was woade 1905 zur E'öffnung gespielt? Wilhelm Tell. Wall nemlich Schilla da gerade hundat Jahre tot war, und denn hieß das dann Schilla-Teata. 1932 woada das dann die Schilla-Opa mit 1600 Plezze. Aba hatsich nich rentiat, waja nachn Eaßn Welt-kriech Weatschaffskrise, und Max Brauer, der Bürgameista von Altona, mußde finanzi'ell aushelfn vonna Statt aus. In Zweitn Kriech habm sie da itajenische Krießgefangne eingesperrt, nachdem die vom Doitschn Reich abgefalln wahn. Ne Bombe iss auch mah draufgefalln.

1951 habn sie innen ne steile runde Want aus Stahl eingebaut, sone Aht Zülinda, un sind Motorrad drin gefahn, wie früa aufm Dom. Wie das geht? Duich die Zentrifugal-Krefde. Denn wahs Restorang, Garasche, Wohnheim, Flüchlinge-Untakumft, Musikklub, die habm weaklich alles ausprobiat. Besitza habm gewechslt wie die Hemdn. Un alle haddn viele Plehne, Teata, Statteil-zentrum, Grünfleche, Wohnungn. Aba hat allns nix genützt. Denn haddas auch mal gebrannt, und seit zehn Jahn steht das lea. Und die Wandalen habm sich ausgetobt. Nu issas praktisch ne Ruine und sieht gahnich schön aus. Und was draus weat? Keine Ahnunk. Fleicht n Bürogeboide mit Leerstanzgaranti! Dabei könnten sie doch n nettn klein Konzertsaal daraus machn, paar Milljohn müssn doch noch übrich sein bei der Ebfilamoni!

Un wie ich denn das Elend geknips hab, kommt son jungn Mann mit Baht un Rucksack fobei, büschn ungeflehcht, und saach: Machn Sie man orntlich Fotos: das weat aus Profitgia abgerissn! Un da hadda femutlich recht.

Lali

Alz wia klein wahn, gingn wia seltn in Kino. Eaßns wahn wia klein, zweitns haddn wia alz Familje nich viel Gelt un drittns gahps auch nich viel Geeichnedes. Fantn unse Eltan. Das *Apollo* anna Langhorna Schosseh, Ecke Tanstehta Lannstraße iss hoide feschwundn. Undas Kino in Fuhlzbüddl am Erdkampswehch wah dann lange n Aldi. Aba unsa Haupkino wah sowiso das Lali: die *Langhorna Lichspiehle* inna Tanstehta Lannstraße – un die gieps auch nich mea.

Gleich nachn Kriech wah aba im Lali noch kein Kino. Inna sogenanntn Schlechtn Zeit von 46 bis 49 wahn andre Dinge wichtiga. Zum Beispiel Essn. Und ich kann mich e'innan, daß in den Saal von Lali Essn für die Kinder ausgegehm woade, das hadde die schwedische Regierunk füa die hungande Befölkarunk spendiat. Das hieß dann Schwedenspeisung oda Schwedenessen. Iss unse Genaratzjoin hoide noch dankbah füa.

Aba dann gahps natüllich wieda Kino. Alz eaßtes durftn wia inni Matineh: Sonntachmorgn. Ich erinna mich noch genau an *Das große Treibm*. Das wah sone Art Western, aber wah in Auschtralien: Wie die Japaner in Kriech beinah einmaschiat wean, und denn woadn Kühe und Schafe nach Südn getriebn, um sie in Sichaheit zu bring. Und denn *Rätsel der Urwaldhölle*. Üba ne Expedizi'on nach Brasilien 1938, Amazonas-Gebiet, Gran Schacko, mit Indianer und Moskitos und Piranjas un alles. Natüllich alles in Schwahzweiss. Das wahn Kultuafilme. Sowas würzu heude gah nich mea hinkuckn – kennz ja alles ausn Fäänsehn.

Spehta ging wia dann auch in andre Fehme: Zum Beispiel das *Dopplte Lottchen* (mit Isa und Jutta Günther – zwei Mehtchen in meine Klasse wolltn denn auch so genannt werdn!). Auch mit *Meisterdetektiv Blomkvist* – von Astrid Lindgren – in Schwahzweiß konntn wia uns identifizian. Dann die *Foiazambohle* (mit Heinz Rühmann) un *Glöckna von Notredahm* (mit Lollo!), un *Piroschka* (mit Lilo Pulver). Oder *Sissi* mit Romy Schneider un *Monpti* (auch mit Romy), un *Sie tanzte nua ein Somma* (n Schwehdnfehm mitne Nackzehne nachz am See!), un *Unt imma lockt das Weib* (mit Brischiht B.!) – un-un-un, das wah richtich Fortbildunk füas Lehm!

Tageschau gahps ja noch nich, wallas kein Fäänsehn gahp, aba in Kino wah voan Haupfehm imma Wochnschau. Da war das alles immer ziemlich dramatisch. Eine hieß: Welt im Bild: „Das Bilt der Welt durch Welt im Bilt". Und ne andre „Fox tönende Wochenschau" – wir sahchtn imma Fox stöhnende Knochenschau. Gahp sogahn Kino nua extra mit Nachrichtn un Repottaschn: das *Aki* im Haupahnhof – offezell „Aktualitätenkino"... Spehta denn ging wia auch innas *Atlantik* aufa Reepabahn füa Zinemaschkohp un füa di Kunzfehme inni *Gondel* inna Sierichstraße un inz *Holi* in Hoheluff.

Aba denn kam das große Kinosterbm, un das Lali woadn Trödllahdn. Wenn eina seine Eltan ire Wohnung aufgelöst hat un nich wußte, wohin mit dehn altn Kram, dann hat der Lahdn die ganzn Sachn billich gekauf und weitafekauf. Hahbm wia auch so gemach, als unze Eltan gestorbm wahn. Aba da habm wia nich bei zugekuckt, wea doch n büschn traurich gewehsn. Na un denn hat der Mann sich zur Rue gesezz und sein Nachkommschafft wollde mitn Trödellahdn nix zu tun hahbm, oda haddn was Bessares voa, oda was weiß ich.

Und denn hat sich die Siedla-Genossnschaff übalehch, was machn wia mit den Haus, und kam denn auf die Idee mitn Kultuazentrum. Un so woade das denn ne „Lokehschn" mit allalei „Iwents": Musik, Theater un-un-unt. Unt kamman auch füa Veanstaltungn mietn. Und so habm wia da auch mah mitgefeiat, als mein Froint Elmo fümfzich gewordn iss.

Unnu kommich wieda nach Hambuich, un das *Holi* gieps imma noch! Undi *Passaje* aufa Mönkeberchstraße auch, aba *Streizhaus* am Junkfanstiech is jezz ne Aht Kaufhaus. Aba natüch gieps die Schachtlkinohs un die Riesndinga wie das *Cinemax*. Aba wennu hoide was auf dich helz, mussu im *Abaton* anna Uni gehn oda im *Zeise* in Ottnsn, inna ejemahljen Fabriek. Da kannzu denn auch mahn afgahnischn Fehm sehn, gotzeidank mit Untatihtln, oda auf georgisch mit franzöösch gemischt. Das einzigste Problem iss, dassi Loide in Lussfehme imma solange lachn, dassu di nehste Poinde gahnich mitkriss. Wehrent bein Fäänsehn stöatich keina. Aba da hahbm wia jezz auch ne ideale Löhsunk füa Loide im Ruhestant, Schtudentn, Schüla un Ahbeizlose gefundn: Nachmittaxfoastellunk! Da sint denn inzgesamp fleich sex-achd Loide im Saal un di Sitzriesn feteiln sich so, dassu da nich an fobeischieln muss. Jezz ahbeitn wia imma daraufhin, dass wia mah ganz allein sint. Aba das habm wia eaß eimal geschaffd; bein schwedischn Kunz-Fehm in „Studio-Kino" inna Bernstorffstraße.

Aba nu das: noilich sitzn wia im Zeise, Kino 2, und bei den eaßn Zehnn stehn vorn pah junge Loide plözzlich auf un gehn raus. Wir dachtn: die Blöhdis wahn wull im falschn Fehm! Da komm sie wieda rein un sahgn zu uns: wolltn Sie zufech auch „2046" sehn? Un da sahßn wia *auch* im falschn Fehm! Aba im richtihgn Saal: der Voaführa hadde sich fetan... Haddoch direck was Tröhßliches in eine Zeit, wo alles von seelnlohse Audomahtn ellehdicht weat: dassa noch Raum füa klitzekleine menschliche Schwechn iss – fleich hadde der Voaführa Liebeskumma oda sein Audo is nich duichn Tüff gekomm!

Garten von Max Liebermann
11. Juni bis 26. September 2004
KUNSTHALLE

Kunsthalle

Kunzmeile

Wie lank is ne Meile? Komp drauf an: die englische is tausend-sexhunnat-neun Mehda, die Seemeile is tausend-fümfhunnat-zweiunachzich. Un Hambuichs sündige Meile is noinhundat-dreißich. Das is bekanntlich die Reeperbahn, unse Amisürmeile. Aba das giep noch mea. Jede Kleinstadt hat hoide ire Einkaufsmeile, alz Fußgengazone, aba davon hat Hambuich ja Dutznde in alle Statteile. Aba nu gieps noch was, was nich jedn hat: die Kunzmeile! Eimah im Jah is „Tach der Kunzmeile"; denn kostn die Eintritte füa alle zusamm 25 Oiro für drei Tage – und 35 für 365 Tage, aba nua einmal pro Haus.

Die Kunzmeile geht entlank n Stück von den altn Wallrink. Fenk an bein Obahahfn, denn Klosterwall, Steintorwall, Glockengießerwall. Kannz auch sahgn, am Deichtoa, denn Steintoa, schließlich Ferdinanztoa, wo di Lombatzbrügge anfenk. Der eaße Kunztempl sinti *Deichtoahalln*. Da wah früa dea Großmahk, bissa zu klein wah, un denn gink der Grohßmahk pah hunnat Mehda weida Richtunk Hammabrook. Meißns zeign sie da Fodos, aba wijch eimah mitn Fesslballong hochgefahn bin, der danehm feankat wah, happich gesehn, wie sie da pah komische Audos reingeschobn hahbm: n gekrümmtn Vauweh-Bus untn aufgepluhstatn Porsche: das wahn „Oppjekte" von *Erwin Wurm* – der heiß weaklich so! Aba frahch mich nich, wassas soll – iss fleich possmodään oda so was. Konkrete Abschtraxion oda abschtrakte Konkrezjohn. Was weiß ich! Aba fleich soll man sowas auch gahnich fragn...

Gehßu üban Deichtoaplazz, kommsu zuhn *Kunstfeein*, der iss auch inna ejemaligen Mahkhalle. Da zeign sie auch haupsechlich aktuelle Künzla, un mit büschn Glück finzu auch die *Freie Akademie der Künze*, die is da drüba unnan Dach und gieps auch Ausstellungn un Foatrehge unt Lehsungn. Gleich nehman issas *Kunzhaus*, da zeign sie meißns einheimische Künzla, damit die auchma jemant sieht. Denn rüba üba die Bahn, denn stehßu voa den *Öffntlichn Büchahalln*, wo früa die Poss wah un darum Hühnerpostn hieß, aber warum „Hühner", iss nich klah. Das Göde'inzitut sizz da auch drin. Damit man sieht, dassas auch was mit Kunz zu tun hat, stehn davoa zwei bunt angemahlne riesige Schtatuen von ein Pah, von Balkenhol. Alz Nehßes komp *Kunzungewääbe*, aba in dehn Musejum zeign sie nich nua Kunzgewääbe, sondan die werdn imma eageiziga und wolln soga ein „gesellschafflichn un gesellign Middlpunk" von Hambuich sein. Wieso, weißich auch nich.

Denn komp eaßma Haupbahnohf – dascha auch schunn fass n kunzgewääplichn Oppjekt un Denkmal füa modääne Technik! Un denn die *Kunzhalle*. Eaß der klassizüstische Anbau mit den rundn Templ dran, denn der Oregenalbau von 1869, denn frein Plazz un denn n weißn Wöafl: die Gallarie der Gehgnwaht mitn unta'eadischn Febindunksgank. Ne zeitlang wah dazwüschn nochn Wöafl, aba in Schwahz. Dass wahn Kunzwääk füa sich un sollde ann Bilt von ein gewissn *Malewitsch* erinnan, mitn schwahzn Kwadrat un sonz nix. Wallas aba noch mea anni Kaba in Mekka e'innat, wo dschehdn Muhslmann eimah im Lehm hinmuß, wolltn sie in feschiedene Stehte nich so recht ran, dachtn denn giepas fleich Erga – kannzja nich wissen hoizutage, ob da nich fleich wejche dagegn proteschtian oda doitsche Fahne febrenn! Unt Kunz issja frei, aba so frei nu auch wieda nich, dass man deswehgn Erga riskian muß. Aba stellzichraus, die doitschn Moslemfe'eine haddn gahnix dagehgn. Iss ja auch nua schwahzes Tuch un nix dahinta.

Denn issi Kunzmeile zuende. Unt ich happ nachgemessn: diese Meile is zweitausnd-zweihundat-dreiunvitzich Mehda lank. Aba nu komps: du kennzoch die *Bucerius-Gallarie*. Die iss ganz woandas, nemmich aufm Rathausmahk. Aba damit die sich nich so allein fühlt, hatzi sich so mit angehenk anni Kunzmeile.

Un worüm das ganze Gemeile? Wehgn Mahketink! Wir lehm schließlich inna Mahkweatschaff unt da soll die Kunz nich abseiz stehn un auchn büschn was von appkriegn.

Kunzhalle

Noilich wajch ma wieda inna Kunzhalle. Da happich denn eaßmah übaprüfd, opp auch noch alles da iss, was wia seit früe Kintheit kenn: die altn Klassicka wie die „Hülsenbeckschen Kinder“ von *Philipp Otto Runge*, „Eismeer“ von *Caspar David Friedrich* un die noin Klassicka von *Corinth* bis *Liebermann*, schpehziell die Lindnterrasse von Jakopp anna Elpschosseh. Un die Klassische Modääne von *Beckmann* üba Zigeuner-*Müller* bis *Kokoschka* un *Nolde* un di Espressonisten. Die Wiadukte un der goldene Fisch von *Klee*: iss doch nett, wemman gude-alde Bekannde wiedatriff!

Da kompass denn auch nich umbedink auf künzlarisches Weltniwoh an. Denn wennu alz Musejum kein richtihgn Ehtah haß, nimmssu wassu geschenk kriss, zum Beispiehl alz Schtiftunk. Unt Bottischelli un Pikasso iss denn ehm nich drin. Aba wia wolln ja auch nich mitn Luwre oda Prado oda Metropohln-Musejum in Nujork konkurian. Kannz ja ne Stehtereise hinmachn, wennu di umbedink sehn wiss! Wie hahbm schließlich unse eichnen Kunzschaffnden wie die vom *Künzlaklub* von 1896 oda die *Sezesseon* oda *Horst Janssen*.

An sich iss die Kunzhalle jah n antikes Geboide – natüalich alles „Neo“ wie das 1869 so ühplich wah. Den hahbm si nun renowiat un die Eingankshalle hübsch gemacht. Trohnt hoch aufa ejemahlign Bastiohn Winzent vom Wallring nehbm Haupbahnohf. Unt wo früa mah der Kunzfe'ein wah, steht jetzt grohßn weißn Klotz mit via Stockwääke, wodu duichn unta'eadischn Gank hinkomms.

Das iss die Gallarie der Gehgnwaht. Und di iss natüch voll mit „Gehgnwarzkunz“, von Popp zu Opp un wieda zurück. Aba laß man, manches is weaklich ganz nett. Unt man muss ja nich alles mögn. Koss ja nich unsa Gelt! Allz in allm issas Ganze doch ne bunte Mischunk. Angehplich iss Hambuich ja ne kunzfeintliche Statt. Aba immahin iss die Kunzhalle alles zusammgenomm das gröhßte Kunzmuseum in Doitschlant. Flechnmehßich gesehn.

Unt wennu Freitach hingehß un üba fümmunsechzich biss, krissu Tass Kaffe un Blechkuchn umsonz im Cafe Liebermann: das heiß „Goldena Freitach“.

Kunzungewääbe

Kunzungewääbe is auchn Musejum, aba einz, das wia imma nich so richtich äanz genomm hahbm. Wasn nu: Kunz oda Gewääbe? Oda Kunzgewääbe? Da stehn zumbeispihl allde Musiekinschtrumente, Schpinett, Schembalo un so: Iss nich Kunz, aba so richtich Gewääbe auch nich, ehm Wääkzoige füan künzlerisches Gewääbe. Un Gebraußkunz: Plakahte, un Textiljen un Juhgnschtihl. Aba hoide reich das alles nich: da müssn richtige Austellungn hea, damit Puhplikum angezohgn weat. Und tatsechlich: wir sint da ma hin wehgn ner Fotoaustellunk von *Arno Schmidt*. Hass richtich gehöat: Schmidt seine Romahne kannzja nich austelln, aba zumglück hadda auch fotografiat: sein eichnes Haus undi Landschaff in Barchfelt, natüch alles flach. Nua füan Hausgebrauch, mitna Jaschika, aba iss hoide füa ne Austellunk imma guht. Unt wah auch gahnich schlecht: guhtes Auge, ungewöhnliche Blickwinkl, hochemfintlichn Fehm in 4 mal 4. Pah heddich auch hingekrich, aba hatzich gelohnt. Unt annamahl *Janssen*: auch Fotos, aba denn übagemahln. Undi eaßn fümmunsiepzich Jahre von *Rühmkorf* – auch viele Fotos, aba auch Dokumente un Manuschkripde un alles: der hadde sebs schunn orntlich fuer die Nachwelt gesammlt.

Alladinks: zwölf Oiro iss auch kein Pappmstihl, aba die Lehdi anna Kasse sacht, da könn Sie ganzes Museum füa ankuckn. Wolltn wia doch gahnich! Aba fleich Sondaaustellunk *„Pracht und Macht – der Dresdner Hof 1600“*? Mit Golt un Edlsteine un silbane Schahln un Pokahle un Waffn un Straußneia? Senkju werri matsch. Aba dann hahbm wia uns doch noch was andriss angekuckt: *„Natur ganz Kunst – Positionen zeitgenössischer Gestaltung“*. Wie bidde? Konntn wia uns auch nicks unta foastelln! Klink wie falsches Doitsch. Wahn Gebraußgehgnstende in künzlerische Gestaltunk mitn Natuabezuch, aba so dassu garrantiat nicks von gebrauchn kannz. Das meiste wah hohchgrahdign Kitsch, aus Glas, Plastik, Filz, gepresste Bluhm, Holz un Schaumgummi, unt natüch grellbunt. Aba pah wahn lustich: Von weitn siehßuhn via Mehta hohn Kandelabakaktus, aba außa Nehe hattan grühn Pullohwa an: gropp gestrick, dassas außieht wi di Rippm am Kaktus. Oda n Sessl in Gahtn aus Rahsn! Ganz eimfach, hahbm sie im Fideo gezeicht: Pappstücke verschachtlt in Sesselform, Ääde reingefüllt un rübagestroit, Grassahm drüba geseht, pah Wochn gewahtet un fettich is der Gahtnsessl. Konz sogah alz Bausatz kaufn: Pabbe mit Schnittmusta unne Tühte mit Grassahm!

Aba denn wah auf eima schunn secks un Schluß. Also, ich weißnich. Unt Senioan-Emehßigunk gieps auch nich. Aba immahin: donnastachs nach fümf is billiga, un denn iss auch bis noin auf. Mussu nua wissen! Oda du wahtess bis eimah im Jah „Kunzmeile“ iss: denn kanzu füan Sondapreis alle möhchlichn Museen ankuckn.

Grifflkunz

Inna eaßn Klasse haddn wia ne Schiefatahfl – echtn schwattn Schiefa mitn Holzrant. Wahscheins wolltn sie Papia spahn, wenni Lüttn schreibm lärnten – kannz ja imma wechwischn, wennu dich mitn Griffl feschriem haß, wah ja aus Kreide. Brauchtich aba nich, konnte schunn schreim. Aba Griffl iss nich nua Kreide. Die altn Röma hahbm schunn mitn Griffl in Waxtahfln geschriebm un denn iss alles, womiddu Lihnjen ritzn kannz, n Griffl. Un wennasn Künzla macht, issas ehm Grifflkunz. Kannz auch Grafik zu sahgn.

Un Grifflkunz is auchn Fe‘ein, den Lehra *Johannes Böse* noinzinn-fümmunzwanzich aufgemacht hat, walla Kunz so billich febreitn wollde, daß auchn Ahbeita das kaufn kann. Da hahbm denn viele Hamburga Künzla ihre Bledda günstich zu Fefügunk gestelld – wahja auch Wääbunk füa sie. Zufech wah Böse anna Schule in Langhorn, wo ich zuschule gekomm bin un wo mein Mudda bis dreiundreißich Lehrarin wah. Unt so wahn meine Eltan da auch Mitglieda unt konntn sich viamahl im Jah n Blatt aussuhchn. Beziunksweise musstn: die Bilda woadn dann imma modäana unt fantn sie nich mea alle so toll. Schehnfalz hahbm wia daduich pah intrissante Stügge geääpt: Zum Beispihl was von *Fritz Schaper* un *Arthur Illies* vom Hamboagischn Künzlaklubb von achzinn-siemunnoinzich, un *A. Paul Weber* un *Horst Janssen.* Aba in Janssen-Kabbinett inna Kunzhalle heng die nich. Wahn wull zu gewöhnlich duich hoe Auflahge.

Grifflkunz-Feein giepas hoide auch noch – zeign ihre Auswahlbilda nu in achunachzich Orte inna Republik! Zentrale iss abaních mea inna Fritz-Schumacher-Schule. Iss jetz inna Seilerstraße in Sampauli. Wull wehgn der

Laufkuntschaft: fleich henk sich mahn Seemann n Stück Grifflkunz anni Kajühtnwant! Obwohl: die komm ja gahnich mea nach Sampauli.

Denkmale

Denkmale gieps inna Statt wie Hambuich natüch wie Sant am Mea. Opp dia einz gefellt, iss einaseiz Geschmacksache. Außadehm hahbm die Loide feschiedene Fostellungn, von woman appunzu an denkn will oda gemahnt werdn soll. Un dascha schließlich der Sinn von som Denkmahl. *Heine* wah zeitweise, sahgn wia mah, umstrittn, hoide iss kein Proplehm mea: steht aufm Rathausmahk. Ein von unsn afrikahnischn Kolonealoffssian, Majoa *Wissmann*, hadde n schöhn Plazz voa der Uniwäsitäät – bis sie ihn achunsechzich umgeschmissn hahbm. Nu issa eankwo innem Depoh. *Kaisa Willem* (der eaßde) steht in Aldona außerechnet am Plazz der Repuhblihk, un *Bismarck* steht aufm Stintfank. Un in Ohzdorf aufm Friethohf wimmlt das nua so von Denkmehla.

Steffanzplazz issn besondas dankbahn Ort, wennu Denkmale studian wiss. Da stehtn grohßn Betongklozz un untn maschiat ne Kolonne von Soldatn imma rum. *Deutschland soll leben und wenn wir sterben müssen* stehda auf. Kannz dia wull denkn, von wann das iss. Son Klozz kannzu ja nich so leich appreißn, un Beschmian is auf Daua auch keine Löhsunk. Deswehgn sollde *Alfred Hrdlicka* aus Wien n Gehgndenkmahl machn – mit was Kriech weaklich bedoitet, mit Zerrissnheit un Kaos un Leit un Toht. Iss aba nua halp fäätich gewordn, das Gelt hat nich gereich, wassi ihn zahln wolltn. Aba wemmam bedenk, dass auf dehn andan Denkmahl die Soldahtn imma im Kreis rumlaufn, denn wollde *Richard Kuöhl* mit sein Klotz fleich noinzinn-sechsundreißich auch schunn die Sinnlosichkeit von Kriech andoitn – so alz heimlichn Widastant. Iss aba außa mia noch keina auf gekomm. Und dass die Gesichta schunn ganz wechgewiddat sint, iss ja auch irnkwi sümbolisch: *Soldat Soldat, ich finde nicht / Soldat Soldat, dein Angesicht.* Sahch Wolf Biermann. Alza noch gehgn Kriech wah – speta den Irak-Kriech fand er ja gut.

Gottzeidank steht nehman nochn drittes Denkmahl, an dehn wia uns froin könn. Anna Bus'haldestelle steht (oda bessa liecht) ne Kleine Liegnde von ein gewissn *Edgar Augustin*. Un die iss viel hüpscha alz die Große Liegnde von ein gewissn *Henry Moore*. Wo wia da wull an denkn solln!

Wenn du alle Denkmale ankuckn wolldest, hezzu viel zu tun. Das sint nemmich Tausnde, von einzelne Schtatuen bis hin zu ganze Geboide-Ansambls. Besser gahnich an denkn!

Schlumper

Warum Schlump Schlump heiß, weiß offmbah kein Mensch. Warum die Schlumper Schlumper heißn, iss klah: wall sie im Stadthaus Schlump vonnehn damahljen Alzadorfa Anstaltn angefang hahbm. Kannzir fleich denn schunn denkn, dassas Loide sint die mitn nommahln Alltachslehm nich so recht klah komm. Aba einz könn sie: mahln. Un denn könn die Geleatn sich lange un ausgiebich zankn, opsi Behindate mitn künzlarischn Talent sint oda Künzla mitne Behindarunk. Jehnfalz hahbm sie jezz ne Wääkstatt im ejemahlign Schlachhohf in Sampauli unne Galari nehman. Unt ein haupamtlichn Mahla un nehmamtliche Praktikantn untn gemeinnützign Fe'ein kümman sich da um, dassas alles funzoniat.

Eimah wahn besondris Tema dran, un denn gahps ne Ausstellunk inna ejemahlign Rindaschlachthalle. Tema wah passndaweise Tiere. Untn hingn Bilda, un ohbm rinksrum wah ne Gallarie mit lauta kleine halpoffne Attljehs un auch Bilda. Wie imma beine Wennissahsche gahps Glas Wein oda Sekt un Salzbrehzl un E'öffnunk un Ansprache un Fostellunk der anwehsndn Künzla. Einige konntn sich gut festendlich machn, andre hahbm gahnix gesahcht, un wieda andre konnzu nich richtich festehn. Aba waschunn klah, dassi seit üba dreißich Jahn mea oda wehniga Beruhfskünzla sint un nicht nua dankbare Oppjeckte von Sozealahbeit mit künzlerische Middl. Klah, ohne Betroiunk gehdas nich. Aba wassabei rauskomp, iss ohne Zweifl Kunz. Manches is natüch büschn kintlich, so ehnlich wie bei *Grandma Moses* in Amerika. Aba bei manchn würzas nich merkn, wenn die ganz nommahl inna Kunzhalle, Abteilunk Gegnwarzkunz, hängn wöadn. Opp man die dann alle schön findet, iss ne andre Frage. Aba die Frage stellzich meine Meinunk nach stellnweise auch bei andre heilige Halln der bildndn Kunz. Unt man mussja nich alles schön finden: das wehr ja direck n Zeichn von gönnahafte Herapplassunk un manglndes Ernznehm alz Künzla.

Im nehstn Jah woade ein Traum wahr: ne Ausstellunk inna Kunzhalle. Gut, wahn Riesn'erfolk. Aba ich finde, den richtign Duichbruch issas eaß, wenn inna Kunzhalle n Bilt von ein behindatn Künzla oda Künzla mit Behinderunk henk – *untas steht nich dabei un das merkt auch keina!* Unt dabei mein ich nich van Gogh…

Graffiddies

Narrnhende beschmian Tischunwende – so hahbm wia das geläant. Unt damahz wah das direck auffallnt, wenn ma anne Fabrihkwant geschriebm wah: *Tommi go home*! Füa wer das nich mea weiß: Bei unz wahn die Tommies, was inna annan Besazzunkszone die Ammies wahn. Hoide heißn die Mauazeichnungn ja Graffiddies un da stößdu pracktisch üba'all auf. Ich mein jezz nich die klein Krizzelein wie in Pissoah oda anna Hauswant auf Augnhöe vonn Achjehrign: *Natalja is doof.*

Wennu mit Schprehdohse was anni Want sprühß, iss ja hoide schunn offizeelle Kunz, unt wern Bücha un Biltbende üba geschriem. Ich gehp zu, dass da manchma auch echde Künzla am Wääk sind und sowas wie „basisdemokratische" Kunz entstehn kann. Aba andraseiz: Fahpdohse kaufn un was anni Want sprizzn, un fettich is der Lack, iss noch keine Kunz. Giep ja direck schun Gebraußanleidungn füa. Das ischa schunn fass induschtriell un Massnware, un wo iss da die Keratiwiteht! Fleich issas mea die Mutprobe, woas ja febotn iss un denn wirssu fleich zu nüzzliche Ahbeit fe'uateilt oda muß zehn Seitn schreim: *ich dahf keine Wende beschmian…* Aba is auch gefealich, wenn du bein Zuch anni Obaleitunk komps. Sint schunn manche bei umgekomm. Da wahtet man doch bessa bis wenn in Hahbuich 500 Mehda Flutschutzmaua offiziell freigegebn werdn un hunnat Schpreja aussa ganzn Republik sich fe'ewign döafn.

Aba dass iss nix füa die anonühm Tehta: Viele Schprehs sint ja irnkwi Buhstahbm oda so was Ehnliches un das solln denn Ekennunkszeichn sein, von Juhgndgengs mit oda ohne „Migrazohnshintagrunt": Wer wah ea hia oda wem sein Rewia iss das. Gääne mitne Aht Zeichnsprache – mit „Tags". Das isso ehnlich, wie wenn Hunde n Bein hehbm undn Zaunfahl „markian". Noiadinks sießu auch sowas wie „Eat the rich", das is Englisch und heiß "Iht se ritsch". Das sint denn die Loide, dien Büffeh aufn Süllberch plündan oda n Edl-Dillikatessngescheff ausraubm. Und mein, dass iss die Rewolutzion.

Aba wenn da anna Ufamaua in Noimühln in mehtahohn Buhstahm steht, so daß mannas auch noch fonna Fääne aus sehn kann: JASMIN ICH LIEBE DICH denn bin sogah ich noch gerüat. Unt wöade Jasmin fleich gäane mah kennläan… Und wenn anne Miezkasääne in Aldona ne gemahlne Entnfamilje anna Want lank wahtschlt oda anna Flutschuzzmaua beim Baumwall eimfach „Glück" angeschriem iss, denn iss das ja irnkwi po'edisch. Da mussman denn Auge zudrückn un denkn: so was heddn wia unz früa nich getraut!

Unnu noch ne Preißfrage – hahbm unse Beamtn Humoa oda wahn das auch wieda nua Narrnhende, wenn aufn zwei-mal-zwei Meda grohßn Bettongklotz am Elpufa angeschpreht iss: *Bitte nicht mitnehmen*?

Stumfkunz

Kunz giepas ja in alln Gröhßn: Bei Bildas finnzu Riesnschinkn von pah Kwadrahtmehta un winzige Mineatuan von pah Millimehta, un alles dazwüschn. Unt beia Bilthauarei kamman majchmah denkn, di Künzla mein, je gewaltiga je bessa. Dabei meinich noch gahnich mah Riesnschtatuen wie von Schtahlin oda Saddam-Hussejin oda unsan Bismahkdenmahl. Auch das Soldatndenkmahl am Steffanzplazz un das Gegndenkmahl von Hredlicka sint ja ganz schöne Jonnies. Dabei gahpas schunn imma auch lütte Plastickn, wie in Saddinien oda im altn Rom. Aba die wahn empwehda füas Zimma gedachd oda füas Grapp zum Reinlehgn – klah dassi da nich zu grohß sein döafn. Kriss ja viel mea in die Grube, wenn die Dinga lütt un hantlich sint! Aba Kunz in Frein iss doch meist ziemich grohß. Fleich denkn die Künzla oda di Auftrachgehba, dassi Oppjeckde sonz übasehn werdn. Bein Störtebeka-Denkmahl am Brooktoa kann daschunn passian – happ sebs lange gesuhcht, bissich das gefundn happ. Iss auch nua einz-fuffzich grohß. Wah fleich Appsich vonna Stadt: Denkmahl muss sein, aba biddeschöhn nich zu grohß – wah schließlich Stahtsfeint Numma Einz damahlz voa sechshunnat Jahn! Aba nu hahbm sie ihn doch gut sichbah gehnüba vom Maritiem-Museum gestellt.

Aba denn happich Plastick im Frein gefundn, die kamman tatzechlich leich übasehn. Einesteilz, wallsi weaklich ziemich lütt sint. Annaseitz, wennu nich genau hinkux, kannzu denken, da liech nuan rostign klein Stück Eisn oda Blech. Wennu aba eaßma zwei gesehn haß, weaßu noigierich un denks, da sint fleicht noch mea. Un iss tatsechlich so: am Elpwandawehch zwüschn Öwlgönne un Mühlnberch da liegn sonn pah ferrossdede Eisnstehbe aufm Baumstumf, und wennu genaua hinkux, siessu, dassas zwei Figuan sint, wie Strichmennchen aus Eisn: eine sitz aufa Kannde, andre liecht. Unt aufn klein Messingschilt steht: *Sie: Ich springe jetzt. Er: Ich komme gleich.* Hat nemmich noch was zu tun; sießu aba nua, wennu genau hinkucks. 'Chnehm an, dass issn Gleichnis ausm modään Beziunkslehm. Stück weida lenks, mank wuchandn Efoi anna Böschunk issi Schnittfleche von eim Baumstumf mit Allublech beschlahgn – un da drückd sich doch tatsech n Gesicht duich, Stean, Nase, Munt, zue Augn. Zumindest oregenell: wiene antike Baumnümfe, die inz Freie will, nachdehm ia Stamm abgesehch iss! Nochn Stück weita, links aufm Sant, wiedan Baumstumf. Da issn silbanen Kopf in zwei Helftn, vorne un hintn, un kuck mit blindn Augn aufi Elbe.

Eaß dachtich, die Kuntschule hett da mah ire Studentn losgelassn. Happ denn spehta im Intanett rausgefundn, dassi alle von ein Künzla nahms *Manfred Ritthoff-Lienau* stamm. Un er hat rinks um die Außnalza schon was auf Baumstümfe genahglt, unt auch in andre Stehte. Un frahch gahnich voahea… Aba ich fint, iss ne Bereicharunk. Un stöat auch gahnich!

Das fantn einige aba wull doch, denn hoide sint sie alle wech. Und wassich ohm wie Gehgnwaat geschriem happ, iss nu Fengangheit. Schade eintlich.

Klein Trost sint da die beidn klein Brongße-Ameisn ausn Ringelnatz-Gedicht anna Ebschosseh aufm Wehch nach Auschtraljen. Bissi wieda von Wandahln geklaut werdn...

Wassakunz

Was macht denn der Typ da auf seiner Mini-Insel – sahchte ne Froindin von außahalp, alzi nojch zu Besuch wah. Ich sahch, dass iss kein Tüp, dass iss Kunz – Wassakunz! Woso dat denn? Eintlich iss Wassakunz ja was andriss: nemmich im Middlalda die Wassafesorgunk inna Statt, komplett mit Pumpm, Röan, Hochbehelda un alles. Und hat Hambuich n besondaren Bezuch zu: Wall wia ehbm keine anstendige Wassakunz haddn, is 1842 die halbe Statt abgebrannt. Un daß die Wassafesorgunk direck ausn dreckign Fleetn kam, iss auch mit feantwortlich füa die Kollara-Epidimie von 1892. Da mußde denn erst n englischn Inschenör komm un das ma auf venümftige Füße stelln: *Sir William Lindley.*

Aba ich fint das Wort pass gut füa Kunz, die im Wassa oda aufm Wassa iss – als Spezealfall von „Kunz in öffntlichn Raum".

Zum Beispihl der *Stuhlmann-Brunn* in Aldona. Iss richtich ne Monumentalplastik mit mütologische Figuan, Nixn un Zentauan bein Fischfank unzoweida. Sollde mal den Kamf von Hambuich un Aldona wehgn Fischereirechde fedoitlichn. Merks aba nix von, wennu den hoide ankux. Un opp ein der Brunn gefellt, is Geschmaxsache. Brunn hahm die Loide ja schunn imma mit künzlarische Aussagn feziat. Ich sach nua Fontanatrewi in Rom! Oda der Hygieia-Brunn in Rataus-Innhof. Aussprache is nich eimfach, hat aba tasechlich was mit Hügiene zu tun. Is nemmich zu Erinnerung anni Kollara-Epidemi. Göddin Gesuntheit (gleich Hügiene, obm'auf) besiecht den Drachn (gleich Kollara, am Bodn).

Aba der Mann im Wassa is noch n Spezealfall vonn Spezealfall. Iss toischnt echt un lehmsgroß, unt soll den Betrachta femutlich zu was anrehgn. Zu was, weißich auch nich genau. Vielleich wie bei Hase-un-Igel: er iss imma schun da. Schon wennu midda Bahn nach Hambuich komms und üba der Süda-Elbe zufellich nach rechs ausn Fensta kucks: da steht er im Fluß. Unt wennu nixahnt um die Außnalza feaß, da steht auch schon ein. Un ein steht bei Öwelgönne un kuckt die Kontenafrachta an (oda dreht ihn den Rückn zu). Un damit die Außnbezeake nich zu koaz komm, steht ein in Bäägedorf im Serrahn-Hahfnbeckn. Un feantwortlich iss ein Künzla nahms *Balkenhol.* Der hat uns auch noch annare Freiluffkunz bescheat: den Mann aufn Giraffnhals foa Hagnbehk un di beidn Lankbeinigen foa den Büchahalln am Hünapostn hintan Haupbahnhof. Aba das is denn keine Wassakunz.

Aba nu das: Middn inna Binn-Alza kuckte da n riesign Fraunkopf ausm Wassa: via Meta hoch. Unt saß offmbah auf Grunt: denn voa ia kucktn zwei Knie raus. Un nich eppwa Bronze oda sowas, sondan Schtüropoa, sah aus wie in echt. Wahn Kunzprojekt: „Die Badende", von *Oliver Voss*. Die Meinungn dazu wahn geteilt. Gah nich schön, sahgn die einen, un was soll das. Un die andan sagn, is sümbolisch füa die saubare Alza, kanzu wida in bahdn. Aba nach zehn Tagn wah sie wida wech. Wah wull doch noch büschn kalt, in Hamburga August. Un nu issi fleich auf Mallorka oda inna Südsee.

Liebermann

Un was hat Max Liebermann denn biddeschön mit Hambuich zu tun – der wah dochn Belihna! Stimp. Also, eaßma hahbm wia ne Liebermannstraße, aba dassja keine Kunz. Aba denn mussma inni Kunzhalle gehen: einz vonnehn berühmdesdn Bildan iss die *Lindenterrasse* von Jakopp anna Ebschosseh. Un die iss von? Genau. Unt inna Kunzhalle gahps extra ne Ausstellunk mit Bilda aus Liebermanns Gartn am Wannsee. Da hadda fümmundreißich Schahre lank gelehp, bis zu sein Toht mit achunachzich, un da konntn ihn auch die Nazis nich fetreibm. Un sein Lieplinxmodell wah sein Gahtn. Da hadda massnweise Bilda von gemahln – rahtma wieviel: zehn? zwanzich? Nee, zwei-hun-dat! Wo die jezz wull alle hengn! Denn woada das Grunstück enteichnet, unt nachn Kriech wah da lange n Tauchklupp un nu habm sie den Gahtn wieda in allde Schönheit reschtoriat.

Aba da wah Hambuich denn wieda schnella. N hochhääzign Spenda hat fümmundreißichtausnd Moise locker gemach hat, un nu hahbm wia auchn Liebermann-Gahtn: anna Ebschosseh. Aba da kucksu natüllich nich aufm Wannsee-Uhfa. Sondan viel bessa: aufi Elbe un Köhlbrant un aufn Kontenatörminel. Ungefea da, wo Kollege Corinth auch mahn Elpblick gemahln hat.

Fah ich jezz imma an fobei un denn happich mia das noilich mah außa Neje angekuckd. Is tatsech ganz hüpsch gewordn. Nu müssn wia ihn nua noch mit den Belina fegleichn. Oda auch nich.

Voss-Bilder

Alz wia klein wahn, nachn Kriech, gahp das „Butter“ und „Gute Butter“. Gute Butta wah richtige Butta, aba di wah knapp un toia. Deswehgn hahbm wir Magarine gegessn, aba Magarinebrot klink ja büschn nach ahme Loide, un darum hieß Magarine auch Butta. Aba ehm ohne „gute“. Die Idee mit Magarine hatte schon Napolium der dritte als Feflegunk füa seine Amee, aber so richtich in Schwunk is die „Kunstbutta“ eaß speta gekomm. Damit die auch angenomm woadn, krichtn sie attraktive Nahm, zum Beispiel „Rahma“. Das „h“ mußt sie aba wechlassn, wall das ja numah kein Rahm wa. Sanella iss auch schun üba hundat Jahre alt, „San“ sollte wull nach Gesundheit klingn, wahja ne reine Flanznmagarine. Hoide giep das zig Markn, aba wassas nich mea giep, iss Voss-Margarine, von den Magarine-Werkn von Hinrich Voss in Baambek.

Die hahbm wia gehabt, und zwah wegn der Voss-Bilder. Hoide gieps Panini-Bilda von Fußballspiela un Harry Potter un was nich alles. Früa gahp das Sammlbilda, die man bein Einkauf füa alles Möhchliche krichte und denn inn Album einklehbn konnde, zum Beispiel vonna Olümpiade in Bellihn oda „Die Hölle am Cotopaxi“ in Ecuador. Füa Schokolade, aba voa allm füa Zigarettn. Sanella hadde auch wejche, aba die bestn gahps bei Voss-Margarine. Die wahn nich so lütt wie die andan, sondan fast wie ne Heftseite, aba voa allem wahn das Tiabilda. Und zwa von echtn Künzlan gemahln. Un nicht einfach nuan Tiabild, sondan richtig mit Landschaft unt Hintagrund. Unt aufa Rückseide wahne ausfüaliche Beschreibunk, fast wie Brehms Tierleben. Die meistn wahn von ein *Rudolf Fredderich*, dehn hoide wull keina mea kennt. Außa Schpezialistn füa Hamburga Malerei. Und ich kannte ihn, wall ich als Junge mal bei ihm Zeichn‘untarricht hadde. Und das wah, wall seine Frau mit mein Mudda aufn Lehraseminar gewehsn wah...

Wennu die Mahla vom Hamburga Künstlerklupp von 1897 kennz, wie Illies un Schaper: bei dehn hadda geläänt, aba wah grad büschn zu junk füa berühmp zu wäädn. Und denn kam der Espressionismus, un Landschaff un Tiere un Menschn, so wie du sie siehß, wollde keina mea sehn. Aba in den Voss-Bildan lehp er weida. Solange die noch lehm. Immahin gahp das mah ne Ausstellunk im Aldona’a Musejum dazu.

Gesampkunzwääk

Alzich klein wah, wahn wia mahl inne Aht Musejum irnkwo inna Landschaff sühtlich von Hambuich, wo alles bunt angemahln wah: Wende, Deckn, Fuhßbohn. Aba ich konnt mich petuh nichmea e'innan, woh das wah. Unnu habbich zufellich inn ein Proschpeck gelehsn von eine künzlarische Einrichtunk bei Jestebuich inna Northeide, die heiß Kunzstette Bossard. Un issn sogenanntn Gesampkunzwääk. Manche Künzla habm nemmich die Neigunk, nich nua einzlne Kunzwääke zu ezoign, sondan wolln ganzn Ambi'ente gestaltn. Is noidoitsch füa Lehmsraum. Unt so sint wia denn mah eingetauch in den Lehmsraum von Johann Michael Bossard unt sein Frau Jutta, di mah alz sein Schtudentin angefangn hadde.

Un denn das Kunstwääk. Er wahja Lehra füa Bilthauarei anna Kunzgewääbeschuhle, und Ekspääte füa Kunz am Bau un hat denn auch in Hambuich an öffntlichn Geboidn seine Spuan hintalassn. Aba wah nich zufriedn mit. Hatsich Riesngrunstück gekauf un noi gestaldet: Ohpsgartn un Kroitagartn un Lindn'alleh un Fichtnschonunk un büschn Heide'immitatzjohn mit Wacholda. Und denn die Weatschaffsgeboide: Schweinestall un Hühnastall un Taubmschlach – allnz für Sebsfesorgunk; iss ja nix gegn zu sahgn un gehöat zuhn Gesampkunzwääk. Unnu komp die eintliche Kunz: eaßma schunn die Hoisa künzlarisch entworfn: Riesnwilja unt danehm n Tämpl: Alles in mehrfach gebrannte roe Klinka un denn imma Erka un Nischn un blauglasiate Figuan dadrin. Un denn kommpsu rein in Edda-Saal. Klink ja schunn ziemich gemmanisch, iss aba schunn von noinzinn secksunzwanzich. Un denn bissu übaweltticht, wall die Wende von ohbm bis untn bunt bemahln sint. Unt bunt heißt nich nua fahbich, bunt heiß weaklich bunt: grell bunt, schreint bunt, brüllnt bunt. Aba nich hell bunt, mea düsta bunt untu wünsch dia nuan ganz klein büschn weiß irnkwo. Aba nee, das hätt wull nich inni Filosofi gepass. Denn gieps n Eros-Saal, aba is nich schweinisch, nua bunt. Untn Meachnzimma. Büschn Juhgntschtihl, büschn Espressonismus, aba vor allm bunt. Und ich weißnich, oppichas sahgn dahf, aba eankwi haddas alles auch was von grandeosen Kitsch.

Und in Gahtn un aufn Rahsn foan Haus stehn lauta Schtatuen, aba von dehn sint nua pah bunt, gääne blau glasiat. Die meistn sind weiß oda hellgrau. Direck wohltuhnt. Unt zuhn Gesamtkunzwääk gehöat auch noch Musiek (hat Frau Jutta sebs komboniat), sebsgezüchtetn Salbeitee, und sebsgebacknen Kaffe-un-Kuhchn. Dehn gieps in klein Kaffeh im Inn'nhohf. Un schmeck außezeichnet.

Jehnfalz issas Ganze n Elehpnis eichna Aht. Nicht umbedink schön, aba sehnzweat. Eimal im Lehbm. Oda in mein Fall zweimah.

Wolkn

Schlehswicholstein soll ja das Lant middehn schöhnstn Wolkn Doitschlanz sein. Damit wolln sie wull diskret feschleian, dassi übahaup sofihl Wolkn hahbm. Naja, Hambuich is da auch nich ohne. Oppwohl andraseiz, in Stuttgaht hahbm sie angehplich auch nich mea blaun Himml alz wia. Wedda is ehm mah so un mah so, wie das Wedda ehm so iss. Unt hahbm wia alle Tage, unt kennt jehdn.

Da frahßu dich, wofüa man ne Kunzaustellunk üba Wolkn brauch, un gleich in zwei Musehn! Iss wull, wall wenn ein alz Musejum die Künzla ausgehn, un Picasso un Klee un Rembrandt wahn alle schummah da, denn mussu dia was Noies einfalln lassn. Unt so zeign sie denn in Buzeriushaus am Ratausmahk Wolknbilda aus viahundat Jahn. Fenk an mit alte Hollenda, denn nich ganz so alte Englenda, denn die Itajena. Eaß nua alz Hintagrunt, und denn aba Wolkn annunfüasich: Himml weat imma gröhßa un denn passn auch imma mea Wolkn innas Bilt. Die hahbm damahlz direck Fe'eine gegründet füa Wolknstudium, unt Hantbücha, dass man die auch richtich hinkricht un nich eimfach nua blaue Kringl mahlt. Aba ein Grunt wah auch, dassi noch keine Fahb-Dias haddn: da mußtn die Wolkn denn richtich echt aussehn. Unt im Zwanzichsn Jahhundat kahmas dann nich mea so auf an. Da habm sie denn mea so hingetüpflt oda gestrichlt oda mitn breitn Pinsl hingehaun.

Das wah follkomm blaun Himml, alz wia wieda rauskahm, unt so sint wia denn mitn 36er Buss von Rathausmahk nach Toiflsbrügge gefahn, denn die zweide Ausstellunk wah nemmich in Jenischhaus. Und wi wia so duichn Pahk gehn, da ziehn doch plötzlich – du glaupsas nich: Wolkn auf, un nich zu knapp, und bevoa wia ankahm, wahn wia schon beinah duichgenesst. Un wie wia denn zwüschnduich ausn Fensta kuckn, da donnat das un hahglt un schüddet un Stoazbeche laufn üba die Wehge – könnz mein, das wah alz Begleitmusiek un Illuschtratzjohn füddi Ausstellunk gedacht!

Da hahbm sie nemmich wissnschaftlich gezeicht, wie die Metorologie um Achtzinnhundat efundn woade, einschließlich Wolkn, mit Nimbus un Zirrus un Kumulus un-un-un. Unt die Mahla imma in die Foalehsungn gegang unt denn richtich nachn Hantbuhch Wolkn gemahln, damiddas auch Hant un Fuhß hadde. Issja gah nich so eimfach: Grahd hassu angefang, ne Wolke zu mahln, issi schunn wieda weitagezohgn. Alz Künzla braußu denn so ne Art Katalohch oda Mustabuch, wo du dia deine Wolknberge aus zusammbastln kannz. Deswehgn sehn die ganzn Bilda einaseiz feschiedn aus, aba denn auch wieda ziemich ehnlich, un wennuhn Dutznt gesehn haß, hassu das Gefühl, du hassi alle gesehn. Außa di Modean: da iss nich mea viel Natua in, sondan mea von ihre innare Weate. Wah trotzdehm intrissant – Kunz is ehm mea alz eimfach appfotografian!

Wissenschaff

Im Deutschen Elektronen-Synchroton (Desy) in Bahrenfeld

Uniwäsitet

Voa hundat Jahn meinte „Ein Hoher Senat“ noch, Hambuich brauch keine Uniwäsiteht. Stuhdentn hahbm nua Unsinn im Kopp un was füas Geschäff lään si anna Uni soweso nich. Da fänk man bessa als „Kommis“ – das wah damahz n Azubi im Büro. Un ahbeitet sich denn hohch bis man beim Sündikuss oda Senahtoa anlankt. Aba denn krichtn wia Kollonien, un da musstn die Handltreibmden un die Amztrehga ja auf foabereidet werdn, un dafüa brauchtn sie dann n „Kolonialinschtitut“. Un alz unz nachm eaßn Weltkriech die Kollonien denn apphandn gekomm wahn, hahbm sie denn schnell ne Uniwäsiteht draus gemacht. Dafüa hadde Koofmich Edmund Siemers n Gruntstück anna gleichnahmign Alleh zu Verfügunk gestellt. Mit pesöhnlichn Eisnbahnanschluß am Dammtoa. Aba die vitzichtausnd Schtudentn sitzn natüch nich alle im Haupgeboide, sondan inna ganzn Stadt feteilt. Wajch auch mah ein von. Damahz, das heiß zu meine Zeit, sahchtn die Schtudentn noch „Sie“ zuhnanda un die Professoan truhgn n schwaazn Umhank, wenn sie aufne Prozessjohn gingn. Wah nemmich graht noch ehm voa „Achunsechzich“ – danach wah denn alliss andas: Eltan doaftn denn die Kinda nich mea fehaun unni Professoan keine Schtudentinnn mea anfassn.

Denn wajch sebs auch lange aufa annan Seide, aba leida nich in Hambuich. Unnu wolldich demmah sehn, wie das hoide so zugeht, un happ mich mah unta die jung Loide gemischt. Un da issas nich mea so wie früa, dassu ein historisches Geboide hass, un das is dann *die* Uni. Wallas hoide soviel Studentn giep un so viele Fecha un Facklтetn, issas auf viele Geboide feteilt, die auch noch in feschiedene Statteile sitzen.

Also eaße Stazzjohn *Haupgeboide*: da wah graht ne Antritzfelehsunk vonna jungn Frau Priwahtdohzentin. Der Höasaal wah noch genauso schmuddelich wie damahz. Aba sollnu renohwiat werdn. Weat auch Zeit! Wo die Bauinduschtrie doch so am Bohdn liecht. Angefangn hahbm sie schunn mah mit modääne Anbautn, das heiß nich direck Anbautn: klein Sichaheizappstant von zehn Mehta hahbm sie gelassn, aba sieht doch fass aus wie sümmehtrische Seitnflühgl. Duichaus gelungn, oppwohl sie dafüa was vonna Moorweide abgeknappst hahbm. Unt wo der alde Innhohf aussieht wie inna middlaldalichn Burch, gieps innehn noin Lich un Luff unt wemman will, Middachstisch un Kapposchino.

Alz nehstes die *Mensa*: iss nich mea innehn gelbn Klinkageboide nehm Audimax, da iss jezz „Studierendenwäak“ (was imma das iss). Stattdessn gieps ne Mensa oda Kaffetiria beinah in jehdn Geboide – offnbah essn die Studentn hoide mea alz früa. Unt hass auch mea Auswahl. Nich nua Könichsberga Klops oda Körriwuss.

Im *Audimax* binnich ahms hingegangn. Da haddn wia damahlz die „Haupfolesungn“ gehöat un fleißich mitgeschriem. Braußu hoide gahnich mea, wall du alles im Intanet finz. Diesmah wah dan Foatrach von *Mss Goodall* üba ihre Affnhorde in Afikah. Leida auf Englisch un keine Dias, aba immahin hatzi uns auf Schimpansisch begrühßt. Das klank eankwi wie „Uaajujuh“ unt kanntich schohn ausn Tahzanfehm. Wah fleich auch alz Foabereitunk aufi Globisirunk gedacht. Bei dehn Schimpansn iss nemmich auch balt Schluß mit faul im Uawalt rumlungan un müssn sich in Swettschopp füa Billichlohn ihre Banahn fedien wenn sie nich zu „Buschmiet“ feahbeidet werdn wolln! Aba fleich happich da auch was duichnanda gekrichd. Wah auf jehdn Fall ökologisch korrekt un Puplikum wah zufriedn.

Aba die Mahkweatschaff sezzich doch duich: tachsüba kannzu im Audimax Pohsta kaufn – da gipas füa jehdn Geschmack was, un da dahf denn auch Schegewara nich fehln. Heddich nich gedach! Naja, Fidel hat ja auch noch lange gelehp.

Im *Filosohfntoam* happich n Gedechnisbesuhch im zweitn Stock gemachd: da wah nemmich zu meine Zeit das Püschologische Inschtituht. Aba hoide issas eaßns ne grohße Baustelle und zweitns iss da gahnich mea Püschologie: da sitzn jezz die *Gemmanistn,* alles ziemich düsta un middi ühplichn Aushenge am Schwahzn Brett. Opp jemand n Zimma inna Wehgeh sucht. Oda Nachhehfe in Middlhohchdoitsch.

Wall schöhnes Wedda wah, hat ein Professoa sein *Seminah im Frein* gemacht. Wah aba fleich pullidisch gemeint – gink irnkwie auch um Studiengebüan, ja oda nein, unt widi Mindaheit midda Meaheit umgeht, unt Brecht hat auch schunn gesaahch, die Regierunk soll sichn andres Volk wehln, wennas alde ia nich passt. Oppwohl damahz ginks noch um Walla Ulbrich. Aba ich finde, dass da nehman jezzn *Paakhaus füa Fahrehda* steht, iss doch auch schunn Fortschritt! Zu meine Zeit musste man imma middn Audo zur Uni fahn. (Wah nua Spahß – Pahkplezze gahps damahz auch schunn nich mea.)

Die Juschtiz hatn eichnen Block anna Rotnbaumschosseh. Un da sind alle Wende aus Glas: da kannzu von außen sehn, wie die in ihre Büros sitzn. Un kannz kontrollian, ob die auch nachz noch fleißich sint oda um fümf der Hamma fellt. Alz Ahbeiznehma heddich das doch lieba büschn priwat. Fleich soll das aba auch Transparenz inna Rechsflege sümbolisian.

Un zum Schluß noch *Kunz am Bau.* Issja hoide Foaschrift, aba opp dassn Fortschritt is, binnich nich so sicha. Einaseiz Stahlblechplastik anna Staazbiblotehk. Andraseiz Riesengemehlde anna Brantschuzzmaua.

Ich weiß nich: viele denkn ja gäan anni goldene Juhgnzeit zurück un wean am liepsn nochma zwanzich. Aba wassi fegessn: sie wean denn ja nich *damahz* zwanzich, sondan hoide! Un mit unsichare Zukumf un fesaude Umwelt un spehta denn noch vitzich Jah lank Rentna. Wennu hoide zwanzich biss, dann fleich von 2070 bis 2110, mussia mah foastelln! Un außadehm: wennu midda

Uni fettich wahß, krichdesdu früa denn nach secks Jahn ne Uakunde, dassuhn „Diplom“- wahß: Diplomfühsika oda Diplom'injenöa oda Diplohmzücholohge (beziunksweise –in). Jezz gieps „Betschela“ un „Mahsta“. Das geht dann angehplich ganschnell un kannz auch im Auslant was mit werdn: muscha hoide mobil sein, wennu mea alz ein Oiro fedien wilz! Unsan guhtn altn Diplom kenn die da nich. Die ältan Lehrkörpa hättn dehn Diplom gern behaltn, aba wia lehm schließlich in Orrohpa, untas Studium muss ja auch appunzu mah ausgemistet werdn. Andraseiz: intanatzjonahl sint bei feialiche Anlesse noch Talare ühplich – fileich kriegn wia denn ja auch dehn „Muff von tausnd Jahn“ wieda, un die ganze Studentnbewegunk wah umsonz (oda fenk wieda von vorne an)!

Aba *Loriot* hett sich gefroit: dann hedde seine *Eveline* zu ian Jodl-Diplom auch nochn Jodl-Mahsta machn könn, wennsi umbedink was Eichnes hahbm wollde!

Desi

Noich happich Desi besucht. Nich Daisy wie in Desi Dack, die Felohpte von Donald. *Desy* heiß das offizeell, das is in Bahnfeld, und is ne Apköazunk von „Deutsches Elektronen-Synchroton“. Das soll nu eina festehn! Soll aba ganich. Is nemmich Wissnschaff, un zwah hochkomplezierde Atomfüsik, wo sogah n nommaln Füsika nich mitkommt. Soll aba doch, denn das wah die „Nacht des Wissens“, wo du übaall ma reinschnuppan konntest, wo Wissn draufsteht. Da habm allahand Inschtitute in Hambuich unt drumrum ire Tüan aufgemacht un die Bevölkerunk eingelahdn, sie solln sich mahn Bilt machn, wofüa unse Stoiagelda so ausgegehm werdn. Da konzu bei üba fümfzich wissnschaftliche Einrichtungn hingehn und nointausnd Wissnschaffla aufi Finga kuckn. Aba denn issas wie bei den Tach des offenen Denkmals oder die Nacht der offenen Keachn oda was sonz ma offn is: Das sint soviele, dassu gah nich weiß, wo anfangn. Und denn kuxu dir das lieba nehstn Tach in Fähnsehn an.

Aba wia habm uns trotzdem aufgemacht. Desi ischa nich weit von wo ich wohn, und denn sint wia da nachmiddachs hin. Riesngelende, von Polezei abgesperrt, Bus-Haltestelln mit lange Schlangn, tausnde Loide unnerwegs, große un kleine, mit Bier-Stende, Kräps, Wöastchen un was nich alles. Wolltn wull alle ma sehn, was da inna Nachbaschaff für Atomwissenschaff gemacht weat. Und fleich werdn die Kleinn ja mal n Noblpreistrega, wenn sie in den Schüla-Laboa, dassi da habm, gut aufpassn. Da woade nemmich alles Möchliche voagefüat, was man selba schon inna Schule nich festandn hat. Auch wenn man nich in Matte ne Fümf hadde, wo viele Loide so stolz auf sint. Und die machn nich nua Atomfüsik, sondan auch allalei Sachn mit Matrialforschunk. Zum

Beispiel Eisnteile frehsn mitn Robotta, oder n 3-D-Drucka, wo du diwerse Maschienteile in Plastik mit herstelln kannz. Oda inna Neblkamma, wo aber gar kein Nebl drin war, sondan kondensiatn Wassadamf, wo denn Elektrohn reingestrahlt werdn, und denn kannzu was sehn, was wie Kondensstreifn am Himml aussieht, und is auch sowas Ehnliches, aba ehm mit radioaktive Strahln. Aba keine Anx, is nich gefealich. Hat jemant n Noblpreis füa gekricht, noinzinn siemunzwanzich (happich nachgelehsn). Aba fraach mich nich, wassas soll.

Aba intressant wah der Rinkbeschleuniger. Du steichs in Tunnel runta, der is üba zwei Kilometer lank, und muß ersma die Jacke auszihn, wallas so warm iss. Aba das is nich Klimawandl duich die Atome, sondan komp von den Wakuumpumpm, wall die Eletrohnn sich nur in Wakuum wohlfühln, wenn da nix im Wehch iss, was die Messungn fefelscht. Daß dasn Rinktunnel iss, kannzu ahnen, wenn du siehst, wie der sich ganz hintn krümmt. Die Elektronen, die da auf Zack gebracht werdn, siehssu natüalich nich, aba da mussu dia foastelln, daß die in den Roa, das fleich fümfzinn Zentimeta Duichmessa hat, duichgejaacht werdn, auf beina Lichgeschwindichkeit hochgepuscht, immer im Kreis, und denn auf Materialprobm treffn, und was dann passiat, da ziehn die Wissenschaftla dann ihre Schlüsse draus, was in den Atomn, und schpeziell den Atomkernn, so los iss. Gottseidank werdn die hier nich gespaltn, und explodian tut da auch nix, un Atomenergie weat auch nich produziat. Is ehm alles Gruntlagnforschung zu höhere Erkenntnis von, was die Welt zusammnhält. Oda so ehnlich. Un damit du bei all der Technik keine Anx kriss, heißn die Anlagn wie kleine Mehdchen: Petra und Doris. Petra heiß in Weaklichkeit „Positron-Elektron-Tandem-Ring-Anlage“, und Doris „Doppel-Ring-Speicher“. Un Hasylab klingt doch auch wien nüdeliches Kaninchen, und das heiß „Hamburger Synchrotronstrahlungslabor“.

Unt denn habm wir das Beschloiniga-Kontrollzentrum besichticht: großn Saal, mit Dutzende Monitore, wo du alles fefolgn kanz, was an den feschiedenen Stelln grade passiat; kanz sogah sehn, wie die Loide im Tunnel rumlaufn. Da musste ich an denken, wie ich als junga Student nechtelank in den Kontrollraum von son Beschloiniga gesessn hab und auf Messgerehte und Oszillografn gestarrt, die aussahn wie aufna Intensivstazjohn in Kranknhaus. Der Kontrollraum wah nich größa als unsan Kella, der Beschloiniga wah son lüttn Ding im Raum nehm-an, aber die Elektrohnn wah damals auch schunn ziemlich schnell. Wah in Heidlberch, und is so lange hea, dassich das schunn alles fegessn happ, und hab denn auch gemacht, dassich da wechkomm und happ ganz was andres gelernt unt kein Noblpreis gekricht. Aba son büschn nostalgisch ums Gemüt wird ein das dann doch. Und du denks, was were gewesn, wenn...

Planitarium

Das happich schunn alz Kind geläänt: wennu wissen wilz, wo Nordn iss, mussu den Stundnzeiga aufi Sonne richtn, un Sühdn is denn genau inna Midde zwüschn den Zeiga un Zwölf. Damahz gahps noch kein Sommazeit, aba denn mussu ehm ne Stunde abziehn von wo die Sonne iss, un denn eaß die Helfde zur Zwölf nehm. Und wenn Wolkn sint? Denn kucksu aufn nehstn Baum, un wo die Flechtn aufa Rinde sitzn, iss Westn. Un nachz wenni Sonne schlehf untu keine Boime sieß? Denn suhßu am Himml dehn Grohßn Bean (oda meinswehgn den Grohßn Wahgn) un den Appstant vonnehn beidn hintaren Stäan viamahl nach ohbm, denn hassu dehn Polahstäan, un da iss denn Nordn. Ganz eimfach, ne? Un wennu nich weiß, wo dehn Grohßn Bean iss? Denn gehßu im Planitarium.

Un das wolltich denn auchma wieda machn. Grohßn Bean weißich noch, un das Himmelz-We auch, un auch noch Orijon mit sein Göatl mit Schweat dran hengn. Un dass die Meechstraße nich nua in Pösldorf iss. Aba sonz kann ja Weitabildunk auch nich schahdn! Also middn Zwanziga-Buss nachn Stattpahk, pah Schridde duichn Matsch, un da issa denn schunn, der Wassatoam. Mechtign Backsteinbau von Noinzinn-hundat-acht, fümfzich Mehta hoch, aba iss seitn Kriech kein Wassatoam mea. In meine Kintheit wahn da auch noch Öfftnliche Büchahalln drin, iss auch nich mea. Planitarium hahbm sie Noinzin-Dreißich eingebaut, un denn imma wieda modernisiat. Müssn ja mit Fäänsehn unt Imax-Kinos mithaltn – Puhplikum issja duich Stah Wors und Käppn Körk schwehr fewöhnt! Wir hahbm da alz Kinda noch mit große Augn gesessn: wie da sohn Monstrum von Projekta sich gedreht hat und aus viele Löcher so die weißn Punkte rauskahm unt anna Degge wah das dann Stäänhimml. Wah nemmich ne grohße Kubbl wie in römischn Templ.

Hoide giepas da bis su noin Foastellungn am Tach! Wien Kinoprogramm, stendich wexlnd, auch Foatrehge un sogah Konzääte. Mit unentliche Weitn des Weltalz, in eine fääne Galaxie, mitn Habbl-Teleschkohp unnawehks, aba auch *Frühlinksewachn* mit Multimehtchen, mit Gedichte und Musik: *ein Ahmt unta den Stään des Frühlinks zuhn Schaun, Lauschn, Anrehgn, Enstpann unt Fesinkn* – neenee, ich weiß nich. Aba sie müssn dehn Loidn wull was bietn, un deswehgn wolln sie wull auch inni Hahfnzitti umziehn un bei Waxnde Statt mitmachn. Aba sebs der Zeh-Deh-Uh-Kreißfebant is dagehgn: wir wolln unsan Planitarium behaltn! Aba was wiss machn – die da ohbm machn ja doch wassi wolln. Gut dass wia noch mal den gutn altn Wassatoam besucht hahbm!

Wir hahbm unz aba das klassische Programm rausgesucht, sozusahgn Gruntkoas ohne Fisematentn. Hieß *Uhrwerk des Himmels* und wah füa Klasse neun bis dreizinn. Tatsech sint die meistn Besucha femutlich imma noch abkommandiate Schulklassn. In unse Foastellung – morrns um halpzwölf -

wahn auch außa uns nua fleich secks äldare, die beidn Lehra mitgezehlt. Und der Rest Schüla; da beföachdeden wia schunn daSchlimmsde. Aba wahn ganz friedlich un hahbm gah kein Kwatsch gemach. Die Aufpassa un Platzanweisa wahn schick in schwahzn Hemt un Hose, mit „Planetarium“ aufn Hemtkrahgn gestickt – wie bei den Fußballtrehnan im Fäänsehn ire Schponsoan, damit man das auch aufn Fodo sieht. Aba der dehn Foatrach gehaltn hat, sah mea lejea aus, femuhtlichn Assischtent vonna Stäänwahte: kariates Hemt, Jihns, Toanschue un Feadeschwanz.

Und denn wah das ganz wie früa. Planehtn un Fixstääne, Stäänschnubbm, Sonnlauf rauf unt runta, und wie sich dea Stäänhimml so lanksam um sich selba dreht. Unt in Stohnhensch voa fümtausnd Jahn wußtn sie schunn beinah alles unt in Ostdoitschlant sogah noch viel früa: in Goseck in Saxn-Anhalt hahbm sie nemmich schunn voa siemtausnd Jahn n Sonn-Opsawatorium gehapp. Alladinks nich in Stein sondan in Holz. Konntn sie zum Beispiel Sonnwende mit fesstelln. Sie musstn ja wissn, wenn Frühlink iss unt sie das Korn aussehn musstn!

Unt imma so weida mit seine einschlefande Stimme. Unt denn gink das schunn auf die Middachzeit zu, unt denn sint das so bekwehme Liegesessl, dassu dich praktisch hinlegn kannz, damiddu auch alle Stääne inna Kubbl sehn kannz, unt denn issja allns dunkl außa den Stäähnhimml, unti Lieda werdn dia schwer, unt so bei kleinn krissu denn nich mea alles so genau mit. Ich mußte mich jehdnfalz hintahea ekundign was das midda Sonde auf sich hadde, die da eankwi auch noch unnawehchs wah.

Wörta

Heine-Denkmal von Waldemar Otto auf dem Rathausmarkt

Schprache

Mussich ja zugehm: büschn ne Entoischunk wahs ja doch, alzich nach Hambuich zurückgekeat bin. Oppwohl ichas ja vohea wusste: dass in Hambuich kein Schwein mea s-pricht! Iss fleich büschn übatriebm, unta Ahbeitan unt im Hahfn unt inna Lantwitschaff fint man noch den (oda die) einn oda andan. Aba kaum noch ein, den ich nea kenn, wie Fritz, aba der iss auch schunn achunachzich. Gut, wenn jemant nich aus Hambuich iss, iss was andriss. Aba wemman von hia schtammt! Mussman doch eintlich schunn vonna Muddameech her kenn! Der große Schriffstella Arno Schmidt, Jahgnk 1914, berichtede, wie er wehgn sein schlehsischn „schp“ und „scht“ von sein Mitschülan im Hamm in den Zwanziga Jahn ausgelacht wordn iss. Denn kahm die Flüchlinge – die von 1945! –, un denn die Massnmedijen, besondas Fäänsehn, unt denn giepas wull auch generell n Trent zur fe'einheitlichtn Hochschprache. Dabei gehörte das noch lange zuhn gutn Ton auch in bessare Kreise, dass man das s-t gefleech hat. Unt Kaufloide unt eingesessne Patrizia sowiso. Untas „sch“ wah für echte Fremtwörta ausm Hochdoitschn reseviat, wie Koschtühm unt Induschtrie un Proschpeck. Die letzn Promis, die noch gesprochen habm, sint nich mea unta uns: Loki Schmidt unt ihr Hemmut (der nua manchma und wull mea aus Fesehn), Hans Koschnick aus Brehm (kennzu dehn noch?).

Aba ischon lenga ingange, der Prozess: seitn 6. Jahhundat hahbm die Hochdoitschn sich sebstendich gemacht unt das „sch“ eingefüat unt noch manchiss andre, was denn tüpisch hochdoitsch wah. Naguht, dass jeda plattdütsch schnack, da bestehn wia ja gahnich auf. Aba s-t (unt s-p) is doch eintlich nich zuviel felank! Aba was wiss machn: alzich 1952 aufas Johannejum kahm, hat in meine Klasse auch nua Rüdiger ges-prochn, unt der hat dann auch balt damit aufgehöat. Wia aba nich: mein Mudda, Vadda und Bruhda hahbm da bis an ihr Lehmsende an fessgehaltn, unt mein Schwesta kennta auch nix. Da sint wia ehbm eign in. Aba wer weiß, wenn nu „retro“ wieda in iss, sint wia fleich die Pijoniere. Sossja die Hoffnunk nie aufgehm!

Plattdüütsch

Wennu in Fäänsehn ma Ohnsojchteata gesehn hass, denkssu fleich, dassuhn plattdoitschn Ahmt beigewohnt hass. Hassu aba nich. Stimpschunn: Zuhause in ian eichnen Roimm beim Haupbahnohf speelt se op Platt. Aba in Fäänsehn wöada das kein festehn, der nich ausn Nordn komp, un auch hier die meißn nich mea. Platt is nemmich nich gleich Hamboaga Dialeck. Plattdoitsch is ne eichne Sprache. Un zwah die eltare. Platt hahbm die alten Gemmahn gesprochn, unt vor tausnd-fümfhunnat Jahn, so ummas Jah 600, hahbm die Sühtdoitschn gedach, sie wolln ma was Noies ausprobian. Unt hahbm nich mea Peer gesaacht, sondan Pferd, un nich mea lopen, sondan laufen, un lassen statt loten, un Apfel statt Appel, un Herz statt Hart, un Tag statt Dach, un Weib statt Wief, un Köchin statt Kööksch, un Rote Grütze statt Rode Grütt, un Schwein statt Swien, un lahß-not-ließ Scheiße statt Schiet. Unt netüalich scht und schp unnich mea s-t un s-p!

Das sollde dann Hochdoitsch sein un das ganze wadi „hochdoitsche Lautfeschiebunk". Alladinks eaß Althochdoitsch, wo du auch kein Wort von festehss, un denn Middlhochdoitsch und denn Noihochdoitsch, und denn sind wia bei Kleinn, wo wir hoide sind. Un aus Düütsch woade Plattdüütsch, un offizeell Altniedadoitsch un denn Middlniedadoitsch un denn femutlich Noiniedadoitsch. Un di Grenze wah, wennu aufa Kahte ne Linje von Aachn, üba Düssldorf-Benrath, Kassl, Machdeburg nach Frankfuat anna Oda zieß, un die heiß „Benrather Lienje". Un Hollenda un Englenda hahbm den noimodischn Krahm auch nich mitgemacht. Un denn kam Luther mit sein Bibelübasetzunk auf Hochdoitsch, un denn woade das febintliche Foaschrift, un denn konnde balt auch der Hamburga Senaht nich annas. Aba aufm Lant un zuhause hahbm die Loide bis in unse Zeit Platt gesprochn und tun das maichmal auch noch.

Unnu musstn sie aba, wennas um was Offizeelles gink, hochdoitsch sprechn – wah pracktisch eaße Fremtsprahche! Undas haude denn ehm nich imma so richtich hin, midder Aussprache nich unt midda Gremmaddik auch nich. Datief un Ackusatief giepas nemmich in Platt nich, un denn kanz doch kein Foawoaf machn, wenn einn „mir" un „mich" fewexlt! Un denn heißas ehm: *Lein mich mah dein Korintnbrot! – Un er kömmt bei un leint ihn den.* Unt mussich auch nich wunnan, wenn einn denn appunzu mah büschn was Plattdoitsches da rein rutsch. Un was dabei rauskomp is Missingsch. Unnu komm schlaue Loide und sahgn, das komp von Messink! Messink issja ne Mischunk aus Kupfa un Zink, unt Missingsch iss ehm ne Mischunk aus Plattdüütsch un Hochdüütsch! Marks Müüs? Hat aba gahnix mit zu tuhn! Alz Luther mit sein Hochdoitsch ankahm, wah das die secksische Kanzlei-Schprache – aus Meißen, wo das Potzellan heakomp! Und was hahbm die Loide denn gedach, dassi sprechen? Meiße-nisch! Abba ob das nu stimp? Ich find, das klink auch büschn heageholt!

Büchahalln

Ne Aht Stattbiblotehk hadscha wull jede Statt. Aba Hambuich haddi *Öffntlichn Büchahalln*: vierundreißich Filealn un denn noch ambulante Busse unt in Öffntlichn Spezialeinrichtungn wie Santa Fu. Chweißnoch, wijch da als Kint beziunksweise als Junge imma Bücha ausgeliehn happ – nich in Santa Fu! sondan in Stattpahk. Zuhause haddn wia ja auch ganze Menge, aba manche, die mich intrissiatn, auch wieda nich. Zum Beispihl wollde ich gääne mit Nietsche „alte Weatetafln zebrechn" un happ dann Sartre gelehsn un anre Existenzialistn, wo mein Mudda sich denn schunn büschn Sorgn gemach hat. Nich nua Filosofi, auch di Romane wie *Zeit der Reife* oda *Der Pfahl im Fleische*. Die Tihtl allein klangn schunn ziemich fedorbm, un innehn Büchahalln im Stattpaakwassatoam standn die denn auch im Giffschrank, damitzi nich in umbefuhchte Hende kahm. Wahn schließlich die Fümfzigajahre, un da hat man sich noch Sorgn gemach, dass juhgntliche Gemüta nich auf falsche Gedankn kahmn. Aba mit sechzinn wahs elaup, undso happich denn mithehfe der Büchahalln eignhendich dehn Grunt füa modäänes Lidderatuhrfestenntnis gelehch.

Büchahalln giepas imma noch. Zentrahle is in großn Backsteingeboide am Hühnapostn hintan Haupahnohf, was früa Poss wah. Un dehn Plazz davoa hahbm sie nu Arno-Schmidt-Plazz genannt: Wull walla sich sebs oft in Biblotehkn rumgetriebm hat un auch üba geschriehbm hat. Ausleihn kostet im Jah 40 Oiro; früa wah das füa Senioan billiga, aba iss nich mea. Empwedea lesn die nich mea, oder gerade: die lehsn so gääne, dassi nicht mit Emehssigunk angelockt werden müssn.

Nu waicha nich so schaaf auf Bücha, happ sebs genuch. Unt Sartre issja auch nich mea aufn Index un soweso halp fegessn. Aba denn happich gesehn, dassi auch Vidio un Zedehs feleihn. Und das wah denn doch intrissant. Gihp nemmich viele alte Fehme, die sie so seltn in Fäänsehn zeign, dassu das imma nich mitkriss. Un so lein wia denn appunzuh pah Fehme aus. Wejche, die ich von früa kannde un diech seinazeit toll fant. Zum Beispiehl äänste, wie *La dolce vita* mit Anita Ekberg, aba auch Lussfehme wie *Ich denke oft an Piroschka* mit Lilo Pulver. Iss hochintrissant, wie man die hoide sieht, un denn fegleichn mit deine E'innarunk von damahlz. Aba dassn andris Tema.

Jezz denksu vielleich: kuck an, Opa kuckt noch Fidio! Weißich auch, dassu hoide alles auf De-Vau-De bei Amason kaufn kannz. Aba nee, Netflix un alles aufn Leptop kuckn? Is doch nich das. Unt Winül-Pladdn sind auch wieder im Komm. Un richtige nostalgische Bücha krissu in „Zentralfezeichnis antikwarische Bücha". Und die gehöan jezz auch zu Amason...

Druggarei

„Haut den Springa – auf den Finga!“ So hieß das mah, wall die Bilzeitunk in der Politik kreftich mitgemisch und aufi Studentn geschimpf hat. Aba „Achunsechzich“ iss lange fobei. Unt wennu ne Tageszeidunk mit Hambuich-Teil lehsn wiss, kahmssu bis voa kurzm an Springer nich fobei. Un nu mussich eaßmahn Gestentnis applehgn. 1952, alzi Biltzeidunk noch ganz noi wah unt noch „Zehnfennichbiltzeidunk“ hieß, happich mah Werbunk füa gemacht. Da wahch zwa eaß elf, iss mia aba trozzehm peinlich. Aba so schlimm issas nu auch wieda nich. Konnzja damahz noch nich wissn, wassa mah aus werdn wöade! Dschehnfalz mussdn denn pah aus meine Klasse un ich son Schonsteinfehgakoschtüm anziehn, und denn hahbm wia füan Taschngelt inna Stadt unt inna Hochbahn so kleine Schweinchen aus Ton verteilt, wo auf stant: Viel Glück vonna Biltzeidunk, oda so was ehnliches. Wah femutlich so um Sülwesta rum. Das wah das einzichste Mal, wojch füa Springa geahbeided happ.

Büschn schlechdis Gewissn happich ja doch, wennich ne Zeidunk im Internet les: werrnja fleich Ahbeizplezze inna Druckinduschtrie fenichdet! So happich denn die Gelehgnheit benutz, alzi Verdi-Senioan die Springer-Druggarei besichticht hahbm. In Ahnzbuich, in Gewääbegebiet.

Fink an mitn Vortrach zoa Einführunk. Eaßma musstn wia rahtn: wer sind die gröhßtn drei Tageszeitungn inner Welt? Richtich. Und wieviel Zeitschriftn ließ der Doitsche inna Woche im Duichschnitt? Genau. Unt wer ließ am meistn Zeidungn? Die Norweger. Hahbm das meiste Gelt unt ahbeiten am wehnichstn. Unt warum hat Axel Springer 1946 vom Englända die Lizenz füa ne Zeidunk gekricht? „Sinzi fleicht fefolcht worrn?“ – „Am ehstn von den Fraun!“ So ealich wahra zu den Besazzunksoffizia! Der wah nemmich eintlich gahkein Englenda, sondan n Jude beinah ausn gleichn Kiez wie Axel Zesah. Und n annan Juhgndfroint außa Könichstraße wah Max Schmeling. Aba der durfde nich mitmachn, walla belastet wah. Aba hat wehnstns sein Opel P4 eingebrach, das wah damahz Golt wert. Übahaup Axel Zesah unti Fraun! Das Kindameechen vonn zweitn Kint von sein viate Frau wah ne Deean von Föa. Siebzinn Jah. Und Friede woade denn sein fümfde un lezze Frau. 30 Jah jünga. Tolle Frau un tolle Scheffin unt bedoitnde Pesöhnlichkeit, unt helt hoide dehn Lahdn zusamm.

Aba nu: nehman iss Tiefdruck. Das iss jetz eichne Feama füa Kaddaloge un annare Fremtauftrehge un sowas un wehgn Konkurrenz zusammgeschlossn mit andre un heiß Prinovis oda so ehnlich. Aba Zeitungsdruck hia iss imma noch beim Felach. Aba auch von dreitausend auf eintausnd-dreihundat-dreiunachzich fekleinat. Aba kein einzign betriepsbedink entlassn! Könn die Kollehgn hia im Raum bestehtigen. Alles Voaruestant unt Weitabildunk un sowas. Also hia iss nua Druck. Kein Junnalist. Die feddige Druckseide komp üba Antenne vonna Zentrale unt weat denn hia fe'ahbeided. Druggapresse un Fotodruck iss alles übaholt, hoide is Kompjuta. Aba noch nich direkt Kompjuta-to-print, geht noch üba Rolln. Mussman sich ma foastelln: Bild allein hat drei-komma-siebm Milljohn Auflage! Tehchlich! Was dabei füa Papia febrauch weat! Aba keine Sorge, iss kein Trohpmholz – is viel zu hart un zu koaze Fahsan. Aus Mahagoni kannzu nu mah kein Zeidunkspapia machn! Sechzich Prozent komp aus Schkandinawien, alles Fichte.

Beie Besichtigunk mußtn wia Hendis zurücklassn – Explosonsgefah vom Akku wegn ewentunelle Demfe. Nich wehgn Fotos: die sint elaup. Eaß di alte Maschine – nach zwanzich Jahn schunn fealdet! Un denn modääne MAN-Maschienn. Gewaltige Anlage, fass menschnlea. Riesige Halln, drei Stock hoch. Und da liefn denn die Papiarolln üba viele Stazjohn, imma an via Farpwalzn fobei; blau-gelp-rot-schwahz. Fleich Mehta-zwanzich breit, untich hap gefrahch, wie lank das Papia auf eine Rolle iss: zwanzich Kilomehta! Kanzmasehn. Unt inna Halle fahn üba'all Robotter rum, sint sone Aht audomatische Gablstahpla. Und wenn ein Mensch in Wehch steht, merkn die das und stippn ein so leicht mit ihre Stoßstange an. Vollaudomadisch.

Pah Menschn werdn aba auch noch gebrauchd. Sizzn an Komputa-Törminels unt achn auf, dassi Farpmischunk stimp unt greifn ein, wennas Papia mah reiß. Komp aba seltn voa unt alles, was anfellt, weat rizeiklt. Übahaup is achzich Pozent Altpapia! Mea geht auch nich, wehgn Schwunt. Unt is alles nach Foaschrift un foabiltlich un nachhaltich un offizeell annekannt als umweltfrointlichn Betriep. Unt Rauchn iss aufn ganzn Betriepsgelende febohtn außa in spezeelle Raucharoime. Unsan Führa sahch, er sebs is auch rizeiklt: früa wahra Junnalist bei der Welt und iss jezz Leita vom Besucha-Sörwiss.

Zum Schluß hahbm wia denn noch inna Kantine Middach gegessn. Un nach all die modääne Technik happich denn was richtich Tradizonelles genomm: Hackbrahtn Jehga Art. Das heiß mit Peelze un Rotkohl. Aba statt altmodische Klöße happich mir denn doch was Exodisches gegönnt: Krokettn! Untn Kaputschino füa 55 Zent…

Und schlechdes Gewissn muß ich auch nich mea habm, wallich nemlich nu n Ahmblatt-Onlein-Abo happ. Und das Ahmblatt is auch nich mea bei Springer.

Hinzunkunz

Kreti un Pleti, Hanni un Nanni, Cindy un Bert, Marion un Michael, Hein un Fietsche, Hinz un Kunz – die großn Paare der Weltgeschichde! Hinz un Kunz triffssu in Hambuich üba'all: voa Ikea, voa Lidl, aufm Sprizznplazz in Ottnsn, aufm Anlehga in Noimühln, ahms in Kneipm, un wo sonz ausreichnt Puplikumsfekea iss, das heiß pracktisch üba'all. Un denn mussu dia übalehgn, wassu sahchs, wennu nich eimfachn Kopf schüddln wiss. Irnkn Grunt mussu schunn angehbm, wennu die Zeitunk nich kaufn wiss. Am eimfachstn sahßu, ich hapsi schunn. Aba denn mussu dich auf gefass machn, dassu beweisn muss, dassu sie auch weaklich gelehsn haß. Kannzja sahgn, innehn Büchahalln. Aba koss ja auch nich viel un iss füan guhdn Zweck. Koss nua zwei-zwanzich. Wennu bedenks, wo man alles zwei-zwanzich füa ausgiep: Pahk'ua, Spende füan Strahßnmusikantn, n Kohpnhagena, Tass Kaffe bei Schibo – weiß gahnich wojch aufhöan soll: da issas füan büschn Lesestoff ja nich viel Gelt. Immahin kricht der Fekoifa davon die Helfde: eins-zehn.

Sechzich Seitn mit Infommatzjohn un Geschichtn un Temmihn. Manches is natülich nich noi oda kannzu auch annaswo lesn. Aba giep auch Sachn, di liessu sonz höhstns inna taz. Lehm un Treim am annan Ende dea Gesellschaff. Traurige Geschichtn, aba auch wejche zum Mutmachn. Auchn pah Intawjuhs mit Betroffene. Unt wi Oppdachlohse aus ganz Orropa mahn Besuch beim Pahps in Rom gemach hahbm. Wahne tolle Sache und hat orntlich was bewehcht. Bei viele Attiekl merkssu, dassi Zeitunk mea füddas gebüldete Folk iss, das mit den „Betroffnen" sümpatisiat. Herausgeba iss n Landespasta, unt der „Externe Beirat" iss auch nich von schlechtn Eltan. Unta Gescheffsführa hatn Dokta. Un die Redaxjohn sint Profis. Die Fekoifa sahgn auch, dassi meiß keine Zeit hahbm, ia eichnes Blatt zu lehsn. Fleich findn sie das auch zu kompleziat un möhgn das nich sahgn.

Ansich kaufich ja bei Jan in Ohtmahschn, aba noilich happich die Zeidunk ma aufn Landunksbrückn gekauf. Der alte Mann – das heiß, er sah femuhtlich nua so aus un wah bestimp jünga alz ich – wah eimfach-aba-sauba gekleidet un gahnich büschn schmuddelich un sahchte, das wea sein letztes: das brink Glück. Da konntich natüllich nich widastehn – Glück könn wia schließlich alle brauchn, nehbm Gesuntheit. Unt denn gahps nochn Tipp graties: Beim nehstn Mahl im Loddo komp die Einz. Wah solange nich, die iss jetz eimfach fellich. Ich happihn gefrahch: sein höhstn Gewinn wah noin Oiro, für drei richtige Zahln. Un er tipp nich meah als drei-fuffzich inna Woche. Fleich fesuch ich das denn auch mah, midda Einz! Nee, hadde doch kein Glück damit. Aba ich gewinn soweso nie was.

Heine-Pahk

Einz von den klassischn Hoisan anna Elpschosseh iss das Heine-Haus inn Heine-Pahk in Ottnsn. Heiß nich nach Heinrich, sondan nach sein Onkl Salomon.

Heine junioa wah zwar kein „Sohn unsa Statt“, aba immahin, mit sein eichnen Wortn, n Stiefsohn. Wahn Einaseiz-andraseiz-Hamburga. Einaseiz hadda aufi Statt geschimft, andraseiz mochta sie auch. Un was sein Onkl betriff: Einaseiz Wohltehta der Statt, andraseitz ehbm, kamman ja nich loichnen: Jude. Und was wiederum sein Neffn betriff: einasaiz hadda dehn untastütz untn Job gegehm, andraseiz auch penetrant fehtalich gemahnt, dassa sein Kontohr orntlich füan soll. Kein Wunda, dass Junk-Harry lieba Fääse geschmiedet hat! Jehnfalz hadda sich auf di Weise n Denkmahl fedient.

Un nu wirz kompliziat. Einaseitz hahm wia schunn n Heine-Denkmal, steht aufm Rathausmaak. Aba das issn nachemfundnen Nachbau von ein Origenal-Denkmahl, dassi Nazis aingeschmolzn hahbm, das mah in Stattpahk gestandn hat. Untn andriss steht weit wech, im Botahnschn Gahtn von Toulon anna Riwiera, das Schauspiela Quadflieg junior wieda nach Hambuich hohln wollde. Das stand nämlich früa in Donners Pahk in Aldona. Davoa stanzi in Barkhof-Hof anna Mönkeberchstraße unt woada imma angepinklt un mussde eingebrettat werdn. Un davoa wah sie bei Kaiserin Sissi (du weischun: die wie Romy Schneider ausgesehn hat) in ian Palass auf Korfu in Griechnlant, wall di füa Heine geschwermt hadde. Un in Toulon issi jetz, wall die ejemahlige Frau des Sohnes des Felehgas des Dichtas sie in ihre Heimatstatt gereddet hadde, nachdehm die Nazis sie in Aldona nich mea wolldn. Unt denn sollte sie wieda nach Hambuich komm, damit man sieht, dass Hambuich ne Kultuastatt is un Wiedaguhtmachunk nich appgeneicht. Iss aba leida nix gewordn.

Aba wassas Heine-Haus betriff: das is schlich un bescheidn, unt ganz eingewacksn in Rotendenrum, wahja auch nua Salomons Gahtnhaus. Aba füa Hamboaga Feheltnisse issas sogah ziemlich alt: von 1832. Hoide gehöat das zum Aldona'a Musejum und das giep da Ausstellungn un Fe'anstaltungn oda auch mahn Senazemfank. Aba da werd ich nich zu eingeladn ...

Klopschtock

Klopschtock sollscha ein von unsn gröhßtn Dichtan sein. Nu sinti gröhßtn meiß schunn lange toht un passn denn gah nich mea in unsan Zeitgeiß. *Beginn den ersten Harfenlaut, / Heißer, geflügelter, ewiger Dank! / Beginn, beginn, mir strömet das Herz! / Und ich weine vor Wonne!* sinkta an wen? „An den Erlöser“! Iss dochn büschn zuuh fromm un schwülstich füa unsan Geschmack. Aba nich nua füa unsan: den grohßn Lessing haddas auch schunn nich gefalln, oppwohl der nua fümf Jah jünga wah. Der meinde nemmich: *Wer wird nicht einen Klopstock loben? / Doch wird ihn jeder lesen? Nein. / Wir wollen weniger erhoben / Und fleißiger gelesen sein.* Un diesn Wunsch iss denn ja auch in

Efüllunk gegang: Lessink lehsn wehnstns noch pah Schulkinda, aba Klopschtock kennt kein Schwein mea. Trotzdehm is sein Eangrapp anna Christianskeache in Ottnsn seit zweihundat Jahn ne Turistnattrakzion. Wo auch sein eaßde Frau Meta mit untagekrochn iss, oppwohl die schunn fümmunvitzich Jah früa gestorbm iss. Aba füa sein zweide Frau wah der Plazz nich breit genuhch: so kahm sie denn ehm kwehr foa ihre Tante Meta zu liegn.

Nu dachtn wia, wir wolln wehnstns mah wissen, wie er so gelehp hat, denn in Museum füa Hamboagische Geschichde is extra n Klopstock-Zimma. Wah aba grohße Entoischunk: kein Schreiptisch oda Bett mit Nachtopf oda wehnstns n Kleidaschrank: nua pah Bilda un Bücha. Fleich wallas angehplich der Fess-Sahl von bei ihn zuhause wah, dehman vonna Poss-Straße nach hia „translo-ziert" hat. Ich fint, dafüa wara aba nu wieda nich fesslich genuhch. Nehsta Fesuhch: Jenischhaus. Da giepas auchn Klopstock-Zimma – da sießu aba auch nua Bühcha, Grahfikn, Infommazionstahfln un Tonkassettn. Hat der Mann denn gahnix hintalassn, woman sich mea büschn praktisches Bilt machen kann?

Arno-Schmidt-Platz

Schmidt? Nich Hemmud, der hat ja ne eichne Uni un noiadinx auch n Fluchhahfn mit sein Nahm. Sondan Arno!

Stell dia voa:

Der Dridde Weltkriech iss fobei, Atombombm hahbm nich viel ühprich gelassn, aba die töhtliche Strahlunk iss inzwischn feweht. Loide gieps auch nich mea viel. Eina (der Vefassa) lässich inna Heide nieda, hat Forrehte genuch, nua geistige Nahrunk iss büschn knapp. Da nimmtan Fahrratt un mach ne Rattua nach Hambuich un setz mitn Sehglboot, dassa zufellich findet, von Noinfelde nach Blangenehse üba. Inna Statt holta sich pah Bilda außa Grifflkunz-Fe'einigunk, aba denn foa allm Stücka zweihundat Bücha außa Uniwäsitehtsbiblotehk. Iss ja kein ein mea da, der da was gehgn hahbm kann! Undzoweita.

Kannzu nachlehsn in *Schwarze Spiegel*, von Arno Schmidt, geschriem 1951, pah Jahre nachn lezzn Kriech. Der sahß den meistn Menschn noch in den Knochn, n großn Teil von Hambuich wah nochn Trümmafelt, das „Weatschaffswunda" hadde noch nich richtich eingesezz, die Menschn sorchtn sich darüba, opp der Kalte Kriech inn Heißn Kriech übageht, un das wea dann n Atomkriech gewehsn. Darum wah der Roman nich außa Luff gegriffn, und manche konntn sich midda Frage identifizian: was wäre, wenn – – –

Bekannt woade Schmist aba eaß spehta, alza n föllich noin Schreipschtil entwicklt hadde, der oft so wah, wie die Loide ehm schprechn. Komp dia bekannt voa? Stimp, ich happ ihn da auch was abgekuckt. Aba nich nua darum fint ich, dassa der gröhßte Schriffstella doitscha Zunge inna Nachkrießzeit iss. Auch wenna auf seine altn Tage n arrogantn altn Knacka wah, der auf das eimfache Volk runtagekuckt hat. Was fleich auch mit seine fuichbare Prolehtn-Kindheit in Hambuich-Hamm zu tun hat. Unt walla selbs son gnahdnloses Ahbeitstia wah.

Aba wenna sacht: *Flachland und Nachschlagewerke – mein Credo*, da kann ich ihn nua zustimm. Dass sein Helt (das heiß, sein „andres Ich“) in den gewissn Buch sich inna Biblotehk gühtlich tuht, iss nemmich kein Zufall: Die meißn von sein Büchan handln von Büchamenschn un spieln imma mah wieda inna Biblotehk. Unt so issascha ganz passnt, dass sie jetz den Platz foan Hühnerpostn foa den Öffntlichn Büchahalln nach ihn benannt hahbm. Das wah früa gahkein richtign Plazz. Un jezz weat der Plazz imma kulturella: wo sie da zwei secks Mehda hohe Figuan von *Balkenhol* aufgestelld hahbm, von den auch die Giraffe voa Hahgnbeck iss, un die Menna auf den Pongtongs in Alza un Elbe. Der Mann undi Frau hahbm Beine, von dehn n Moddl nua troim kann – richtige Gazelln! Wie füa Siem-Meiln-Stiefl un große Wandaschaff gemachd – dabei hadde Schmidt sich meistns in sein Haus inn Dorf inna Südheide fekrochn.

Un gehgn‘üba iss auch gleich das Musejum füa Kunz un Gewääbe, wosi vo pah Jahn Fotos von Schmidt gezeich hahbm, das heiß, die er füa den Hausgebrauch geknips hat – das konnta nemmich auch. Untas Statteil-Achief von Hamm is auch nich faul un ogganisiat Runtgenge füa sein grohßn Sohn: „Auf den Spuren von Arno Schmidt“. Das fintich aba doch büschn übatriehbm. Wo das Haus im Rumpffsweg 27 doch seit dreiunvitzich gah nich mea steht, wall da alles wechgebompt wah. Und außadehm steht aufa Gedenktahfl, dassa zuhause in Barchfelt inna Heide gestorbm iss. Stimp gahnich: wah nachn Häazinfarkt in Kranknhaus in Zelle!

Trotzdehm alle Achtunk, dass Hambuich ihn n Plazz gewittmet hat, un daschunn fümmunzwanzich Jah nach sein Toht. Jetz fehlt nua noch ne Schtatue aufm Rathausmahkt. Fleich gehgnüba von Heine!

Gotteshoisa

St. Katharinen

Michl

Der Michl iss ja imma wieda mal appgebrannt. Zulezz hahbm ihn die Englenda angezündet: dreiundvierzich mit Brantbombm. Hundat Jaare früa bein Grohßn Brant wollda sich natüllich auch nich lumpn lassn. Früare Jahundate auch pahmal, Blitschlach 1750. Und auch dazwüschn: am 3. Juli 1906. Weißich deshalp so genau, wallich dahn Suwenia von happ! Klein Stück Kupfablech, drei ma fia Zendimeta, klein Passpetuh drumrum undn schwahzn Rahm mit Goltborte. Und innas Kupfablech issn nüdlichn klein Zeichnunk von Michl eingeprehcht oda einkraviat: mussu aba genau hinkuckn! Das Materiahl stamp vom Michl sein Dach, und das hat mein Großvadda August gekrich als Dank unt Anekennunk fünne Spende fürn Wiedaaufbau. So happich doch auchn pesöhnlichn Bezuch zu dehn Gottishauß!

Hoide issa ja laida büschn appgetrennt vonna Stadt, duichi Oss-Wess-Straße, disie nachn Kriech kwehr duichi Trümmahaufn gezohgn hahbm, füddi audogerechde Statt, von Deichtor bis Millantor. Unnu hahbm sie Große Kolitzion: der össliche Teil heiß Willy-Brandt-Straße, der wessliche Ludwig Erhard-Straße. Unt rinksrum alliss Fümfzigajare Noibautn – wa ja alles in Dutt nachn Foiastoam von 1943! Die Gengevittel hattn sie alladinks schunn lange vorhea wechsaniat. Das einzige was noch an e'innat, sinni *Kramer-Amtzwohnungn*: wahjamah ne sozeale Einrichtunk mit billlihgn Wohnraum füa bedöaftige Krämawitwen. Ganz nüdelich, aba braußu dia eintlich nich ankuckn, wennu die Drosslgasse in Rüdesheim kennz oda Frankfuat-Saxnhausn. Da fühlzu dich nua alz Turiss wohl, wennu mah Luss haß, dich ausnehm zu lassn. Kannzu sogah Suhwenias ausm Äázgebeage kaufn! Entschprechnd sietas aus. Gotzeidank nur dreißich Mehta lank.

Aba im Michl selba issas noch alles schön bunt mit viel Golt und geschwungne Linjen, mitn rundlichn Schiff und seitlich ausgeboilte Empohrn. Iss nemmich Barock unt von Baumeista *Sonnin*. Deswehgn hatta auch drei grohße Eingenge und konntn si Händels Krönunksmusik mit Fanfahnzüge von alln Seitn auch richtich einmaschian lassn. Wir konntn alladinks das Ockesta nich sehn, wall wir genau unta der betreffndn Empore sahßn. Aba Ackustik wah trotzdehm guht. Blohß von außn issa nich mea so schön: wallas Dach jetzt kupfabraun is un nich mea grün wie Patina. Das sinni Kostn der Modernisierunk, und das wead ja auch mal wida grün. Aba dass noch büschn hin. Eleep ich fleich grade noch! Falz ich noinzich werd.

Petrikeache

Fallzu mahn Schlüssl feloan hass un dian noin machn lassn wiss, da gieps aufa Mönkeberchstraße n Schlüssldienz, inn Kella. Unt wennu denn hohchkuckst, stehßu voane hoch aufrahgnde Keachnwant! Natüalich, wer bewaht dehn Schlüssl zum Himml auf? Sank Pehta. Un so issas denn auch die Petrikeache! Jehnfalz, di Petrikeache liech dreck anna Mönkeberchstraße, so schaaf rasiert, dass da gah kein Plazz mea füan Seitnschiff wah. Dafüa hahbm sie anna annan Seite denn gleich mehre nehbmanda aufgestellt. Sieht n büschn unausgewohgn aus. Keine Ahnunk wieso, denn in 12. Jahundat gapas noch keine Mönkeberchstraße, die Schneise hahbm sie schließlich eerß 1907 durchi Alzstatt gezohgn.

Die Kearche iss schwehr gotisch, aba nich so hoch wie Jakobi, untas Schiff iss auch viel kürzer unt Fensta alle mit Glasmalarein, deswehgn iss das ganze Haus ziemich dunkl. Dafür hahbm sie aba was Besondriss: in klein Nehbmraum nehbm Eingank ist der Petri-Schopp! Nicht eimfach nua pah Stenda mit Posskahten unt fromme Broschüan un Einladunk zuhn Fraunkreis: richtign klein Kafeh mit Tischchen un Sizzplezze, oppwohl büschn improwiseat wie inna Studentngemeinde. Kaffe un Tee gieps auch füan Oiro, alladinks aus rizeiklfejige Plastikbecha. Wassa iss umsonz. Unt von da kamman auch aufm Toam hoch. Füa drei Oiro darfssu 544 Stuhfn hochkleddan. Mussdich fohea eintrahgn unt hintahea abmeldn, damit sie wissen, dassu nich runtagesprung bis. Aba kamman sowiso nich – is alles nua innn. Eerss Wendltrebbe inna Want, dann annehn Glockn fobei, imma in weitn Dachraum, damiddu kein Klaussofobi kriss. Appunzuh ne Plattform mit Bullaugn, dassu mah was sehn kanz. Unna Ausblick lohnzich weaklich: dreihundatsechzich Grat Pannorama üba di ganze Statt. Nua ganz ohbm weats enk: inna Toamspitze iss auch noch ne kleine Plattform, auch mit Bullaugn.

Aufn Toam kamman erss seit pah Jahn, alzi renowiat hahbm. Vorhea wahzu gefehrlich. Und damit henk auch die gröhßte Entoischunk zusamm: Zeit meines Lehms kanntich Petri mitn schmalen spitzn, hochrahgnden grünn Toam. Und was seh ich jetz: kackbraun. Mussich so doitlich sahgn. 'Chweißja: mußte sein, wah baufellich, iss auch alles ech Kupfa, un das dauat ehbm, bissas wieda so die richtige Pahtinah hat. Die Dahme in Petri-Schopp sach zwanzich Jahre.

Aba eaßma rebarian sie noch die Maua. Un da komp denn die nehste Entoischunk. 'Chweiß ja auch, die Keachn sint hoide ahm wie ne Keachnmaus. Aba müssn sie denn das Gerüss nu komplett an Ha & Em femietn? „Trainings-hose 19,90“... Eankwo muss doch ne Grenze sein. Solln sie doch lieba die Keachnstoia ehöhn!

Jakobi

Von dehn fümf Haupkeachn inna Zitti soll Jakobi die eldeste sein, von eppwa 1350. Liech nich weit von Petri anna Steinstraße, gehgnüba von HVV-Sörwiszenta. Die gefellt mir von alln beinah am bestn, wehnstn von inn. Hochgotisch in wöörtlichn Sinn: Hohe weiße Feila mit Zeudobacksteinribbm dran, deswehgn auch hell un luftich un schlich un nicht viel Schmuck angebrach, so wie das sich in protestantischn Gotteshaus gehöat. Aba iss nich mea viel richtich Altiss dran: Wah natüch in lezzn Weltkriech auch in Schutt un Asche, hahbm sie aba nach altn Plehn unt mit altn Restn wieder gut hingekrich. Nur hahbm sie dehn Toam denn ne modeane Stahlbeton-Spizze fepass. Damiddas büschn wien tradizeonellen Toamhelm aussieht, hadda vier Henkl anna Seite, femutlich für Krehne an anzuhakn, aba dassas schön aussieht, kamman nich behaupn. Deswehgn giepas Appzühge inna Fegleichsweatunk. Außadehm issas Dach auch schon wieda renoviat und deswehgn kupfabraun, un bissas wieda so richtich grün iss, das dauat.

Innen issi berühmt wehgn ne Barock-Orgl von *Arp Schnitger*. Hat sogah ne Briefmaake gekrich. Wah damahlz di gröhßte in Doitschlant mit mea als 4 000 Feifn. Der hat auch wejche füa Keachn in Vialandn gebaut un in Noinfelde in Altn Lant. Da liechta auch aufm Friethohf. Aba hoide höat er da nich mea seine Orgl brausn, sondan die grohßn Ehrbusse. Die Staatbahnfelengarunk geht nemmich fast bis an Friethohf.

Un untn an Keachenschiff, komisch: da ist son klein Lahdn angebaut, mitn Schlüssldienz. Unt anna Pehtrikichea is auch ein, aba das kamman fleich noch festehn: Sank Peter iss ja der Mann mitn Schlüssl füas Himmlreich…

Kaddarien

Hambuich Altstatt hat fümf grohße Keachn: die Haupkeachn (der Michl liech alladinks inna Neustatt). Wahn mah fümf Keachspiele, das heiß Gemeindn, alz noch massnhaff Loide inna Statt gelehp hahbm. Soviel Keachn braußu hoide gahnich mea! Wohn kaum noch Loide inna Zitti, un die gehn nich inni Keache, außa fleich Weinachtn, unt wennsi schunn behtn, dann alz gute Protestanten femutlich ea in stilln Kemmalein. Da müssn die Keachn sich alz Exischtenzberechtigunk was Noies einfalln lassen! Gut, Nikolai iss sowiso kaputt, un die ejemalige Gemeinde hatne noie Keache am Klostastään. Michel issne Barockkeache – komm also die ganzn Barockkonzerte hin. Jakobi hat ne

Arp-Schnitger-Orgel – alles klah? Petri hat dehn bestn Aussichztoam üba die Statt. Un Kaddarien? Hat ganix. Hat ihre Gemeinde schon vor üba hundat Jahn feloan, alzi Speichastatt gebaut woade un zwanzichtausnd Menschn umgesiedlt werdn mußtn. Aba jetz issi „Uniwäsitehtskeache", oppwohl die Uni ganz woandas iss. Unt is „Keache der Awangarde", mit Techno-Gottesdienz un Ehds-Gottesdienz un Täseh-Gottesdienz un modääne Kunzausstellunk. Muß ehm kreatief sein hoide! *„St. Katharinen versteht sich als Angebotskirche"* – pascha guht inni Maakweatschaff!

Denn wah natüch im Kriech alles kaputt un eaß sechsunfümfzich wieda aufgebaut. Unt is inndrin denn auch efroilich schlicht. Aba Haupproblem is, dassi nich aufm Berch steht wie di andan, unt auch nich auf Fehle wie das Rathaus. Sondan auf Granitsteine un Balkn drüba mittn im Sumf. Das heiß, dassi praktisch schwimmt! Stehtja auch direck an Zollkanahl. Unti Foichtichkeit kriech im Mauawääk hoch un Risse üba'all. Da könn auch die mechtign Feila nich gehgn an. Da happ ich sogahn pah Oiros inni Bettlbückse getan.

Aba von außn siezi imma noch prechtich aus. Breitn Rumf, Turmspitze hat drei Etahschn, imma mit ne durchbrochne Brüstunk dazwüschn. Aba am bestn fandn wia schun alz Kinda die goldne Krone aufn Toamdach, pah Meta unta der Spizze. Die stammt nemmich angehplich von dem Goltschatz, den Störtebeka in Grohßmass von seine Kocke festeck hadde. Wah alz Notgroschn füa seine übalehbendn Genossn gedacht. Aban Zimmamann haddas zufellich gefundn, alza mitn Messa innas Holz gepiekt hadde. Som Pech aba auch!

Nikolai

Wennu dehn Toam von Sank Nikolai von weitn siehß, denkßu, der pascha gah nich im Stattbilt. Un stimp auch: voam Groß hn Brant von 1842 sah die Keache ganz nommal aus. Backstein un grünes Dach un alles. Aba denn bein Wiedaaufbau hahbm sie gedach, dassas was Besondriss werdn soll, unt hahbm sich an Ulma Münsta un Kölna Dom orientiat: neuhochgotischa gehtas gahnich. Und denn noch orntlich natzjonahlromantisch aus Santstein! Wer weiß, wosi den her haddn, aus unse Gehgnd jehnfalz nich. Un alles spitz un dünn un fespihlt un duichbrochne Rosettn, un der Toam wah der dritthöhste in Doitschlant. Kein Wunda, dassi Tommihs sich dreiunveatzich bei Operatzjohn Gomorra an ihn orientiat hahbm. Wenna Toam üba die Wolkn rausgekuckt hat, wußtn si imma schon von weitm, wo Hambuich-Alztatt iss. Ealich gesahch issas nich so schade drum, dassa nich soviel von nach iss. Der Toam steht noch unt hintn die runde Maua wo der Koa wah. Da geht ne Trebbe runta inn Gewölbe mitna Ausstellunk üba den sogenanntn Foiastoam von 1943 mit sein fümmunfümfzichtausend Tohtn. Unt untan ejemahlign Haupschiff iss nochn Kella. Unt was da wah, rehzu nich: ne Weinhantlunk! An die hadde di Gemeinde den Kella 1886 femiedet, aba die is voa pa Jahn pleide gegang. Soll aba renoviat werdn, un denn könn sie den Ahbmmahlzwein direck ausn Kella holn. Un nach ohbm kannzu jetz auch: da is sexunsiepzich Mehda hoch ne Aussichzplattform mit Panorama. Aba keine Anx: kannz mitn glesanen Fahstuhl hoch fahn, wennu nich mea so gut zufuß biss.

Nehbman issi Trostbrücke, aba di hieß schunn imma so. Empweda wall die armn Sünda, die im Rathaus fe'urteilt woadn wahn, aufm Weech zur Richstette aufm Grasbrook Trooß brauchtn oda ganz eimfach wallas Gelende im 13. Jahundat ein Herr Trost gehöat hadde (kein Schäaz!). Un auf ein Gelenda steht Bischof Anschar unt gehgnüba Graf Adolf von Schaumbuich unt kuckn sich üba die viahundat Jahre, di zwüschn ihn liegn, böse an. Jehnfalz kuxu hia aufas Nikolaifleet, unt bei Ebbe isda richtich Schlickwatt unt du kannzia foastelln, wie das ma ausgesehn hat, alza noch Schuhtn un Schiffe anni Rückseite vonnehn Speichageboidn angelehcht hahbn. Unt alz hia vor fümfhundat Jahn der Middlpunkt der Statt wah, mit Hahfn, Krahn, Böase, un den Altn Rathaus, das ehmfalz dehn Grohßn Brant zuhn Opfa gefalln iss.

Die Keache hahbm si wull auch deshalp nich wieda aufgebaut, walla keine Loide mea wohn. Iss ja allns Bürohoisa un Fewaltunk inna Gehgnt. Aba die Gemeinde von Sank Nikolai hat ne Esatzkeache gekricht, am Kloßastäan. Der Toam iss genauso spitz wie der alde, aba iss doch bescheidena ausgefalln. Pascha auch bessa in foanehm Hahstehuhde!

Broder Hinrick

Überaschunk! Iss keine Figua ausn Ohnsojch-Teata, issn Märtüra! Hieß eintlich Heinrich von Zütphen, wahn Augustinamönch, hat beida Refommatzjohn mitgemach un iss denn 1524 nach ner Predicht in Heide in Ditmaaschen umgebracht woadn, wallas den Estepplischment voa Ort nich gefalln hat. Protestantische Märtüra werrn nich heilichgesprochn, aba ne Keache könnsi trotzdehm kriegn: Zum Beispihl in mein heimatlichn Langhorn.

Da gahpas middn inna Fritschumacha-Sietlunk anna Tangsteta Landstraße n frein Plazz, wo appunzu n Zeakus hinkahm. Da hahbm wia denn majchma beim Aufbaun geholfn. Wah son kleinn Wandazeakus mit pah Feerde un Attistn unn Klaun un nich viel sonz. Un auf dehn Plazz hahbm sie denn auf eimal di Broder-Hinrick-Keache gebaut. Iss nich besondas schön, aba was will man felangn von noinzinn-viunfümfzich! Wahja auch nua füan Hausgebrauch inna Sietlunk unnich als Sehnzwöadichkeit füa Turistn gedach..

Voahea gahpas nua Sankjürgn in Oxnzoll. Da wahn wia aba nua eimah, alz mein Schwesta un ich bei da Hochzeit von uns Nachbahn Bluhm gestroit habm. Wah büschn weit, wenni Kinda zuhn Komfa musstn! Wir aba nich, wahnja nichma getauf. Andre gingn zur Jugntweie. Hetzni dach, wa? Dachz wull, Jugntweie wah nua inna ejemalign DDR! Da gapas sie aba offizeell eerß seit vieunfümzich. In Weaklichkeit hahbm die Atteistn sie schunn im 19. Jahhundat efundn, unti sozealdemokratische Ahbeitabewehgunk wah begeistat, wallsi ian Kindan denn auch was bietn konnde, wennsi ewaxn woadn. So wah das denn auch in Hambuich Tradizijohn. Aba zur Jugntweie gingn wia trotzdehm nich. So sozealistisch wahn unse Eltan nu auch wieda nich. Ne Ahmbant-Ua hahbm wir aba trotzdehm gekrich, alzas soweit wah. Unse Oma nahm das da nich so genau mit.

Anglikana

Kaufloide wahn früa Ahbmtoira, wehnstns wenn sie im weltweitn Immunnexport tehtich wahn. Wah nemmich ziemich ahmtoialich, so voa sexhunnat Jahn middehn kleinn Koggn inna Ossee rumschibban un eaß rech denn spehta nach Indien und Amerika. Kein Wunda, dassi Londona sich „Merchant Adventurers“ nanntn! Und auch kein Wunda, dassi in Hambuich ne Niedalassunk haddn. Inna Ossee doaftn sie eaß nicht, wall da die Hanse zu sahgn hadde, deswehgn hahbm sie sich damahz auf Holland schpezealisiat, wehgn Tuche aus Flandan. Denn gink das hinnunhea mit Handlsbeziung un Schuzzölle un Niedalassungsfebohde unsoweida, genauso wie hoide auf Weltniwoh, un ab 1600 wahn sie denn füa zweihundat Jahre in Hambuich ansessich. Nu wahn die Londona vonna Rilljohn hea *Church of England*, das heiß anglikanisch, unni Hamburga wahn app 1529 strenge Luddaraner, un was andres gahps hia ehm nich, schunn gah keine Kattohln, höhstns pah Judn. Aba die Englenda durftn sich denn froindlichaweise ne eichne Keache baun, am Joannisbollwääk am Hahfn. Und 1838 hahbm sie ne noie gebaut, in klassizüstischn Schtil, mit griechische Soiln am Eingank. Am Zeuchhaus-Mahk, zwüschn Michel un Reepabahn. Haiß „St. Thomas á Becket“, nach den Mertüra von „Mord im Dom“.

Voa Weihnahchtn iss da nu imma Basah, füa wohltetige Zwegge. Da backn denn die englischn Hausfraun von Hambuich Kuhchn nach alte englische Aht, und kannzich auch sons mit allalei Krimskrams fesorgn. Zum Beispiel sebsgeklehpte Grußkahtn. Da sammln sie gebrauchte Postkahtn und schnippln die zurecht und klehm sie auf weiße Pabbe und fettich sind die Briefkahtn. Kannzia vorkomm wie in Englant, wo die Poss hoide von den Gruhßkahtn zu Weihnachtn leep... Bloß feschick ich leida keine Kahtn zu Weihnachtn – I-mehl tuts auch! Aba der Kuchn hat gut geschmeckt. Wie auch der oregenal englische Körri-Imbiß nach indische Aht.

Seemanzkeachn

Was machtn Seemann, wenna seine Heua auf Sampauli duichgebrach hat unnu blank iss? Er geht nacha Heilzammeh. Unt wenna Glück hat un issn Schkandinawier, denn geht er zu seine Seemanskeache. Die sint alle inna Ditmar-Koel-Straße untahalp Stintfank. Die denische in Numma 2, norwegische Numma 4, finnische 6 und schwedische 36, gleich anna Ecke Johannisbolwäak. Das wah früa praktisch füa di Junks, wah gleich inna Neje von Landunksbrückn. Hoide komm die Janmahtn gah nich mea soweit, wall die Kontenapödde schunn vohea an ire Törminels anlehgn. Außadehm werrn die Jantjes imma weniga un hahm gah keine Zeit mea zuhn Ausgehn, bleim nua koaz in Hahfn un müssn da denn auch noch mit Hant anlehgn. Und denn sinnas meißns Flippinos, die brauchn, wenn übahaup, empweda was Kattohlisches oda ne Moschee.

Un denn sinni Loide auch nich mea so fromm wie früa, unt wenni Keachn generell schon spahn müssn un sich in Diskos oda Reithalln oda wasweißich fewandln, denn eaß rech die Seemannskeachn, oppwohl die auch füa die nommahln Schkandinawia dasint. Un so wolln die Norwega un Schwehdn sich fleich zusammlehgn. Ischa soweso fass dieselbe Sprache. Müssn sich nua einich werdn wo. Die Norwehga mein, sie hahm mea Platz unt sint behindatngerech – alz wenn die Matrohsn aufm Rollstuhl ünnawehgns sint! Unt die Schwehdn mein, ire iss wehnstns ne richtige Keache, mit gotische Böhgn un alles. Stimp auch. Dafüa hahbm die Norwehga orntlich n richtign spitzn Keachtoam, wie ne Stahpkeache inna Heimat. Bloß mit grüne Pazina darauf statt Holzschindln.

Aba nich nua Spahn duich Feeinigunk muss sein. Auch sonz müssn sie sehn, wisi büschn Gelt reinkriegn. Darum machn sie inna Adwenzzeit nu alle n Basah. Und da sint wia denn ma hin. Andre sint auch aufi Idee gekomm, un so wah das denn n fuichbares Gedrengl. Und da wahn sie denn alle in ihre Nazonaltrachtn. Viel Rot und Blau, lange Rögge und Haubm aufm Kopp, meiß äldare Dahm oda lütte Deans. Konz allalei Kunzgewääbe kaufm, wie sie das im Nordn so machn. Komp noch ausn Noinzintn Jahundat hea, alz grohße Ahmut wah un Loide nach Amerika ausgewandat sint. Und die Zuhausgebliebmnen hahm in Heimahbeit all so Sachn gebastlt, das heiß auf Schwedisch *Hemslöjd*: Holzfeade un Spahnkörbe un Flickntebbiche, und die gingn denn ja gut unt sint noch hoide beliepte Suwinias. Brauß gahnich mea nach Schwehdn fahn, kannz alles hia krign, auch Preißlbea-Mammelade un Knäggebröd un Rentiaschinkn. Krissu alladinks bei Ikea auch. Un billiga... Anna Tombohla hahbm wia unz auch nich beteilicht. Eaßns gewinn wia ja soweso nie was, un denn wahnas auch meißns Reisegutscheine, midda Fehre nach Oslo un so was.

Unt denn issja auch imma Fressn angesahch. In jehde Keache gahps klein Restorang, empwehda in Gemeindesaal oda Bierzelt angebaut oda klein Kiosk aufm Rahsn. Da gahpas denn Rentiagulasch un Waffln mit Mammelahde un knallrode Pölser, das heiß Knackwuss mit Nitro, aba in umweltfrointliche Teichflahdn zuhn Mitessn. Wia hahbm uns denn Nowwehgische Fischsubbe un Elchbörga gegönnt: ne Elchfrekandelle inn richtign Runtstück, unt anstatt Salat un Ketschup wah mit Sauakraut un Preißlbea-Mammelahde. Die Kuchnstügge inna Gustav Adolf-Keache wahn auch felocknd, aba da wahn wia denn fenümftich: der Stolln zuhause muscha auch noch wech!

Holznwalla

Alzich noch klein wah, stant gehnüba vom Musejum füa Hamboagische Geschichte n Haus, fleich fümf Stock hohch, mit ne feputzte Want, da stant in riesige Schrift auf: *Jesus Christus gestern und heute und derselbe auch in Ewigkeit. Hebräer 13,8.* Fantn wia imma määkwöadich. Unt uns Mudda hat uns ekleat: Das sinti Holstnwalla. Sie wußte Bescheid, si wah nehmmich bei der Konkruenz aufgewaxn: bei den Bapptistn inna Zoar-Gemeinde in Eimbüddl. Unti Holstnwalla wahn auch sone Sekde, beziunksweise Freikeache, eine von den, den die Amzkeache nich fromm genuch wah. Unti Holznwalla haddn ia Eweckunkselehpnis bei der grohßn Kollara-Epidimie in Hambuich von 1892. Unt hahbm denn lauta menschnfrointliche Einrichtungn gegründet, Kranknhoisa, Fleegestazjohn, Ehohlunksheime un sowas. Un die hattn denn alle so bieplische Nahm wie Elim un Bethanien un Bethesda un Nazareth. Inna Nazizeit mußtn sie Schnauze haltn, aba danach hahbm sie denn wieda missjoniat un sogah Billy Graham eingeladn.

Unnu iss wech! Wi'ch wieda nach Hambuich komm unt fah üban Holznwall, da stehta nich mea Hebräer 13,8! Da stetn Noibau mit Hotel. Aba jetz sintsi pah Strahßn weita inna Michaelispassaje. Unt heißn offiziell City Church, imma noch Holstnwalla. Unt stehn in Internet. Bei Fehßbuck sint si auch. Unt sie sind keine Sekte. Unt sie tuhn imma noch Gutes. Unt man soll auch ma lachn. Unt Kranknhaus Elim müssn sie fekaufn. Unt sie gehm imma noch Lohsungn aus. Aba Hebräja 13, 8 wah nich dabei.

Und was is nu Hebräa 13,8? N Brief an die Hebräer, Kapitel 13, Vers 8. Is ausn Noin Testament, und man dachte früa, is von Paulus. Is aba fleich auch von Apollos, Priszilla, Lukas oder Clemens von Rom, Barnabas, Petrus, Philippus, Judas, Aristion oda Timotheus. Komp aba auch nich so auf an.

Jüdischa Frietohf

Wennu vonna Reepabahn weitafeaß, anna Großn Freiheit fobei, denn liech anna Könichstraße rechzn Frietohf mitn hohn Gidda drumrum. Unnas Toa iss zu. Siet aus wien Paak, hohe Boime, schattich, keine Bluhm. Ewentuell sießuh (un höaßu) n Gertna mitna Motoasense zwüschn dehn Greban Krach machn. Ich wah da mah mit dehn Senioan vonna Gewäakschaff, unt Doktoa Halévy haddunz allns ekleat. Alz eastes musstn die Häan alle ne Mütze aufsetzn, Dahm nich, sintja nich bei den Mosslems! Die Keppis woadn leiweise zu Fefügunk gestellt. Ich brauchde aba kein, hadde mein Elpsehchla mit – wußte ja fohea Bescheit!

Pah Grappsteine stehn aufrecht, un viele liegn flach. Nich wall sie umgeschmissn wordn sint: das gahps alladinks auch – damahz, du weischunn. Sondan mit Appsicht: die Doitschn stehn, die Pottugiesn liegn. Eklehrunk komp gleich. Und wennas alles büschn felassn aussieht, dann haddas auchn Grunt. Eaßns giepas keine jühdischn Nachkomm mea. Zweitns soll man soweso die Tohtn in Rue lassn. Un drittns iss der Friethof schunn seit üba hunnatdreißich Jahn geschlossn.

Unnu: wieso Pottugiesn? Also: so um sechzinnhundat woade in Schpanien un Pottugal nich mea geduldet, wemman nich kattohlisch wah. Unt alz „Mohr“ oda Jude bliep denn keine Wahl: woaz ehm getauf. Unt wehn das nich gepass hat, der konnte ja auswandan, wenna genuch Gelt hadde. Unt die gingn denn nach Amssadam oda Hambuich – wo sie ehm ire Gescheffspartna haddn un festerkdn die betreffnde Obaschicht. Das wahn die „Sephardim“. Und denn gahps foa Ort auch noch arme Juhdn, die wahn meist ausm Ostn geflohn, Poln un Russlant, wo die Loide was gehgn sie haddn, das wahn die „Aschkenasim“. Die konntn sich gehgnseitich nich rech feknuhsn – wahn ehm Klassngehgnsezze! Un die einheimischn Hamboaga nu wieda, die wahn ja grade übazoichde Luttarana gewordn – un haddn was gehgn Kaddoliekn, auch wenn sie aus Pottugahl kahm un zwanksgetaufd wahn… Unt wasn Frietohf betriff: die gahps in Hambuich nua auf Zeit. Jühdischn Friethof muss aba auf Ehwichkeit sein – sonz hahbm die Tohtn ja keine Rue! Das wah denn füa den denischn Köhnich ne gude Gelehgnheit, un ergan die Hamboaga, un er sahch zu dehn Hamboaga Juhdn, ia könnt oian Friethof gääne bei mia in Aldona anlehgn, is schließlich n freies Lant! Unt da hahbm sie denn aufm Gelende gleich hinta däa Grenze zwei Friethöfe angelehch: ein füa die Pottugiesn mit flache Steine un ein füa die Aschkenasn mit aufrechte, schön sauba getrennt.

Unt wall sebs die Nazis die meistn Greba liegn gelassn hahbm, issas jezz ne ungehoire Funtgruhbe füa die Wissnschaff, jühdische Genialogih, Kunzgeschichde, Sprachwissnschaff un was nich alles. Off iss nemmich forn hebrejisch un hintn pottugiesisch. Und wennahn Löhwe abgebildet is, hieß der Festorbene Daniel – wehgn der Löwngrube! Wo Harfe drauf iss, liechtn David drunta. Unt zwei Hende mit gespreizte Finga wahn Rabbi. Unzoweida. Unt wemman genau hinkuckd, fint man Greba von berühmte Rabbis, Äázte, Geleate, Schriffstella, Handelsherrn un Nahm wie *Mendelssohn*, *Eibenschütz*, *Katzenellenbogen*, *Ettlinger*, *Cohen de Lara*, *de Castro*, *da Silva*, *Steinheim*, *Abudiente* unt-unt-unt. Nich zu fegessn: Onkl *Salomon Heine*. Und was ganz Besondriss sinti Zeltgrehba: sehn aus wien langes Prissma aus Marmoa. Unt jehde Zeit hadde ian eichnen Schtihl. Kamman auch füa kristliche Grappkultua was von läan: da gieps nemmich nich mea viel alde von, un die Bilthaua füa den jühdischn Friethohf wahn soweso meistns Kristn. Jehnfalz haddi Uni da noch viel an zu forschn. N „Achief aus Stein“, sahch Herr Halévy und hat da auchn Buch üba geschriebm.

Unt weat auch Zeit füa die Forscha: die Greba hahbm nemmich duichn sauan Rehgn un Appgahse un sonzige Ziwilazjohnseinflüsse in den lezzn fuffzich Jahn mea geliddn alz in all den Jahundatn davoa. Un grohß Glück iss, dass 1940-42 alle Tausende jühdische Grappsteine in Hambuich Fotos von gemacht wordn sint – mussia mah foastelln: mittn in Kriech in Nazidoitschlant! Wah wull ne Hamboaga Schpehzialiteht. Jehnfalz viel bessa ehaltn alz in Natua.

Auch wenna Friethohf nu schunn so lange dicht iss, pah Lehmszeichn gieps doch: da liegn zum Beispihl pah Teelichte rum un kleine Steine auf den ein oda annan Grappstein – das sind denn jühdische Zuwandra aus Rußlant, die dehn betreffendn Rabbi als Füasprecha füa eankwas gebehtn hahbm. Und wall Sampauli nich weit iss, fintman auch ma ne Sprizze inna Ecke. Odan Schlafsack vonn Penna. Aba die stöan die Tohtnrue nich. Wolln ja selba in Rue gelassn werdn!

Offne Moscheh

An sich sint wia jahn kristliches Ahmtlant. Un zwa ewangehlisch, nachdem sie voa fümfhunnat Jahn voam Rathaus pä Appstimmunk die Refommatzjohn eingefüat hahbm. Alladinks gieps auch reichlich Addeistn: offizeell sogah mea alz Kaddoliekn, un die hahbm knapp zehn Pozent. Unt alz weltoffne Hahfnstatt gieps sonz noch allalei, wo du gahnich so duichblix. Zum Beispiel auch Mosslems, schon wehgn dehn Türkn un nu auch wehgn den Flüchlingn. Aba dehn ihre Moschehn sint ja im Grunde Keachn. Plus Mahk, Reisebüroh, Frisöagescheff, Kantine, Buchhantlunk und islamischn Infozenta. Iss praktisch füa die Subkultua un Parralehlgesellschaff. Unt iss auch pracktisch füan Fefassungschutz: kanzja viel bessa übawachn, wennu weiß, wodi Loide imma hingehn! Aba womma dochma festelln, daß die meißn ja haht ahbeidnde Mitbürga sint un zahln ire Sozahlbetrehge un alles. Unt hahm nix zu febergn, un deswehgn iss eimah im Jah *Tach der Offnen Moscheh*, fleich nich zufellich an unsan Natzohnahlfeiatach! Das is der Tach, wo die Osszone beschlossn hat, wie die Wesszone zu werdn: am 3. Oktoba.

Wolltn wia demmah hin. Aba wo? Giep vitzich Moschehn in Hambuich, von alle möhchliche Bekenntnisse un Konfessjohn, unt auch mehre Dachfebende. Wundas dich fleich drüba, aba bei Kristns gieps ja auch nich nua Kattohln un Ewangehln. Sondan Altkattohlische un Noiappostohln un Baptistn un Metodistn un Mennonihtn un Holznwalla un Zoignjehohwas un wasnichalles, unt alle hahbm sie ihre Keachn un Gemeindesehle un Farrhoisa un alles. Un dassis bei Mosslems nich annas, un hunnatzweiunvitzichtausn iss schließlich ne Menge Loide, die geistlich fesorcht werdn wolln. Da gieps Schi-ihtn un Sunnihtn un Wahabihtn un Alewihtn un wasweißich. Un außadehm Töakn un Perser un Iracker un Pakistanier un Afgahnn, un-un-un. Un alle hahbm si ihre eichne Gemeinde un Moscheh, und sind sich zum Teil gahnich grün, oppwohl grün ja die Fahbe des Islam iss, wall Mohammed gääne grün getragn hat. Iss dochn büschn feweant: da giepsn Islamischn Zentrum mit Moscheh *unt* ne Zentrum-Moscheh – aba das was ganz Feschiedeniss.

Wir hahbm uns denn füa die Imam-Ali-Moscheh vom Islamischn Zentrum entschiedn, wallas die prechtichste iss. Die liech in beste Lahge anna Schöhn Aussicht anna Außnalza un weat von dehn persischn Schi-ihtn untahaltn. Imam Ali (Friede sei mit ihm) wahn Kuseng un Schwiegasohn von Moamet un iss pracktisch der Ua-Fahta vonna Schia-Abteilunk im Islam. Voa üba sechzich Jahn wolltn die Hamburga Immunnexport-Kaufloide (Tebbiche, Pistahzien, Kawiah) auch ne Moscheh hahbm un hahbm gespendet un gesammlt un 1961 Gruntstein gelehcht un dreißich Jah spehta wah entlich alles fettich. Un wennu nu davoa stehß, könnzu mein, du biss in Kairo oda Istambul oda Isfahan! Sieht toischnt ech aus: mit runde Kubbl un Minarette und blaue un weiße un töakisene Kachln. Un inndrin denn n kreisrundn Gebehzraum, komplett mit Tebbich ausgelehcht, un auch mit blau un weiß un arrabische Schriffzeichn. Der Tebbich allein ischun beinah Weltrekort: Duichmessa sechzinn Mehta, Fleche zweihundat Kwadrahtmehta, 80 Milljohn Knohtn, Gewicht eine Tonne (gleich tausnd Kilo)! Da habm 22 Mann drei Jahre an geknübblt.

Da sahß denn ein einsahmn Gloibign un las in Gebehtbuch vor der Gebehznühsche. Alz Besuhcha doaftn wie die Schue anbehaltn, aba wia sintja auch nich innehn Gebehzbereich rein. Un denn wahn da üba'all junge Loide mit Kebbi beziunksweise Kopftuhch un teilweise mit blaue Augn un hahbm uns ekleat worummas geht. Unt an dehn Wendn hingn Pohstas un Texte üba die feschiedenen Relijohn, un dassi sich alle festendign solln, wallsi doch im Grunde das gleiche wolln: mea Menschlichkeit unt Glück füa alle – nix mit Schihaht unt heilign Kriech un so was! Unt wia fe'uateiln die Bombm'attntahte un febrecharischn Terroistn, un Musslihme solln sich anna Gesellschaff beteilign unt wehln gehn, unt froin sich üba dehn Pahpsbesuhch. Unt am Nachmiddach solltn noch Bischöhfe un Rabbis kommn un wolltn ian Semf dazugehbm.

Solange sint wia aba nich gebliebm, unt bei dehn Imbiß-Stendn im Foagahtn hahbm wia auch keine Wöastchen gegessn – oppwohlas bestimp kein Schweinefleisch wah. Wie mußtn aba noch auf Toledde, un das wahjanu intrissant: im Herrnkloh im Kella wahn keine Schüssln, sondan in jede Kabiene Löcha im Fuhßbohdn mit Trittsteine – wie wia das auch noch aus Itahjen un Frankreich kenn, mit Schlauch zuhn Nachspühln, un kleine Beckn mitn Hocka davoa, zuhn Füßewaschn. Das wah denn direck noch büschn orijentalischn Alltach inna Hansestatt!

Un nehßes Jah gehn wir denn fleich zoa Appwexlunk zum töakischn Zentrum in Sankgeojch!

Ühprinx – hassu gewuss, dass der voamalige Reform-Prehsident Khatami von Iran von 78 bis 80 Leita vom Islahmischn Zentrum hia anna Moscheh wah? Kanzmasehn! Hambuich hat doch Weltniwoh.

Außa Fegangnheit

Störtebeker-Bezwinger Simon von Utrecht († 1437)
an der Kersten-Miles-Brücke, Helgoländer Allee

Hambuich-Musejum

Als ich klein wah, wah mein Lieplinksmusejum das *Musejum füa Hamboagische Geschichde*. Völkakundemusejum? Pah Maskn unt Eimboime. Altona'a Musejum? Zu weit wech unt haupsechlich Fischaboote. Kunzungewääbe? Was is das übahaup? Teppichmusta unt Musikinschtrumente. Kunzhalle? Naguht. Da gahps pah intrissante Bilda. Nee, aba das Beste wah imma das „Hambuich-Musejum“ am Holznwall. Da gahps Schiffsmodelle noch un nöcha: Hahfnschlebba, das alte Wappen-von-Hambuich, unt vor allm ein Sehglschiff, ganz aus klein Knochnstückn gemach, von französchn Krießgefangnen in Englant 1810. Denn natüch die beidn Seeroibaschehdl, die auf Fehle genahglt wahn. Unnich zu fegessn, im Dachgeschoß das grohße Modell vom Bahnohf Habuich, wo alle Stunde dehn komplettn Fekea appgink, mit Singnahle, Stellwääke, Weichn un alles.

Wia also denn wieda hin, untich muß sahgn, ich wah nich entoisch! Is natüch allns büschn modääna: Musejumspiddagogik hatzich ja auch weidaentwicklt seit dehn Fümfzigan. Aba happmich gleich wieda heimisch gefühlt. Die ganzn Schiffsmodelle, nich nua Sehgl, sondan auch drei Mehta lange Damfa ausn großn Hapag-Zeitn, n richtign Dock mit Wassa wien Akwarium, un füa zwanzich Zent einwerfn kannzu ihn rauf un runtalassn. Un denn riesige Modelle von Altstatt un Hahfn, un wie die sich in tausnd Jahn entwicklt hahbm. Un richtichn Stück Reepabahn – nich wassu denks, sondan sozusahn ne Seildreh-Anlage alz Modell.

In zweitn Stock imma noch die elektrische Eisnbahnanlage von Bahnohf Habuich – wah grade Leif-Voführunk. Alliss einz-zu-zweiundreißich: der Fliegnde Hamburga von 1932, all die altn Züge un Locks, sogah der Schienn-Zeppelien mit Luffschraube! Alles büschn abgenutz un abgestohßn un angegammlt – richtich rüant – sogah kleine Fahgeste sahßn in den Appteiln! Auch pah noie Zühge, I-zeh-eh un so. Un denn pah Fitrien mit Lokomotiewn, wo du füa zehn Zent das Ploilgestenge anwerfn kannz – Junkstroime von foa fümfzich Jahn, leida nua pah Sekundn lank.

Un die Seeroiba-Schehdl? Das wah das beste: nich nua zwei, sondan acht!! Wosi di wull heagekricht hahbm, stamm schließlich ausn vitzintn Jahhundat. Oda?

Und nu das Noiste: Geschichde höat ja nich eimfach auf, und denn heißaß Zeitgeschichde. Hambuich in Zwanzichsdn Jahhundat, mit Luffschutzkella un alles, un alz Geroischkulisse lehmsechde Sirehn, kennich ja noch aus unsan eichnen Luffschutzkella, oppwohl ich damahs ja man n lüttn Buttsche wah. Höaich ja gahnich gään. Da hättich gut auf vezichtn könn.

Ahbeizmusejum

Ischa eintlich gediegn: klink, alz wenn Ahbeit schun ausgestorbm wea. Schön weaß! Denn heddn wia nix mehr zu tun… Aba Ahbeit as sojche weaz wull imma gehbm, blohß manche Ahtn von Ahbeit sint ehm weaklich „musejumsreif". Wie Hufschmiet oda Faßbinda. Aba auch Induschtrie: Da hahbm sie denn das Musejum der Ahbeit inna ejemalign Gummifebriek am Bahnhof Bahmbehk eingerichdet un zeign zum Beispiehl Kemme aus Hahtgummi – das wah sozusahn das Plastik von damahz. Denn hahbm sie ne aldatühmliche Druggarei nachgebaut, mit Rotazjohnsmaschien, wo man hoide noch Zeitungn un Wisihtnkahtn mit druckn kann, unt kamman auch ne frischgedruckde Kahte mitnehm. Da kannzu sehn, warum die Sezza Sezza hießn: wall sie die einzlnen Buhstahbm von Hant eingesezz hahbm. Hoide issja nua noch Fododruck oda gleich vom Kompuhda. Unt denn iss da ne kleine Anstecknahdlfabrik, ausn Hintahohf in Bahmbehk. Wemman da aufn Knopf drück, geht das ganze Süschtehm los, un Transmissiohnsriem verbinden denn eine Walza mitn Dutznd andre un das rapplt un klabbat und hintn komm denn die Abzeichn un Broschn raus.

Aba das Musejum is auchn Dokument von historische Untaschiede von Mann un Frau im Ahbeitzlehm. Eaßma iss natüch Hausahbeit Fraunsache un sollman auch ernznehm. Dafüa zeign sie denn Stramplhöschen und origenal Baumwollwindln (oppwohl die ja nu schun wieda inn sein solln). Un denn nehm wia alz Beispihl ne Fischfabrik: Filehtian iss Fraunsache un Roichan iss Mennasache. Tüpisch! Kapiat? Ich auch nich. Unt denn hahbm wia noch n richtign historischn Menna-Ahbeizplatz: n Schreiptisch inn altn Kontoabüro. Un die Fraun sitzn nehman un tippn die Korreschpondenz aufna altmodischn Schreipmaschine.

Untam Dach habm sie denn vorübagehnt nochn pah richtige Fraun-Ahbeizplezze eingerichded. Hastoch bestimp schumma was von „horizontaln Gewääbe" gehöat! Iss hoide offizeell auch Ahbeit unt kriegn sogah Sozealfesicharunk. Da werdn denn so die Geredschaftn gezeicht, die sie füdi Ausübunk des Berufes brauchn, zum Beispiel n Loddabett un schwahze Reizwesche oda ne Peitsche füa Spezealbehantlunk. Untn Blick inni Geschichde: wie sie bei der Weamachd ganz offizielle Bordelle haddn, damit alles unta Kontrolle wah, wenn sichn Soldat mah was wechgeholt hat. Richtich ne Geschichde des Nuttnwesens mit alln Drummundran vonna Steinzeit bis hoide. Aba denn zeich sich auch wieda, dassas so richtich alz Ahbeit nu auch wieda nich atzeptiat iss: wemman zum Beispiehl ahbeizlohs iss un Hahtz Via hahbm will, muss man ja eintlich dschede Ahbeit annehm. Aba wenn der Sachbeahbeita zu ein alz Frau sahch: wie hahbm da inna Herbatstraße noch ne

Leastelle frei – denn mussi das nich annehm: fellt nich unta Zumutbahkeit. Jehnfalz noch nich.

Un lezzjah haddn sie ne Extra-Ausstellunk üba das Kabbital. Nee, nich üba Kabbital an sich, das gieps ja hoide noch un femutlich bis in alle Ewichkeit. Un büschn Kabbital hett ja wohl scheda gään auf sein Spahbuch! Nee, das Buch, beziunksweise drei. Und wussessu das Karl Marx das in Hambuich hat druggn lassn, und dassa darum sebs pahma in Hambuich wah? Ne Ausstellunk üba ein einziges Buch iss ja nich so eimfach, aba die hahbm das ganz gut hingekrich mit Zeitumstende voa hunnatfümfzich Jahn, un ahme Loide, un Ahbeidabewegunk, und warum Marx auf eimah wieda aktuell iss, oppwohl die Russn selba gahnich mea an glaubm unt am liebstn ian Zah Nikolaus wieda heddn, so wie bei uns mah manche „unsan Kaisa Willem wieda habm“ wolltn. Aba dascha auch schunn hunnat Jah hea. Un denn konnzu da Fidios kuckn, wo Loide ezzehln, wie sie nu wieda das Kabbidal lehsn un dass das ganschön müsam iss, bei 2667 Seitn, auch wenn Joachim ihn das alles gut ekleat hat, wie mein Froint Klaus un seine Uli sahgn, die da mitgemach hahbm. Wenn Axel Lüders und sein Sozialistisches Antiquariat im Heußwehch das noch ellehp häddn, wo wia voa sechzich Jahn unse politische Grundausstattunk gekauft habm, wöade er sich froin!

Aba das Besde steht gah nich im Musejum sebs, sondan draußn am Osterbekkanal. Kennz fleich noch TRUDE, den Bohra, mit dehn sie den Audobahntunnl geboat hahbm! Heiß bekanntlich eintlich *Tief runna unna die Elbe*, und Trude is die Abköazunk. Alladinx steht da nua das Schneitratt, vittzehn Meda hoch un dreihunnatachzich Tonn schwea, das Boagereht sebs weat noch gebraucht. Aba nu mussu dia foastelln: diese Schneidpladde auf den sechzich Mehda langn Bohrkörpa aufgesetzt – mennlicha gehz ja kaum inna Ahbeizwelt! Da braußu denn auch kein Fiagra mea…

Pubbmmuseum

Pubbm hat jehdes Mehtchen (und auchn pah Junks, ich hadde eine die hieß Annemie). Un denn bleipas auch nich aus, dass viele von dehn im Musejum landn, foa alln Ohlteimer. Tatsech giepas Dutznde von Pubbmmusehn allein in Doitschlant. Unt wia hahbm natürch auch ein. Wemman von Blangenese elp'appwääts feat steht hohch ohbm am Falknsteina Ufa, wo untn der Kempinkplazz von Wittnbergn iss, ne schlichte Wilja in grohßn Pahk. Sieht aus wie Noie Sachlichkeit, un is auch tatsechlich von noinzinn-dreiunzwanzich unt ne kleine achitecktohnsche Kossbahkeit. Hat Karl Schneider entworfn, mußte denn aba inna Nazizeit natüch auch ehmigrian. Das Haus hat denn spehta mah

A. Springer gehöat, aba der haddas ziemich fekomm lassn. Un denn hat Frau Dröscher das renoviat un all ihre histohrischn Pubbm reingestellt: Üba dreihundat aus siem Gehneratzjohn. Aba nich eimfach nua Pubbm: ganze Pubbmstuhm mit alln Drummundran, inzesamt sechzich Stück. Foa alln Küchn un guhte Stuhbm, aba auch Kauflehdn. Bahdestuhbe haddn sie nich, da genühchde Waschüssl un Kanne unt Pißpott untam Bett. Da solltn die Meechen aus guhtn Hause lern, wieman Haushalt füat un Dienzbohtn rumkommandiat, aba auch, wieman sich anzieht unt was grahde inn iss. Iss direckn koazn Leagank in Mohde üba die lezzn zweinhalp Jahundate in Kleinfommaht. Da sitzn die klein Spiehlgefeatn denn nu in ian Fitrien un sint so mit ian Haushalt bescheffdicht, dassi gahkeine Zeit hahbm, mah ausn Fensta zu kuckn un den fan-tas-tischn Blick übadi Elbe bis weit inz Alde Lant zu genießn.

Uns Tande Helmi hadde auch sone weatfolle alde Pubbe, mit Potzlahnköpfchen un altmohdische Kleida un alles. Die sollde mein klein Schwesta denn mah erbm. Blohß eimah hat Tande Helmi die Pubbe aus Fesehn aufn Stuhl gelehch un mein Schwesta hatzich aus Fesehn draufgesetz. Da wah das denn nix mit Erbm. Aba alzi denn fümfzich Jah spehta gestorbm iss, hat sie ihr das nich mea übelgenomm (fleich hadde sie das auch fagessn) un mein Schwesta hat doch was appgekricht. Die Pubbe wah auch dabei – mitn noin Kopf.

Seeheldnbrücke

Wennu von Sampauli, das heiß Millantoa, wo die Reepabahn anfenk, am Bismarkdenkmahl vobei aufa Helgolenda Alleh zuhn Landunksbrückn runtagehß, kommßu unta na Brücke aus Santstein duich: Das issi Seeheldnbrücke. Offzi-ell heißi Kerstn-Miles-Brücke, aba dassn büschn ungerech, wall der nur an ein von via Fostn steht, un an den annan drei stehn auch wejche. Unse Hamburga historischn Heldn sint ja keine Generahle od Könige, sondan Bürgameista oda Kapitehne oda beides zusamm. Denn Hambuich lehpja von Handl un Wandl undie liefn ja di lezzn tausend Jahre ganz gut, da kamman nich meckan – wennua die Seeroiba nich imma wieda Erga gemach heddn.

Zum Beispihl voa seckshundat Jahn: Handl mit Fisch un Salz un Bier un Stoff aus Flandan brachte ganschöhn was ein. Da wolltn denn Klaus Störtebeker unt Godeke Michels unt ihre Spießgeselln was von apphahbm. Unt lehchtn sich teilz aufa Elbe, teils in Wattnmea auf Laua unt hahbm denn Hambuich unti andan Hansestehte orntlich gepiesackd. Konnde der Senaht auf Daua ja nich mit ansehn un hatne Flodde ausgerüstet und eerß Bürgameista

Kersten Miles un denn Oberkommandant *Simon von Utrecht* eingestellt mit sein Flackschiff *Bunte Kuh*. Hatte mea Kanohn as Störtebeker sein *Roten Teufel*, büschn Kriechslist wah auch im Spiel, und so hahbm sie ihn besiech un gefangngenomm un aufn Grasbrook enthaupdet, wo jetzi Speichastadt iss. Hundat Jah spehta gleiche Sache: diesmah machte Klaus Kniphof Zickn, un Bürgameista *Dietmar Koel* mußte ran. Un denn wahn daschunn drei Kandidahtn für die Brücknfeila.

Unt nochma hundatfümfzich Jahr spehta sinti Hamburga Kaufloide denn weita gesehgelt unt mußtn imma ein hahbm, der auf die fümfzich Schiffe im Konwoi aufgepaß hat. Erß in der Nortsee, zum Beispihl gehgn die Brandnburga Kaperschiffe, unt denn sühtlich im Middelmea die algerischn und türkischn un auch französchn Pirahtn. Unt 1683 wah Appmiral *Berend Karpfanger* mit sein *Wappn von Hambuich* wieda mah vor Kadiez in Schpanien, un da issas passiat: Explosiohn unt Foia unt allemann üba Bord unt tweehundertfofftich doht, unt Kaptein alz letztn wollde nich mit unt iss untagegangn. Fleich hadde er auch keine Luss mea, walla er sich imma so üban Senat ergan mussde: hahmb sich imma üba Apprechnung aufgerehcht: warum die Reise so lange dauat und warum er umbedink den Könich von Englant auf sein Schiff bewehrtn muß – kostoch alles unsa Gelt! Da wara auch schunn sechzich. Aba danach wah er dann ein Helt und hat spehta auch sein Postn an der Seeheldnbrücke gekrich.

Früa wahß praktisch: Üba die Brücke ginkas vonna Juhntheberge aufn Stintfank rüba nacha Bavaria-Sampauli-Brauarei un denn direck weita nachn Hahfnkrankenhaus – Saufn bis zum Umfalln un Kranknhaus füdi Notfesorgunk gleich nehbman. Geht hoide nich mea: Brauarei iss wechsaniat un Hafnkrankenhaus auch. Nu kann Klein Erna auch nich mehr ihrn Felohptn frahgn, wennsi inni Anlahgn beim Bismahkdenkmahl büschn knuhtschn: Wissma sehn wo ich am Blintdahm oppariat bin? Ja zeichma! Da drübm im Hahfnkranknhaus! (Tschuldigunk, wennu dehn schunn kanntes). Aba hoide müsstn sie da ja auch nich füa inni Anlagn gehn. Lehbm ja sowiso inna Wehgeh zusamm!

Störtebeka

Mit am intrissantestn fantich früa im Musejum füa Hamburgische Geschichte imma die zwei Schedl, die von ohbm mitn dickn langen Nahgl duichgenahglt auf zwei Fehln sitzn. Das wahn Seeroiba, die gefanggenomm woaden un denn aufn Grasbrook hingerichdet, wo hoide die Speichastatt is. Und denn zur Mahnunk unt Abschreckunk un als Troffeje aufgespießt. Unt nu stellich fess, dass nochn pah dazugekomm sint: wusste gashnich dassas inna Elbe noch

Seeroiba giep! Dachte, die giepas hoide nua noch im Schineschen Mea unt im Kino, von Eroll Flünn bis Jonni Depp. Wennas nich so lange hea weer, hettn unse von dahmahlz wohl auch das Zeuch, zu Folkshelden zu werdn.

Zum Beispihl Klaus Störtebeker, der ein grohßn Spezealbecha mit Rotspohn auf ein Zuch runnastöazn konnte. Der hat zu Hansezeitn, so um Vitzinhundat rum, den Hamburga Kauffahran das Lehbm schwehr gemacht: inna Elpmündunk aufgelauat und Transport übafalln un wenn die Hamburga Kriechschiffe kahm, bei den frieschn Lantahdl festeckt. Aba schließlich hahbn unse Seeheldn ihn denn doch gekricht und denn wurdn sie alle aufn Grasbrook Kopf köaza gemach. Wall sie aba so tapfa wahn, hadda Senaht ihn noch ein lezzn Wunsch bewillicht. Da hadda sich dann gewünsch, wenn sein Kopp abgehackt iss, dassa an sein Genossn anna Reihe entlank laufn kann und soweit er kommt, die werden dann begnadicht. Naja, fesprochn wa fesprochn und der Senaht haddas dann genehmicht. Er denn ohne Kopf gelaufn, bis Scharfrichta Rosenfeld dachte, da bleip ja kein mehr übrich, unt hat ihn dann n Bein gestellt. So konnte er denn doch nochn pah mea hinrichtn.

Speta wah er „drühbn“ dann richtich n Natzjonahlhelt, walla gehgn den kapitalistischn Hamburga Senaht gekemf hat, aba auch wall er, alz Mehklenburga, irnkwi aussa DDR wah, oppwohl er in Weaklichkeit aus Verden stammde. Un denn wahn er unt seine Kumpls auch noch früe Sozealistn: imma alles ehrlich geteilt wie bei Pirahtns üplich. Darum nanntn sie sich auch Likedeelers. Dass er aussadehm n Adliga wah, hatti Ossregierunk offnba nich gestöat, wah ian Eduaht von Schnitzla im Oss-Fäänsehn ja auch. Fleich wußtn sie das auch gahnich. Jehnfalz tritta hoide noch bei Fesspieln auf Rühgn auf.

Aba schließlich hatta nich nur bei sein Schlupfwinkl in Ossfrieslant n Denkmahl gekrich, sondan auch in Hambuich, alladinks eerß sechshundat Jah spehta. Da stehta nun da, woh er seine lezze Heldntaht vollbrach hat: aufm Grasbrook, unt kuckt auf das Maritim-Musejum. Sichaheizhalba mit gefesslntn Hendn.

Bismarckdenkmal

Sollte man nich mein, daß außerechnet die Frei unt Hansestatt n keiserliches Denkmal von historischen Ausmahßn hat. Dafür hatte die stolze Republiek also Gelt! Hatte sie aber nich, sondan n Kommiteh von Patridioten. Das war aber nicht die Patriodische Gesellschaff, die hatte annares un bessares zu tun. Egal, die habm immahin ne halbe Million Goltmark gesammlt, wah viel Geld damahlz, 1906. Da steht er nu also hoch üban Hahfn und kuckt Richtunk Englant. Soll wull di Sehherrschaff sümbolifizian, untn Anschpruch auf unse

Kollonihn untamauan. Der sieht aba nich viel: Augn sehn blint aus. Hettn sie man anmaln sonn, wi inn alten Griechenlant. Seehuntschedel, Seehuntschnohrbaht, Glatze, Ridderrüstunk, langn Umhank und Hende aufn Schwertknopp gestütz, alz wenna pesönlich 70-71 den Franzmännan die Köppe abgehaun hedde. Das Ganze fümfzinn Meter hoch, Kopf einsdreiunachzich, Schwert acht Meter. Un acht nackige Kerdels untn drumrum, teilz mit Schwert, teilz mit Schilt. Graniet stamp ausn Schwaazwalt, sowas ham wir ja hier nich. Der schwedische Fintlink bei Öwlgönne laach damahz noch tief inna Elbe, hoite hettn sie dehn bestimp mitfeweatet. Schön isser Alde vonn Saxenwalde ja nich grade. Sollte wohl auch mehr mennlich würken alz schön, kannzja fleich vonna Glazze auf Testersterohn schließn!

Rinksum Beume. Vorteil: du siehß ihn kaum. Hat aber auch Nachteile: Früher habn sich die Liebisspaare, wenn sie büschn knuutschn wolltn, am Bismarkdenkmal verappredet. Geht hoide nicht mehr, wirß gleich übafalln, mußti Bombajacke un Hendi appgehm. Die Besucha vonne Juhnterberge aufn Stintfank sint auch gefehrdet. Noilich wurde ne amikansche Studentin belesticht, Tehtabeschreibunk inn Ahmtblatt: „Etwa 1,75 Meter groß, 30 Jahre alt, hat fleckige Haut im Kieferbereich und eine Knollennase, er trug eine Baseballmütze, dunkle Lederjacke mit Reißverschluß“. Gitt, genauso stess du dir son Kerdel voor, aber da gihp das viele von, un sie ham kein gefundn. Gut daß n patriotischn Ferein von hoide ne Beloichtung bezahlt hat, zwölf Scheinwerfa für fümmundreißichtausnd Oiro. Warn aba zwai Wochn spehta schon wieder keputt; wennu mich frahß: wahn das empweda die schwaazn Kuttn oda die Russnmafia. Darfs eben nich nachs hingehen. Warum auch, Reeperbahn is doch gleich nebm‘an!

Pottugalehsa

Wasn richtihgn altn Hamboaga iss, der nimp keine Ordn an: wöade ja bedoitn, dassa sich um ne fremde Macht fedient gemach hat. Un das grenz ja schunn an Hochferraht! Denn eichne Ordn hahm wia ja auch nich. Oppwohl, hoizutage schehm sich ja manche nich un lassn sich n „Bundesfedienzkroiz“ umheng. Fleich noch mit Eichnlaup un Schwerta! Nua wall man mah jemant außn Isebekkanahl gezohgn hat, oda hochhääzige Spende füa die Elpfilamonih gestifdet, oda sonntacks bein Rohdn Kroiz Dienz geschohbm hat… Neenee. Höhssnz, wenn der Senaht einn mah besondas Dangeschöhn sahgn will, denn übarreichda ihn fleich mah n *Pottugalehsa*. Den hahbm sie alz Münze um fümfzinnhunnat-fümzich eingefüat, wah zehn Dukatn weat. Aba spehta güldete das denn nich mea alz Gelt, nua zuhn Gedenkn un alz Belohnunk, mea wie ne

Middallje. Zum Beispiehl dehn Appmiralitehz-Pottugalehsa. Pottugalehsa hießa, walla nemmich alz Münze zueaß von dehn Pottugiesn kahm, die wehgn Inkwisiezjohn un Juhdnfefolgunk nach Hambuich eingewandat wahn. Den ihre Grehba kannzu hoide nach aufm jühdischn Friethohf anna Könichstraße in Aldona sehn: die Pottugiesn liegn flach, die doitschn senkrecht – die Grappsteine natüllich. Also der Pottugalehsa iss sozusahgn das hanseadische Fedienzkroiz…

Oda nehm mah *Magellan*! Wa auchn Pottugalehsa un hat alz Eaßa die Welt umsehglt voa fümfhundat Jahn. Der hat sozusahn dehn Hamboaga Welthandl den Wehch duich die Magellanstraße geehpnet, damitzi Salpehda aus Schile hohln konntn. Deswehgn hahbm sie ihn denn auch dehn ohln Schenti gewittmet: *Von Hamborg föhr so'n ohlen Kassen, mit Nomen heet he Magellan.* Kenz noch? Unt zum Dank hahbm sie inna noin Hahfnzitti, am Ende vom Santoahahfn, jetz mit viel Trara die *Magellantarrassn* eingeweicht, da soll sich denn im Somma orntlich sühtliches Lehbm entfaltn. Neign wia ja bishea an sich nich so zu, trotz Bietschklupp un alles. Mah appwartn. Foaloifich sint wia auch mit pottugiesisch essen zufriedn: Im Pottugiesnvittl zwüschn Landunksbrüggn un Michl giepas ne grohße Auswahl. Mit günzign Middachstisch – da happich mia noich eaß ne assreine Fischpladde genehmichd. Mit Cerveja – Fisch will ja schwimm!

LEHM UN TREIM

Alstervergnügen auf dem Eis, Februar 2012

Schopping

Passage im Hanseviertel

Hansevittl

Oppwohlas nich stimmp, dass Hambuich so besondas viel Rehgntage hat, kamman doch nich loichnen, dass die „gefühlte“ Regnhoifichkeit betrechlich iss. Nu fint man zwah imma n passndn Haußeingank, wennas mah richdich pladdat, aba das wissn die auswähtign Turistn ja nich. So dachte man, dassas ne gude Mahketink-Idee wah, inna Inn’nstatt übadachte Passajen einzurichtn. Un so hat man gleichzeitich Brempunkde des anschpruchsvolln Konsuhms langssiat un pah übeflüssige Hintahöfe ne noie Fewendunk zugefüat. Heißen jetz Hansevittl, oppwohlas mit Hanse nicksu tuhn hat, oda Kaufmannshohf, alz wennas in ganz Hambuich nua ein Kaufmann giep, oda Bleichnhohfpassaje, wallas anne Grohßn Bleichn iss, oda schlichuneimfach Gallaria. Unnu kannzu fass von Gensemahk bis Rathausmahk in Trocknen von Passaje zu Passaje hüpfm, wemman von pah foichte Übagenge appsieht.

Obbas aba weaklich so attraktief iss, iss ne andre Frahge. Die Geschefssloide klahgn jehnfalz, dassas sich nich lohnt, die Lehdn nach siebm aufssuhahbm. Un iss auch kein Wunda: die Zitti ischunn seit dehn Sechzigajahn ahms toht, walla keine Loide mea wohnn. Un dass auch kein Wunda, wall alle Grundtbesizza dachtn, mit Büroroim kamman mea fedien. Dazukomp dassas innehn Passajen auch mea füa Loide iss, dien büschn mea ausgehm könn. Fenk schunn anna eerssn Egge an: Austan un Schampus im Stehn un Prosecko *on se rox*. Un denn itajehnische Schue un Ehdlklamottn un Mongblang-Fülla füa pahhundat Mahk un Börberi un Lui Wuhtong un alles. Da gehßu eimah duich un denn feaßu wieda nach Munzbuich oda im Elbe-Einkaufssentrum. Die Idee iss aba nich noi: 1845 hadde Willem Sillem schon sein Bazar an Junkfanstiech eingeweiht – issa aba auch balt mit pleide gegang.

Aba inn Somma is was andriss inna Gehgnd: giepja nu viele Kaffehs unta frein Himml und da hadda Treiphausseffeck auch sein Guhtes. Kannzu an Bleichnfleet sizzn unt inne Schute spuckn. Oda aufa Poss’straße sitzn un Loide nachkuckn (aba nich nachfeifn!). Oda aufm Junkfanstiech die Schwene un Gense mit Brohtstückn bewääfn. Oda dich anna kleinn Alza wie aufm Markusplazz fühln un dich übadi Turistn muckian. So mach unsa Wenehdich des Nordns Spahß! Aba da brauchn wia denn keine Passajen mit Glassdecha füa!

Einkaufszentrums giepas natüllich viele inna grohßn Statt. Kannzu gahnich alle kenn. Die meißn hahbm sowas gewississ einheitlichiss Stromlinjenförmigiss unt sint auch mea von rejonala Bedoitunk. Wennu innehn Ebbvohrortn wohnz, gehssu innas Eh-Eh-Zett, und wennu süütlich der Elbe wohnz, innas Es-Eh-Zett, und wennu anna Oba-Alza wohnz, innas Ah-Eh-Zett. Unzoweita. Aba in Aldona giepwas was Besondriss: das Meckado, offiziell Mercado. Nahme iss natüch büschn kohmisch, soll wull die Auslenda anloggn. Aba heiß immahin nich Schoppingzenta. Von außn sietas mea aus wien Kaufhaus. Untas waras auch mah, oppwohlas n Noibau iss. Alzi dehn altn appgerissn haddn, wa der Doibl los: stelzich nemmich raus, dassa mahn jüdischn Friethof wah. Kannzja nich eimfach mitn Backa rangehn un Totnrue stöan! Alladinks wa der schunn lange geschlossn undi jüdische Gemeinde hadde das Grunstück zweiunfümfzich ottnungsgemehß an Hääti fekauf (was ja auchma n jüdisches Untanehm wah, alzas noch *Her*mann *Tie*tz hieß, bis zur Zwanksenteichnunk 1934). Aba alz dann die Ottodoxn aus alla Welt proteschtiat hahbm, wollde ja keina was falsch machn. Unt da hadda weise Obarabbina in Jerusalem gesacht, sie solln ne Betongpladde drüba lehgn, dass da kein raus oda reinkann, denn gehtas in Ortnunk.

Inn drin sint eastns Gescheffde un zweitns lauta Stende inna offnen Halle mit Glasdach, wo du Gemüse un Fisch un Schabadda un Wein un allalei Ökosachn kaufn kannz. Und drittns jedemenge Tehkn unt Imbisse aus alla Herrn Lenda. Da sitzn sie denn schon frühmorgns gefleech bein Glass Wein oda Flasch Bia. Unt wer sich das nich leistn kann, sizz ebn draußn inna lütschen Fußgengazone zwüschn Bahnohf Altona un Spritznplazz mit seinn Kumpelz unt Kumpelinnz. Da stöatas auch keinn, wemman außa Flasche trink und denn auch ma büschn lauta weat, wenn ein sein Macka mah aufn Sack geht.

Und aufm Appsazz Richtunk Tiefpatärr iss ne große Tahfl zur Erinnerunk an die Loide, di da in zweihundatfümfzich Jahn mah beerdicht wahn. Da steht nich nur Ehrndes Gedenkn, sondan viatausndfümfhundat Nahmn. Unt daduich issas nich nua Schtatistik, sondan das sint auf eimal richtige Menschn. Deren Kinda un Kindeskinda fleich auch hier bei Budni un Edeka un Schibo einkaufn unt anna Imbißtehke einn zischn wöadn, wemman sie nich ermordet hädde. Unt der ein oda andre sehße fleich auch draußn mank die Penna un Panka un Türkn un Russn. Ganz nommahl ehbm.

Aldi

Aldi iss aintlich kein Tehma. Muß aba auchma ewehnt werdn. Früa habm wih nemmich meistns inna Pro eingekauf. Wiso Pro? Wegn „Konsumgenossnschaff Produktion". Von dehnn gahpas in Langhorn drei Stück, lagn alle nebmanda. Glaiches Geboide, aba separahtn Eingank: Becka-Pro, Schlachta-Pro un Haup-Pro. Hießn offizinell auch nich Gescheff, sondan „Veteilunk-stelle": VSt. Un wennu nu finz, dassass büschn sozealistisch klink, iss das ganich fekeat. Stammte nemmich vonna Ahbeitabewehgunk hea, wahne Sepshilfe-Organisazeon, wi Be-Ef-Geh un Foksführsorge. Wennu Mitgliht wahß, krichtestu Rabattmahkn. Das woada denn in den Fünfziga Jahn stahtlichesaiz febohtn, wall Nich-Mitglieda, di da auch kaufn konntn, kaine Mahkn krichtn, unt so das Süschtehm mitfinanziat habm. Denn hießas Co-op, un denn woade das priwatisiat, un denn issas ja nu auch egal, wodu kaufs, auch wennu dich irnkwi noch febundn fühlz.

Und denn kannzu auch gleich bei Aldi kaufn! Oda Lidl. Oda Penni. Oda Plus. Oda Minimal. Oda Norma. Hass große Auswahl! Kanz viel Zeit mit Preißfegleich febringn. Braußu aba nich: koss ungefea dasselbe. Ich kuck imma, wassas Sonda'angebot iss, und denn kaufich Mehch un Kwahk un Ollihwn-Öl un Bordoh-Wein gleich mit. Hat schlihßlich in Wahntest auch gut appgeschnittn. Brauchßich gahnich mea schehm und Mantlkrahgn hochschlahgn, wennu da einkaufs. Gehöat schunn faß zuhn guhtn Tohn! Tuhn meine gutböagalichn Froinde auch. Kannz imma sehn, wennu wo zu Besuhch biss: annehn Hafaflocknkehksn un an den günstign Barrolo ekenn wia unz.

Aba trotsdehm schade, dassassi alle nich mea gihp: Meechmann Beger anna Ecke, un Gröönhööka Heick inn altn Bunka noch von Kriech hea, untas Fischgescheff anna Tanstetalantstraße, un Papiergescheff Kortendieck, un Kolonealwahn Michalski, un Fainkoss Pape, un Kohln-Schwen, unnas Kaffegescheff von Pilz, un Nua-hia-Broht, un Ella Krügel ian Tande-Emma-Lahdn (wo sie ein auch umsonz die Haare geschnittn hat, denn das hadde sie geläant, doafte nua Frisöa Frietliep nich wissn). Aba wahscheins kuckn die jezz von ohbm zu un froin sich, dassi sich nich mea abrackan müssn. Denn wolln wia ihnn das ma gönn!

Un was iss aus unse Pro in Langhorn gewordn? Dasselbe wie Sagebiel in Blangenehse: N Schinarestorang. Aba Nua-hia gieps wieda. Die Becka-Kedde Kamps hadde den Nahm gekauf und wieda fekauf, un denn had Becker-Kedde Allwörden die 100 Lehdn gekauf un Nua-hia genannt. Aba ob das nu wieda das gute-alte Holzofn-Brot is? „Industrie 4.0" schlehf nich! Am Ende backn die Brötchen sich noch selba ...

Haspa

Früa mussessdu dich entscheidn, bei wejche Spahkasse du dein Spahbuch hahbm wolldest. Beziunksweise gink danach, wo di Eltan wahn: beia Hamburga Spahkasse von achtzinn-siemunzwanzich oda beia Noin Spahkasse von achtzinn-viunsechzich. Da hattn die sich nemmich fekrach, gink ummi Höe von Einlahgn. Wia wahn beida Noin, aba wah wull mea Zufall. Beia Zweichstelle Stefansplazz. Mein Vadda iss da denn auch lehmslank gebliebm. Unt alza pangsoniat wah, hadde er daduich auchn Grunt, abbunzu ma inni Stadt zu fahn. Unt sich bei der Gelehgnheit von zu übazoihgn, dassas Strafjustiezgeboide noch steht. Unti Fischbradkühche n Besuhch appstattn.

Alzich dann zua wääktehtign Befölkarunk gehöäte un übazoichtn Gewääkschafta wah, haddich mein Kondo natüch beia Bank füa Gemeinwittschaff. Spehta gahpas jah dann die Prohbleme midda Noin Haimat, Ko-Opp und so, unt was mah as Sebsheefe der Ahbeidaschaff angefangn hadde, hatzich ja denn in Speht-Kabbitalismus feheddat un mussde mea oda weniga mit Feluss fekauf werdn. Auch die Beh-ef-Geh, eerß büschn un dann nochn büschn un denn ganz, unt auf eimah wahsi in Schwehdn un hieß SEB. Und wie das im Kabbitalismus so iss: Ein Haifisch frißt den annan, unnu issi spanisch un heiß Santander, als wea sie im Baskenlant. Meine Fileale in Aldona iss in Noie Große Berchstraße: middn inna Fuhßgengazohne. Aba iss nich so schlimm, kannz ja hoide praktisch alles pä Intanet machn.

Nu happich aba nochn altiss Spahbuch gefundn. Vonna Haspa, die hahbm sich nemmich zweiunsiebzich wiedaveeinicht. Lezza Kontostant 1992 sage-un-schreibe *sieben Mahk einunveazich*! Damit binnich denn nu hin zur altn Zweichstelle inna Dammtoastraße. Wollte aus Spahß ma sehn, wieviel denn mit Zinz un Zinseszinz inna Zwüschnzeit so aufgelaufn sint un denn das Spahbuch auflöhsn. Die Dame anna Kasse steckas also inn Kompuhta un denn dea Schock: dreihundat zweiunveazich Oiro un sexunachzich Zent, gleich *sechshundatsiebzich Mahk achunfümfzich*! Dasn Zuwax von *achtausnd noinhundatfümfzich* Prozent. Ich dach schunn der Bankkompuhta hatn Wirus. Aba sie hat denn nochma nachgekuck un wah alles in Ortnunk. Un des Rehtsls Löhsunk: vor fümfzinn Jahn wahnamah pah Jahrelank zwanzichtausnd Mahk auf, un die haddn die Zinsn nich nachgetrahgn. Nu happich das Spahbuch doch nich aufgelöhst. Mahsehn was da in den nehsten zwölf Jahn aus weat!

Mahlzeit

Grünkohl mit Kochwurst, Kassler und Schweinebauch

Gutn Appetit

Alz mein Schwesta ma in Bellihn in Kaufhaus nach Rundstückn frahchde, sahchde die Fekoifarin: Hamwa hia nich, da müssn Se inna Fleisch'appteilung jehn. Inzwüschn weiss femuhtlich auch der Rest der Republik, dass unse hiesign Brötchen nix mit Rumpsteak zu tun hahbm! Issja aba auch komplezeat: Früa gahpas Runtstücke, Schwahzbroht, Weißbroht un Feimbroht – Schluss, sonz nix. Fleich noch Pumpanickl un Mohnbröhtchen. Hoide mussu dich zwüschn Roggn-, Dinkl-, Vollkorn-, Sonnbluhm-, Köabiskään-, Weltmeista-Bröhtchen un-un-unt enscheidn. Von dehn ganzn Brohtsortn ganzu schweign. Ich sahch nua Schabatta! Und hia n klein Tipp: wennu in Kroizwortrezel mah „Alte Weizensorte mit 5 Buchtabn" findest, mussu „Emmer" eintragn!

Essn un Trinken hält Leip un Sehle zusamm. Besondas früa, walli Menschn mea körpelich geahbeitet hahbm. Unt wall wia noch waxn musstn, un wo ich doch imma so spiddelich wah. So wie di Boirin aufm Flüchlinkshohf bei Bornhöved sahchte: Ess Kindchen ess, laß dir nich neetchen. Un deswehgn wah das Essn ja auch imma richtich gehaltvoll. So wie Weinachtn: Riesnpladde *Grünkohl* inna Midde, mit Zucka *glasiate Kattöfflchen* rinksrum, un denn reichlich *Kochwuss* (die muß so prall sein, dassas anni Decke spritz, wennu sie anstichs), *Kassla* und *Bauch* (Schweinebauch natüalich). Silwesta dafüa nua *Knackwuss mit Kattofflsalaht.* Un zuhn Geboatstach happich mia imma *Ääbsnsubbe mit Knackwuss* gewünsch. Sonnahms gahps meißns *Kattofflfannkuhchn mit Applmuhss*. Denn süß un salzich zusamm hahbm wia im Nordn ja imma gääne: *Bean-Bohn-Speck* (alz Eintopf), *Mackaroni mit Gulasch und Backohps*, *Himmel un Ääde*: Kattofflmuhss und Applmuhss mit Grützwuss (mit Rosien drin). Manche möhgn ja keine *Steckrühbm* wehgn E'innarunk anni schlechte Zeit nachn Kriech. Steckrühbm happich kein Prohblehm mit, aba mich kannzu nu wieda mit *Graupmsubbe* jahgn…

Offizeell iss hoide ja mea leichde Koss inn, mit Olliwn'öhl un Basalmiko un Teichwahn. Oda annaseiz Jankfuhd. Aba sogenanntn „Hamburga" kannz ja schunn aus patreotischn Gründn nich essn – währja Kannibalismus! Unnu happich bei meine Wiedakea effroit fessgestellt, dassas das alles noch giep. *Scholle* un *Pannfisch* un *Labskaus* („schmeckso wies aussieht...") sowiso. Un als Nachtisch *Rode Grütt*, aba auch *Rabarbagrüzze* un *Fliedabeersubbe* – hat mein altn Vadda imma gemach, wenn wia zu Besuhch kahm.

Effroilichaweise giepas di tühpischn guhtn-altn sühßn Sachn auch noch, un noiadinks sogahn Buch üba „Franzbröhtchen", diese sümmehtrisch geringltn Stücke mit reichlich Zimp. Aaaahhhba meine Herrn: Die heißn nich Franz*bröhtchen* sondan *Franzbroht!* Das Buch hat bestimp ein geschriem, der nich hia aufgewaxn iss. Jehnfalz iss das Leip-un-Mahgngebeck der Hamburga schunn pah Stehde weita kaum noch bekannt. Aba wer hia ma gelehp hat, der fegissi nie! Wenn ich bestimmde Froinde in Hessn besuhch, mussich imma ne Tühde Franzbrohte mitbringn – sozusahn alz Eintrizzgebüa. Aba dass noch nich alles. Unta der Glasstehke danehm liegn die *Hanseatn* mit ian rotweißn Zuckaguss, die *Amerikana* mit weißn Guß und flachgerundete Untaseide, wo du noch das Natron duichschmecks, die *Kopnhagena*, die andaswo Plundastügge (oda *Danish Pastry*) heißn, die Rosienbröhtchen mit Nahm *Heißweckn*. Unt natüch *Klöben* – un nich eppwa „Rosienstuhtn" oda „Klaben" wie in Breem: das fandn wia ja imma zu-un-zuh kohmisch! Na, wehnstns in meine Fileale vonna „Stattbeckarei" heißn die Franzbrohte noch Franzbrohte.

Aba ich muss zugehm: der *Stolln* zu Weihnachtn komp imma noch (oda wieda) aus Dresdn. Das iss der Beste, der zu kriegn iss. Abba so wi uns Mudda kricht dehn soweso keina hin…

Un Trinkn? In Spehtmiddlalta wah Hambuich mah di Bierhaupstatt. Aba die guhtn altn Zeitn sint lenks fobei: *Astra*, *Elpschloss, Holstn*, *Bawaria Sampauli* – alles fekauf anni Getrenkemultis. Un Alzawassa issja nich das. Muß man fleich doch auf *Flens* zurückgreifn! Beziunksweise füa den gehohbenen Bedaaf auf *Rotspon* oda *Weißwein*. Mehr muß man da nich wissen, lehm ja nich in Sühtdoitschlant! Naja, gehp zu, dassi Ansprüche da auch gestiegn sint, seitdi Juppis das Sahgn hahbm. Demman prooss Gemeinde – ick seh di (nemmich *im Glahse*)! Aba dass iss dann schon mea *Lütt un lütt*: Köhm un Bia – das raht ich dia... Also: nich viel schnackn – Kopf in Nackn!

Großmahkhalle

Kaufssu Ohps un Gemühse bei Aldi oda aufm Isemahk? Falz bei Aldi, braussu nich weitalehsn – oda fleich grade! Die Diskaunta un Supamahkkettn kaufn nemmich direck beim Etzoiga mit Kneblfetrege nachm Moddo: wir nehm euch alles app, aba das darf nix kostn, unt wennu pleide gehß, nehm wian annan Liefarantn. Weant aufm Bauanmahk kaufsu sebs beim Etzoiga, füa büschn mea, un schmeck ganz andas, aba so ein hatscha nich schehdn voa dä Haustüa. Unt in nommahln Gemühselahdn un Mahkstant hassudas imma auch mitn Großhandl zu tuhn, auch wennu das nich mäaks. Unt der Großhandl trifft sich inna Grohßmahkhalle.

Früa mah, ischunn lange hea, da kahm die Gemüsebauan aus den Vierlandn auf ian Ewa die Elbe runtageschippat un vekauftn ihre Etzoichnisse aufm Hopfmmahk anna Nikolaikeache, oda wennas Zwiebln wahn – am Zippelhus bei Sankkaddarien am Zollkanahl. Noinzinn-elf woadn dann die Deichtoahalln gebaut un fuffzich Jahr lank wah denn Ohps-un-Gemühse-Großmahk nicht weit vom Haupahnhohf. Zweiunsechzich wah das dann zu klein, denn hahbm sie büschn weida außahalp in Hammerbrook (offizeell gehöat das zu Klostertor) ne noie Halle gebaut – die kannzu sehn, wennu mitn Zuch von Sühdn üba die Elpbrügge gekomm biss. Unt inna altn Halle iss jezz statt Kraut-un-Rühbm anschprussvolle Kunz, Fotoaustellungn un sowas.

Unt nach der noin Halle wahn wia denn noich ma hin, vonna Gewäakschaff aus. Treffn wah um siebm, unt wennu denx das iss früh, denn laß dia sahgn, dassa Betriep da um *zwei* anfenk – morgns! Unt einige schunn um Middanach. Da sind di Bluhmloide direck Lankschlehfa gehgn – die fang nemmich eaß um via an… Unt alz wia kahm, wahn viele schunn am Einpackn. Trozzdehm wah noch fix was los. Unt ischunn übaweltignt! Die Halle allein: wie ne Keache von Korbüseh mit drei Schiffe, un di sehn aus wie riesige Brandunkswelln aus Betong. Iss natüch hoide Denkmahschuzz. Vitzichtausnd Kwadrahtmehta Fleche, un die Blumhalle nehman noch nich ma mitgezehld. Unt da stehn dann die ganzn Feam, einige mit kleine Stende, einige mit grohße Lahga, pah Mehda hohch un mit Maschndraht drumrum – unt ohm drüba, damiddi Taubm nich an die Kossbahkeitn rankönn. Und da finzu denn, was der Kühchnfee (egahl welchn Geschlecht) ihr Häaz begeat. Nich nua Kattoffln un Äppl, sondan auch alles möjchliche auslendische Zeuch. Köabisse, Melohn, Litschi, Süßkattoffln, Jams, Ingwerknollen wie ne Hand, faustgroßn Knohplauch in Netz, das iss dann schunn der Jahresbedahf vonna töakischn Grohßfamije. Und viele Schpehzerein, dijch noch nie gesehn hadde (und ich bin schunn viel rumgekomm).

Unt inna Blumhalle – so was von bunt un üppich! Da sieht jehdn Wochnmahk äamlich gehgn aus. Eaß happich mich üba all die proppan jungn Dahm gewundat, die da alz Koifa rumliefn, aba denn wah klah: das sinti InhabarInnen (mitn grohßn I inna Midde) von all dehn schniekn klein Bluhmlehdn inna Statt. Die müssn also auch so früh aufstehn! Unt billich alles, aba konz natüch nix mitnehm, iss ja nua füa Handl-un-Wandl.

Geliefat weat alles mit Lasta. Früa auch Bahn un Schiff – Kaimaua issja nich weit. Aba Flexibiliteht hatzich duichgesetz. Unti Kundschaff komp von weit wech: Gemühse- un Ohpslehdn, Hendla, Restoranks un-un-un ausn ganzn norddoitschn Raum, un sogah aus Denemahk un Pohln. Kein Wunda, dassas der größde Großmahk in ganz Doitschlant iss. Unt iss auch ne wichtige Importzentrale: Bei Gemühse iss Doitschlant-Auslant fifti-fifti, aba bei Ohps: Importanteil is füm-un-noin-zich Pohzent! Eichnes Waxtuhm iss haupsechlich Äbbl. Die pah Ertbean un Kürschn falln inzgesamp mengnmehßich nich inz Gewichd. Ischa auch allns Sehsongwahre!

Alzinallm ahbeitn da zweitausndfümfhundat Loide. Und die brauchn n Happn zwischenduich; darum stehn da auchn pah Kontena inna Halle, die inn drin Imbißbuhdn sint. Und wall die töakische Fraxjohn im Großhandl dreißich Pozent iss, iss di „Neue Domklause“ aus guhtn Grunt n Dönaschuppm. Die Ahbeita sint auch meiß Auslenda (oda sehn wehnstns so aus). Zwei happichn

Fohto von gemach – dafüa hahbm sie mia denn ne Melone geschenk! Un zwah ne „Piel de Sapo“ aus Kostarika. Einer sahch, das heiß „Haut von Schiltkrött“. Wull ea Panza! Mussich wohl midda Baumsehge beigehen…

Haupahbeitsgereht iss Gahblstahpla. Am Eingank henkn Aushank, dassu dahn Führaschein füa brauchs: Klasse L. Und dassu dehn nich eimfach hia so waschn dahfs. Könntja jehdn komm, un sonz müssde ja noch ne schpezielle Entsorgunk gebaut werdn unt wer soll das bezahn!

Übahaup müssn die Grohßmääkte wehgn Aldi un Ko kemfn, oppwohl unsan noch guht dasteht. Im Somma gieps ne grohße Marketing-Axjohn, um die Befölkarunk aufzurüttln, und si solln lieba was Guhtiss essn, auch wennas büschn mea kosded!

Spehtestns morrns um zehn ischluss. Unt wenn dann nich alles fekaufd iss? Ischa schließlich federpliche Wahre! Denn gehtas ann guhdn Zweck: zum Beispihl die Hamburga Tahfl. Da kriegn denn auch die Ermstn der Armm mah was Gudes!

Also ich happ beschlossn, Gemühse gieps jezz nua noch außa Appoteke… Nein, wah nua Spahß, aba natüch vom Fachmann, beziunksweise -frau. Denn wenn bei den Supamahk-Tomahtn draufsteht: produzido in Kanarische Insln, denn mussu wissen: da sint auch schunn die Hollenda mit ire Treipausmittohdn un genedische Nealösungn un alles. Aba die Ökogemühse komm auch nich alle aus Wulksfelde oda von Dehmehta. Hia im Großmahk hahbm wia nemmich stahplweise die Kattongs middehn biolohgischn Tomahtn gesehn. Unt wo komm die hea? Aus Hollant…

Gewöazmusejum

Bei unzuhause woade guht aba tradizonell gekocht. Pizza kanntn wia nua ausn Ualaup in Italjen, Pommfriez aus Hollant, Schinees essn gingn wia eimah im Jah inna Ferdinantstraße, Itajehnisch gahnich, und Griechn un Jugoslahwn lehptn noch, wo der Feffa wex. Entsprechnd wahn die Gewöaze in Muddas Küche: Feffa-un-Salz, Muskahtnuss üban Bluhmkohl geriebm un ewentunell mah gemahlne Papprikah. Kahpan inna Sohße mit Könichsberga Klopps, Nelkn un Loabeabledda un Wacholdabean in Rohtkohl un Petasilije auf Salzkattoffln – das wahs schunn fass. Ich sprech von den Vitziga un Fümfziga Jahn – eimah gahps nix, und denn wa Doitschlant auch noch nich so kosmospolitisch! Dabei wahja Hambuich die „Statt der Feffasegge“ un damit eintlich anna Kwelle. Aba wia haddn ja nix mit Imm-un-export zu tuhn un Feinschmeckakreise wahn wia auch nich.

Gut, dass hatzich seitdehm ge'ennat: halp Hambuich riech ahms nach Knobi, un Multikulti iss auch füan Gaumn angesahchd. Trozzdehm issas noch was andriss, wennu das Gewöazmusejum inna Speichastatt betritz: da umfechlt dich gleichn Dufd wie in Tausndeinenacht. Kein Wunda, bei fümfzich feschiedene Gewöaze un Schpehzerein aus aller Herrn Lenda, die da rumliegn, un nich zu knapp. Da wajch nemmich noich mah middehn Senioan vonna Gewäakschaff. Wallas foa Weihnachtn wah, woadn wia gleich mit Glühwein un Zimpkaffe begrühßd. Zimp in Kaffe schmeck ganz intrissant, aba nua appunzu. Wah gehgn kleine Gebüa, das Musejum issja priwaht un kann nix feschenkn, aba alz Eintrizzkahte gahpas denn doch ne Tühte mit schwahzn Feffa.

Eaßma haddi junge Dahme unz eingeweit: Wia sint in den einzichstn Gewöazmusejum aufa ganzn Welt, unt früa wah alles in Munzbuich, aba wer gehtschunn nach Munzbuich! Iss dochn büschn ab vom Schuß. Und seitas dreiunoinzich inni Speichastatt umgezohgn iss, sint denn auch schunn eine Milljohn Besuhcha gekomm! Bei drei Euro Eintritt kannzu selba ausrechnen, was das füan Umsatz iss.

Das Musejum iss aufn 2. Bohdn (hochdoitsch: Etaje), nietrige Decke, Stahltrehga eingezohgn, damiddi Decke nich duichbricht. Ohbm drühba un untn drunta sint nemmich ojentahlische Teppichlahga wie üba'all hia, un die hahbm n ganschöhn Gewicht. Unt üba'all stehn Segge rum wie in dehn altn Zeitn, als die Schaualoide noch Segge un Stückguht felahdn hahbm un nich alles in Kontena wie hoide. Trozzdehm is Hambuich noch der viatgröhßde Umschlachplazz füa Gewöaze inna Welt. Nua Nujork, Singapur und ich glaup Antwerpm sint uns noch üba. Unt denn stehn da Kistn un Kastn un historische Maschien zum Sottian un Soiban un Mahln un Zestohßn, un Karrn un Wahgn (zum Wiegn). Unt auf Bilda kannzu sehn, wie inna Drittn Welt hoide noch fass alles Hantahbeit iss, Rindn appuhln, Blühtn flückn, Schohtn trocknen un-un-un.

Also Gewöaze giepas seit fümfhunnat Jahn, das heiß die aus Übasee, da komm ja die bestn hea. Unt wah früa noch viel kossbara als hoide, wallas nemmich Medizin wah! Sonz hadden die Loide damahz ja nix außa pah Heilkroida. Die einzlnen Sortn von *A wie Anis* über *Estragon* un *Loabea* bis *Z wie Zimp* brauchich wull nich aufzehln, hassu femutlich sebs einigis von in deine Küche. Am toiastn is Safran („mach den Kuchn geel") – alles Handahbeit: pah hunnattausn Krokus-Staupfehdn füa ein Kilo. Aba iss man nua gut: zuviel wea nemmich giftich, nix füa Kindahende! Un wussessu, dassi Muskahtnuß gah keine Nuß iss? Sondan n Kern vonna fleischign Frucht. Un Körri iss gah kein Gewöaz, sondan ne Mischunk aus minzns ach, aba bissu dreißich feschiedene Gewöaze, unt in Indien pusseln die Hausfraun sich füa jehdn Gerichd ne andere Mischunk zusamm.

Ich frahch mich, wie man die Hamboaga Kaufloide nun nenn soll – *Feffasegge* issja eintlich aut. Was iss denn hoide so das haupsechliche

Handelzguht ausn Fern Ostn? Spielzoich, Obahemdn – wie weaß mit *Komputa-Kontena*!

Fischbratküche

Aimal inna Woche somman ja Fisch essn, wehrd äzzlichesaits emfohln. Wehgn Jotbedahf un Schpuan'ellemente. Gihp aban zihmlichn Geruch in Küche un in ganzn Haus, und der helzich auch noch ziemich lange. Da issas doch bessa, du gehs ausessn. Blohss, in Fischrestorang iss doch auf Daua büschn toia. Unt in Noddseekedde wiss auch nich imma, ischa fass wie Meckdonnl. Gozzeidank gihps seit üba hunnat Jahn unt imma noch die Fischbratküche von Daniel Wischer, beziunksweise mehre. Gahps in Sampauli, Aldona, Sankgeorch. Aba ich bin imma inni Spitalastraße gegangn, bevoa sie ihn da rausgedrenglt habm. Wahne grohße Halle, imma rapplfoll. Fihle Loide wartn innehn Gengn, Bedihnunk komp kaum duich, aba finnz imma nochn Platz. Loide bleibm nemmich nich lange sizzn – ischa schließlich nur füass Essn! Un da siehßu denn alle Schichtn der Befölkerunk fesammlt. Manche komm ausn Büroh mah kurz rüba, ekkennzu an dunkln Anzuch oda knappn Koschtühm. Annare nehm sich beim Schoppn mah kurz Zeit – siehßu anni Pakehte und anni Karstatt-Tühtn. Unt Klein-Patrick kwengelt, dassa lieban Pirahtntella will un kain Goltbaasch. Un Oma lessich ewaichn, un er kricht die Fischschtehpchen in Form von Anka unt annare maritihme Gerehtschaftn. Dazu natüch Kola. Finnta foll kuhl. Serwiat weat aufn Papiaset mitn histohrischn Motief. Unni Brahküche sebs kannzu auch sehn: in grohßn seitlichn Nebmraum hintare Tehke stehn dutzend Loide alle Hautfahbn annehn Backblechn, für Backfisch un Fileh un Scholle un Grilltella. Alles ealiche Ahbeit. Unter Katofflselaht is auch hausgemach. Koaz – is alles wi inna guhtn altn Zeit. Nur di Preise nich.

Gottzeidank gehda Betriep auch nachm Schluß inna Spitalastraße weida: DW gieps jezz wieda am Rathaus und inna Steinstraße.

Eiskella

Wie ich n klein Dschung wah, haddn wia natüch kein Kühlschrank. Speisekamma mußte genügn: Steinfußbohdn, Fensta nach Nordn – füa Gemüse und Budda reichde das. Und Meech wurde soweso abgekocht, damit sie pah

Tage länga hielt. Oda auch nich, denn woade das zu Dickmeech, und konntesdu mit Zugga und Schwaazbrot reingebröckelt essn. Wahne Delikatesse. Geht hoide gahnich mea, wall die Küe schteril gemolkn werdn, da fehln dann die nötign Bakterihen, und die Meech weat eimfach schlecht, statt saua.

Kühlschrank krichtn wia erß, as mein Bruda von sein eaßn sebsfedientn Gelt ein spendiat hat. Aba in Restorangs, und aufn Lant, wo man größare Mengn zum Aufbewahn hadde, da brauchte man was Richtiges: n Eiskella. Empweda tief inna Erde untam Haus oda inne Aht Erthöhle woade Eis eingelagat. Im Winta aus n zugefroan Teich inna Lantschaft gesehcht, und denn hatzich das pah Monate gehaltn.

Noilich wah „Tach des offnen Denkmals“ und da konnzu zwei Eiskella besichtign. Was das mitn Denkmal zu tun hat, weißich auch nich. Aba wah intressant, weißu gahnich, dassas sowas übahaup noch giep. Ein wah bei Jakopp anna Elpschosseh. Da geht ganz unauffellich draußn ne Tüa auf, Treppe runta un auf eimah bistu inn gemauatn Gewölbe. Das wah der Eiskella. Hoide is dahn Weinkella mit Bah, un pascha irnkwie auch. Iss auch ohne Eisbalkn kühl genuch füa die altn Jahgenge.

Unt in der Könichstraße in Altona, wo nochn pah Gründazeithoisa stehn, die 43 nicht wechgebomb wahn, gehßu duichn Toabogn, denn kommst du zur Lessers Passasche, und bei Numma via gehz unna die Äade: siem Mehta tief, da war der Eiskella füa das Restorang vom Altonaer Theater, das wah auch 43 in Schutt und Dutt gefalln. Un nich wieda aufgebaut. Unt der Eiskella wah dann Luffschutzkella füa 300 Mann. Wah wull schön kühl, wenn die Fosfoa-Brantbombm kahmm. Tschuldigunk, wah nua Spaß.

Aba isn schönes Zieglgewölbe, un hoide is da ne Kunzgallarie mit wexlnde Austellungn. Kannzu auch mietn, wennu dein sechzigstn Geboatstach feian wilz, oda Goldene Hochzeit. Aba ich weißnich. Is dochn büschn beklemmndes Gefühl, wennu in Luffschutzkella feiast: hell die Glesa klin-gen, ein frohes Lied wir singen...

Spetlese

Hezze auch nich gedacht: dass wir n Weinberch habm! Erstma überhaup Bääge und denn noch Weinberch! Stimmp aber: Sampauli Süüthank. Genauer gesach: Stintfank Küweh. Wollt ich erss auch nicht glaubm, aber ich happs mir angekuckt. Zweihundatfümfzich Kwadrahtmehta mit fümfzich Flanzen besezz – fümmunzwanzich root (Maake *Phönix*), fümmunzwanzich weiß (Maake *Regent*), aus Wöhrtnberch gestiftet. Seit secksunnoinzich. Alladinks efrian auch majchma wejche; iss fleich doch nich das optimahlze Klima. Un manchmal werdn sie auch geklaut. Dabei könntn die Wandaln den Wein doch im Supamark spottbillich kriegn.

Der Stintfank issn Staatsweinguht, gehöhrti Bürgeschaff. Aba wieda tüpisch: Bürger kriegn nix daffon. Die meistn vonnehn fümfzich Litaflaschn werdn nemmich aufgespaht für Staatsgeste. Damit der Börgameista nich im Reinlant beddln gehn muss, wenni Kwien kommp.

Immerhin, an unsern Haus in Langhorn haddn wia auchn Weinstock. Wahn auch wohlschmecknde Weintraubm dran. Aber Wein konnde man da nich aus machn, wah viezu wenich. Wir hettn auch gahnich gewuss, wie. Aba dassas heute nu direck fürne Zucht reich, ischa doch bemerkenswert! Femuhtlich wehgn Treiphauseffekt. Alladinks: N Weindorf aufm Rathausmark gahps früher nich. Und jezz auch nich mea: Die Stantgebüan wahn zu toia un da habm die Schtuttgarta das nach 30 Jahn abgesagt. Dabei hattn di uns die Stintfank-Rebm damahlz geschenk. Undank is der Welt Lohn! Aba der Schtuagahter Winzer, der den Weinberch gefleecht hat, macht weiter.

Aba wer nich aufs Duhnwerdn fezichtn will, kann nach Ochsnzoll gehn; da gibtas auchn Weinfest. Ausgerechntet am Schmuggelstiech,

Alzawassa

Alzawassa klink wien Nazzonahlgetrenk. Aba is Kwatsch. Wennschunn, denn richtiges Bia. *Doatmunda Unijohn*, *Münchna Kindl* oda *Hohfbroi*, *Köllsch*, und wasweißichnochalles – da denkman, das sinti tühpischn Biakwelln inna Rehpublik. Aba wussesu dass Hambuich mah *die* Biastatt im Heilign Römischn Reich Doitscha Natzjohn wah? Im Middlalta, das heiß zur Hansezeit im Vitzindn Jahundat, gahpas hia fümf-hundat-siemunzwanzich sebstendige Brauhoisa, bei ne Befölkarunk von keine zehntausnd! Aba muß bedenkn: Bia wah praktisch Gruntnahnksmiddl damahz – das mitn „flüssign Broht" wah kein Flacks: die Loide hahbm den Tach mit Biasubbe angefang. Brahtkattoffln wahnoch in Amerika, Mühßli inna Schweiz, Runstück wah noch nich effundn un Kaffe wah „Töakntrank", konnzich keina leistn. Mußdia mah foastelln: die Loide hahbm pro Pesohn zehn bis fuffzinn Lita Bia am Tach wechgedrückd! Unt denn femutlich ganzn Tach imma büschn benusslt untawehchs gewehsn, so konntn sie denn dscha auch die hahtn Zeitn bessa etrahgn. Guht dassas noch keine Fekeaßkontrolln gahp! Alladinks hadde das Bia auch wehniga Allohohl alz hoide.

Noch in meine Kintheit haddn Hein-un-Fietsche die Wahl: *Astra Uatühp* von *Bawaria-Sampauli* ohbm üba dehn Landunksbrückn, oda *Elpschloß* aus Nienstedtn, oda *Morawia-Pilz* vonna Billbrauarei. Untuntunt. Unt natüch

Holstn. Wieso Holstn in Hambuich? Wah in Aldonah inna Holstnstraße, un das wah in Holstein, un Holstein wahja bis siemundreißich noch Proißn! Seit den Siech gehgn Dehnemahk von 1864. Abba nu hahbm die ganzn Feam sich eaß gehgnseitich geschluckt, unt denn kahm Karzberch aus Kohpmhahgn wie der Haifisch im Karpfmteich unt hat alles übanomm – un da hat Denemahk denn schließlich doch noch gesiecht! Ich weißnich – denn kanzja gleich Flens trinken. Das hat wehnzn nochn Bühglfeschluß. Wo Holstn nu sogah in Plastikflaschn fekauf weat!

Untas alde Bawarija-Fewaltunksgeboide in Sampauli zwüschn Kiez un Hahfnkranknhaus, das extra wiene Biatulpe ausgesehn hadde, iss auch wech, wallas baufellich wah un aufn Appwassasiehl stand. Unt Elpschloß in Nienstehtn iss nu ne gehohbene Senioan-Rehsidentz, femuhtlich mit eingebaute Biawerma in jehdn Zimma, gehgn die Inkognitenz. Kannzma sehn – geht allns appwerz. Da hilf auch der schmugge Kupfakessl nix, dehn sie üba den Landunksbrüggn hingesezz hahbm! Mea was füaß Auge un füa di Turistn. Un dehn Turistn hahbm wia wull auch zu fedankan, dass nu imma Bia mit Brause oda Limo gemüschd weat. Mussu doch zugehm, dassas eimfach fuichbah schmeckd! Unt wemmannas zehnmah „Alzawassa" nennt…

Fekea

Hochbahn am Bauimwall

Hahfnfean

HADAG is nich HAPAG.

HAPAG hat früa mah Packede von Hambuich nach Amerika gebrach – darum das P im Nahm: *Hamburg-Amerikanische Packetfahrt-Actien-Gesellschaft von 1847*.

Packede schippan tun sie hoide noch, nua sin di Packede größa un heißn Kontena. Zufellich haddas Haus, in den ich wohn, einer gebaut, beziunksweise baun lassn: der wah noch unta Albert Ballin Kompanie-Lotse bei der HAPAG, un in Trebbmhaus heng noch zwei Uakundn, füa troie Dienze. Spehta haddi HAPAG sich mitn Norddeutschn Loid in Brehm feeinicht unt die heißn jezz HAPAG-Lloyd.

HADAG heiß Hahfn-Damfschiffaht AG un die läss die Fean fahn. Früa wahn die grün-weiß und die Flodde woade angefüat von *Jan Molsen* – den kannde damahlz jehdn anna Küste. Un auch hoide muß nua mah zwei Hamburga üba sechzich zusammsetzn un denn gehdas: *weißu noch damahlz, alz Kint, wie wia midda Jan Molsen nach Helgolant gefahn sint...* Die origenahle Jan Molsen giepas nua noch alz Modell im Musejum. Was hoide unta dehn Nahm feat, issn jemmalichn kleinn Boot un auch noch orangje angemahln, wehgn Reklame. Eine von den altn Grün-weißn feat noch, heiß *Kirchdorf*, macht aba nua noch Hahfnruntfahtn. Die noien Fean sehn meiß aus wien Plätteisn unt sint schwimmnde Wääbetrehga: füa Könich der Löhwn, oda Sampauli-Kasino, oda Fesicharunk.

Aba immahin, fünf Linjen giepas noch. Unt damit kannzu pracktisch stundnlank ne pesöhnliche Hahfnruntfaht machen, füa ein Preiß, gehöat nemmich zum HVV. Zum Beispiel von Landunksbrückn zua Hahfnzitti, oda in Köhlbrant, oda zuhn Odahahfn, oda sogah nach Finknwerda. Un denn issa noch die Blankenehse-Este-Lienje, da kannzu dia denkn, wodi hinfeat, nemmich die Este hoch bis Cranz, aba nich bei Niedrichwassa, denn iss am Spääwääk von Noinfelde Schluß. Aba die Fean sint nich nua füa Turistn da: pracktisch die ganze Hahfnbesatzunk, wenn sie nich am andan Ufa wohnt, nimmt mornks un ahms die Fehre. Un Ehrbuss hat sogah noch n Priwahtfeandienz von Toiflsbrück bis voa die Haustüa. Und die iss wehgn Gleitzeit imma in Bewehgunk.

Einige hahbm komische Nahm, wie *Rafiki* un *Nala* ausn Könich der Löhwn (wall die imma noch auf Steinwerda in ian sogenanntn Zelt spieln) – soll wull kindafrointlich sein! Aba eine Fehre, leida sone kleine orangschene, heiß immahin *Wolfgang Borchert* – fallzu noch weiß, wer das wah.

Unt wer wa nu eintlich Jan Molsen? Der wah in den Zwanziga Jahn der „Vater der Grünen Dampfer“, alz Direckta der HADAG, un lehpte von achtzinn-noinunsechzich bis noinzinn-zweiundreißich. Wieda was zugeläänt!

Alzadamfa

Das wahnoch Zeitn, alzi Alzadamfa noch zuhn regulean Nahfekea gehöatn! Da konnzu midda Hochbahn von Langhorn bis Huhtwalkastraße fahn, denn Stück zufuß zuhn Wintahuda Feahaus (das gahps auch noch, wahsone Aht Famijenlokahl, nich wie jetz n modernistischn Glasspalass mitn Priwahtteata) un denn mitn Damfa üba Krhchkobblbrügge un Rahbmstraße nachn Junkfanstiech. Dauate büschn lenga, aba hat Spahß gemach. Und gink mit Hohchbahnfahkahte. Aba 1984 wahras dehn Senaht dann zu toia: einzkommadrei Milljohn Dehfzit pro Jah. Kammajah fesdehn – trotzdehm schade!

Alzadamfa giepas hoide imma noch, aba wia gehn midda Zeit, un nu heißas „Alsterturistik"! Un die setzn schicke Glasdachbohde ein, dassu denks, du bis inna Karibik. Füa Rundfahtn aufn Kanehln oda inn Fleetn inklusiwe Speichastatt oda duichi Vialande nach Bäägedorf. Aba da giepas auch noch was, das heiß Kroizfaht un is fass so wie früha: von Junkfanstiech nach Wintahuda Feahaus oda umgekeat. Nua dassas jetz eine Linje is was früa mehre wahn: gahp noch eine nach Mühlnkamp. Jetz issas allns ein und dauat deswehgn ne Stunde füa ein Wehch.

Unt einz schöhn Tages hahbm wia das demma gemach, Besuch aus Übasee was foafüan. Wahn schöhnn Septembasonntach, aba Andrank hielzich in Grenzn. Appfaht Junkfanstiech, un denn kanz gleich sehn, dass wia inna Makweatschaff lehm: nehste Haldestelle heiß Atlantic/Meridien, nachn Hotel. Denn imma zick-zack: Rahbmstraße links, Uhlnhorssa Feahaus rechs, rüba zuhn Feadamm, wieda rüba rein in Langn Zuch bis Mühlnkamp und wieda raus, Kruchkobblbrügge un bis Wintahuda Fehaus, dass heiß, nochn klein Schlenka in Müülnteich un denn das ganze wedder trüch. Da kannzu denn die fonehm Wiljas von hintn sehn, mit hengnde Trauaweidn un Bootstehge, un bei ein wah sogahn Strantkorp. Un viele Paddlas un Rudabohte unnawehgns, die Deeans lassn sich trotz allm imma noch ganz gean fewöhn, unni jung Kerdls müssn sich denn orntlich anstrengn. Weant aufa Außnalsta noch schwea gesehglt weat unni Kitts innehn Optimistn hoffn, dassas beim büschn Niesln bleip. Tuhz dennscha auch, unni Schwene froin sich, dassi noch nich im Wintakwatia aufm Mühlnteich müssn. Denn fobei anna Schöhnn Aussicht, un dieselbe issas imma noch. Und is gut fessustelln, dassi Schkeilein sich imma noch in Grenzn hält un nua links un rechs n pah höhre Hoisa stehn wie das Zeh-Zeh-Hah.

Un falzi Alza nehstn Winta widamah zufriat, machn wia di Tua nochmal auf Schlittschuhn... Iss nua Spaß, da würdn wia bestimp bei aufi Nase falln unt fleich soga die Hüfte brechn. Soll ja öftas foakomm. Die Ostioporose vesteht kein Spaß!

Noia Elptunnl

Woran denxu, wennu „Elptunnl" höaß? *A-siehm Richtunk Hannohfa – Stau oda stockndn Fekea von Schnelsn-Nort bis Bahnfelt zwölf Kilohmeta, A-siehm Richtunk Flenzbuich – Stau von Wallashohf bis Ohtmahschn fümf Kilohmeta.* Trozzdehm: stemmavoa, alzas noch kein Elptunnl gahp – alles üba die Elpbrüggn un duichi Stattmidde, wah auch kein Fegnühgn. Wah schunn nich fekeat, alzi achunsechzich bis fümmunsiepzich dehn noin Elptunnl gebaut hahbm. Wahja technisch gesehn sensazonell: vonna Lantzunge von Wallashof in Hahfn ein Kilomehda unnan Strohm duich un denn bei Noimüüln inz hohe Elpuhfa rein, inzgesamp drei Kilohmehda. Nachteil wah natüch, dassi allde Dorfmidde von Ohtmahschn feschwundn iss un tiefe Wunde inni Lantschaff gebuddlt. Aba was wiss machen: wah höhres Intresse. Blohß hahbm sie nich gewuss, dass drei Röan ah zwei Spuan balt zuwehnich wahn: Fekea nimp ja stendich unt imma weida zu, un so mussde denn ne viade Röre hea! Damid wah denn Stau füa alle Zeitn beseitichd. Glaupsu auch nich? Wennich grahde Feajensesong iss, iss nemmich imma eine Röre zu: mussja gefleechd werdn unt inschtantgesezz. Unt denn lass mah n Umfall passian oda jemant hatne kleine Panne, un denn sije ohbm!

Nu wohnich ja nich weit von, woas inni Erde geht, un alz Verdi mah n Senioanausfluhch zuhn Betriepsgeboide gemach hat, wajch natüch dabei. Das Geboide hahbm sie midda viatn Röre auch noi gemachd, mit zeitgemehsse Glasfassade un modäänze Technik. Inna Kommandozentrale sitzn denn n Poleziss, n Foiaweamann unt ein vonna Technik und hahbm alles im Blick: via-un-sechzich Monnitohre anna Want – sechzinn füa schehde Röre – un denn nochma fiunzwanzich füa die Einzlheitn. Mussu ganschöhn auf konzentrian! Unt Fluchhahfntunnl un noch pah andre hahbm sie auch noch aufm Scheam.

Röre drei wah zu wehgn Ribbaratua, und in Röre via wah denn doch tatsech graht ne Panne! Wie bestelld! Da konntn wia denn fefolgn, wi der Stau sich angesammlt hat, un der Kollege Poleziss hat eaßma alles auf rot geschalded, un die Blödmenna hahbm trozzdehm munta weida übaholt. Un denn kahm die Blaulichta mit Trarühtrarah, un den hatzich das auch wieda aufgelöhß. Allns foa unsan Augn! Eintlich n Wunda, dassas nich öfta passiat, bei hundatdreißich tausnd Duichfahtn pro Tach. Denn hahbm wia nochn Fehm gekuckt, wie Hemmut Schmidt den Tunnl e'öffnet hat un wie die Boamaschine „Trude" sich da duichgewühlt hat. Wieso Trude? Das heiß „tief runna unna die Elbe". Kein Flax! Oda fleich doch.

Un denn konz aus riesige Bullaugn aufi Ausfaht Ohtmahschn kuckn. Und dass Röre drei zu wah, hadde auch sein Guhdes: so konntn wia die nemmich besichtihgn. Das wah dia fleichn Labirünt, bis wia da wahn! Treppauf-treppapp, un schmahle Genge un noch mah links un nochma rechs, und fümf

Stock unta der Erde klein Tüa unt denn standn wia auf eimah aufa Straße. Das heiß im Dunkln aufa Audobahn unt ganz hintn n Lichschein von Tageslichd. Eine von uns sahch, das glaup uns keina – aba du hassjahn Fodoapparaht! Genau.

Un wo das nu son Spaß macht und fahn duichn Tunnl, da weata eimfach noch felengat, in drei Teilstügge nach Nordn, das heiß, krichtn Deckl. Damit di Ua-Einwohna, die anna Audobahn wohn, auchma n Fensta aufmachn könn, ohne daß die Appgase im Schlafzimma ziehn un die Gaddihn dreckich machn. Unt Ohtmahschn krich oben'auf wieda ne Stadtmidde und das wex wieda zusamm, was zusammgehöat. Klink gut. Un hoffntlich weat das nich unse nehste Elpfilamoni un koss zehnma soviel!

Bahnohf Aldona

Solldes meinn, dass Hambuich auchn Plazz der Republihk hat, schließlich hahbm wia ja schunn siemhundat Jahrelank kein pesöhnlichn Härrscha mea. Giep auch ein, aba der iss in Aldona. 'Chweiß, iss auch Hambuich, aba noch nich so lange, wahja bis neunzinn-siemundreißig Proißn. Unt deswehgn stant (un steht imma noch) voam Rathaus Kaisa Willem zu Feerde. Unt um ihn zu ergan, hahbm sie denn noinzinn-zweiunzwanzich den Kaisaplazz vor seine Nase umbenannt in Plazz der Republihk. Dassa spehta mah forübagehnt A.-H.-Plazz geheißn hat (wie auch der Rathausmahk), sehn wir lieba üba wech. Wah ja nua zwölf Jahre lank.

Dassas Rathaus fass anna Kannde üban Altona'a Backong steht, kommp dahea, dassas eintlich gah kein Rathaus iss, sondan Bahnhof. Die Dehnn dachtn, iss praktisch: Wahn von Hahfn untn hochgebrach unt gleich inni Eisnbahn felahdn un app nach Kiel. Nich eppwa nach Hambuich, wah ja Auslant damahlz, achtzinn-viunvitzich, unt hadde ja sein eichnen Bahnhof! Denn woade das nach Doitschlant eingemeindit unt der Bahnhof woade zu klein, un denn hahbm die Preußn Nehgl mit Köbbn gemach: auf ein Schlach den Bahnhof pah hundat Mehta lanteinwääz feleech, Gleißkörpa wech, Grünanlage hin, Stuulmann-Brunn drauf, alldiss Bahnhofsgeboide eweitat, Denkmahl davoagesezz. So kam Aldona zu sein grohßn, prechtign, schneeweißn Standesamt.

Keine hundat Jahr spehta wieda, dießma sinti Hamburga dran: Bahnhof zu klein, wech damit, Ess-Bahn drunta, Bittongklotz drüba, Kaufhof rein, noinzinn Stokkwääke Doitsche Bank davoa. Fettich issi Laube! Unt iss direckn Muldifunxiohnszenta: stellz dein Audo aufn Gütawahgn, unt wennu aufwachs, bissu schunn beinah in Schpanien. Maht jezz aba nich mea die Doitsche Bahn, sondan priwate. Kannz mit Familje für 736 Oiro in 13 Stundn nach Verona fahn: 1247 Kilometa. Ob Fliegn billiga komp, mussu ausprobian. Kannz aba auch mit fümf Mann fast füa lau nach Buhne Sechzinn auf Sült – brauss nuan Schleswich-Holstein-Tickitt. Aba am bestn gefellt mia der Bussbahnof: Siepzinn Linjen! Unt das Gude iss: sint nua zehn Minuhtn bis Junkfanstiech.

Aba nu pass auf: die Zukumf schlehf nich! Nu wolln sie den Bahnohf noch weida felehgn, nach Diebsteich, eine Essbahnstation Richtunk Eidlstedt. Damit die Züge von Haupbahnhof nach Kiel nich mea in Sackbahnhof fahn müssn – kossdoch Zeit und Zeit is Gelt! Wommasehn, oppsi uns wehnstns ne Zubringabahn lassn. Die Essbahn sollja weita fahn.

Hochbahn

Fornewech ne Warnunk: wennu mitn Fahrat und ne CC-Monahzkahte unnawehchs biss, mussu höllisch aufpassn, dassu nich zwüschn via un secks in Bus oda Bahn ewischd weaß. Koss zehn Oiro füaß Fahratt un fümfzinn füan Fahtausweiß. Dabei wah das eaß grat nach via, unt wia wahn schunn halbe Stunde untawehchs unt wolltn grat aussteign. Wie blöde muß man sein! Aba Hahfnfean sint elaup.

Also was denn nu: Hochbahn oda U-Bahn? Hochbahn natüllich, denn so hatzi mah angefang un is zwei Driddl vom Strecknnetz imma noch üba dä Ääde un heiß ja auch HHA un nich HUA. Alladinks: fass üba'all stehtn „U“ dran, egal ob üba oda unta der Äade. Un ausgerechnet am *Klostastäan*, wo das nu wirklich appwäats geht, steht, laut-un-doitlich „Hochbahn“. Das soll ein nu festehn! Aba hoide is soweso alles HVV, mit Ess-Bahn un alles inklusiwe. Alzich klein wah, wah das viel eimfacha: Hochbahn wah nuan Rink mit Anhenksln: Kellinghusen, Bahmbehk, Haupbahnhof, Landunksbrückn, Stäänschanze, Schlump und wieda Kellinghusen. Außadehm von Oxnzoll bis Junkfanstiech, die Walddörfabahn von Bahmbehk nach Wohldorf oda Ohlstedt untn klein Schwenzchen von Schlump nach Hellkamp – wo jetz Ludderotstraße iss. Un die Ess-Bahn war nur von Haupbahnhof in alle Himmlsrichtungn – Nort: Poppmbüttl, Oss: Däägedorf, Süht: Neugrahbm un Wess: Wedel. Jezz issas kompliziat: Wie kompsu midda Ess-Bahn von Aldona nach Haupbahnhof: üba Dammtor oda üba Landunksbrückn? Egal, untn rum is zwei Minuhtn lenga. Umgekeat mussu aufpassn, dassu nich auf eimal in Eidlsteht landest statt in Blangenehse. Un is Junkfanstiech nu dasselbe wie Rathaus oda nich? Irnkwo schon, aba denn auch wieda nich, muß ja pahundat Mehta laufn unna der Erde, un wennu nich aufpass, kompsu auf eimal inna Mönkeberchstraße nach ohm! Weaß wehnstn nich naß.

Unt vonwehgn unse Dienzleißunksgesellschaff! Hoide mussu alles sebs machn. Früa kahmßu innas Bahnhohfsgeboide: eaßmal haddia eina an Schalta ne Kahte fekauft, wah son klein Pappstück. Denn hat eina anna Sperre Loch rein geknips. Denn ohm aufm Bahnsteich: Rotkeppi sahch *Zuuuh-rückbleimbidde!* Denn in eaßn Wahgn hadde der Fahra nua ne kleine Kabine: danehm wah nochn „Platz für den Postschaffner oder Zugbegleiter". Wasn Poss-Schaffna wah, wußte ich nich, dabei happich sebs ma als Brieftrega geahbeidet. Aba der Zuchbegleita hat an Zuch lankgekuck, opp auch alle drin sint und keina mitn Bein noch außa Tüa kuck, denn bein Fahrer anni Scheibe geklopf, schnell wieda rein, und los ginks.

Das wahn schumma fümf Ahbeizplezze! Unt inna Strahßnbahn gahpas außan Fahra auch nochn Schaffna, das heiß Fahkartnverkoifa beziunksweise Aufsichzpesohn. Alle wechsaniat! Gehp aba zu, dassas füa unz Fahgeste eimfacha iss, dassu eimfach ohne Kahte ein und aussteign kannz. Dafüa brauchda HVV aba nu wieda Kontrollpesonahl, um die Zechprella zu ewischn. Andraseiz sindi billiga, wall si autgesohßt sint un denn haddi Gewääkschaff nicks zu sahgn. Könntn sie doch ejemalije Soldahtn nehm, die die Wehrmach nich mea brauch. Die könn die Loide fleich am bestn einschüchtan!

Wennu einsteign wolldest, musstestu eaßma kuckn, obbas Raucha oda Nichraucha wah. Wah dochn Raucha nich zuzumuhtn, aufn Wehch zur Ahbeit mah nich zu rauchn – bei den Empfärnungn in Hambuich! Oda wenni Ess-Bahn in Beruhfsfekehr zu voll wah, hassu dich eimfach inni eaßte Klasse gesetz – gieps auch nich mea inna klassnlohsn Demokratih. Un wennich zum Beispihl im Buss sitz, wo er inna Strahßnmidde feat wie inna Grindlalleh, dann mussich an denkn, dassa auf den ejemahlign Strahßnbahngleisn feat un traua denn büschn dehn altn Zeitn nach.

Aba inzgesamp fintich, dassa Öffntliche Pesohn-Nahfekea sich doch ganz gut gemacht hat. Nua nachts könnde der Sörwiss büschn bessa sein. Sonz mussu doch das Audo nehm un dahfs nua Klaustala trinkn! Un manche Bahnhöhfe sint denn auch doch büschn einsahm... Aba das is gahnich mea so schlimm: Weat nemmich alles fidio'übawacht. Und denn findn sie die Schlega meißns.

Das happich noilich geläant. Die Verdi-Seneoan haddn nemmich ne Besichdigunk ogganisiat. Eaß Bahnhohf Schlump angekuckd, mit Notrufsoile un alles. Wenn du dahn Hehbl ziehß, komp nemmich nich gleich die Pollezei, sondan du weaß mitne Zentrahle febundn, wo sie imma pah Bahnhöhfe im Blick hahbm. Die sehn dich denn, wenn was iss, unt könn Mahßnahm einleidn. Aba kannz auch anruhfn, wennu nua ne Auskumf hahbm wiss. Unt Kammarahs hahbm sie auch in alle Zühge. Iss doch beruignt, falzu mah mitn Messa angegriffn weaß! Aba hundat Zwüschnfelle im Jah bei eine Milljohn Fahtn pro

Tach (!) ischa weaklich nich doll. Die Essbahn iss noch nich so weit, die hahbm eaßn pah Kammarahs zu stehn. Hahbm wia denn auch vom Stellwäak aus zugekuckt, wie Betty mit ihre melodische Stimme gesaach hat: der Zuch nach Mümmelmannsberch hat hoide fümf Minuhtn Feschpehtunk, ich wiedahole ... unzoweida.

Und denn hahbm wia geläant, dass HVV nua der Dachfebant iss, un der kann auch andre Feam beauftrahgn, wenndi billiga sint. Da lauan die Franzohsn schunn auf, un wenn „Vivendi" komp, kann das bitta werdn, wall die mit Kamfpreise ahbeitn un mit ukreinische Bussfahra oda wasweißich, un denn muss die Hochbahn fleich die Kollegn entlassn. Darum will die Hochbahn nu auch sebs n Glohbl Pleja werdn un tut schunn in Mehklenbuich un Fulda un Wiesbahdn mitmischn. Un wennu mahn blaugelbm Eisnbahnzuch gesehn hass wo „Metronom" auf steht, denn issas zu fümmunzwanzich Pohzent auch Hochbahn! Die Lienje nach Sült heddn sie auch gäane gehappt, aba da wah Connex schnella, und nu rahtma, wehn Connex gehöat: Vivendi. Da sinti Franzmenna also schunn drinne. Kanzmasehn: Globalisiarunk iss jetz auch schunn in unsan Hintahohf! Und als Gewäakschafta kannzu da nua zukuckn unt füa sozealfetrehchliche Appwicklunk eintrehdn.

Zum Trohst sint wia denn mitn Extra-Sonderzuch nach Niendorf gefahn. Unt wennu auch schunn büschn elta biss unt zufellich mennlichn Geschlechs, denn wolldesdu fleich auch alz Junge mah Logomotiefführa werdn (un nich Aschtronaut oda Rockstah wie die nehßn Genarazjohn) – jehnfalz durftn wia denn auch im Führahaus mah den Gasshehbl betehtign! Aba keine Anx, Frau Rasmussen vonna HHA sahß ja danehbm un hat aufgepass un hat den „Totmannknopf" gedrück – sonz weiß man ja nich, opp der Fahra nich fleich n Häazinfahk odan Schlach'anfall hat, un gah nich mea weiß, wo vorn un hintn iss...

Anschließnt gahps denn Kaffe-un-Kuchn inna Rehsidenz „Kursana"; da konntn wia uns denn schumma übalehgn, opp das mah was füa unz wea, wennz soweit iss. Und denn n Foatrach üba die HHA von Noinzinnhundatelf bis hoide un daß dä Foastanzfoasitznde hoide imma Beifall inna Betriepsfesammlunk kricht, wall die HHA so gut dasteht in globahln Wettbewäap, un dassas die Behindatn hoide viel leichta hahbm mit all dehn Fahstühln, un aufm Bahnsteich gieps jezz fass übaall n Blindnstreifn, das heiß büschn riffelige Plattn, wo der Betreffnde mitn Stock merkn kann, wohs lankgeht.

Jehnfalz wajch richtich stolz, dassich schunne Mohnazkahte happ. Auch wenn die zwischen via un secks nich güldet unt ich mia denn hintahea n Extrafahschein kaufm mussde...

Zopp

Eimah solltn wian Schulausfluhch machen. Happ fegessn wohin, aba unsan Klassnlehra Dr. B. sahchde: „Wir treffn uns dann beim Zopp. Ich weiß nich genau, wo das iss, aba ich glaube, es wird Zett-Oh-doppelt-Peh geschriebm“. Kannzma sehn: die Lehra aufm Johannejum hahbm auch nich imma voll duichgeblickd. Damahz stand da nochn rundn Luffschutz-Toam von 1940 danehbm, un das Ganze sah aus wie die Apfäätigunk anna Zohngrenze. Un Steindamm un Sankgeoich wah (un iss) nich weit. Das heiß, das Milljöh wah ea büschn schmuddelich alz wie gehohbm. Das Puhblikum wah ja auch nich so ehdl wie Fluchhahfn oda sebs Haupahnohf. Wemman füa 30 Mahk in 20 Stundn nach Batzelona feat, stellt man ja auch keine übatriebmnen Ansprüche. Schickimicki iss woannas! Wah ehbm man blohß ne Bushaldestelle mit gelbe Kachln un Flachdach.

Nach fümfzich Jahn hatzich der Zentrahle Omnibus-Bahnohf aba nu doch ganschöhn rausgepuzz. Iss imma noch haupsech Fäänfekea, un zwah weaklich Fään: nach siemunzwanzich Lenda, in alle Himmlzrichtungn, zum Beispihl nach Moskau, un inni Ukraine, nach Belgrad, un Mazedonien, nach Pottugal, un Oslo un was weißich noch alles. Üba drei Milljohn Passajiere pro Jah. Aba denn reiß ja hoide das Auge auch mit. Deswehgn gahpas denn n Achitektnwettbewääb, un nu giep das n riesiges Glasdach. Sieht richich fuduristisch aus. Un heiß jezz offizeell Bus-Port. Schon fass wie Eaport! Un tazechlich: wennu von dehn intanazonahln Großfluchhahfn Lübehk apphehbm wiss, fenkti die Reise auch am Zopp an. Unt das fühcht sich gut, dassu dein Körriwuss denn auch schun voahea im dortihgn Imbiß einnehm kannz: bei Reien-Ea an Bort gieps nemmich nix.

Ühprinz: am Bahnohf Altona iss auchn ZOB. Aba der iss nua füan Ha-Vau-Vau. Un hat kein Glasdach. Abba Körriwuss gieps da auch.

Ehrbuss

Noilich warn wir bei Ehrbus. Da kommßu nich eimfach so rein! Könnzja was im Schilde füan, Sabotaje oda Spionaje. Mussdich anschließn anne Grubbe mit Aufsich. Wir hattn Glück: wah zufellich Springerverlach, und der is ja unfedächdich. Erßma mussu diern Foortrach anhörn, üba Geschichte von Fluchzeuchbau auf Finkenwerder. Fenk an mit Blohm un Voss 1933.

Denn gehssu duich eine Halle nach der annan. Mal sizzn sie da inner Tonne un schraubn ganzn Tach. Iss aber nich Fließband, sondern Einzelfallmontaje oder so ehnlich, mach mehr Spahß, un dassu bei Ehrbuss biss, mussu stolz auf sein. Die nehm nich schedn! Denn sezzn sie Tolettenblock inni Röhre. Denn geht die Röhre pä Schiff nach Frankreich, Elektriziteht einbaun oder umgekehrt, und kommp mitn annan Ehrbuss zurück, son groten, siet aus wien weißer Wal, darum heißer auch Beluga.

Die Flügl komm aus England, werden hier bloß angeschrobm. Und denn issa bei kleinn fettich. Unn iss nich billich: 55 Milljohn pro Stück, middlare Gröhße. Musstn sie denn ja auch das Watt zuschüttn nebenan, wegen mehr Montajehalln. Das hat nu wieda Statt Hambuich bezahlt: 500 Milljohn. Gehgnüber iss Mühlnberch, ischon beina Blankenehse. Desweegn heißas *Mühlnberga Loch*. Dor sünn Vogels, vor alln weerend der Zuchzeit, wenn sie in Winterurlaup fliegn oder nachhause: Seebelschnehpla, Lepel'entns, Brantgense un all sowas. Allerdinks: der pangsonierte Injeniör, der die Führunk gemach hat, sahch, da sint jezz viel mehr Entn, Aufspühlunk iss der reinze Umweltschutz. Die Naturfroinde wollnass nich glaubm. Und habm sich Affokahtn gehohlt. Aber hilft ja nix: Arbeitsplezze gehn vohr! Müssn die Vögel doch einsehn! Haben doch sebs nicksu tuhn as fressn unt büschn rumfliegen, könnsi doch auch annaswo machn. Außadehm is Aufspühlunk schunn appgeschlossn, kannzoch nich wieda appspüüln! Auch wenn die Gerichte noch nich duich sind: die brauchn imma so lange, kannzja nich ehwich wahtn.

Aba wie das ehm so iss: giepsn klein Finga, nimmta die ganze Hant! Kaum issas Süßwassa-Watt zugeschüttet, kommt der nehste Kuh: Felängerung der Stahtbahn mittn innas Oopsbaugebiet un schaaf ran an Noinfelde. Warum? Wall die Frachtwäsion vom A-380 zu Fofüazweckn mit volle Last stahtn muß. Nachhea kompas gahnich mer voa, aber egal. Eaß wah Widastant, un auch der Pasta wah dagehgn. Aba was solln die Bauan machn, man will schließlich nich der lezze sein, der fekauf, un eventuell gahnix mehr kriegn.

Zehn Jah spehta is allns vergessn; gewöhnz dich an, un da rechnen die Brüda auf! Und funzoniat ja auch. Dass die Frachwäsion vom A-380 gahnich gekomm iss, hat keina gemerk.

Fluchhahfn

Das einzigste Mahl, dass mein Mudda mitn Fluchzeuch geflohgn iss, wah noinzinnhundat-noinunzwanzich. Von Hambuich nach Brehm, un dabei issi so schlech gewordn, dassi nie wieda n Fluchzeuch betrehtn hat. Kamman festehn, wemman bedenk, wassas damahlz füa Klabbakistn wahn. Sebs die Ju 52 gahps noch nich! Un dabai wah mein Vadda Sehglfliega un spehta in Kriech beida Luffwaffe. Fleich auch deswehgn.

Jehnfalz wah Hambuich imma mea wien Feltfluchplazz – von wehgn „Luffkroiz des Nordnz“! Ich bin eimah in den frühn sechziga Jahn nach Bellihn geflohgn, mitne *Super Constellation*, wennichnich irre, das wah damahlz billich wehgn Zuschuß von Belihna Senaht wehgn Kaltn Kriech, damiddi Loide möhchlichs wenich duich die Osszone fahn mußtn.. Da durftn alladinks nua die Besazzunksmechte hinfliegn: *BEA* inna englischn Zone un *PAA* füa die Ammis un in der französchn Zone *Air France* – „von der Seine bis zur Panke – Alles fliecht mit Eier-Franke“, wie der Bellihna in sein tüpischn Folxmunt sahchde. Unt eimah im Fehprua wahn wia büschn speht wehgn Schnee-un-Eis, da konntn wia noch übas Rollfelt nacha Maschine zu laufn un Kontrolln gahps soweso nich. Vonnehn altn Emfanksgeboide is nua nochn klein Backsteinbau ühprich – iss jetz Tömminell Eins.

Loide hinbring oda apphohln iss hoide eimfach, wall da ne Essbahn hinfeat. Und sie hahbm nu alles modäan gemach mit Glasdecha un Stahlböhgn un Riesnparkhoisa, dassu denks, du biss inna Weltstatt! Soweso iss hoide alliss ganz andas: Wennu vonnehn westlichn Statteiln üba Schnelsn komps füat di Straße untara Stahtbahn duich. ’Chdenk dann imma, hoffntlich hahbm sie schunn appgehohbm, wenn sie hia drüba sint! Unt inna annan Richtunk den Kreisl anna Alzakruhschosseh gieps auch nich mea, mussu dich eaßma noi orentian, sonz biss auf eimah schunn in Alzadorf. Unnu mit dehn ganzn Billichfliegan haddn sie auch Kaltnkeachn wieda im Auge gefasst, alz Grohßfluchplazz. Dachtn wull, alz Metropol-Regijohn muss der Fluchplazz orntlich weit wech sein! Warum denn nich gleich nach Lübehk, da fliechja Reien-Ea schon hin.

Ich finde, wennas schon Fluch-*Hahfn* heiß, könnsi doch auch im Hahfn appfliegn! In Finknwerda giepdas doch schunne Piste: denn wehr di Eabuss-Lannebahn wehnzns füa was Fenümftiges gut. Die ganzn Applboime appholzn lohnzich doch eaß, wenna Passajierfekea komp. Wennschunn-dennschunn!

Fesslballong

Um das mah gleich zu klean: fliecht n Ballong oda feata? N Fluchzeuch fliecht, untn Ballong feat! Wieso? Walla leichta alz Luft iss! Fliegn tut, was schwera alz Luff iss – wie ehm n Fluchzeuch odan Fohgl. Klah? Happich schunn vommein sehglfliegnden Fadda geläänt. Aba wieso dasso iss, weißich auch nich. Zweite Frage foawech: issi Meazahl Ballonx oda Ballohne? Wikipedia meint, Ballohne. Duhdn sahch, das is schweizarisch, da sahgn sie auch Ballohn un nich Ballong. Ich bin füa ong: heiß ja auch Balkong un nich Balkohn! Auch wenn viele Loide in „Balkonien“ Urlaup machn ...

Mitn Ballong kamman von A nach B fahn. Aba manche Ballonx sind auch angebundn: füa Weddabeohpachtunk oda millitehrische Aufklehrunk, alzi Kanohn noch nich so hoch gereicht hahbm. Das sind denn Fesslballonx – ehm, wall die gefesslt sint. So ein wah pah Jahre lank bei den Deichtoahalln feankat, füa Reklame un alz Turistn'attratziohn. Aba nich nua Turistn: auch füa wagemudige Einheimische! Wie ich, binnich ja diereck ääplich feflichtet zu. Aba nu: der kann nua aufsteign, wennas nich zu windich iss. Unt Wint iss ja bei uns nich grade seltn. Denn steht aufa seine Hohmpehtsch: *Wegen zu starker Oberwinde muss der High Flyer heute am Boden bleiben.* Und wenn mah schön Wedda iss, denn iss da gleich son Andrank, dassu ne Stunde wahtn kannz, foa allm im Somma unt am Wochnende.

Aba nu wahs Frühlink un kein Wochnende un noch keine Sehsong unt Wedda sonnich un kein Wint: Also nix wie hin. Konndes ihn schon von weitn sehn. Weiß, dreiunzwanzich Mehta Duichmessa unt untn henk ne rinkförmige Gondl dran. Dreißich Loide maximal, aba hoide nua fümfzinn zugelassn, wehgn ne leichde Brise.

Unt iss mitn Drahtseil feankat, gut zwei Zendimehda Duichmessa, wie anna Nahblschnua. Nach fümf Minuhdn sint wia obm: 150 Mehda übam Pahkplazz, höa als Petri mit 132. Unt natüch ne fan-tas-tische Aussicht unt Umsicht. Eaßma Fäänsichd in alle Himmlzrichtungn, kannzich kaum sattsehn, Außnalza, Innstadt un Hahfn-Hahfn-un-nochmahz-Hahfn mit Speichastatt un Hahfnzitti – untn wunnaschöhn Blick aufi Baustelle.

Aba intrissant auch Fegleich untn un ohbm. *Schilehaus* von untn iss wien Schiff mitn hochrahgndn Buhch unt kommsu dia ganz klein voa – von ohbm issas bloß son Haus mitn intrissantn Gruntriß. Da giep der *Sprinknhof* doch mea hea mit seine wuchtige Achitektua un viele Fenzareihn! Unt die Glaspaleste von hoide sint offmbah gääne dreieckich: wie das Bürohaus am *Deichtoa.*

Iss also ganz nett da ohbm, aba du fühlzich doch irgndwie, wie sojch sahgn: gefesslt – kein Wunda, iss schließlich n Fesslballong. Fleich sollde man doch mah mit ein von den Ballonx losziehn, die man appunzu am Himml treibm sieht. Aba 219 Oiro füa andathalp Stundn… Dafüa kannzu ja hoide balt nach Teneriffa fliegn – un zurück. Fliegn un nich fahn.

Leibisübungn

„Cyclassics“ auf der Elbchaussee

Maratonn

Maratonn aufn heißn Asfalt iss hoide ja pobulea gewordn un nicks Besondres, oppas nu Sajopaulo iss oda Nujork oda Schtockholm. Habm wia in Hambuich denn ja auch, un schunn seit üba dreißich Jahn. Zufellich füat di Strecke ganz dich fobei, wo ich wohn. Happich ma zugekuck: Eerßi Rollis, dann die Sketa, dann die Profis, dann die Freizeitprofis un denn die Ammatöre, imma aufn blaun Strich, dehnsi fohea aufi Straße gemahln hahbm, damit man weiß, wodie Ideallienje iss. Da kannzdi wunnan, was füa Tühpn da mitmachn: dicke-dünne, große-kleine, junge-alte, unt wie di da ian Kuhglbauch zweiundvitzich Kilohmehta mitschleppn wolln, iss mian Rehtzl, aba irnkwi schaffn die das doch. Fleich steign di ja aba auchma aus, fahn Stück Hochbahn, un rein sich denn unauffellich wida ein – würtja keina merkn! Soviel renn wea aba nicks füa mich. Pah Kilomehta jockn – gääne. Aba nich Maratonn. Außadehm: was massu, wennu soviel trinks un auch mah was raus muss? Ganz eimfach: stelzich anni Hegge... Jehnfalz viel Spahss Junks (un Deans)! Ich wink euch foam Fäansea zuh.

Trotzdehm wolltich die Strecke auch mah genau wissn, wodi laufn – aba nich selba laufn: sondan mitn Fahratt! Is dann wine Stattrundfaht füa Turistn. Bei den Hamburga Fekea gehdas aba nua sonntachs – füa mich sperrn sie ja nicks app wie füdi offizeelln Sporzfroinde! Unt eines schöhn Sonntachs happich den Törn denn gemach. Den Bulls-Renner ausn Kella gehohlt, Helm auf un app. Angefang happich bei *Schröders Elppahk* anna Ebschosseh – is ja egahl, wo du son Runtkoas anfenx!

Gut: denn also bei traumhaftn Wedda, dank Hoch „Erich“, die Ebschosseh entlank Richtunk Statt. Hass appunzu n schöhn Blick üba di Elbe un aufi Kontena‘anlage gehgnüba. *Heinehaus* liecht am Wehch, denn *Kristianskeache* und *Rathaus Aldona* von hintn, un denn gehdas die *Palmallje* runta un schon sint wia am *Fischmahk*. Andrank iss wie dschedn Sonntach, aba wia kuckn hoide nich nea hin. Die berüchdichdn *Hahfnstrahßn*-Hoisa sehn hoide mea nach Bluhmkinda aus alz wi nach Steineschmeißn. Fobei annehn *Bietschklupps* mit künzlichn Strantlehbm, denn *Landunksbrückn* un *Elptunnl*-Eingank. Links ohbm grühß der *Weinberch* aufm Stintfank, die *Hochbahn* will noch ma Hochbahn sein un feat auf Stelzn, unt anna *Übaseebrücke* troim *Rickmer Rickmers* un *Kap Sandijego* vonnehn grohßn Zeitn alz Stolz der Siebm Mehre. Nu kommp rechts die *Speichastatt* un *Hahfnzitti* jehnseiz dem Zollkanale, links liechi *Kaddarienkeache*, fobei am *Schilehaus* und denn müssn wia auch schunn appbiegn. Iss aba gahnich so eimfach wehgn Fekea, un wia könn auch nich duichn *Klostawalltunnl* fahn wie bein offiziellen Maratonn, sondan müssn ohbm am *Haupahnohf* entlank. Anna *Kunzhalle* fobei, denn links *Ballindamm*, *Junkfanstiech* unt ummi *Binn'alza*. Übadi *Kennedibrügge* zurück un anna

Außnalza entlank: issja das reinste Jockaparradies – besondas Sonntachmorgn. Da heißas nich zufellich *Schöne Aussicht*, un die französche Fottsezzunk nahms *Bellewü* in Uhlnhorss schenkn wia uns – wall sie nich anna Maraton-Stregge liech.

Dann nachn *Feenteich* heißas Abbiegn, un denn hatzich das eaßma midda Schönheit – nu iß Bahmbehk angesahchd, auch wennas *Behtownstraße* heiß. Denn aba aufa *Sahlandstraße* am *Stattpahk* fobei (Wassatoam grühß außa Fääne), *Fuhlsbüttlastraße,* un denn werdn wia duichi *Zitti-Nort* gefüat, soll wull dehn Loifan aus alla Welt stehtebauliche Originaliteht voafüan! Aus meina Sicht issas nu Halpzeit –da nehm wia mahn orntlichn Schluck Wassa aussa gelbm Pulle. Nu entlich wieda anna *Alza* entlank aufa *Ratenaustraße* nach *Ohlstorf.* Aba in Friethohf gehen wia nich rein, iss gottzeidank fohea Wendepunk, anna *Fuhlzbüttla Schloise*. Da machn wia aba keine Rast – sint schließlich nich zuhn Fegnügn hia! Außadem kenn wia die Schloise schunn, unnas aldanatiwe Wassa-Kraffweak inn drin hat sowiso hoide zu. Annare Alzasaide, *Mainwehch*, *Alzakruhschosseh*, rechs was noch vom *Eppmdorfa Moa* ühprich iss, un denn is schwere Rennbahn: Rink Zwei aufa *Tahpmbehkstraße. Ernz-Thälmann*-Gedechnisplazz kenn wia schunn, unt rein nach *Eppmdorf* un weita nachn ejemahlign *Hambuich-Dreizehn*: *Klohßastean*, *Rohtnbaumschosseh*, am altn *Ha-Es-Vau-Plazz* fobei, *Dammtoa*, klein Schlenka aufa *Esplanade*, damit die 42 km voll werdn, Steffanzplazz, dann *Goich-Fock-Wall* hoch, an Plantn un Blohm entlank, beida Musiekhalle wieda rechs, achnee, die heißja jetz *Laeiszhalle*.

Karolienstraße un *Messehalln* – denn sint wia am Ziel, das heiß das offizielle. Wir müssn ja aba noch wieda nach Ohtmahschn, wo wia appgefahn sint. Also *Glassiehschosseh*, aufm *Heilihgngeissfelt* iss grade Sommadohm. *Millantoa* fobei, *Reepabahn*, Große Freiheit lassn wir rechs liegn, *Könichstraße*, Altona Rathaus sehn wia nu von vorn. *Holländische Reihe* – da döafn wia leida nua dreißich fahn, wehgn Wohngebiet. *Bernadottstraße*, bei *Halpmohnswehch* drehn wia um, noch mahn Stück *Ebschosseh*, *Schrödas Elppahk* – un Schluß!

Unni Zeit? Streggnrekord – füa Menna – is ungefea zwei Stundn un fümf Minuhtn unt füa Fraun zwei Stundn un zweiunzwanzich. Was mein Schwesta iss, die hat vier Stundn-zwanzich Minuhtn gebrauch – mit zweiunfümfzich. Unt ich drei Stundn-zwanzich Minuhtn, einschließich Fotostopps un Eisessen. Aba kannz nich fegleichn. Wollde ja gahnich gewinn!

Jockn

Kannz auch Laufn sahgn. Bloß sahgn viele Loide Laufn, wennsi eintlich Gehn mein. Aba 'chmein weaklich Laufn unnich Walkn. Walkn iss auch populea, voa alln bei Loide mit Kniebeschweadn oda anne Gelenke. Denn sollas ääzlich gesehn bessa sein, un denn kamman das ja auch noch festehn. Die kannzu majchmah im Paak sehn, meißns in kleine Trupps im bestn Alta (das heiß koaz voa den drittn Zehn), aba off schlenkan sie denn auch noch so mit Schistöcke rum: denn issas nordisch. Fleich issas auch alz Bewaffnunk gedach, wemmahn Sittnstrojch komp! Un auf jehdn Fall belehp das das Weatschaffslehm: brauß denn ja auch noch schpezeelle Klammottn, mit Termowesche wehgn schweißtreibnde Anstrengunk, un jehde Sehsong noie Stögger aus Titan oda Kohlefahsan ...

Jockn hieß früa Waltlauf. Aba kannzja nich extra nach Klöwnstehn oda in Saxnwalt fahn, wennu in richtign Walt laufn wiss, un denn heissas ehm Jockn, wemman ummi Außnalza rennt oda aufm Elpufawandawehch. Das geht aba nua inna Woche: Sonntax mussu denn Schlalom laufn, wall soviel los iss. Nu dachdich, unna Sporzfroinde da grühß man sich denn kurz, wemman ein begechnet. Muß ja keine Plaudastunde werdn: knabbes Moin, oda koaz die Hant pah Zendimeda angehobm. Aba iss nich. Einige hahbm Knöbbe im Oa un sint ganz in ian Saunt fetiefd, annare kuckn stua foa sich, unt wolln petuh kein Blickontack. Müsste ein sonz fleich ja mah lechln! Fleich liechas ja auch an mia, wallich nuan Tieschört anhapp un Toanschue ohne Luffschloise untne olle Toanhose un kein Strumfhohse mit Neonstreifn wiene Transe am Kristoffa-Deh. Aba dann höa ich, dassas frü morrns ganz annas iss, unt happ auch sebs gemääk, dassi Loide bei schlech Wedda büschn geschwetziga sint un direck mah halloh sahgn. Da komp denn sogah sowas wie zwüschnmenschliche Wäame auf! Wenn wia vom hahtn Kään unna unz sint...

Wennu nu aba zu den Loifan gehöaß un von auswäaz komps, mah sahgn alz Turist oda alz Gescheffsmann, un denn deine tehchliche Runde femissd, un kennz fleich niemant, der dia ne passnde Ruhte zeichd, unt hass aba deine Rannas mit, denn gieps noiadinx ne Löhsunk: Stattbesichtigunk im Daualauf. Muss blohß Herr Dreise anruhfn unt ne Tua appmachn. Denn kannzu das Gesunteitliche mitn Kuldurelln febindn un anschließnt deine Gescheffspartna treffn als wea nix. Muß nua voahea duschn...

Wia laufn aba lieba gemechlich nach Feia'ahmt (oda ehm morrns früh) anna Alza oda Elbe entlank oda duichn Folkspahk oda im Niendorfa Gehege. Unt wenn wia schöhn übm wöadn, denn könntn wia unz auch beim Hansemaratonn anmeldn. Teorehtisch. Aba praktisch machn wia die Tua denn doch lieba mitn Fahratt, un still-un-leise füa unz allein. Iss doch bessa füa die Gelenke. Un man komp nich im Fäansehn. Wäa doch zuunzuh peinlich...

Rattfahn

Bewehgunk iss gesunt. Aba nich übatreim! Maraton zum Beispiel ischun beina Folksport, aba somman nua machn, wemman orntlich treniat hat un iss käängesunt. Un auch Jockn iss nich umbedink zu emfehln, wennu Poblehme mit Gelenke hass. Un Walkn, nee, iss was füa Grüne Witwn wenni Kinda außn Haus sint. Fleich noch nordisch mit Schistöcke! Bleip noch Rattfahn.

Alz Kind haddn wia gebrauchte Dahmreda, die mein Vadda gehgn Zarettnzuteilunk oda sebsgelehchde Eia von unse freilaufnde Lehchhörna eingetausch hadde. Ich hadde ein *Bismarck* und mein Schwesta ein *Landmann* un mein Bruda ein *Torpedo*. Vorhea sint wia bei mein Vadda aufn Gepecktrehga mitgefahn. Kindasizze? Wasdasdenn? Wahn noch nich efuntn.

Hoide kriss Rehda praktisch nachgeschmissn, sint denn meiß *mehd in Schina*. Aba kannz natüch auch mea wie tausnd Oiro füa Heiteck hinbleddan. Denn mussu dia ne passnde Stregge füa ne gemühtliche Runde aussuchn, minzns fümmunzwanzich Kilomehda, damiddas was brinkt. Un denn los! Unt mitn büschn Übunk kanzu denn auch weidare Tuan machen. Aba wennu ma wie ich aufi Schnauze gefalln bis un Augnbraue gebluded hat, denn weißu auch: niemahz ohne! Nich ohne Gummi (wiss ja nich mit Eisnreifn fahn), sondan niemahz ohne Helm. HELM! Biss denn auchn guhdes Vorbilt füa die Kleinn, mit ihre weiche Beane.

Bei manche wex denn auch der Eageiz midda Zeit, und fahn bei den Zeiklessiks mit (unt wennsi Englisch könn auch bei den *Cyclassics*). Wemman Profi iss kamman alz „Elite" fahn, aba nommale Spotzfroinde fahn als „Jedermann". „Elite" feat 243 Kilomehda, einschließlich Abstecha inni Heide un nach Wedel mit viamal Berchprüfunk in Blangenese, un dafüa brauchde *Erich Zabel* seinazeit fümf-un-halp Stundn un is damit denn um ne Reifnbreide Zweida gewordn. Das eimfache Volk feat 55 oda 100 oda 155 Kilomehda, undas mit zwei-un-zwan-zich-tausnd Loide! Das wea nix füa mich, da weißja nich wohin mit dehn Ellbohgn! Da fajch lieba in Auschtralien: da sintas nua Zwei-einhalbtausnd. Untu hass zwei Wochn Zeit füa noinhundat Ka-Emm...

Aba nu is Hambuich Fahrradstatt unt will Münster und Kopenhagen Konkurenz machn. „Audogerechde Statt" wah gestan. Oda foagestan. Eaß Busbeschloinigunk un fümftausnd noie Wohnungn pro Jah un nu Fahrattstreifn. Binnich auch füa, aba nua wennsi mit Lich fahn unnich inni Einbahnstraßn rückwääts un zugehm, daß Fußgenga auch Menschn sint.

Ratt-Tuan

As modääne Grohstatt wah Hambuich scha bishea nich besondas rattfahrafroindlich. Wah ja auchma ausdrücklich ne audogerechde Statt, in den 60a Jahn! Breide Strahßn, 4-8-spurich, Haupsache, Audos kahm schnell duich. Strahßnbahnn wahn im Wehch? Wech damit! Rattfahra? Außm Wehch, am bestn aufn Fuhßwehch, wern sich mit den Fußgengan schunn einign! Denkste – bei kleinn wex die Rattfahrabewehgunk und Fekehrsplanunk mussich auf einstelln. Un tatsechlich: Hambuich soll nun offiziell Fahrradstatt werdn. Mit Fahhradautobahnn stäänföömich inni Statt, undn pa reine Fahrrattstraßn, wosi die Audos nich stöan, sondan nua n pa Fußgenga. Wolln ma sehn, was daraus weat!

Foaloifich machn wia eaßma Ratt-Tuan. Elpblick iss natüalich toll, aba Elbewandawehch is gahnich so einfach am Hahfn entlank! Unt Öwlgönne mussu schiebm, un voa Schulau liechn Kraffwerk am Wehch. Mussuh umgehn un tief nach Wehdl rein.

Deswehgn: Wennu ne richtige Ratttuhr machen wiss, mussu aus graua Stehte Mauan raus! Unnas gihp ja auch pah schöhne Möhchlichkeitn in lentlichen Umlant. Zum Beispihl Elb-Trawe-Kanal, heiß hoide Elbe-Lübehk-Kanal. Sint wir mal am Vahtertach gefahn. Entsprechnd voll wah schon der Zuch nach Büchn. Die meißn fuan allerdinks nach Mekelbörg. Un denn fehrßu schön ehbm direkt am Kanal entlank. Blohß büschn rubbelich, issja beinah offroht. Je nea nach Lübehk zu, je mea Loide sinta unnawehks. Unt mank di Schrebagahtns denn alles voll mit schung Loidn mit Bierkestn. Habm wir aba denn glücklich umschifft. In Lübehk dannoch Tass Kaffe bei Nieda'ecka un denn mitn Schlehswich-Holstein-Tickitt zurück.

Oda annanmal mit Baan nach Kuxhafhn un denn scheun mit Wesswint zurück. Aba nua halbe Stregge, bis Wischhahfn, das reich. Elpfehre, in Glüxtatt noch Kaffe-un-Kuchn aufm Mahkplatz un mit Rejonahlbaan un HVV zurück.

Am ainfasstn iss aba Altiss Lant: Blangenehse-Este-Linje nach Kranz, da hassu denn unnawehks auch n Elpblick, und denn duich die Appelblüte oda Kirschblüte. Und wenn Ääntezeit iss, fegiss dein Fahrradkorp nich!

Sportfe‘ein

Schezzma, wieviel Sportfe‘eine das in Hambuich giep: Siem-hundat-achzich! Und wieviel Loide machn da mit: üba ne halbe Miljohn! Das heiß jeda dridde. Un da bin ich auch ein von. Untas kam so: An sich jockich schunn dreimal inna Woche vitzich Minutn anna Elbe entlank, aba wia wolltn auch was füa die Gelenke untn Rückn tun – unt füa dehn „Becknbodn“ – iss doch keine Schande. Un zufellich kanntn wia ein „Übunksleida“ von Tee-Vau Großflottbek. Der leidete eanamplich ne Grubbe, die sich eimah inna Woche zuhn Senioansport triff. Un der hahm wia uns denn angeschlossn. Eintlich issas nich nua füa Senioan, aba inna Prakzis komm doch haupsechlich n Dutznd eldare Hään und eine Dame. Der Eldeste is dreiunoinzich, der jünksde knapp sechzich, unt wia so mittnmank. Eaßma is halbestunde Gümnastik: Reckn un streckn un dehnn un drehn unt laufn un saufn (nee, das nich, wia sintoch Sportla, Mann du!) un manchma Schpezeal-Übungn mittn Medezinball oda mit Hantln oda Gummibant. Nich dassu denks, das is nua son Gehopse, mussdich schon anstreng, wennu was davon hahm wiss. Denn komp halbestunde Gerehdeturnn in „Zirkl“: Machs deine pesöhnliche Runde duich die Halle: Anni Ringe, aufm Trampoläng, Klimmzüge anna Sprossnwant, üba die Bank hüpfm, mit Gewichde hantian, üban Kastn springn, mitn Baskitball aufn Korb wääfn – jeda nach sein Schacköng un Treninkszustant. Aba bloß nich zuviel zumutn – denk anni Bantscheim! Unt anni alde Pumpe!

Aba das beste komp noch. Lezze halbe Stunde is Prellball. Ich dachde imma, das is was füa Schulkinda, Gruntstufe. Aba nee, in Hamburga Sportbund sahgn sie, dassi Loide meiß üba sechzich sint und das wea gut, wennas auch in Schulsport mea fetrehtn wea. Wallas gesunt füa Körpa un Geiß is unt alle Körpateile und geistige Fehichkeitn entwicklt oda was weiß ich. Is so ehnlich wie Wolliball, zwei Mannschaftn a via Loide inna Halle, nua dassas Netz (oda die Toanhalln-Bank) nua vitzich Zennimehda hoch is un dassu den Ball nich ohm inna Luff mit zwei offne Hende grapsch, sondan midda Fauß aufm Bohdn prells, bevor dein Nehm-Mann oda Frau den krich, un nach zweimal Prelln wieda rüba und zwa möhchlichs so daß di annan ihn nich kriegn. Kanz empweda gemütlich auf deine Positzjohn stehn un wahtn dassa Ball in deine Neje komp oda dich orntlich apphezzn, was mea mein Fall iss. So oda so is Efolxelehpnis gerantiat – wall alle mah gewinnn.

Aba wemman son pah Dschare gespielt hat, denn steht ein der Sinn nach was Höheres. Un du willzi Krefte auch mal mit annare messn. Un dafüa gieps das Prellball-Turnia. Das is zweimah im Jah, in Eimbüddl oda in Bahmbek oda in Volksdorf. Lezzjah wah unsre Mannschaff aufn eanvolln dreizinntn Plazz – von dreizinn teilnehmnde Tiems. Diesmah wahn das nua noin – da haddn wia denn die Schanks uns aufn nointn Plazz hochzuahbeitn. Un nu wajch auch mah dabei. Grohße Sporthalle vonna HTBU mit drei Spielfelda nehmanda. Und da wahn sie denn alle, aus Walddörfa un Fahmsn un Eimbüddl un Aldona un sonzwo, und soga vonna Schweiza Grenze – das wahn die Faworietn. Aldasduichschnitt wah schezzunksweise um die fümfzich – aba auch pah Jüngare. Un sogar ein mitn Holzbein. Wah aba aus Plastik, un spielde wien junga Gott. Un mit Schiezrichda, un die wahn strenge! Fehla hia un Fehla da, übagetrehtn, flache Hand gespielt, Ball gelupf statt nach untn geballat – da hassu schnell deine Fehlapunkde zusamm, wennu nommahl ea büschn lejea spielz! So sint wia denn auch üba die Voarunde nich rausgekomm. Aba wie die bessaren Mannschaftn noch weida um Punkde geprellt hahbm, hahm wie denn aufm Nehmplazz nochn pah Froinschaffspiele gemachd – un auch mahn Unnenschien rausgeholt. Das hahm wia denn anschließnt in Kluppraum noch mit Bia un Knackwuss gefeiat - füa ein Oiro das Stück.

Unt wie hahm wia nu appgeschniddn? Siebtn Plazz – iss doch gahnich so schlech! Nehßmal nehm wia unsan Jünkstn mit – der iss eaß sechzich – und denn komm wia auf Plazz fümf!

Fußball

Fußball in Hambuich: Sampauli oda HSV? Iss imma wieda di Frage. Das heiß, iss eintlich keine Frage: wenn beide inna Bundisliga sint, natüllich Sampauli, wenn nua eina, un das iss dann HSV, ehm auch HSV. Oppwohl: Bei den Söltnatruppn von hoide kannzu dich eintlich nich mea richtich identifizian. Di Spiela werrn gekauf un fekauf, wies passt, außa ganzn Welt impottiat, fedien Schweinegelt un was tuhn si dafüa? Ebent!

Da bin ich ganz oppjektief: das wah früa denn doch andas. Als Jupp Posipal beim HSV Middlloifa wah (die Posizeon giepas hoide gah nich mea), hadda außadehm noch bei Betten-Holm geahbeitet und wah trotzdehm gut genuch, dassa damahz in Bern mitspieln konnde! Wahich doch sebs dabei, alz er un Fritz Laband viunfümfzich nacha Weltmeistaschaff aufm Rathausmahk emfang woadn sind. Un alzas noch Obaliga Nort gahp, wah HSV imma Nortmeista, nua eimal nich, un da woade Hannofa denn auch gleich Doitscha Meista. Un auch spehta unta Kuno Klötzer un Branko Zebec un Ernst Happel konnzu noch Spielkultua bewundan. Un hoide: je toira di Spiela, je wehniga iss aufm Platz. Neenee, da weassu doch sennimentahl un denks an Heinz Spundflasche, der nach seine Kajehre nochn Getrenkeschiosk hadde, oda an Erwin Seeler, den Ezoiga von Uns Uwe un sein Bruda Dieter, einzmahls in Eimbüddl beim Eh-Teh-Vau. Damahlz hahbm sie ja auch noch am Rotnbaum gespihlt un nich inna „Arena“. Oda wie die jetz grade heiß.

Tatsechlich heiß das wieda Fockspark-Stadium, wall ein gewissn Milliardea den Nahm gekauf und den HSV umsonz fefüchbah gemacht hat. Aba dassa nun ein Milliohn-toian Spila nach den andan kauf un dafür mitredn will, issja nu auch nich spottliche Fehrniss. Eaß rech, wenn die Spila in den HSV-Biotoop fekümman un den Fe'ein imma wieda aufn Ziddaplatz bringn. Abba iss ehm Mahkweatschaff un Gelt regiat die Welt!

Neenee, denn lieba gleich Sampauli, da weiß man wehnstns, was man nich hat.

Aba zuhn Trost: Tucholsky hat gesaach, „hia will ich auch begrahbm sein – in mein Veein“. Un nu tatzechlich: Nu kannzu dich direck hinnan Schtadium febuddln lassn, wennun HSV-Fenn biss. Muss dich aba inne blauweiße Fahne einwiggln lassn...

Ach üprinx: Jezz kannzu dich wieda auf Sampauli gehgn HSV froin. Wall der HSV nun doch abgestiegn iss. Und wenn Holstein Kiel das tatsechlich inni Eaße Liga geschaff hedde – gahnich an zu denkn, was denn los gewehsn wea!

Aldona 93

HaEsVau un Sampauli iss ja schön-un-gut. Aba das iss nich alles, was Fußball iss in Hambuich! Wennu den Hamboaga Fußballvebant nimps, wo alladinx auch noch Pinneberch zugehöat, un Norderstedt und teilweise Stormarn un Laumbuich, un Buxehude un Buchholz inna Northeide, denn kompsu auf vierhundert-dreiunzwanzich Fe'eine! Ich muß aba zugehm, dass die oberste Liga in Hambuich, nemmich die Oberliga Hamburg, genaugenomm die fümfte Spielklasse iss. Darüba sind Bundesliga, zweide und dridde Liga un Rejonalliga. Un darunta is noch zweimal Landesliga, viermal Bezeaksliga, achmal Kreisliga und neunmal Kreisklasse. Aba iss ganz nommal; die ganzn Veeine müssn ja eankwo undagebrach werdn!

Ein von den äldesten is Aldona 93, natüllich achzinn-93. Die hahbm mal assn Kricket-Fe'ein angefangn (tüpisch englisch!) und wahn bis 45 imma inna obastn Liga. Un dannoch, bissi Bundesliga angefangn hat, dreiunsechzich. Heute sind sie fümfte Liga, ehm Oberliga Hambuich. Die Zeitn von Heinz Spundflasche sind ehm fobei! Kennzunich? Hat bis '52 beim HSV gespielt, und denn noch bis '58 bei Aldona 93. Wa „eine der größten norddeutschen Fußballerpersönlichkeiten aller Zeiten“ und „stets n fairen Sportsmann“, meint Wikipedia. Unt hadde nach seine Kajehre n Zigarngescheff in Ottensen. So wah das damalz: Tabakladen oda Tankstelle! Nich Miljohn kassian un Ferrari fahn un in Auslant rumtreim, wie hoide!

Also Sampauli wah damahz wieda inna eaßn Bundesliga, un gahnich mah schlech. Darum wahn die ganzn Heimspiele lange ausvekauf. Also eimfach anni Kasse gehen un Karde kaufn iss nich. Aba nu komp Aldona 93 ins Spiel. Eimah im Jah iss nemlich das tradizi-onelle Froinschaffspiel gehgn Pauli. Un da konntestu denn die Übarraschunksmannschaft der Bundesliga mal in echt sehn. Un zwa aufn Platz von Aldona 93: die Adolf-Jäger-Kamfbahn anna Griegstraße in Ottnsn. Kannz dir schon denken, daß die seit 44 so heiß. Offizeell heiß heute ne Kamfbahn, wenn da nich nurn Fußballrasn iss, sondan alles möchliche sonz da auch noch kempf. Wie in Schalke die ejemalige „Glückauf-Kamfbahn". Unsre heiß so nach Adolf Jäger, der von 1907 bis 27 Kabbitehn von Aldonah 93 wah.

Und da binnich denn ma hin. Tribühnkarde koss zwölf Maak, Kinda umsonz. Wahn Dienstach-Ahmt in Oktoba un schunn ziemich kühl, un künzliche Beleuchtunk. Zahlnde Geste: 2662 bei ein Fassunksfemögn von 8000. Ziemlich viele Sampauli-Anhenga. Giep sogahn eichnen Block für Sampauliana, die Pauli mittlaweile zu kommezi-ell finden un lieba zu Aldona gehen. Un denn kam die Mannschaftn aufs Feld, alle Spielea mitn klein Nachwuchs anna Hant, wie bein großn Lendaspiel. Aldona tradizionell in schwahzweißrot geringelt, Pauli in dehn noin kupfagoldenen Hemdn – solln ja aktuell die schönstn inna Bundesliga sein! Unni Balldschungen wahn meist Ballmeechen, zu-un-zu nietlich in ire Aldona-Trehninksanzüge! Aba Aldona hat auch mit die meistn Dahm-Mannschaftn.

Denn ginx los. Eaß konntn die Aldonaer gut mithaltn, oppwohl Millijohn-Einkauf Gerald Asamoah bei Pauli gestöamt hat, und habm denn auch das eaßte Toa geschossn, nemlich Tobias Leuthold. So gingn sie zufesichtlich inni Halpzeitpause. Aba danach sah das büschn andas aus, da gewannn die Geste dann so langsam die Obahant. Un denn ging das Schlach auf Schlach: Eaß Ausgleich 1:1, zweimal Fin Bartels, zweimal Deniz Naki, eimal Charles Takyi, Moritz Volz un Max Kruse – untn Eigentoa von Aldona, da schweign wia lieba üba. Da konnzu sehn, daß Pauli nich zufellich auf Platz sechs inna Bundesliga wah. Hatten eimfach mehr Kondizi-on un Kraff un habm denn auch suweräner kombiniert – naja, die sint ehm Profis un trenian praktisch Tach-un-Nach. Aldona hat aba nich aufgegehm, und nach der 70. Minute hahbm sie die „zweide Luff" gekrich und sind denn öftas voam Sampauli-Tor aufgetaucht un hahbm sogah nochn pah Toaschüsse fabriziat. Aba der Entstand wah nu mal 8:1. Kannz wohl Schütznfess zu sahgn!

PS:
Hat alles nix genütz: Ende der Sesong is Pauli wieda abgestiegn. Denn gewinnt fleich Aldona nehstes Jah!

Politik

Demo zum 1. Mai vor dem Lessing-Denkmal am Gänsemarkt

Eaßn Mai

Früa wa unse Stadt ja imma ne sozahlmokradische Hochbuich. Einzichste Ausnahme: dreiunfuffzich bis siemunfuffzich. Da haddn die Genossn nemmich sexjehrige Grundschule eingefüat. Komp dia bekannt voa? Wie in Finnlant un Denemahk un all die Lenda, wo di Kinna in Pisa gut abschneidn! Hoide iss wieda modään, wenn alle Kinna ne Schanks hahbm solln un außadehm Bildunxresäwn eschlossn werdn. Aba damahz wahni Loide schockiat, undi annan Petein hahbm sich denn zusammgetahn untn „Hambuich-Block" gebastlt: Zede-U un Efdepeh un Depeh un Beha-Eh. Falzu in Heimatkunde nich aufgepass hass: Depeh wahn di ühprichgebliebnn Doitschnazonahln un das lezze wah der „Bunt der Heimatfetriem un Enrechdeden". Na jehnfalz hahbm alle zusamm gewonn untn „Blocksenaht" gebüldet unt via Jahre Volkschule wieda eingefüat. Aba danach wahn denn imma die Sozis dran. Meiß allein, aba auch mah mit Efdepeh oda Grün. Außa die Zeit mit Ole natüllich.

Na un das ischa nu aales nich mea. Un übahaupt iss ja jetz alles Mahkweatschaff un Leistunk lohnt sich wieda un wer will findet auch Ahbeit unt wennas inna Spahgl'äänte iss. Schändet doch nich! Und wenn ein zehma soviel Feantwortunk hat wien Ahbeita, denn solla auch zehmah soviel fedien. Unt wenna vitzich mah soviel Feantwortunk hat, denn solla ehm auch vitzich mah soviel fedien. Das finzu gemein? Biss wo auch sunn Blockiera von foagestan ohne Blick füas Ganze.

Un noch klein Tessfrahge: wann hahbm wia dehn eine-milliohnzn Ahbeitslohsn gefeiat? Noinzinn-viunsiebzich. Und denn wahn das bald ma fümf. Und denn wieda drei, un nu fast zwei, aba komp auf an, wie du das berechnest un ob du die Beamtn mitzehlz. Un da muß man doch mah wieda gehgn proteschtian un demonschtrian gehn. Untn altn Gewäakschafta wie min Mudda ian Söön raff sich denn auch mah wieda auf wie innehn altn Zeitn un geht aufi Straße un reit sich ein inni Ahbeita-Einheizfront. Aba linkszweidrei-unrechszweidrei iss nich so min Sach. Darum passas guht, dass diesmah auch ne Fahrattdemo angesaach iss!

Traumwedda: das wah den wermssn Eaßn Mai seit Menschngedenkn: sexnzwanzich Graht. Trozzdehm (oda fleich auch grahde deswehgn – wo die Osssee doch nich weit iss) wah das man klein Haufn foam Behsnbindahohf. Plus pah Pollezistn vonna Fahratt-Brigade: in grüne Tihschörz! Sozusahn alz Strahßnbegleitgrühn... Da machas Spahß un fahn Klostawall die ganze Fahbahnbreide, üba di rohtn Ampln, Mönkeberch runta, Junkfanstiech – un denn den eaßn Stopp aufm Gensemahk. Innnstatt wah natüch menschnlea – bei dehn Hochsommawedda… Un da kahm schunn die Beikihs angegrummlt vom Heilingeißfelt! Die machtn schunn mea was hea mit ihre Schwahzn Öhfn unt rote Fahnn! Unt Lessink less wohlgefellich sein brongßenes Auge auf unz ruhn… Denn gahps schunn die eaße Kuntgehbunk mit Ansprache vonna Kollegin. Worums geht, unt wia solln unz schummah auf Franziska froin, die sprich denn spehta.

Die Beikihs sinn denn weida Richtunk Alza unt wia Valentihnzkamp hoch, fobei anna Musiekhalle un die Mattinehbesucha schick in Schale. Un denn zuhn Großneumahk, un da wah denn die zentrahle Kuntgehbunk. Wah denn doch ziemich voll, das Ahmblatt sahch fümftausnd – mea alz innehn lezzn Jahn. Wah denn auch wie innehn altn Zeitn: lauta Zelte un Stende am Rant, natüch von Verdi un Metall un all die annan, mit Kinnabetreuunk von dehn Falkn, un Essnstende alla Aht un Freiluffkafehs, un sogah die Dekapeh un diwäse Em-El-Gruppm. Kannz ma sehn: inna Mahkweatschaff iss fü dschehdn ne kleine Niesche ühprich! Musik mit Kwetschkomohde un Gitarre un Gesank: *Sis Lend is aua Lend*, dazwüschn Salsa ausn Laudsprecha füa unse lateinamikahnschn Kollegn.

Stimmunk wah natüch bestns. Kannzja hoide wieda sahgn, dassi Kabbitalistn Blutsauga sint oda wehnsns Heuschreggn (un nich nua feantwortunksfolle Pesöhnlichkeitn, ohne dehn ian aufobfarunxvolln Einsatz unsa modäänes Weatschaffsüschtehm nich so schön runtlaufn wöade). Müssn wia Münte richtich füa dankbah sein (weissu noch?)! Hoffntlich issas nich balt wieda fegessn, wennie nehße Fluhtwelle komp oda wieda alles nach Rohm pilgat. Aba voaloifich könn wia unz noch üba kemfarische Töhne froin. Un Franziska von Verdi-Foastant hat unz da auch nich entoisch. Klare Sache, nich zu lank, nich zu koaz, krefdige Worde, gut aufgebaut, keine Lengn, alles angesprochn – hat mia gut gefalln. Denn hat nochn Schtudent vom Asta gesahch, dass wia im selbm Boot sitzn, sie mit Schtudiengebüan unt wia mit Kitabeitrehge un Praxisgebüan. Unt si untastützn unz und wia möchtn sie bidde auch untastützn. Denn wa Schluss, das heiß, Folxfess un Untahaltunxprogramm gink weida.

Ich bin aba denn nachhaus gefahn un happ die kleine rode Stoffnelke nochn büschn spaziangetragn.

Noijahsemfank im Rathaus

Was machn wia an son strahlnd-schöhn, aba eiskaltn Sonntach im Januah 1906? Da gehn wia im Rathaus – zuhn Noijahsemfank. Noijah wah zwah lenks fobei, aba zu Noijah seps hadda Eaße Böagameista Ole Vortritt, unt wia wolltn lieba zu dehn Rotn. Bin ja seps nich inna Patei, aba *hat kein Zweck – Beust muss weck*, da kann ich Genosse Arno nua zustimm, und der iss seit achzich Jahn inna Patei. Mussia ma foastelln: seit noinzinn-sexundzwanzich, da wahra dreizinn! Koaz nachgerechnet – iss jezz dreiunoinzich un hadduns trozz seine Krückn orntlich aufgemuntat. Wah jazehntelank im Auslant un kann uns fesichan, dass Hambuich die schönze Stadt vonna Welt iss.

Das hahm die annan Redna nich ganzo doitlich gesahch. Aus Rücksich auf unsan Eangass *Peter Struck*, denn der iss aus Uelzen, auch wenna in Hambuich studiat hat. Der hat uns in seine Fessrehde gesahch, dassas gah nich so eimfach iss un klatschn Beifall wenn Frau Merkel zuhn Kanzler gewehlt weat. Unt füa Olaf auch nich unt der muß alz Gescheffsführa auch noch anklatschn. Aba kannz nix machn, issja Grohße Kolizzjohn! Unt übahaupt. Aba wir solln unz keine Sorgn machn, das eichne Profihl bleip, beziunksweise weat an geahbeitet, unt wia sint imma noch die gröhßde Petei – mußja Zeh-*De*-U un *Es*-U einzln zehln. Unt wir solln nich fegessn, wer *nich* in Irak-Kriech gezohgn iss! Unt der Beh-En-Deh haddehn Amis *nich* geholfn. Unt wia wolln auch keine Panza bei der Fußball-We-Emm! Unt Frau von-der-Leyen sojcht nua füa die reichn Loide. Unt die Espehdeh iss seit hunnatvitzich Jahn die Patei füa Gerechdichkeit un Ahbeizplezze, das müssn die andan eaßma nachmachn. Unt Frau M. kann noch so beliep sein, unsan Matthias Platzeck hat beinah ehmsoviel Prozente, un die Patei iss jezz aufn guhtn Wehch. Genarahzjohnzwexl muss schließlich mah sein. (Und das wah nich epwa 2018, sondan 2006!)

Vohea hahbm die Hamboaga Genossn mah klahgemach, was Sache iss. Unt iss ja zuzeit auch gahnich so schwea. Wo die andan unse Hochbahn unt unsan Hahfn fekaufn wolltn, unt das L in HHLA heiß imma noch Lagahaus un nich „Logistik“! Hahbm sie sich ganschöhn blamiat mit, und Herr von Beust am meistn. Unt Eppfilamoni schöhnunguht, aba wer bezahlt die lezzn Endis? Die Mietarinn und Mieta vonna Saga! Denn eankwo muss das Gelt ja heakomm, die Spendn reichn ja nich. Unti Beddla außa Innstadt fetreim? Man muss die Ahmut bekemfn unnich die ahm Loide! *Wachsende Stadt* iss nich genuch – *Menschliche Metropole* mussas sein! Unt-unt-unt. Unt Genosse Neumann un Genosse Petersen hahbm nich nua *Meinedahmunherrn* gesahch, sondan auch *Genossinnungenossn.*

Kroassongs un Posecko gahps auch, unt vornewech un hintahea hadda Schenti-Koa vonna Hahla gesungn. *Hammonia*, unt *In Hambuich sahch man Schüüß*, unt *Wenn die buntn Fahnen wehen*, aba *Wann wir schreitn Seit an Seit* wah hoide leida nich aufm Programm. Unt alle mit Elpsehchla aufm Kopp! Münte lezzjah mit sein rohtn Schahl wah auch nich schlech, aba diesmah woade ein so richtich wahm ums Häaz, wo man sieht, dassi Patei so lanksahm wieda inni Puhschn komp, und denn kontn wia unz hintahea auch wieda den beißndn Osswint stelln, der üban Rathausmahk gefehch hat.

Nachtrach 2018: Kannzmasehn wie schnell sich alles endat! Peter Struck lehp nich mea, un Olaf is wida Minista. Genosse Neumann is wech un Genosse Petersen is noch da. Von Herr von Beust ganzu schweign! Aba ne Große Kolizjohn hahbm wir auch wieda – soviel endat sich dann doch nich...

Wahlkamf mit Willi

Wenn in Ammiland Wahlkamf iss, denn giepas oft Dinnas, wo die Geste Tausnd Dollah zahn füan Essn alla Frensch Küsihn, wo das aufm Tella so „übasichtlich“ iss, wie Loriot sahchde. Das Gelt iss eintlich ne fedeckde Pateispende. Wia wahn auch mah aufm Patei'essn, wah aba mea ne Aht Weinacksfeia, kossde nua zwanzich Oiro, un das Essn wah auch mea deftich un soliede un genuch Kallorien füan Werf'ahbeida: wenn der erste Fross wah, iss ja Zeit füa Grünkohlessn. Denn hat der Kohl nemmich die gewisse Süße, die er hahbm muss, damit man du zu ihn sahgn kann. Getrenke alladinks extra. Gut, wah also beim Untabezeak beziunksweise Kreisfebant in Eimbüddl. Sebs binnich ja kein Genosse, aba ich wah „mit“, un Geste wahn elaup. Wah inna ejemahlign Wääkstatt vonn Audohaus, sah demensprechnd prolletahrisch aus: unfekleidete Rohre anna Decke, weißgekalchte Wende, Bierzelttische un Benke, aba immahin mit Tischtuch un Kääznloichta – gink schließlich aufi Adwenzzeit zu. Ketarink wah von „Arbeit Hamburg“, aba Essn wah ausgezeichnet: Grünkohl, Kochwuss, Kassla un Schweinebacke, wie sich das gehöat. Und soviel nachnehm, wiedu wolldess. Nachtisch wah guht gemeint alz Rode Grütt, aba büschn dünn. Un mit Blaubean – pascha farblich gahnich!

Auch die Feanstaltunk alz soiche hat mia gut gefalln. Man ließ ja imma inna Zeidunk, dass di Pateihn üba'altat sint un kein Nachwucks kriegn. Aba hia wah altassmehßich gut gemischt: alte Kemfa un junge Spunte, un allns dazwüschn, auch Fraun, un die Jusohs hahbm auch die Bah geschmissn. Wahn natüch auch pah Prohmies da. Landesvoasitznda, Jusoscheff, Böagaschaffsvize, das heiß -in, Orropa'appgeordnete un pah, die wia nich mit Nahm kanntn, aba ziemich promimehßich aussahn. Wah alles in allm ne frointliche unt soledarische Appmosfehre, unt konzich imma auf felassn, dassu satt weaß un genuch zu trinkn kriss. Nua Soichlinge hettn sie zuhause lassn könn, sint ja schließlich nich bei den Grühnn!

Aba Essn wah natüch nich alles, Hauppunkt wahne Ansprahche. *Willi Lemke* wah extra aus Breem gekomm, oppwohl er nochn bessares Essn zu eingelahdn wah. Hat aba enge Febindunk nach Hambuich, wallan Hamburga Jung iss un deswehgn issa gään gekomm. Aufgewaxn in Bahmbehk mit fümf

Mann auf siemunsechzich Kwadrahtmehta, auch Schule und Uni in unse Statt. Denn aba von Henning nach Breem gehohlt, als Pateisehkretea, denn lange Mennitscha von Werda, un nu auch schon pah Jah Senatoa.

Helfte wah Döntsches, Helfte wah Emuhtigunk. Hahbm wia auch nöhtich! Wennu bedenks, seit neununvitzich pracktisch anna Regierunk, außa aus Fesehn dreiunfuffzich bis siemunfuffzich, nua wall die Eltan damahlz keine secks Jah Folkschule wollten. Nu is alles andas, sahch Willi: alle wolln Ganztachschuhle unt wia solln offensief füa eintrehtn, denn weat das schunn werdn. Unt er schehmt, sich dassa bei sein Gehalt noch Kindagelt kricht, un die Zeh-deh-Uh will, dassa er noch mea kricht. Das geht ja wull nich an, wo er schon nich bei Rot üba die Straße gehen kann, wallan Foorbillt sein muß als Bildunkssenahter, und außadehm willa das nich nehstn Tach im Wesakuria lehsn. Also wia solln mit dehn Loidn rehdn, denn sehn di daschunn ein, dassihn Göatl enga schnalln müssn un gleichzeitich die Binnnachfrahge ehöhn. Gerhard felldas auch nich leich, was er jetz alles duichsetzn muss, aba wat mutt dat mutt. Das müsst ia Jusohs un Geh-Eh-Weh auch mah einsehn! Bessa den Loidn sahgn, was auf sie zukommt, alz drumrumschwindln wie der pollidische Gehchna. Ehrlichkeit is alles, un denn weat das auch wieda. Schließlich hadde Werda damahlz auch null-zu-drei Rückstant gehgn Stasifeein Dünamoh Bellihn, aba denn hat Buichsmülla mit achundreißich gehgn den ihre Tüa getrehtn, und wia, das heiß Werda, hahbm im Rückspihl noch fümf-null gewonn. Also man muß nua wolln, denn weat das schunn.

Das sahch Willi unz und er hat füa Henning fümf Wahlkemfe gewonn, unt alle mit der fümf vorne, das heiß abzeluhde Meaheit. Er haddas nich so direck gesahch, aba wah klah, dassa gemeint hat: von Breem lern heiß siegn lern.

Unt er hat uns doch tahtsechlich alz Genossinn un Genossn angerehdet. Ich mach den Stallgeruch ja auch, aba Eintrehtn kommp füa mich alz alte heimatlose Intelligentsia nich infrahge; aba `chmuss zugehm, büschn neidisch wajch schon. Aba am meistn gerüat wahjch duichn Plahkaht, dassdah mank annan anna Want hink. Da wahn Pottreh in Schwaazweiß von ein gewissn eltan Herrn mit Sorgnfaltn in Gesich, un drüba stant: *Willy, du fehlst uns. Deine SPD.* Unt da sinzi wull nich die einzichstn!

Nachtrach: Widi Zeit fegeht! Alle wech vom Fensta, einschließlich Werda un „Agenda“ sowieso. Unt Willi is nach acht Jahn bei da Uno auch in Ruestant! Denn muß ehm die nehste Genaratzjohn ran!

Grünkohl-Essn mit Münte

'Chbin ja nich inna Patei. Aba wennas Grünkohl giep, sahchich nich nein un geh denn mit. Iss auch intrissant, wall da imma n Promi zu Besuch iss. Wah diesmah Kreis Aldona und darum inna Kantine vonna Holstn-Brauarei. Der Scheff von Holstn wah auch da un hat gesahch, dassa seit siebzinn Jahn hamboagisch läant und lezzjah wah der Kanzla selps da. Aba denn gahps eaßma wassu essn, und wall wia beim Proletariat zu Gass wahn, mußtn wia uns selps das Essn bei dea Essnausgabe appholn: Grünkohl, Kochwuss, Kassla un Schweinebauch. Nich schlech. Nua die Kattoffln wahn büschn mau un die Rode Grütt auch. Aba dafüa Bia un Köm satt. Unt denn mußtn eaßma alle dreihundat Loide satt werdn un Presse un Fäänsehn auch.

Eangass wah Fizekanzla Franz Müntefering. Konz gleich sehn, dassi nu inna Großn Kolizjohn sint: Münte hadden schwaaz-rohtn Schal – wo er sonz imman rohtn trehch! Kannz ma sehn. Also Münte wah schumma froh, dassa bei unz iss: er iss ja nich inna Toskana-Frazzjohn, un alz Wessfahle hehbta lieban Bia assn Glas Wein. Un Grünkohl iss ihn grade rech. Un denn hadda seine Rehde gehaltn. Issja nich leich: einaseiz issas ne Patei-Feanstaltunk, aba Öffntlichkeit wah auch fetrehtn. Und was die Genossn betriff: einaseiz mussu die aufmuntan, wallja balt Wahl iss un die sich eaßma einich werdn müssn, opp Dorothee oda Mathias (schunn fegessn? Das wah damalz n Tema in unse Statt). Andraseiz klahmachn, was geht un was nich geht. Aba foa allm: Große Kolizjohn hahbm wia uns nich ausgesuhcht! Un einz steht fess: Obbosizjohn is Mist! Unt aus Feantwortunk für Lant un Loide muss die Patei denn ja mitreagian. Unt sieht ja auch nich schlech aus: siemhundatfümfzichtausnd Ahbeizlose weniga, un schpeziell in Hambuich sounsoviel mea Ahbeizplezze, un sounsoviel Alde und sounsoviel Junge. Iss doch was! Hadde er sich genau auf voabereided. Unt die jungn Loide wolln imma wissn, opman noch Wisiohnn hat. Alladinks! Alz Münte noch schu Schule gink, wahn zweieinhalp Milliahdn Menschn aufa Welt un hoide sintas sechsunhalp. Unt alle wolln wassu essn un zu trinkn hahbm. Und mit Recht. Das müssn wia schaffn untas geht alles. Alz Wisiohn. Aba hoide sitzn wia aufn hohn Ross un wolln nichma die Ostlenda reinlassn inni die E-U, wall bei dehn die Demokrahtie noch nich so ganz funzoniat. Aba wia solln ma fümfzich Jah zurückdenkn: 1957 woade di E-U als Weatschaftszone gegründet, un da doaftn wia mitmachn, oppwohl der Kriech grahde zwölf Jah fobei wah unt wia auch noch keine Superdemokratie wahn.

Hoide steht Umwelt un Globalisierunk un alles aufa Tagesortnunk, aba einz steht fest: Kään-Ehnegie iss fobei, un das is gut so. Ohne Entlaga – dass iss wie Fliegn un giep keine Landebahn, geht ja auch nich! Da habm wia alle geklatscht. Aba bei Rente mit siemunsechzich hahbm wia nich so geklatscht.

Oppwohl Münte alles foagerechnet hat, wieviel 1960 noch geahbeided hahbm un wieviel hoide nich mea un wi alt wia 2050 sint. Unt wia solln alle Riester dankbah sein wehgn seine Rente, un Hartz-Vierer könn auch mit Fümf Mahk dabei sein!

Un was auch mah gesahcht werdn muss, dass man nich imma nua aufa Gallarie sitzn soll un meckan, un dassas ganz toll iss, dass auch wejche die Dreckahbeit machen. Inna Patei un in Auschüsse un Sitzungn un Kommunalpolitik unt Gewääkschaftn un alles. Unt Willy Brandt hat dahmahz die Übunksleitapauschale eingeführt mit 100 Mahk, un Schröder hat sie ehöht auf 150. Und unta Steinbrück wirdas nochmah erhöht – also die Sozealdemokrahtn tun was füa das Eanamt! Solln wia ruich mah weitasahgn im Wahlkamf.

Un denn wahn wia auch schon beim lezzn Punkt: Ehrungn füa fediente Genossinn un Genossn duich die Foasitznde. Un denn hahbm siebm meißns eldare Eanamtliche aus dehn Dischtriktn von Aldona-Altstatt bis Rissn-Sülldorf ne Ehrunk außa Hant von Kristin gekricht un von Münte eaßns ne rode Rose un zweitns ne Biografie von Max Brauer. Füa jahzehntelang tun un machn un Beitrege kassian un Runtschreibm eintühtn un was nich alles. Wah schon rüant! Besondas, alz der Eldeste gesahcht hat, er wünscht sich nua einz vonna Patei: seid einich-einich-einich! Da habm wia unz schunn unsan Teil bei gedacht.

Aba das beste Schlußwort hat Münte doch von Karl Richter gehöat. Den kenn wia nich, aba er iss mit hundertzwei gestorbm, unt alza hundat woade, hat Münte ihn alz Foasitznda besucht un da hat Karl gesahch: Man muss das Lehm nehm, wies komp – aba mann darfas nich so lassn!

Und das fandn wia alle gut.

Nachtrach 2018: Münte is ja nu al lang in Pangsion. Aba Große Koalizion is wieda angesahchd. Aba manche mein, Obbosizion is nich Mist, sondan Glüxfall. Weil di Patei dann außa Gülle wieda hochkrabbln kann. Mah sehn, wie sie dann riecht...

Mutmachn mit Kurt Beck

Was somman da nu zu sahgn: Lezzjah bein Noijahsemfank im Rathaus vonna ejemalign Patai der Ahbeidaklasse sah das noch alles so gut aus: Peter Struck wah Fessrehtna un sach, der Foasitznde Genosse Platzek iss beinah ehmso populäa wie Frau Kanzlarin. Unnu issa wech. Unt mitn Hamboaga Voasitzn Dr. Petersen sollde das auch hia alles bessa werdn, wo Mirow das nich geschaff hat. Mathias Petersen soll doch schon inna fümftn Genarazjohn Bürgermeista werdn! Unnu weiß man auf eimah nich, opp Dr. Petersen oda Dr. Stapelfeldt das nu fesuchn soll.

Aba wia solln unz keine Sorgn machen! Fesssahl in Rathaus wah auch diesjah wieda gerammelt voll. Un Hauprehtna wah Platzeck sein Nachfolga Kurt Beck in sein felzischn Dialeck. Aba nach Meinedahmunherrn hadda gleich Genossinnungenossn gesahch un extra nochma „Morgn". Hahbm wia eaß gahnich festandn, dassas „Moin" heißn sollde! Aba dann hadda gesahch, dass Hambuich die schöhnze Statt von Doitschlant iss, un da wolln wia ja gahnich widasprechn! Aba denn wahdas doch auch wieda sea schön kemfarisch, und mit dehn sozealen Element soll man nich wahtn, bis die Weatschaff wieda bessa iss, sondan gleich, unt Hambuich gehz ja nu weaklich nich schlech, oda? Ich weiß nu gah nich mea, wer nu was alles gesahch hat: ob Genosse Neumann vonna Fratzjohn oda Genosse Petersen vom Foastant. Aber die Tehm werdn ja nich alle, denn was von Beust alles so febockt hat: Den Hamburgarinnen und Hamburgan die Kranknhoisa wechnehm un anni Priwahtweatschaff feschenkn, trotz Folksentscheid, wo dreivittl dagehgn wahn! Sieht Doktor Petersen bei sein Pazientn jehdn Tach, dassas nich gut geht. Genauso bei der Hahla. Und wassas Wahlrech betriff: wia wahn ja andre Meinunk, aba Folksentscheit is Folksentscheit, un da kann Herr von Beust nich komm und sein eichnes Wahlrech machn!

Aba nu das wichtichsde: Kuat Beck sahch, Hambuich is nich Baian, un die SPD in Hambuich is nich die CSU in Baian, un das is föllich nommahl inna Demokratie, dass man üba Pesohn un Sachn abstimp. Un Genosse Neumann sahch, das giep Sachn, die sint wichtiga als wia selps. Un Genosse Petersen sahch, dass werdn wia inna nehstn Zeit gemeinsam mit Dorothee alles hinkriegn!

Weißwein un Oranjensaff gahpas auch wieda, unt Musik wah diesma nich der Hahla-Schenti-Koa, sondan Jazz oda Klessma mit Gesank, un aufm Podium liefn Soichlink rum wie bei den Grühnn foa zwanzich Jahn. Unt ja, die Grühn wahn auch da, un Genosse Neumann froit sich schunn auf die Koalizjohn mit Christa Goetsch, das wahnich so gemeint noilich inna Böagaschaff! Unt sein Kollehgn Reinert von der CDU hadda auch extra begrühßt. Un dassn Fratzjohnsgescheffsfüra auch menschlich iss, kamman sehn, wie Olaf Kuat n Glas Wassa gereich hat, sahch Kuat. Denn issja noch nich alles feloan!

Und was is dabei rausgekomm? Wieda mal danehm getipp! Ole hatzich Christa geschnapp, un Schule sollte werdn wie vor 1953, das heiß alle Kinda zusamm bis Klasse secks. Opp das man gut geht?

Nee, is nich gut gegang, unt Olaf hadde denn siem Jahre Zeit zuhn „orntlich Regian", bis Bellihn gerufn hat. Un nu fenk alles wieda von vorne an.

Nevermann-Platz

War ja weerklich n Schkandahl damahlz, Fümmunsechzich: Eerße Böagameista *Paul Nevermann* hadde ne andre und sein Grete wah mucksch. Wollde nich an sein Seide stehn undi Kwien empfangn. Fant mein Mudda festendlich, wah ja auch zu gemein von den Kerdel. Mein Vadda sahchte, du weissoch gah nicht, was dahintersteck beziehunksweise vorgeht. Sie kanntn sich nemmich vonna Juhntbewegunk her, Genosse Nevermann wah „Ajotter“ (vonna Ahbeidajugnd) unt meine Eltan Guhttemplajugnd (von den Anti'alkoholikan). Unt bei Wandafahtn von Juhntheberge zu Juhntheberge trahf man sich. Außadem von Auslanzstudium in Inzbruck.

Jehnfalz die Patei fant auch, das geht nich, die Kwien ohne Förrs Ledi empfangn. Unter Eerße Böargameista mussde zurücktrehtn. Merkwöadige Zeitn: wehgn sowas die Kajehre zuende! Un hoide? Hoide machas nicks, wenn der Eerße Böargameista überhaupt kain Frau hat, walla offizinell n „eingefleischtn Junkgeselln“ iss. Muss auch sein Lehmsgefehrtn nich mitnehm, wenni Kwien kommp. Oda kannz n Kint mit deine Sekreterin kriegn un trozzdem Ministapresident von Baian werdn. Nevermann wah denn nua noch President vom Mietabunt, und das isja nich das, wemman mah Eaßn Böagameista von Hambuich wah! Viele fandn das ja zuu schade untn Feluss füa die Hansestadt. Immahin wah er noch fümf Jahre Pateivositznda in Hambuich un fass zehn Jahre inna Böagaschaff.

Paul Nevermann is eimfach pah Jahre zu früh gekomm. Schon drei Jahre nach sein Rücktritt wah „68“! Un denn hat man ja alles nich mea so enk gesehn. 1979 issa gestorbm un denn haddas nua noch fümf Jahr gedauat, bissa sein eichnen Platz gekrich hat, unt kein schlechtn: vorm Bahnof Aldona. Da kann er denn sein Vorgenga Guhn Tach sahgn: Die Max-Brauer-Allee führt direck dran vobei.

Thälmann-Platz

Ne Thälmannstraße sussu fegehplich aufn Stapplahn! Wer wah das übahaup? Wehrßu gleich efahn. Aba erßma zurück nach noinzinnhundat secksunfümfzich. Ungahnaufstant, heldenhaftn Widastant gehgn die soffjettische Besatzunksmacht beziunksweise Brudafolk, wieduwiss. Wah kaltn Kriech, un da wolltn wia in Hambuich denn auch die Ungahn ean mit ne Strahßnbenennunk. Bloß wejche? Haddn alle schunn Nahm! Da gahps aba eine große Straße, die hieß nach ein Kommunistn. Der wah zwah aus Hambuich unti Nazis hamihn im Kazett umgebrach, aba trotzdehm: Ne Straße braucha ja nich unbedinkt! Unt inna Osszohne giepas genuhg Thälmannstrahßn un Plezze un Schuln, er wah da schließlich berühmt, as „Sohn seina Klasse“. Und in den Zwanziga Jahn wah er auch n ziemich harta Knochn, pateimeßich gesehn. Außadehm issa ja alz Kommunist auch büschn mitfeantwotlich für was in Ungahn passiat iss, auch wenna schon 1944 gestorbm iss. Untso woade außa Thälmannstraße die Budapesta Straße. Von Millantoa, an Heiligngeißfelt fobei, nachn Noin Feerdemahkt.

Dreißich Jahr spehta, noinzinn fümmunachzich, wah dann ja schunn Entspannunk un Festendigunk un Wandl duich Annearunk, und denn sollde auch Tählmann wieda son büschn rehabiliat werdn. Aba Budapesta Straße konnta nich wieda kriegn, konnt man ja Budapess nich eimfach wechnehm. Ungahn wah ja schunn faß befroindet damahlz unt eintlich gahnich mea so richtich im Ossblock! Aba „Teddi“ hat auch wieda sein Straße gekrich, genaugenomm sogahn Plazz. Kannzu gahnich an fobeifahn, iss in Eppmdorf aufm Rink Zwei, Kroizunk Tahpenbehkstraße un Lockstehta Wehch. Unt is auch gleich ne Gedenkstette anna Ecke, wo die Famije mah gewohnt hat, mit Biblotehk, gehört zur Stahtsbiblothek. Sogah Breschnew wah da. Damit issa offizinell wiedan bedoitndn Hamburga gewordn. Unt hahbm sie auch nacha Wiedafeeinigunk nich appgeschafft, oppwohl sie ihn in den Ostlendan wieda wechbenannt hahbm. Aba nich in Hambuich! Ischa schließlich ein von unz!

Modäänes Lehm

Elbstrand bei Övelgönne mit historischem Feuerschiff

Fümfzigajahre

Alz min Vadda achzich wah, un er wah Jahgank null-fümf, sahchde er mah: „Ich höa imma Fümfziga Jahre-Nostalgie – füa mich sinti Fümfzigajahre, alz wennas gestan wea! Bei Nostalgie denkich anni Zwanziga!“ Unse Eltan mochtn ehm lieba Bauhaus un Noie Sachlichkeit alz Juhgndschtiel un andre Schnörkelein. Unnu werfn wia fümfzich Jah spehta sebs mahn Blick auf die Fümfzigajahre, wo nu ja sogah die Achziga schunn retro sint! Denn die Fahse, wohman Niantische, Backeliet un Tühtnlampn auf eimah wieda toll fant, issja lenks fobei. Aba füa unz wahs andraseiz die selige Juhgndzeit. Selige? Denn hömmazu, wassas allns nich gahp: kein Fäänsehn, kein eichnes Audo, keine Fluchreisn, keine Zehdehs, un El-Pehs konnzu dia auch kaum leistn. Kamman alles fleich noch auf fezichtn. Aba wassas auch nich gahp: die Pille! Stattdehm imma die Anx foa na-du-weischunn. Denn wah kalltn Kriech, mussdes imma Osszohne sahgn, und wennu ma andre Meinunk wahss, hiessas imma gleich: Gedochnachdrühm! Wobeias in Hambuich ja noch gink, damahls unta Max Brauer. Andraseiz: Juhgnt is Jughnt, un Spahss muss sein. Pä Anhalta nich grahde duich die Galaxis, aba duich Wess-Orropa rauf unt runta. Unt guht ehaldene Natua rinksrum. Unt aufa Audobahn konnzu Picknick machn. Unt inna Elbe bahdn. Unti Junks haddn Lehdahohsn unni Mehchen Peddikohts. Und der Lihta Mehch kosdede – aba ich höa lieba auf. Jehnfalz: nochma zwanzich sein? Neenee. Ssenkju werrimatsch.

Kuckn wia lieba mah, oppa noch was von ühprich iss unt wie wia dass hoide findn! Komp drauf an, was wia mein. Nehm wia ma Geboide. Die gelbm Klinkafassahdn könn wia auf fezichtn. Oppwohl, die Grindlhochoisa hahm ja fass schunn Denkmaschutz, zumindess alz Angsambl, das heiß „im Dutznd bessa“. Oda Bezirksamp oda wassas iss, in Eppmdorf. Die wolltn ja damahlz die Nazi-Achitektua hinta sich lassn un auch nich gleich wieda auf rohdn Backstein zurückgreifn. Unt irnkwi hat man sich da ja auch an gewöhnt. Un kannz wehnstns ekenn, wanni gebaut sint. Denn dehn brutahln Betongschtihl nachn Moddo „wia hahbm nix zu febergn“ kahm ja eaß speta, un Glass-un-Stahl iss hoide noch Schtandart. Der Alzapawilljon mit sein Eternit-Flachdach iss direck auch schunn Kultuadenkmal...

Alladinks, die „Kunz am Bau“ issn andriss Kapittl. Gahps natüch schunn bei dehn altn Griechn. Hoide muß angehplich imma ein Pozent vonna Bausumme füa Kunz ausgegehm werdn. Iss natüch guhd füa di arm Künzla: Nich zufellich giep das beinah tausnd öffntliche Plastickn in unse Stadt. Tüpisch füa damahz ischa auch Rilljeffs un Mosaiekn. Also ich finz nich schöhn, iss doch irnkwi Kramf. Sintoch nich in Pumpeji! Alz wennsi ire Baukunz nich traun un denn so Applikazjohn applizian müssn. Gut gemeint, ja. Aba büschn *sea* gut gemeint.

Unt wenn wia mahn Blick nach inn werfn, issi Tütnlampnkultua nich weit, nachm Moddo: „Nazis sint wia nich mea, aba gemühtlich wolln wia das trozzdehm hahbm!“ Gotzeidank issas meiste schunn wechrenowiat. Aba pah Stelln giepas noch wodu Sizzmöhbl, Fliesn un Wanddickorazjohn aus den Fümfzigan ankuckn kannz: zum Beispihl in Elbe-Kino anna Osdorfa Lanstraße. Oda im Foajeh vonna Patriohdischn Gesellschaff anna Trohßbrügge. Schöhn iss was andriss. Aba sumpah Kultuadenkmehla wolln wia doch geltn lassn. Sonz wüßtn die Jungn ja gah nich mea, wo wia unz so voa ge'ehklt hahbm!

Nachlehm

Se Ssitti set newwa slihps – das iss definitief nich Hambuich! Im Gehgnteil, die Zitti is bekanntlich nach elf „klinisch tot“. Trozzehm giepas auch in Hambuich n Nachtlehm un nich nua, wassu filleich denks, auf Sampauli. Klah, *aufa Reepabahn nachs um halp'einz*, das güldet imma noch. Aba dass mea füa Turistn un Saufköbbe un Messastecha, besondas mit Juhgntliche. Aba auch sonz iss mea lohs, alz man denkt, wemman gemühtlich inna Blechkutsche nachhause feat.

Noich wajch mah bei Froinde zu Besuch. In Eppmdorf, unt denn issja hoide imma di Frage, opp mitn Audo. Eaßns wegn Paakplazz, un denn kannzu ja auch nua büschn an Weinglas nuckln, wennu noch fahn muss, un *Jever fun* iss ja auch nich so fanni un *Flensburger Frei* ischa direktn Widaspruch in sich. Also feaßu mit Buss un Hochbahn un Ess-Bahn, was ehm so kommt. Un Gotzeidank feat Freidach un Sonnahmt noiadinx Hoch un Ess die Nacht duich. Buss nich, aba denn nimmzuh füan Rest n Taxi oda hassn Fahratt bereitstehn.

Steichich also um einz in Eppmdorf inni Hochbahn – un iss probbmvoll! Na fleich nich probbmvoll, aba doch dreißich Pesohn pro Waggong. Un al-le unta zwanzich! Glaups, biss aufn Schulausfluhch! Früa wahn wia speh-tes-tenz um elf zuause, aba eisan! Gahp ja auch nix, wo du dich rumtreim konndes. Fleich Barett in Kollonahdn oda Riwwa-Kasemattn bei Sampauli Hahfnstraße, wennu auf Jazz stanz, aba sonz? Un hoide sießu spehtahms lange Schlangn foan Eingank beia Disko bei Schultablatt oda Stäänbrügge, wennu da mah unauffellich mitn Buss fobeifeaß, oda wer weiß, wo sonz noch üba’all. Denn steißu fleich Stäänschanze um inni Eßbahn un is genauso. Pah mit Flasch Bia inna Hant, wasja eintlich nich elaup is, aba alles ganz frietlich. Issja auch fenümftich, wennsi denn nich mitn Audo unnawehchs sint – iss ehm Foateil, wennu inna Statt lehps unnich aufm Lant, wohman auf Fijesta un Polo GT angewiesn iss. Un denn sinta auch Meetchen un junge Fraun allein unnawehchs. Geht offmbah auch.

Bis wenn Opa un Kino aus iss, sießu auch noch älldare Loide innehn Öffis, aba spehtestns nach Middanacht issas eindoitich das Reich der jungn Genaratzjohn – happschunn übalehch, obbich nich Lehdajacke, Jiens, Toanschue un Wollmüzze anzieh, wennich mah nachs wohin muss! Wilz ja denn nich alz Opa auffalln, sondan wien Fisch im Wassa mitschwimm. Abba denn müsstich auch noch mein Schnoabaht schwaaz ferbm – untas wea denn dochn büschn vihl Muldikuldi!

Ewakuierunk

Da sizzich doch noilich nixahnnt und frietlich mit zwei Kollegn am Schreiptisch, da klinglt das und zwei Ortnunxhüda in Kamfanzuch stehn vorda Tüa. Wir solln sofort die Wohnunk felassn un nich voa zwei Stundn wiedakomm. Die haddn nemmich bei Bau'abeitn anna Elpschosseh ne Bombe gefundn un die sollde nu entschääft werdn. Unt wir könn in die Schule Trenknerweech gehn, da weat inna Toanhalle n prowisorischn Biwak eingerichdet. Na, wie in Ha'iti oda Schile nachn Ertbehbm, vieln Dank, das wolltn wia uns espahn. Wir haddn soweso noch einiges zu besprechn unt so sind wia lieba in Lokal mit Elpblick gegangn. Via Stundn spehta dachtich, nu iss fobei, kannz wieda nach Hause. Aba denn wah imma noch Blaulicht inna Bernadott-Straße. Ich denn diskret gepaakt un zufuß weida. Helt michn Polezist an: Wo sollz denn hingehn? Ich: Nachhause. Er: Wo issas denn? Ich: Corinthstraße. Er: Geht nich, iss gespäät. Un wiech noch übalehch, oppich mich nich duich die Gäätn hintnrum anschleichn soll, sachda: Moment. Und redt mitn Kollegn. Und dann: Sperrung is aufgehohbm. Und wiso solange? Das stant denn nehstn Tach im Ahmblatt: Wahne Fümfhundat-Kilo-Bombe. Entschääfn gink nich. Wechtranschpottian auch nicht. Kontrolliat sprengn auch nich – wahja Wohngebiet. Also Zünda voasichtich rausschneidn, und das dauat ehm.

Aba nu sowas! Hundatsiemtausend Sprenkbombn hahbm die Tommies über Hambuich abgeworfn (gahnich mitgezehlt die dreihundattausend Fosfoa-Brantbombm und drei Milljohn „Stab-Brantbombm"), und davon solln noch dreitausnd in Hambuich inna Erde liegn! Wie man das weiß? Dreißich Jahre nachn Kriech hahbm die Englenda uns Luffbilda geschenk, wo jehdn Einschlach auf fezeichnet iss. Weißnich, wisi das gemacht habm. Die Elpvoaorte hahbm sie meist feschont – wollten sie speta mal ia Haupkwetia einrichtn – genau wie die Amis in Heidelberch. Alladinx: In Othmaaschn, in Gahtn, gleich hintan Haus, wojch wohn, hahbm sie auch ne Granate platziat, aba das wah voa meine Zeit. Die Tommies lahgn aufn andan Elpufa und hahbm appunzu aus Spaß mal rübageschossn. Den Trichda hat man spehta mit Ziegl und Erde zugeschüttet, aba sammlt sich hoide noch bei stahkn Rehgn das Wassa inna Egge.

Kanzmasehn: Iss nu bald siepzich Jah hea un iss noch imma nich fobei! Wie soll das eaß in Irak und Afganischtan un Kongo un Sürien un sonzwo werdn, mit all dehn Trehtmien un Tellamihn un Splittabombm un wasnichalles! Dahfs gahnich an denkn. Immahin: Hatzich Prinzessin Diana zu ian Lehpzeitn um fedient gemacht; das muß man ia lassn!

Übrinx: ewakuriat wahn wir schon mal – Noinzinn-dreiunvitzich, nach den Bombmangriffn, aba denn gleich ganz weit wech: nach Baian aufm Lant, zwei Junx mit Muddan, un die Dean noch in Ahbeit…

PS: Soß nich glaubm: nojch schunn wieda ne Bombe inne Nachbaschaft. Aba diesma wahn wia in zweitn Rink, das heiß zwüschn 300 und 500 Meda Entfäänunk. Da gahps denn bloß Hausarrest. Und jahnich die Fenza aufmachn! Iss aba auch gut gegangn. Auf den Kamfmiddlroimdienz is ehm Felaß.

Oppdachlos

Hassu auch schummah unse Strahßnzeitunk „Hinz-un-Kunzt“ bei ein oppdachlohsn Fekoifa gekauf un statt zwei-zwanzich drei Oiro gegehbm? Grohßzügich, wie wia numah sint! Denn hassu fleich auch drin gelehsn, dassi vonna Redatzohn aus Stattführungn machen, wodu was üba das Lehm aufa Straße efahn kanz. Imma Sonntach un Dienstach. Un noilich wah denn mahn Extra-Temmihn füa die Verdi-Senioan un ich natüch mit. Hadde zu Fohbereidung in Fäänsehn gesehn, wie mahn Juppi aus Münchn mitn Doktatihtl dreißich Tahge in Hambuich ohne Gelt un Hendi un alles klahkomm sollde. Hadda geschaff, aba wah hintahea föllich fettich.

Darum kanntich das alles außa Teori. Un das Pik-As kennt in Hambuich ja soweso jehda. Außa Teori. Das iss demnach alladinx untaste Schuhplahde: Nua übanachtn, Schlahfroime zu mehren, kein Priwahtlehm, geklaut wie die Rabm, un alles fedreck un fepisst, fozuchsweise vonnehn kapuddestn Tüpn belehcht. Trozz alle Bemühung von Heimleita un Sozealamt. Kein Wunda, dass die meistn Opdachlohsn denn schunn lieba unta frein Himml nechtign! Auf ihre „Pladde“.

Wia hahbm unz denn bei Hinz-un-Kunzt inna Altstädta Twiete hintada Steinstraße getroffn un Hein un Fiete (Nahm ge’endat, aba der Redakziohn bekannt) hahbm unz denn rinks um Haupahnhohf rumgefüat un üba die Feheltnisse aufgekleat. Hahbm selba mah tief inna Scheiße gesteckt, Schicksalschlehge, Drohgn un Suff un alles, un denn aufa Pladde, aba schließlich die Koave gekricht, Zeitunk fekauft und lanksahm hochgeahbeidet. Jezz ne Wohnunk, leida nua forübagehnt, un komm tatsech ohne Sozahlhehfe un Harzvia aus. Sahn nich graht aus wie die Juppihs von nehman, aba fefühchtn üba gehohbne Ausdrucksweise unt haddn allns fess im Griff.

Also in Hambuich gieps zirka fuffzinnhundat echte Oppdachlose ohne Dach übam Kopf un nochma dreitausnd Wohnunkslohse, das heiß die hahbm wehnzn n Schlahfplazz im Mennawohnheim oda sowas, aba ehm keine Wohnunk. Fraun sint nua zwanzich Pohzent: Haltn mea aus, werdn nich so leich außa Bahn geworfn, hahbm bessares sozahles Netz, un die Behöhrdn fintn auch ea was füa sie, schpezeell wennsi Kinda hahbm. Wohnunk iss übahaup Hauppproplehm: Sozahlamt zahlt nich mea als 318 Oiro warm füa ne Wohnunk (hoide mea, aba endat sich ja dauant), un da fint ma was füa! Ahbeit auch nich, mah appgesehn, dassu nich viel ahbeitn kannz, wenn zehn Flaschn Bia am Tach nua als Beilage zu zehn Korn duichgehn! Aba hungan muss kein: giep in Hambuich zich Einrichtungn, woman was zu essn krich, un Klamottn, auch waschn un duschn. Muss man nua wissn! Un wo erfeat man das? Inna Bahnhohfsmissjohn. Da gieps Listn, wo alles draufsteht, un Tella Subbe krich man da auch. Un zum Beispiel in Herz-As inna Norderstraße, aba nua füa tachsüba. Alladinks henk da auch schunn Zettl anna Tüa, dass die Leistungn nich füa Turistn ebrach werdn! Kannz ma sehn, wo die auf komm. Die Turistn meinich. Un die Kemenate inna Charlottenstraße beida Fruchtallee iss füa die holde Weiplichkeit. Unt der Mitternachzbuss mit Essn un Trinken feat inna ganzn Statt rum. Untuntunt. Fast allns eanamplich. Un was zum Beispiel Schwester Petra leistet, kamman nuan Hut ziehn.

Aba iss natüch trotzdehm nich eimfach, wennu mah abgerutsch biss. Schulden, Scheidunk, Untahaltsfeflichtunk, keine Ahbeit, keine Wohnunk, Suff, Drogn. Un denn Krankheitn satt. Gotzeidank gieps pah Ääze, die sich einsezzn, aba reich nich. Unt wi die Loide so sint, wenn sie zum Beispiehl n Hunt hahbm, denn bringn sie dehn ea zum Tia'ahz füa das büschn Geld, wassi hahbm, alz dassi das füa sich ausgehm! Unt wir wolln auch nich feschweign, dass manche so kaputt sint, un püschatrisch krank un schizofehn, dass man die übahaup nich erreich. Bei alln guhtn Willn! Das sint dann die, die dehn ganz Tach irnkwo in Hauseingank liegn. Gah nich zu rehdn von den Drognkonsumentn – fümf-zinntausnd in Hambuich abhengich von haate Sachn, un denn die Beschaffunkskrimminaliteht! Hein hat damahz, voa Jahn, zweihundatfuffzich Mahk gebrauch, nua füa Stoff. Am Tach! Kannz hoide ruich Oiro sahgn stattdehm! Wir hahbm denn auch das Drob-Inn hintam Haupahnhohf gesehn (natüch nua von außn), wo sie wehnzns ne saubare Sprizze kriegn. Drogn gieps alladinks nich – die müssn sie schunn mitbringn.

Also wia wahn natüch nich drin in den Einrichtungn, issja nich wie bei Hahgnbehk, wodu beida Füddarunk zukuckn kannz. Aba so kriss natüch auch einiges mit. Unt denn mussu imma an Hahzvia denkn, un dass Regierunk wie

Opposizohn sahgn, dass man den Sozahlhefeemfengan auf die Finga klopfn muss, un wie die sozahle Hengemadde mißbrauch weat. Ganschöhn weide Maschn sintas da im sozahn Netz! Aba denn sießu auch, wie viele Loide sich Müe gehbm. Von den „Betroffenen", aba auch von den Helfan. Un was die Gescheffsloide inna Zitti betrifft, die sahgn oft: wia hahbm nix gegn Oppdachlohse – nua gehgn ia Gepeck! Untas is auch festentlich, sahch Hein: wenn da ma drei-via zusamm sint, denn hahbm dien ganz schöhn Haufn Kram, unt wenn der voan Eingank liech, is dasja schunn gescheffsschedigent! Deswehn hahbm die sich von Zittimenedschment oda was zusammgetahn un Kontena mit Gepeckfecha aufgestellt, Halptachskraff eingestellt, un nu könn die Oppdachlophsn ire Sachn da fewahn un morrns un ahms ran, wenn sie wolln.

Die meistn Gescheffde hahbm auch nix dagehgn, wenn die da nachz rumliegn, Haupsache, die Kundn könn morgns rein. Pah alladinks hahbm denn Rollgitta voam Eingank, un die Kröhnunk iss Peek un Kloppnburch aufa Mönkeberchstraße: da sint im Einganksbereich voa der Tüa untn Wassadühsn eingebaut – füa *nachts automatische Reinigung*. Kanz dia denkn, was passiat, wenn da jemant nixahnnd seine Degge ausgebreidet hat. Aba fleich stelln die die hoide gahnich mehr an. Hoffn wia mal. Dagehgn iss die Bahn ja noch direck humahn: weißu, was die machn damit sich Oppdachlohse, Penner, Auslenda un andere unewünschde Elemende nich voam Bahnhohf rumdrückn? Klassische Musiek aus allen Roan – volle Dröhnunk! Angeplich macht das ein föllich fertich, der den Kopf voll Drogn hat.

Aba nich nua den: noilich wah da voam Haupahnohf mah n Stant, wo sie noie Beh-Em-Weh-Modelle gezeicht hahbm. Nach eine Woche hahbm die Foaführa gesahcht, dass sie das nie wieda in Hambuich machn wolln. Aba dass kann ich sogah festehn: ich höa auch lieba Jatz!

Toleddn

Kennzu bestimp: du biss inna noin Stadt unt muss mal. Kahstatt iss zu, wallas Wochn'ende iss, Lokal iss nich inna Neje un Gebüsch is auch weit-un-breit keinz. Da issas praktisch, wennuhn kleines Hantbuch inna Jackntasche hass. Son klein Führa happich geschenk gekrichd, bevoajch wieda nach Hambuich gezohgn bin. Iss gut füan Nohtfall, wennu dringnt was braußß, un komp nua auf an, dassas hügienisch einigamahßn fetrehtbah iss. Alladinks: wennu das brauchs, hassu das nich dabei – wie imma.

Aba appgesehn vonna abseluhtn Krise giepas auch noch andre Gesichzpunkte. Dassas Auge mit-*isst*, iss ja allgemein bekannt. Aba ich fint, dassas auch mit-*pinklt*. Untzwah nich nua dass das alles schöhn sauba un keimfrei aussieht: Ich fintn Klohaus sollde auch achitecktohnische Ansprüche genühgn. Un das iss leida bei den meistn Etapplissmangs nich der Fall. Nommahl sintas eimfach flache Schuppm ohne schede Fienesse un Ausstrahlunk, vollkomm lieplos hingefuscht. Das komp dahea, dass Auscheidungn peinlich sint unt alles, was damit zu tun hat, auch tabu iss. Dabei gehtas auch andas! In Luis Bunuelz Fehm *Das Gespenst der Freiheit* iss umgekeat: Essn is peinlich un schlingn die Loide in klein Kabien rein, wo keina zukuckn kann. Unt andraseiz sitz jeda inna grohßn Gesellschaff auf seine eichne Kloschüssl um den grohßn Tisch rum.

Unt enschprechnt müsstn Klohhoisa eintlich auch von kwalifiziatn Achitecktn entworfn werdn. Giep tatsechlich pa Beispiehle füa schtihlgerechde Bauweise. Zum Beispiehl am Brooktoakai, Egge Sank Ann'nstraße inna Speichastatt. Klohaus iss nich feschehmt inna Ecke, sondan mittn aufm Platz un in klassische Neogohtik gehaltn. Praktischaweise haddas auchn Zugang vom Hahfnbeckn, iss direck übam Sank Annenfleet, könnt man mitna Gondel anlehgn. Fleich iss da aba auchn Appfluss – wer weiß. Heeft aba alles nix, wennas zu iss! Alladinks; kaum hassu dich angewöhnt, hahbm sie das umgemodlt: Iss jetz n Kaffeh un heiß Fleetschlösschen. Hahbm sie hoffntlich orntlich disinfiziat!

Oda nehma dehn aufm Fischmahk: der iss sauba in Klinka gehaltn – könnte glatt von Stattbaumeista Fritz Schumacher sein. Backstein iss doch nich füa gotische Keachn resaviat! Macht dochn gutn Eindruck bei all dehn vieln Turis am Sonntach. Das Schild von wegn „Überflutungsgefahr" bitzieht sich ühprinx auf Hochwassa vonna Elbe hea – hat mitn Tohlettn nixu tuhn.

Oda Landunksbrückn im Duichgank bei Brücke Via: inn romanischn Bohgn eingepasst. Unt am Michl, oda bessa gesahch *untam* Michl. Iss doch gut, wennu voan langn Gottisdienz nochmah kuaz aufs Klo kannz – kannz doch viel entspannta zuhöan (oda wechdösn)!

Wo ich mich nu gahnich mit anfroindn kann sint di modään Audomatik-Tohlettn, wo alles maschinell ellehdicht weat. Da heddich imma Anx, dass man vonna Kloböaste mißhanlt weat oda dassi Tüa nich aufgeht unt kein Hendi dabei unt man mittn aufm Gensemahk fegessn weat. Unti meissn sehn richtich sehlnlohs aus. Aba manche sint auch ne Herrausforderunk füan zeitgenöschn Achitecktn: Professa Norman Foster wah nich zufriedn mit seine Reißtasskuppl in Bellihn: er hat zwei Audomahtn-Klo'hois'chen empworfn. Am Bellihna Toa unt inna Grohßn Berchstraße: da passi auch hin, modänistischn Disein inna offmbah appsichtlich öhdn Fuhßgengazohne. Von weitn siehdas wie ne Litfassoile mit Stattplahn aus, froindlichaweise mitne Bank dran. Dassas von hintn n Klo iss, mussu eaßma auf komm.

Aba einz mussich zum Schluß noch lohswerdn, was mia übahaupt nich gefellt: dass man bei pracktisch jehdn öfftlichn Kloh n halm Oiro zahn muss.

Issdoch n abseluhtes Grundbedöafnis mit körpeliche Notlage, und damit machn sie Gescheffde! Die Klodahmn un Herrn könn nix dafüa, die lehm femuhtlich davon – liecht anna Markweatschaff un dassi hoide alles autsoaßn. Nehm wia mah an, man geht dreimah inna Woche aufm öffntlichn Klo. Schehdes Mah fuffzich Zent, macht fümmunsiebzich Oiro im Jah. Das alz Stoia abgebucht unt dafüan Ausweis, wo du üba'all reinkomms. Wea doch praktisch! Trinkgelt alz pesöhnliche Annakennnunk bei besondas aufmerksahme Betroiunk kannzu ja trotzdem gehbm.

Polizei

Alz wia klein wahn, nanntn wia die Polizistn „Uhdl". Und wenn wia in Juhgntbüchan was gelesn habm von „Schupos" oda sogah „Sipos", fandn wia das zuu komisch. Dabei wahn die Uhdls gahnich so nett wie das klink. Wennu mitn Fahratt unnawechs wahs und Rücklich gink nich, gahps gleich ne Fewahnunk. Und eimah binnich aufa Segeberga Schosseh aufn getrenntn Fahrattwehch freihendich gefahn – kompn Polezeiaudo fobei: Fewahnunk. Hoide kannzu as Rattfahra machn, wassu wiss: rot üba di Kroizunk, falschrum inna Eimbahnstraße, nachz ohne Lich – die Polezei hat Bessariss zu tun: Drognhendla fehaftn, laude Nachbahn emahnn oda noie Uniform ausprobian. Früa wahn die dunkelblau, dazu Müzze oda *Tschako*: das wah so ne Aht Helm, gahps noch bis noinunsechzich. Denn scharelank Jegagrün, mit olüve Hemdn, unnu sinzi im Kollani-Disein: dun-kel-stes Blau, fass schwahz, wi di Sekuriti vonna Hochbahn, dazu ne acheckige Müzze wie aufm amikahnischn Heiweh. Iss angeplich zukümftige EU-Uniform.

Früa wahn die Schuzzmenna meiß mea-oda-wehniga onklhafde Reschpekspesohn, hoide sindas oft flodde Mehdls mitn blondn Ferdeschwanz – wie noilich ahms, wie ich zuhn eaßn Mal nach sechunvitzich Jahre Füraschein inne Fekeaskontrolle geratn wah. Die hat mich denn orntlich gelohp, dassich gah keine Fahne hadde wie die jungn Loide – konnde denn auch gleich weidafahn.

Unnu haddich noilich Gelegnheid, mah die Zentrale von unse Froinde-un-Helfa pesönlich in Augnschein zu nehm, middehn Ex-Kollehgn von Verdi. Iss nich mea wie in meine Kintheit gehnüba vonna Musikhalle am Kall-Muck-Platz (dehn gieps auch nich mea: heiß jezz Johannes-Brahms-Platz und die Halle heiß Laeisz), unt auch nich mea am *Bellina Toa* in einn von dehn seelnlosn Hochhoisan. Iss jezz mittn in Grühnn, anna Hindenbuichstraße beim Bahnof Alzadorf inna Zitti-Nort, inn stäänfömign Geboide mit zehn Strahln. Da haddunz n Polizei-Obakommissah rumgefüat un Geschichtn ezzehlt. Wie ich weiß, dassasn Obakommisah wah? Wegn den Schuldaklappm! Iss nemmich wie beim Militea. Mittlara Dienz had blaue Stääne: zwei Stück iss Polizeimeista – femutlich was früa Wachmeista wah. Gehobnn Dienz iss silbane Stääne, das obaste iss fümf: Eaßa Polezei-Haupkommissah. Un denn Golt füan höaren Dienz: ein is Polizeirat, via is Leitndn Polezeidirekta. Un dadrüba gieps denn einz bis drei plus Kranz drumrum. Denn sint wia schun bein Polezeifizepresedent. Mussja wissen, mit wehnu das zu tun hass, wennu mah ne ortnunkswidrige Straftat begang hass!

Innehn rinkförmign Fluan kamßu dia voa wie in Raumschiff Entapreis. Aba der Kommissah sahch, iss viel bessa wie in altn Hochhaus. Denn habm wia die Fekeas-Übawachunk gesehn, wosi alle Ampln unna Kontrolle habm unni grüne Welle ezoign. Da habm wia alle gelach: grüne Welle! Un was iss midda Wanzbeka Schosseh? Rode Welle jedn Morgn, kenn wia doch seit vitzich Jahn! Unsa Führa feat da aba auch imma lenks, unt wenni Loide imma fümmunsechzich fahn, kannas ja nich klappm! In Hambuich iss Duichschnitt noinzwanzich-komma-sex Ka-em-ha, un das iss hevoarrahgnt. In London is zehn un in Tokio fümf! Iss ehm alles nich so eimfach. Un von Elptunnl wolln wia gahnich eaß anfang. Wennu so was plahnz, denkßu, das is füa die Ewichkeit, un schon iss die viate Röhre auch schunn zu. Hambuich iss nemmich die sütlichsde Statt von Jütlant, das heiß die ganzn Dehn un Schwedn komm duich unsa Nadl-Öa. Inna Statt sint denn Kammarahs annehn entscheidndn Kroizungn, aba keine Anx, die hahbm gah keine Zeit füa Rotlichübafahrakontrolln, könn wia unz gahnich leistn. Das geht nua darum, den Fekea flüssich zu haltn! Un wenn der Bürgameista mit Staazgeste mah zuhn Essn fahn will, denn wern auch nich die Ampln füa ihn auf grün geschallded, wall dann nemmich alles zusammbrichd, was da sojchfelltich zurechprogrammiat iss. Denn wirta bessa mitn klassischn Blaulichd duichgelohz.

Wemman früa mah in Not wah, denn riefssu null-eins an (un nich eins-eins-null), un denn kahm sie inn Petawagn. Un warum Petawagn? Iss nich ganz klah. Angeplich wall, alzi Englenda gleich nachn Kriech hia wahn, gahps neue Petrohl-Kahs (von Patrullje). Un die sint jetz silban wehgn höaren Wiedafekaufsweat. Die gehöan nemmich gahnich mea der Polezei – die sint geliest! Un die blaun Streifn sint Fohljen: da gehßu ma koaz mitn Föhn rüba, denn kannzu sie appziehn!

Un denn die Einsazzzentrale hinter Glas. Wien Großraumbüroh mit lauda Flachbiltscheame. Das iss, wo du hinkomps, wennu eins-eins-null anruhfs. Un denn hahbm wia massnweise Döntsches gehöat, wassas alles an verrückde Anrufa giep, un als Polezist mussu dann imma froindlich un festendnisvoll sein, auch wenn eina nacha Uazeit fraach, sonz ruhfn sie gleich wieda an. Sint auch viele Einsame un frisch Geschiedene, die auf eimah Geroische im Haus höan, un denn iss das doch kein Einbrecha. Aba aufa annaren Saide solln wia auch imma anrufn, wenn was iss, un keine Schoi hahbm, dafüa iss die Polezei ja da. Unt imma gleich sahgn, wo un wer un was, denn kann die nehste Funkstreifnbesazzunk schunn unnawehchs sein un krich gleich noch was hintahea gefunkt, sodassi dehn Fall denn schunn beinah gelöhst hahbm, wenn sie am Tatort ankomm.

Zum Schluß konntn wia noch inna Kantine Middach essn. Nua via Oiro, aba das Fischfileh wah auch ziemich trockn. Aba da konz ma sehn, wer noch alles beida Polezei iss. Natüch auch Büroloide, aba denn wejche in natuafarbige Aut-Doa-Klamottn, un wejche vom MEK in schwarze Kamfanzüge, mit Stiefl un tiefhengnde Kolts wie in Arizona. Die döafn denn auch mahn Feadeschwanz trahgn oda ne Skinnhett-Glatze. Gahps früa auch nich! Alzinalm ahbeitn üba zehntausnd Loide bei de Polezei unt hahbm fass ne halbe Miljohn Einsezze im Jah.

Wir wolln noch hinzufühgn, dassas auch noch die Wassaschutzpolezei giep mit ihre siebzinn Boote unni Hubschraubastaffl unni Bereitschaffspolezei einschließlich Taucha, un da gehöat sogah auch noch das Polezei-Ockesta dazu – klah, die müssn auch imma in Bereitschaff sein! Üba Feade unt Hunde hahbm wia nich gerehdet unt üba Bulln auch nich – wie wahn ja schließlich alle Kollegn im Öffntlichn Dienz! Unt am Eaßn Mai begleitn die Kollehgn unz ja auch noch hoch zu Fahratt…

Foiawea

Spahn müssn ja jezz alle, auch die Behöadn. Darum rück die Foiawea jezz auch inn *Smart* aus – brauch weniga Benzin un schont die Umwelt! Aba iss nua Spahß: in Weaklichkeit is das Foiarote Spielmobil der Dienzwahgn von Frau Foiawea-Pastorin. Das issa aba kein Flax jezz, iss weaklich wah – passian ja öfta tragische Foakommnisse, wennas ma richtich brennt. Loide komm ums Lehbm, andre stehn unna Schock, und bei manche iss denn seelsorgerische Heefe willkomm. Oder denk ma an Hääzinfahk! Issja auch Foiawea zustendich, wennu eins-eins-zwei anruhfs. Und wennas füa den Betreffndn (oda die Betreffnde) zu speht iss, iss Frau Martens die Eaße anna Front. Das weipliche Element is ansonzn bei der Foiawea nich so stahk fetretn: in Hambuich nua einunzwanzich von zweitausnd-zweihundat Mann.

Das weißich von Haupbrantmeista Filip vom Foiawea-Infommazjohns-Zentrum. Das giepas seit nein-ilewn (du weischunn: die Twin Tauas in Nujork), damit die Beſölkarunk umfassnt infommiat weat, damit so was bei uns nich passiat. Foa allm keine Panik, und die Schulkinda solln auch schunn lern, wassi tun solln, wenn das Fett inna Fanne feschmurglt: Bloß kein Wassa auf gießen –

giep gleich ne Explosi'on. Eimfach Deckl drauf! Aba wia wahn nich alz Schulklasse da, sondan alz Verdi-Senioan: in unsan Alda kann ja eaß rech was passian: wennas Telefon klinglt un du fegiss dein Kotlett, wallu schun son büschn tüdelich biss. Darum sint jetz Rauchmelda Flicht. Die billign von Aldi tun das auch, sahch Herr Filip, brauchs kein Mäzehdes! Gut, dassich sebs grad ein geschenk gekrich happ, muß ich nua noch anni Decke klehbm. Un denn hadda uns mit künzlichn Rauch eingenehblt, damit wia mah sehn, wie das iss: Am bestn aufm Bodn, da kannzu noch was sehn. Eins-eins-zwei wehln un denn die vier „W": wo-wer-wieviel und foa allm wahtn! Unt ruich bleibm, sie holn uns da raus. Sint in fümf Minuhtn üba'all im Stadtgebiet. Brauchn nemmich nua fümmunfeazich Sekundn, rein in Löschzuch un app wie die Foiawea – das heiß, ISS ja die Foiawea! Vitzinn Mann in via Wahgn. Muß dia ma foastelln: die Ausrüstunk wiech siemunvitzich Kilo, pro Mann, einchließlich Beil un Ax un Sauastofflasche. Und mit Schlauch siebzich. Unt die Fraun genauso, die lassn sich auch nich helfn, wolln alles sebs machen, so zaht, wie sie sint.

Un nich dassu denks, die Foiawea mach mit ihre Schloiche mea kaputt assas Foia selps! Von wehgn: Das Löschwehsn profitiat ja auch vom Fortschritt: Mit Hochdruck 20 Lita feinveteilt und das Foia iss aus, un das Wassa iss fedamf – so gehtas hoide. Trozzdehm giepas in Hambuich noch zwanzich Rauchtote pro Jah. Und iss auch nich leicht füa die Kollegn, wenn sie mahn Tohtn auf zweihundat Meta Ess-Bahngleis aufsammln müssn. Und wie sie dann hintahea inna Kantine üba rehdn, dahf man bessa nich auf Bant nehm. Aba iss gut so: muß man ja irnkwi fearbeidn! Bei zweihunnattausnd Einsezze pro Jah un davon achtausnd Brende. Un die werdn geleisdet von zweiunzwanzich Foiawachn vonna Berufsfoiawea, einundreißich Reddungswachn und siemunachzich freiwillige Foiawachn. Die wolln wia auch nich fegessn.

Un wo issnu das Foiaweainfommazjohnszentrum? Inna Haupfoiawache am Belihna Toa, in dehn stattlichn Fritz-Schumacher-Klinkerbau. Nebm den Wolknkratzan vonna Fachoschule sietas fass aus wie ne gotische Kattidrale. Da kannzu auch pah Ausgahbm vonna Mitahbeitazeitunk mitnehm: un wie heiß die? Natüllich LÖSCHBLATT!

Wassafall

Issn komischn Tehma, ne? Wo sollas denn in Hambuich n Wassafall gehm! Gut, nehbman in Schkandinahwien ja. Nich grahde in flachn Denemahk, aba in Norrwehgn un Schwehdn hahbm sie ganze Flüsse mitsamp Wassafelle umgebaut un Kraffwäak danehbm gesetz. Ischa umweltfrointliche Enegiegewinnunk, kein Kohlnstaup un keine Atome inna Luff. AABA! Wennu zum Beispihl aufa Duichreise inn Hohn Nordn bei dehn berühmt Felln von *Älvkarleby* fobeikomps, siedas direck trohßlohs aus: nua pah nackde Felsn in Flußbett. Das Wassa weat nemmich appgeleidet un geht duichi Tubbihn un komp eaß untn wieda inn Fluß. Nua bei besondre Gelehgnheitn lassn sie mahn büschn Wassa üba die Steine plätschan. Von Wassafall an sich is nix ühprich. Lanschafflich issas ne Kaddaschtrohfe – öko hin, öko her!

Unnu komps. In Hambuich hahbm wia ja die Ha-Eh-Weh. Die hamboagischn Elekzitehtswäake. Das heiß: *haddn*! Issja nu freie Mahkweatschaff, un kann ja kaufn wer Luss un Gelt hat, wassa will. Un Staat brauch Gelt un hat die Ha-Eh-Weh fekauf. Un an wehn? In Schwehdn hahbm sie mit Wassafelle soviel Gelt gemacht, dassi die Staatsfehma eanhalba *Vattenfall* genannt hahbm. Un denn hahbm sie gekuck, wodas in Orropa noch Wassafelle zu kaufn giep. Un wodas keine giep, ehm was andres. Un so hahbm sie denn auch die gude allde Ha-Eh-Weh gekauf. Voahea auch schunn die Behwak in Bellihn untn Braunkohlnberchwerk in Ossdoitschlant. Iss direckn Multi! Un wall aufa orropejischn Ehbene kein Mensch die Hah-Eh-Weh kennt, heißi nu Vattenfall. Damit in ganz Orropa schedn weiß, wovon die Rehde iss…

Un Gass machn sie auch un Braunkohle. Alzich schu Schule gink wah die Helfde in unse Klasse füa Strom, die andre füa Gass – jenachdehm, oppman lieba ne Gassfegiftunk kriegn wollde odan Strohmschlach. Oda in Weaklichkeit danach, was man zuhause hadde (wir haddn Strom). Nu binnich gespannt, opp Vattenfall nu auch noch *Hein Gas* schluckt! Hein Gas wah mah *Ha-Geh-Weh* und heiß jezz foaläufich *Eon-Hanse*. Eon hieß früa *Veba*. Aba wer weiß, fleich gehöat Eon heimlich auch schunn zu Vattenfall un heiß denn auch balt so! Kommt denn auch nich mea auf an. „Haupsache die Kohln stimmn!“ hahbm wia früa gesahch. Aba was die Kohle betriffd: Vattenfall hadde keine Luss mea auf Braunkohle – iss zu dreckich un hat keine Zukumft. Aba die Schechn hahbm sie gään genomm. Verrückt, ne? Aba eins hat keiner von den Multis gekrichd, un das iss *Hambuich Wassa*. Im Gehnteil: Staatlichaseiz gieps nu wieda *Hambuich Enagie*, un die weat von Hambuich Wassa fewalded. Mit meine bescheidene Untastüzzunk.

Untn klein Wassafall gieps doch in Hambuich: im Botahnschn Gahtn. Aba den hat Vattenfall wull noch nich endeckt.

Alza-Kraffwääk

Ne Statt wie Hambuich brauch natüch ne Menge Enerji. Wo kompdi hea? Klah: Früa vom Atohmkraffwääk Geestach un vom Schrottrejaktoa Stade. Denn Kohle, zum Beispihl ausn Kraffwääk anna Elbe bei Schulau un in Moabuich, un Öl – sießja genuhch Öltanks im Hahfn. Un Gasomehta gahpas schon in meine Juhgndzeit in Fuhlsbüddl. Aba allns fossiel, allns auf Kostn unsa Kinda, beziunksweise nachwacksndn Generatzjohnn! Dafüa hahbm wia nu aba Wintreda. Wind gieps genuch, aba nachhaltige Weatschaff mit ökologische Enejiefesorgunk iss schwierich inna Grohsstatt – wo wissu da noch Wintrehda hinsezzn! Anna Lombahdsbrücke, wo mah ne Wintmühle wah, issja auch kein Plazz mea. Un Sonne scheint nu weaklich nich genuch (oppwohl mea as man denk). Un denn hahbm wia zwah Ebbe un Fluht, aba füan Tidenkraffwääk wi in Säng Maloh inna Brittanje reichas nich: die hahbm 14 Mehta Tidnhuhp – wia nua dreinhalp; aussadehm müssn die Schiffe ja duich! Bleip die Wassakraff. Aba son tosndes Gefelle hahbm Alza, Elbe un Bille ja auch nich, ganzu schweign von Susebehk, Eilbehk, Tarpmbehk unsoweita. Immahin issi Alza ja mah wehgn Enejifesorgunk aufgesdaut wordn, von Müllа Reese 1245, was nuh Junkfanstiech iss. Könnde man nich…

Unt man kann tahtsechlich! Gihp nemmich eine Stelle, wo ne Schloise fia Mehta Gefelle erzoich – un das reich. Sebs gesehn! Bei dä Fuhlsbüddela Alzaschloise beim Bahnhof Ohlstorf. Da wah noich Tach dä offenen Tüa. Genaugesahch: Tach dä offenen Klabbe. Nich wassu denks, sondan nehbm der Schloise issn Loch mitn Deggl, büschn gröhßa as ne Tüa. Da geht ne Trebbe unna di Äädе, un denn kompman in Raum mit Betongwände, ungefea so grohß wien Wohnzimma, un da drehtsich ne Tubbihne, senkrech. Un die erzoich genuhch Strohm un fesoich zweihundat Haushallde! Wassa wead nehbm der Schloise appgelaidet, ganz wie früa n Mühlnbach, nua unna dä Äädе. Wahn pah junge Loide da, die habm das alles ekleat. Gemeinnützign Ökofeein hat andathalp Miljohn Mahk reingesteck unt das soll sich nach zehn Jahn ammoddisiat hahbm. Nich schlech! Loif seit Jahn praktisch ohne Stöhrunk, könn die Junks (un Deans) zuhause aufm Kompuhta fefolgn un sogah stoian.

Könnde direcktn Muddellprojeck sein. Aba laida iss sonz nich soviel Gefelle in Hambuich – kein Wunda, issja Flachlant! Fleich noch anna Kleinn Alza beim Rathausmaak, aba das wea schwierich un denn auch zu toia. Iss mea was füas Berchlant! Aba immahin. Unt wo wir graht in Ohlstorf sint: Wemmannu auch noch das Krematorijum… Aba da wolln wia lieba nich an denkn. Büschn Pieteht wolln wia uns doch noch bewahn!

Abfall

Biomasse iss inn – aba das haddn wia früa auch schunn: Küchn'appfelle, Graschnitt vom Rahsnmehn, Bledda un Zweige vonna Buchnhegge, das gink alles aufm Komposshaufn. Äste un Kattofflkraut woadn febrannt unt wenn wian Kamin gehapp heddn, heddn wia „Altholz“ zua Enegiegewinnunk fewendet. Das heiß febrannt. Febrenn darfsu hoide nich mea, wehgn Emissjohn inni Atemluff. Hoide gieps dafüa *Wehst tu enadschih*, auf doitsch: „Kraff duich Müll“. Das hat uns Sabine ezzehlt, alz wia mit den Verdi-Senioan n zukümftign Biomasse-Kraffwäak besichtigt hahbm. Das is aufm Gelende vonna Müllfebrennunksanlage Borsigstraße in Tiefstack. Da iss der Bohdn soweso schunn fedreckd, unt n noin Platz füa Müll krissu hoide gahnich mea – Umwelt un Böaga'inizatihwn unni Grühn, da hassu keine Schanks. Da soll denn „belastetes Altholz“ fefoiat werdn, speziell ausgebrauchde Eisnbahnschwelln. Die sint nemmich totahl getrenkd mit Kabbolinejum oda Tea oda was weißich un darum komplett fesoich – kannz nich eimfach in Kamihn fefoian – krissja Lungkrehps von! Da kannzu hundatmahl Nichraucha sein.

Aba iss noch nich fäatich, darum hahbm wia eaßma das tradizonelle Müllkraffwäak angekuckt. Also da komm denn dauant Lasta mit dehn Müll der Großstatt an. Die werdn schunn beida Eimfaht automatisch gescheckt, oppsi Atome an Bord hahbm. Denn gehz ne lange Rampe hoch un denn wird das Zoich in tiefn Schacht geschmissn. Sieht von ohbm direkt wie ne bunte Bombommischunk aus, wemman ohne Brille hinkuckt. Aba mit Brille issas ziemich ehklich, unt iss man guht, dass ohbm Gelenda iss, dassu nich gleich mit entsojcht weass! Denn komp das in Ofn un weat abgefacklt. Aba alles schwea umweltfrointlich: Schwefl un Dioxin un Schweametalle un was sonz noch an Gift drin iss, weat abgefang un gefildat un appsorbiat un was weißich. Unt das Ganze in Wäame fewandlt unt inni Stadt geliefat. Unt woraufas außadehm noch ankommp iss, was untn rauskomp: Gips, Kalk un haupsech Schlagge! Kennz fleich noch von Kohlnohfn früa. Das geht dann in Strahßnbau, unt wennu in Hambuich mah üban Fuhßwehch gehß, merkßu gahnich, dass pah Zendimehda unna der Obafleche der Hausmüll lauat! Un di Laufstregge innehn Schtadions hieß ja früa nich umsonz „Aschenbahn“. Issja lenks „Tartan“ – aba nich Schottnmusta, sondan „Gummi-Granulat“…

Nommahlmüll brennt aba nich heiß genuhch, und damiddas auch orntlich brennt, müssn sie Plastick zusetzn. Der komp ausn „Dualn Syschtehm“. Kennzuja: Früa gahps Johkuat in klein Flaschn – Mehch soweso, natüch mit Fant. Hoide is allns Plastik un denn frahch sich, wohin mit den Müll. Getrennt sammln, un Rizeikln un alles, da iss Doitschlant ja Weltmeista. Un iss auch guht un schöhn unnu hastn gudiss Gewissn. Aba! Die Induschtrie kann nix mit anfangn. Soviel Johkuatbecha werdn gahnich gebraucht. Schezzmah wieviel von den Plastikkram feahbeitet weat! Dreißich Pohzent! Unt die ühprihgn siebzich Pohzent müssn auch wech. Depohnieplazz weat knapp – da heef nua Febrenn! Iss auch hügehnisch unni ganzn Keime werdn fenichded. Un wass is mit Öko? Also eaßmah weat alles kontrolliat, üba'all Übawachunk, dass nix rausschlüpf. Filta noch un noch. Un denn Restefeweatunk, sije ohbm. Unt was dann noch ühprich bleip, komt ins Salzberchwäak. Füa die Ehwichkeit. So ungefea hahbm sie uns das ekleat. Un außadehm: wo diese eklige Sole lagat, iss kein Plazz füa Atom-Müll – hat doch auch sein Gudiss! Fleich höa ich jezz auch auf mitn Gelbm Sack: ischa auch zuh ehklich, wenn die Secke aufm Fuhßwehch liegn un aufreißn un der stinknde Inhalt da rauskwillt! Gottzeidank hahbm wia jetz ne Gelbe Tonne.

Das hahbm wia nu alles geläant. Unnu komdi Tragik: Müllvebrennunk iss nich eppwa gleich Stadtreinigunk – die liefan blohß den Rohstoff. Enagiegewinnunk iss Ha-Eh-Weh-Sache, un das heiß jezz Vattenfall. Un Vattenfall heiß schwehdischn Staat. Un die mögn fleich Sozis sein, aba wenn die Untanehmsberata sahgn, die Fehma muss spahn untnn Kraffwäak brauch kein, der dehn Loidn ekleat, was Sache iss, denn höan die da auch auf. Unt so kannas komm, dass Sabine balt sebs entsojcht weat. Hoffntlich nich hia voa Ort!

Elbsehchla

Was sezzu denn aufn Kopp, alz Mann, wennas rehchnet? Eppwahn Huht? Das hadscha Helmut Schmidt nichma gemach, assa Bundeskanzla wah. Sondan hat ne Prinz-Heinrich-Müzze getrahgn, oppwohl manche sahgn, das wah ne Helgolenda Lohznmüzze. Pascha auch bessa zuhn Sozealdemokrahtn ass son Ahdlskeppi! Jehnfalz wolldich auch was aufn Kopp hahbm, un Kapuhze issja majchma büschn umstentlich, un iss auch nich an alle Jackn un Mentl dran. Un Behsbollmüzze pascha auch nich imma, vor allm wenna „SHIT HAPPENS“ oda MAGA auf steht. Fühlich mich auch büschn zu alt füa, oppwohl ich mian Kiela-Woche-Keppi fedient happ, alzich mein Froint Klaus geholfn happ, seine Jacht vonna Kiela Woche nach Wedl übazufüan. So kahm eintlich nuan Elpsehchla infrahge. Eaß haddich büschn Beddenkn, wallas fleich zu fockloristisch un zoido-focksnah iss. Wennu Bilda vonnehn Landunxbrückn voa fuffzich Jahn sieß, habm da die ganzn Hahfnahbeita un Schaualoide sone Müzze auf. Aba die gieps ja nich mea.

Aba denn happich mian Ruck gegehm un bin nachn Johannisbollwääk in maritiem Bekleidunkslahdn gegang. Da krissu alles, was eankwi mit Hahfn un

Seefaht zu tun hat. Alladinks iss hoide nich mea viel mit „Schiffsausrüstunk", iss mea Klamoddn un Suwenias, un haupsechlich wull füa Turistn.

Immahin gieps da auch noch die bewußtn Mützn, und zwa in drei Sortn. Natüch alle in marineblaun Tuch, nich in braun Kort oda Jienstoff: hohn Stehch mit Eichnlaup un geflochdne Kordl is Prinz Heinrich, middlaren Stehch is Hansamüzze un schmahln Stehch un gedrehte Kordl is Elpsehchla. Prinz Heinrich iss mea füa feine Pinkl, Hansamüzze issn fauln Kompomiss un Elpsehchla issi klassische Müzze in naudischn Umfelt. Denn wahssja klah! Iss auch der billichsde: noinzehn-noinzich. Aban Appzeichn mit Anka steckich mia nu doch nich an! Un alz Modell oda Foaloifa in dehn dahstellnden Künztn kamman sich aussuchn, wehman lieba aufa Leinwant oda Bühne sehn will: je nach Geschmack Ernst „Teddy" Thälmann oda Hans „Hanne" Albers oda Uwe Friedrichsen als Hans Albers ... Alladinks: aufa Straße sießu, dass die Mütze hoide mea was füa die Ü70 iss, ehmso wie braune Korthosn. Aba wer weiß, komp ja alles wieda, un denn bissu Vorreida von n noin Retro-Luck...

Un wer wah nu Prinz Heinrich? Das wahn Bruda von Kaisa Willem den Zweitn un Neffe von Kwien Victoria un von Beruhf Appmirahl inna keiserlichn Flodde. Aussadem n begeistatn Audomobilistn un Effinda von Scheibnwischa – leida wah das Patent da schunn an Mary Anderson in Amerika fegehbm…

Waxnde Statt

'Chapp imma gern Lantkahtn angekuckt. As Hamburga saucht man ja das Fäänweh midda Muddameech ein. Und denn reiß man eerßma mitn Finga aufa Landkahte, befoa man denn weaklich inni Fääne schweif. Aba dass's nich nur dass. Mit ne Lantkahte kamman sich majche Sachn viel bessa foastelln. Zum Beispihl was füane Fleche bein Grohßn Brant von achtzinnhundat zweiunvitzich tahtsechlich appgebrannt iss. Und was alles neunzinnhundat zweiunsechzich bei der Flutkatastrofe unta Wassa wah.

Dass Hambuich hoide einkommaacht Miljohn Einwohna hat, kamman sich zwah nich richtich foastelln, aba man weiß ja ungefea, wie grohß die Statt iss – „in den Grenzn von 1937", denn damahlz woade ja alles runtum eingemeindet und viele „Beute-Hamburga" aufgenomm: die Loide von Aldona, Wanzbeek, Hahbuich unzoweita. Wennuhn Stapplahn siehß, könnzu ja denkn, das wah imma so.

Dabei hat Hambuich auchma klein angefangn. Fleich sahßn da mah pah Loide aufn Geestrückn un dachtn: iss eintlich schön hia – viel weniga Mückn as untn am Bach un im Brook! Un denn hahbm sie aufm Santhühgl pa Blockhoisa gebaut un gesahcht: das iss jetz die Berchstraße. Domplazz mit Kapelle dazu un

Pallisadnzaun drumrum, damit Sank Anscha sich voa den heitnischn Dehnn unt Wikingan rinksrum festeckn konnde, die er zum Kristntuhm bekean sollde, oppwohl die lieba bei ian Wotan bleibm wolltn. Unt vierhundat Jah spehta sah das auch noch nich viel annas aus.

Nach tausnd Jahn wahnas denn schunn fass hundattausnd Loide unni lehbtn auf enkstn Raum. Das wah, alz Telemann Musieklehra am Johannejum wah unt Lessing Dramatuich am Natzjonahlteata, unt Brockes un Claudius unt Hagedorn un Klopschtock sich haupberuhflich alz Dichta oda Junnalistn betehtichtn.

Na, unt denn noch hundatfümfzich Jah spehta, das wah ungefea, alz mein Mudda in Eimbüddl aufi Welt kahm: Nu issas schunn eine Miljohn, wemman Altona un Wanzbeek mitzehlt. Wah nich offiziell, aba pracktisch wah das damahz schunn *eine* Statt. Andraseiz kamman sich wundan, wieviel freie Flechn auf den Kahtn von 1900 noch dasint!

Unnu issi Parohle „Waxnde Statt“: das kann doch nua bedoidn, dass wia empweda alliss zubaun, was noch frei iss, oda auch noch Wehdl, Pinneberch, Emshorn, Nordasteht, Ahnsbuich, Reimbehk, Geestach, Winsn, Buxehuhde, Stade untas Kleinzeuch dazwüschn übenehm. ‘Chweißnich – Bellihn hohln wia doch nich ein. Un wozu auch:

Hambuich iss doch groß genuch!

*

So, und das wahs füa hoide!

ANHANG

Bücher

Über Missingsch

Dirks Paulun (1973). *Is doch gediegen*. Hamburg: Broschek Verlag
Die erste systematische Darstellung der hamburgischen Hochsprache. Mein Eindruck: Genauso isses!
Daniel Tilgner (2012). *Kleines Lexikon Hamburger Begriffe*. Hamburg: Ellert & Richter Verlag. (11. Auflage)
Peter Schmachthagen (2009). *Sprechen Sie hamburgisch?* Hamburg: Hamburger Abendblatt edition.
Alphabetisch-lexikalische Darstellungen des Hamburger Tonfalls.
Viola Wilcken (2015). Historische Umgangssprachen zwischen Sprachwirklichkeit und literarischer Gestaltung. – Formen, Funktionen und Entwicklungslinien des ‚Missingsch'.Hildesheim: Olms
Das dürfte nun die erschöpfende (418 Seiten!) und endgültige Behandlung des Themas sein.

Literarische Texte

Dirks Paulun (1951): *Hömmazu*. Hamburg: Hans Köhler Verlag
Dirks Paulun (1952): *Wommasehn!* Hamburg: Hans Köhler Verlag
Dirks Paulun (1952): *Ehmuntehm*. Hamburg: Hans Köhler Verlag
Vera Möller (1950). *Klein Erna. Ganz dumme Hamburger Geschichten*, Band 1-4 in Tüte. Hamburg: Hans Christians Verlag

Im Kieler Missingsch:
Jochen Steffen (1975): *Kuddl Schnööfs ... achtersinnige Gedankens un Meinungens von die sozeale Revolutschon und annere wichtige Sachens.* Hamburg: Hoffmann & Campe Verlag
Jochen Steffen (1975): *Nu komms du. Kuddel Schnööfs noie achtersinnige Gedankens und Meinungens*. Hamburg: Hoffmann & Campe Verlag

Döntjes im Bremer Missingsch:
Ada Halenza (1977): Madda un Kede. Bremen: Carl Schünemann Verlag.
Ada Halenza:(1980): Glauban anner Menschheit is hin. Bremen: Carl Schünemann Verlag.

Heimatkunde

Daniel Tilgner (Hrsg) (2002). *Hamburg. Von Altona bis Zollenspieker. Das Haspa-Handbuch für alle Stadtteile der Hansestadt.* Hamburg: Hoffmann & Campe.
Ein lesenswertes Hamburger Heimatbuch, das auf 1184 Seiten alle 104 Stadtteile systematisch und ausführlich behandelt. Die definitive Hamburger Heimatkunde. Neupreis unbekannt, gebraucht unter 10 Euro.

Die Bilder zum Buch

Die meisten Fotos in diesem Buch sind © 2018 Jörn Scheer, außer S. 144 (Janina Schmidt)

Dies Buch wird begleitet von einer umfangreichen Bildersammlung im Internet, mit Illustrationen zu den einzelnen Geschichten, unter der Adresse

edition.ardetta.com/hamburg/heimatkunde/bilder

Links

Persönlich: joern-scheer.de
Bücher: edition.ardetta.com
Jazz: theopeners.de
Psychologie: kellysociety.org

In eigener Sache

Ein bißchen Werbung für weitere Bücher – aber auf Hochdeutsch

Näheres bei edition.ardetta.com/info

Jörn Scheer

Island quer in Gummistiefeln

Eine Wanderung im Jahre 1963

edition ardetta, Hamburg, 2009 – edition.ardetta.com

Verlag und Druck: Book on Demand, Norderstedt
150 S., 98 Abb., € 9,90 - ISBN 978-3-8391-0136-0

Vier junge Männer hatten im Jahre 1963 die abseitige Idee, Island zu Fuß zu durchqueren – als die „Insel aus Feuer und Eis" noch nicht zum Standardprogramm des Geländewagentourismus gehörte. Die traditionellen Islandponies fielen für den unerläßlichen Gepäcktransport in dem kargen Hochland schon aus finanziellen Gründen aus – da nahmen sie eben Schlauchboote, um die Wasserwege zu nutzen, die Gletscherflüsse wie die Thjórsá boten. Die Experten schüttelten ihre Häupter, und dank unzureichender Ausrüstung klappte nicht alles wie geplant, das Reisetagebuch zeigt aber, daß die vier Wanderer sich selbst im Schneesturm wacker gehalten haben.

Jörn Scheer

Zugfahrt durch Indien

Eine Rundreise im Jahre 1966

edition ardetta, Hamburg, 2013 – edition.ardetta.com

Verlag und Druck: Book on Demand, Norderstedt
208 S., 228 meist farbige Abb., € 36,90 – ISBN 978-3-7322-5658-7

Von Hippies auf der Suche nach Erleuchtung hatte man auf dem indischen Subkontinent noch nichts gehört, als drei junge Männer sich im Jahre 1966 anschickten, das Land Mahatma Gandhis, der Maharadschas und der Moghul-Kaiser zu entdecken. Sie wählten das volkstümlichste Transportmittel, die Eisenbahn 4. Klasse, für ihre vor allem der klassischen Kultur des Landes gewidmete Rundreise. Hin-, Ab- und Rückwege führten sie zu weiteren Orten, die – heute von Krieg und Aufruhr gezeichnet – damals noch im Frieden lebten: Kabul, Kathmandu, Colombo, Teheran, Bagdad, Beirut, Kairo.

Jörn Scheer

Radfahrten in Australien – Bike Rides Down Under

edition ardetta, Hamburg, 2011 – edition.ardetta.com

Verlag und Druck: Book on Demand, Norderstedt
200 S., 142 farbige Abb., € 23,90 – ISBN 978-3-8448-0845-2

An Australien wird man nicht als erstes denken, wenn man eine längere Radtour plant – die großen Entfernungen, die Hitze, die Einsamkeit... Aber die australischen Radfahrervereinigungen bieten die Möglichkeit zu wunderschönen Fahrten, z. B. im südaustralischen Outback oder durch die Wald- und Weinregionen in West-Australien, wie dieser zweisprachige – deutsch/englisch – Bericht zeigt.

Jörn Scheer

Meine Neue Enzyklopädie

edition ardetta, Hamburg, 2009 – edition.ardetta.com

Verlag und Druck: Book on Demand, Norderstedt
308 S., 24 Abb., € 21,90 – ISBN 978-3-8391-9813-1

Von Alberto Savinio, einem Bruder des Surrealisten Giorgio de Chirico, erschien 1977 posthum seine *Neue Enzyklopädie* „zum persönlichen Gebrauch", eine Sammlung von Zeitungskolumnen, in denen der umfassend gebildete italienische Großbürger die Zeitläufte kommentierte. Sie regte Jörn Scheer an, ein halbes Jahrhundert später „seine" Neue Enzyklopädie zu verfassen, auch sie eine Kollektion von kurzen Stellungnahmen zu Themen von größerer und auch geringerer Bedeutung – und nicht nur „zum persönlichen Gebrauch", auch wenn viele durchaus persönlicher Natur sind.

Jörn Scheer

Immerwährender Geschichten-Kalender

edition ardetta, Hamburg, 2010 – edition.ardetta.com

Verlag und Druck: Book on Demand, Norderstedt
348 S., 54 Abb., € 25,90 – ISBN 978-3-8423-3787-9

Bauernkalender enthielten seit dem 17. Jahrhundert neben allerlei praktischen Ratschlägen auch Geschichten „unterhaltenden und belehrenden" Charakters, lange bevor Johann Peter Hebel die seinen separat veröffentlichte und noch später Bert Brecht und Oskar Maria Graf neben anderen das literarische Genre der *Kalendergeschichten* ins Leben riefen. Jörn Scheer kehrte das Prinzip um, indem er zu wichtigen und weniger wichtigen Daten der Weltgeschichte unterhaltsame Geschichten erfand und so einen *Geschichten-Kalender* kreierte, der immerhin für 100 Tage je ein doppelseitig beschriebenes Kalenderblatt umfaßt.